사회복지학개론

사회복지학개론

황인옥 · 김남숙 · 김동욱 · 김현진 · 양정하 · 조재필

KNOWLEDGE COMMUNITY 공동체

머리말

사회복지는 인간의 욕구가 충족되지 않거나 결핍된 경우에 발생하는 사회문제를 사회적 차원에서 개선하고 해결하고자 하는 활동이다. 최근 우리 사회는 복잡한 사회문제와 개인의 다양한 욕구가 크게 늘고, 삶의 질에 대한 관심이 급증하면서, 21세기의 사회복지는 그 영역과 분야가 대폭 확대되고 있다.

이러한 사회문제와 개인의 욕구를 해결해야 할 필요성에 의해 사회복지사 자격제도가 도입되었고, 1983년 5월 사회복지사업법이 개정되면서 사회복지사 자격증이 발급되기 시작하였다. 사회복지사는 사회복지에 관한 전문지식과 기술을 가진 자로서 현대 사회에서 발생하고 있는 아동, 청소년, 노인, 장애인, 여성, 가족 등 다양한 사회적, 개인적 문제를 겪는 사람들에게 사회복지학 및 사회과학의 전문 지식을 이용하여 문제를 진단・평가함으로써 문제해결을 돕고 지원하는 업무를 담당하고 있다.

본 개론서는 사회복지에 새롭게 입문하는 사람들에게 방대한 영역에 걸쳐 있는 사회복지에 관한 개괄적인 내용을 소개하고 동시에 사회복지실천 및 정책은 물론 다양한 사회복지 분야를 보다 쉽게 이해하고 학습할 수 있도록 하기 위해 집필되었다.

본 서는 사회복지학 교과목지침서를 토대로 총 13장으로 구성하였다. 제1장에서는 인간의 삶과 사회복지를 다루었고, 제2장에서는 사회복지의 개념을, 제3장에서는 사회복지의 동기, 가치와 윤리 및 이념을, 제4장에서는 전문직으로서의 사회복지를 다루었다. 그리고 제5장에서는 사회복지와 인권을, 제6장에서는 사회복지의 구성요소를, 제7장에서는 사회복지의 역사를, 제8장에서는 사회복지와 복지국가를 다루어 사회복지에 관한 기본적 이해를 돕고자 하였다. 제9장부터 제13장까지는 사회복지의 접근방법과 실천영역을 다루었는데, 제9장에서는 사회복지실천을, 제10장에서는 사회복지의 중범위 거시적 실천방법으로 지역사회복지, 사회복지행정, 사회복지정책, 사회복지법제, 사회복지조사를 소개하고 있다. 제11장에서는 사회복지의 정책 분야로서 사회보험, 공공부조, 사회서비스를 비롯하여 사회수당, 주택, 교육, 조세,

PREFACE

노동(시장)정책을 살펴보았다. 그리고 제12장에서는 사회복지의 대상별 실천영역으로 아동복지, 청소년복지, 노인복지, 장애인복지, 여성복지, 가족복지를, 제13장에서는 사회복지의 직능별 실천영역으로 학교사회복지, 정신건강사회복지, 의료사회복지, 산업복지를 살펴보았는데, 보다 많은 실천영역을 다루지 못한 것은 아쉬움으로 남는다.

저자들은 다양한 대학에서 오랫동안 사회복지학개론 교과목을 강의한 경험과 각자의 집필 분야에서 이론과 실천에 관한 지식을 교육해 오면서 새로운 사회복지학 교과목지침서에 맞춘 사회복지입문서가 필요하다는 데에 의견을 모아 집필을 시작하였다. 저자들이 이 책의 내용을 다루는 데 있어 사회복지계의 저명한 학자들이 이룩한 기존의 연구결과물들을 많이 참고하였다. 그러한 기존의 연구결과가 없었다고 한다면 본 서의 개발에는 무척이나 많은 시간과 노력이 필요하였을 것이다. 그러한 연구결과를 제공한 많은 사회복지계의 인사들을 열거할 수 없지만, 그분들에 대한 존경과 감사의 마음을 항상 가지고 있다.

본 서는 아직도 여러 가지 면에서 수정, 보완해야 할 것들이 많이 있을 것이다. 기탄없는 비판과 질정을 겸허히 수용하여 보다 좋은 교재로 거듭 태어날 것을 약속한다. 바쁜 와중에도 졸고를 마무리하고 나니 한편으로는 아쉬움이, 다른 한편으로는 성취감이 교차한다. 아직 부족한 점이 많은 가운데에서 감히 사회복지학개론을 집필하게 되어 부끄럽기 그지 없지만 이를 보다 발전할 수 있는 계기로 삼을 생각이다. 그리고 사회복지학을 공부하는 학생들은 물론, 사회복지실천현장의 사회복지사들, 그리고 많은 독자들에게 유용한 안내서가 되었으면 한다.

끝으로 요즈음 출판계의 어려운 여건에도 불구하고 본 서의 출간을 흔쾌히 수락해 주신 공동체 김동훈 대표님께 감사의 말씀을 드리고 아울러 편집과 교정에 세심한 배려를 제공한 편집부 관계자 여러분들에게도 심심한 감사의 말씀을 전한다.

2022년 2월

저자 일동

차 례

CONTENTS

차 례

제 1 장

인간의 삶과 사회복지

1. 인간의 욕구와 사회적 위험 및 사회문제
2. 생애주기별 욕구와 사회복지

제 1 장

인간의 삶과 사회복지

1. 인간의 욕구와 사회적 위험 및 사회문제

고대 철학자 Aristoteles는 인간이 존재하는 이유이자 인생의 궁극적인 목적을 행복이라고 말했다. 행복에 대한 개념은 많은 학문에서 다양하게 정의하고 있다. 행복에 대한 정의를 포괄적으로 정리하자면, 행복은 '자신의 삶을 계속해서 개선하기 위해 스스로 결정할 수 있는 기회를 가지며 이를 통해 각자가 바라는 삶의 상태에 도달하는 것'이라 하겠다. 행복한 삶은 개개인 각자의 가치관과 지향점에 따라 주관적이고 상대적인 개념이며, 동일한 개인일지라도 시간에 따라 추구하는 행복의 모습도 달라진다. 이와 같이 여러 가지 환경에서 행복의 조건은 상이하지만, 인간이 삶을 영위하는 데 있어서 가장 기본적이고 보편적인 욕구가 충족되어야 한다는 전제조건은 공통된다.

욕구(need)란 '인간이 특정 상황에서 지니고 있는 목적의 달성에 필요한 어떤 조건이나 대상을 확보하지 못함으로써 야기된 결핍 상태'를 말한다(Plant, Lesser, & Taylor-Gooby, 1980). 즉, 개인이 특정한 목적을 달성하기 위한 상황에서 자원이나 기회 등이 결핍되거나 부족해서 목적을 달성하지 못해 문제가 되는 것을 말한다. 인간이 살아가면서 욕구가 발생되는 이유는 개인이 도달하고자 하는 상태와 지금 현재 처해 있는 상태의 간극이 현실적으로 조정하기 힘들기 때문이다. 따라서 인간의 욕구는 필연적이고 매우 다양하며 또한 무한하다. 사회복지는 이러한 인간의 욕구를 충족하기 위한 사회구조적 대응방안이라고 할 수 있다. 그러나 인간의 모든 욕구가 사회복지의 대상이 되는 것은 아니다. 그래서 사회복지에서는 기본적 욕구라는 용어가 사용되는데, 기본적 욕구란 '모든 개인이 누구나 가지는 공통적이면서 생존과 자립에 필수적인 것들의 최저 수준에만 적용되는 욕구'를 의미한다.

모든 인간이 가지고 있는 공통적 욕구로서의 기본적 욕구는 매슬로(Maslow, 1954)의 욕구위계설로 설명될 수 있다(그림 1-1 참조). 매슬로는 인간은 수준이 다른 다섯 가지 기본 욕구가 있으며, 전 단계의 하위욕구가 충족되지 않으면 상위욕구를 성취하고자 하는 동기가 없어진다고 하였다. 즉, 하위욕구가 충족되어야만 그 다음 단계의 상위욕구로 옮겨가게 되며, 만약 하위욕구가 충족되지 않으면 다시 전단계인 하위욕구를 충족하기 위해 퇴보한다. 매슬로의 다섯 가지 수준의 기본 욕구는 다음과 같다.

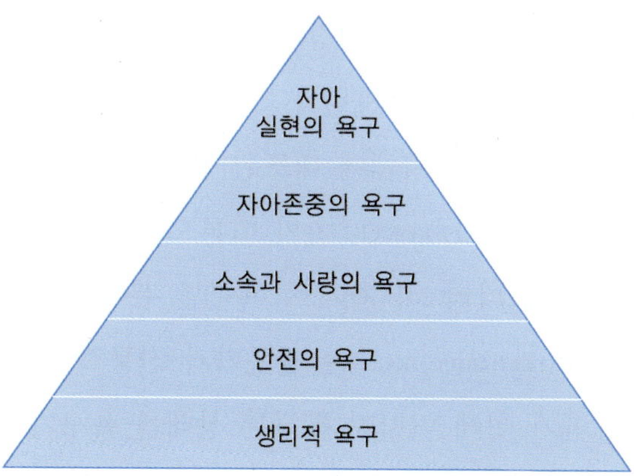

|그림 1-1| 매슬로의 욕구위계

첫째, 생리적 욕구는 가장 기본적이고 본능적인 욕구로서 의식주 및 생명유지와 관련된 것들이다. 예를 들면, 음식, 물, 산소, 성(性) 등과 같이 인간의 삶에 필수적인 것에 대한 욕구이다. 인간은 이와 같은 가장 기본적인 욕구가 충족되지 않으면 다음 단계의 욕구를 충족하려는 시도를 하지 않는다. 둘째, 안전의 욕구는 위협으로부터의 자유, 공포나 불안, 피해, 보호와 의존 등 신체적인 안정상태의 유지와 관련된 욕구이다. 셋째, 소속과 사랑의 욕구는 가족이나 집단에 대한 소속감, 사랑과 우정, 애정 등에 대한 욕구이다. 인간은 소외, 고독, 고립 등을 극복하기 위해 소속과 사랑에 대한 감정을 갈망한다. 사랑에 대한 욕구는 사랑을 받는 것뿐만 아니라 주는 것까지 포함한다. 넷째, 자아존중의 욕구는 자신이나 타인으로부터 존중받으려는 욕구이다. 자기 자신에 대한 존중이란 자기 스스로가 가치 있다고 생각하며 능력이나 자기 신뢰감, 성취, 독립성 등의 개념을 가지는 것이다. 타인으로부터의 존중은 타인으로부터 좋게 인식되고 평가받음으로써 자신이 가치 있는 사람이라고 느끼는 것이다. 다섯 번째는 자아실현의 욕구로서 자신의 잠재력과 능력을 인식하고 자아를 개발하는 최고의 단계이다. 이러한 다섯 단계에서 네 번째 자아존중의 욕구를 기본적 욕구라 하고 마지막 단계인 자아실현의 욕구를 성장욕구라 한다.

한편 인간의 기본적 욕구 외에 자원과 기회의 결핍, 정신적·정서적 결핍, 인간 상호관계 결핍 등 사회 자체에 내포된 욕구를 사회적 욕구라고 한다. 이러한 사회적 욕구는 Bradshaw(1972)의 이론으로 설명되는데, Bradshaw는 욕구의 인식기준에 따라 네 가지로 욕구를 분류하였다.

첫째, 규범적 욕구(normative need)는 전문가가 전문적인 관점에서 일정한 기준을 정하고 실제가 이에 미치지 못하는 상태를 욕구가 있는 상태로 규정하는 것으로, 정부가 정한 절대빈곤선이나 최저임금 등이 여기에 속한다. 다시 말해 규범적 욕구는 전문가들에 의해 개인의 욕구들이 규정된다. 따라서 객관적인 목표설정과 계량화가 쉽고 구체적인 변화의 목표를 제공한다는 장점이 있는 반면, 전문가의 가치가 반영될 수 있고 정치·경제·

사회적 상황에 따라 변화하기가 쉽다는 단점을 가진다.

둘째, 인지된 욕구(felt need)는 개인이 인지하고 체감하는 욕구로서 주로 인터뷰나 설문조사 등을 통해 개개인의 욕구를 물어보는 방식으로 확인된다. 예를 들면, 학생들의 수업 만족도 조사에서 개선사항에 대한 질문은 학생들이 현재 어떻게 인지하고 있는지, 무엇을 가장 심각한 문제라고 생각하는지 등을 알 수 있다. 그러나 인지된 욕구는 개인의 주관적 견해로 인해 과장되거나 축소될 수 있다는 한계를 가진다.

셋째, 표현된 욕구(expressed need)는 수요에 의해 느껴진 욕구가 실제의 행동으로 표현된 것으로 개인이 서비스를 얻기 위해 실제로 노력을 했는지의 여부에 중점을 둔다. 즉, 서비스에 대한 실제적인 욕구라고 할 수 있는데, 노인무료급식소를 이용한 노인의 비율이나 앞으로 서비스를 받기 위한 대기자 명단의 노인 수 등이 그 예가 된다. 수요에 대한 통계치를 근거로 할 경우 실제로 원조를 바라는 사람의 수를 파악하는 데 노력해야 하는 것이 한계점이다.

넷째, 상대적 욕구(comparative need)는 욕구를 가지는 개인과 개인 또는 지역과 지역 간의 차이를 비교해서 규정되는 욕구이다. 예를 들면, 해당 지역의 자원이 부족해 이용할 수 없는 서비스가 타 지역에서 제공하고 있을 때, 이를 보고 자신도 그 서비스가 필요하다는 욕구를 인지하게 되는 경우이다. 지역의 차원에서는 타 지역의 욕구와 자원을 비교한 후 해당 지역에 요구되는 욕구라 할 수 있으며, 이를 통해 상대적으로 서비스 수준이 낮은 지역에 서비스를 보완하는 것이다.

사회복지는 이러한 욕구의 해결에서 출발한다. 사회복지를 통한 욕구의 해결이라 함은 사회체계를 활용하여 욕구의 해결 방법을 모색하는 것이라 할 수 있다. 사회체계는 개인을 둘러싼 가족, 집단, 공동체, 지역사회, 국가 등의 체계를 말하며, 이를 활용하여 개인의 능력으로 해결할 수 없는 욕구

충족을 가능케 하는 방법이 결국 사회복지인 것이다.

사회복지에서 특별히 관심을 가지는 욕구는 앞서 살펴본 기본적 욕구와 사회적 욕구라 할 수 있다. 기본적 욕구는 모든 인간에게 해당되는 필수적인 욕구로서 인간의 존엄성을 유지하기 위해 요구되는 최소한의 욕구이다. 매슬로의 욕구위계설에서 볼 때 생리적 욕구와 안전의 욕구가 기본적 욕구의 최소 범위가 될 것이다. 대부분의 공동체에서 개인의 기본적 욕구는 1차적으로 개인이나 가족의 노력으로 해결하고 있다. 개인의 능력으로 욕구를 해결하는 방법은 욕구 충족을 위한 자원을 확대하거나 또는 욕구 자체를 포기해야 하는 방법뿐이다. 그렇기 때문에 개인의 능력만으로 욕구를 해결하기에는 한계가 있다. 이와 같이 개인이나 가족의 노력으로 욕구를 충족시키지 못하는 상황이 지속되고 다수의 사회구성원들에게 그 영향이 미치게 되어 해당 욕구가 사회적으로 인정되는 것을 사회적 욕구라고 한다. 정리하면, 사회적 욕구는 개인의 기본적 욕구가 사회적으로 인정된 욕구라 할 수 있다. 예컨대, 좋은 아파트를 사고 싶지만 돈이 없어 살 수 없는 경우는 사회적 욕구라 할 수 없다. 반면 질병이나 사고로 의료서비스를 받아야 하는 상황이지만 경제적 능력이 없어 치료를 할 수 없는 경우는 사회적 욕구이다. 이러한 사회적 욕구의 대표적인 예로는 소득, 노동, 교육, 주거, 건강, 사회적 관계의 문제 등을 들 수 있다.

사회적 욕구는 사회적 위험과 관련성이 매우 높다. 사회적 위험(social risks)이란 개인의 인간다운 생존을 위협하는 현상이 대부분의 사회구성원들에게 보편적으로 발생할 가능성이 있는 경우를 지칭한다. 사회적 위험은 개인의 노동능력을 감소시키거나 직업능력을 상실케 하고, 소득의 중단이나 상실을 가져오게 되며 궁극적으로 인간다운 생존을 어렵게 한다. 이러한 사회적 위험은 누구에게나 발생할 가능성이 있다는 보편적 특성 때문에 그 결과를 개인의 책임이 아닌 공동체적 차원에서 대처해야 한다. 현대사회의 대표적인 사회적 위험으로는 질병, 노령, 퇴직, 산업재해, 실업, 돌봄, 장애 등이 있다. 이러한 사회문제들은 사회가 단순하고 계급화되었던 농경사회에서는 발생하지 않거나 발생하더라도 크게 문제가 되지 않았다. 그러나 산업사회에서는 이 문제가 빈곤과 생계에 직결되는 위험으로 떠올랐으며, 개인의 차원을 벗어나 사회적 차원의 노력을 요구하고 있다(박병현 · 윤성호, 2017). 이는 사회적 위험이 주관적 원인인 개인적 특성과 객관적 원인이 되는 경제와 사회구조의 변동, 즉 시장상황의 변화 사이의 상호작용에 의해 발생하기 때문이다(안홍순, 2013).

한편 사회적 욕구가 해결되지 않은 채 문제 상황이 지속되거나 누적되면 사회문제가 된다. 예를 들어, 청소년의 학교폭력이나 집단 따돌림은 개인이나 가족의 책임으로 전가하고 학교나 지역사회 및 국가가 적극적으로 개입하지 않아 사회문제화된 것이다. 이와 같이 개인의 욕구충족이 실패한 원인이 사회제도나 구조의 결함 등에 기인함과 동시에 충족되지 않은 욕구로 인한 영향력이 사회구성원 전체에 미치는 경우를 사회문제라 할 수 있다. 그런데 개인의 충족되지 않은 욕구가 사회문제로 되기 위해서는 다음과 같은 조건들을 만족시켜야 한다. 첫째, 사회적 가치(또는 규범)에서 벗어나고, 둘째, 상당수의 사람들이 그 현상으로 인해 부정적인 영향을 받고 있으며, 셋째, 그 원인이 사회적인 것이며, 넷째, 다수의 사람들이나 영향력 있는 일부의 사람들이 문제로 판단하고 있고, 다섯째, 사회가 그 개선을 원하고 있고, 여섯째, 개선을 위하여 집단적 · 사회적 행동이 요청되는 것을 말한다. 그러나 인간이 살아가는 환경은 시대적 · 사회적으로 다른 양상을 보이며, 문화적이고 역사적인 배경이나 사회의 가치관에 따라 문제에 대한 평가가 달라지기 때문에 사회문제를 객관적이거나 절대적인 기준으로 정의하는 데 한계가 있다(남일재 외, 2017).

결론적으로, 인간의 욕구가 미충족되거나 결핍된 경우에 발생하는 사회문제를 사회적 차원에서 개선하고 해결하고자 하는 활동이 사회복지이다. 사회문제의 해결을 위해서는 먼저 문제의 원인에 대한 정확한 진단이 중요한데, 문제의 원인이 개인에게 있는지 또는 사회구조적인 것인지에 따라 해결방안이 달라지기 때문이다. 개인적 차원에서 개인능력과 사회적 기능이 문제가 된다면 개인의 사회적 기능과 능력을 향상시켜야 할 것이며, 사회구조와 제도의 결함 및 실패가 원인이라면 사회구조와 제도 등의 사회환경을 개선해야 할 것이다. 이와 같이 사회문제는 개인과 사회 환경이 연관되어 있기 때문에 욕구를 해결하기 위한 사회복지는 개인과 사회 환경에 대한 고려가 동시에 요구된다.

2. 생애주기별 욕구와 사회복지

인간은 수정되는 순간부터 사망에 이르기까지 전 생애에 걸쳐 역동적 변화를 거듭한다. 이러한 인간의 역동적인 변화를 발달이라 하고, 시간의 흐름에 따라 발달해 나가는 개인생애의 일정한 단계별 과정을 생애주기(life cycle)라고 한다. 생애주기는 인간이 삶을 살아가면서 거쳐가는 생활 상태와 단계들을 연속선상에 설명하는 것으로, 태아기에서 시작하여 유・아동기, 청년기, 성인기를 거쳐 노년기로 진행되는 단계들과 그 과정에서 이루어지는 성장, 발달, 죽음이 서로 긴밀하게 연결되어 영향을 미친다(박완용, 2019).

생애주기는 다양한 발달과정과 단계를 말하는 것으로 각 주기마다 특성을 가진다. 인간은 성장하는 모든 단계에서 환경과 상호작용하면서 각 단계의 특성을 발달시키는데 이 과정에서 배우고 성취해야 할 일을 발달과업(developmental task)이라 하고, 공통적으로 경험하는 위협을 위기(crisis)라고 한다. 인간은 특정시기의 발달과업을 달성하고 위기를 극복함으로써 다음 단계로 자연스럽게 이동하게 된다. 인간의 발달 단계별 주요 발달과업을 Havighurst의 발달단계 이론을 중심으로 요약하면 <표 1−1>과 같다.

〈표 1-1〉 인간발달단계별 주요 발달과업

발달단계	발달과업	
영・유아기	① 보행학습 ③ 언어학습 ⑤ 성차 인식 ⑦ 환경에 대한 단순개념 형성 ⑨ 양심의 발달	② 고형분 음식의 섭취학습 ④ 배설 통제학습 ⑥ 생리적 안정 유지 ⑧ 타인과의 정서적 관계 형성 학습
아동기	① 놀이에 필요한 신체 기술학습 ③ 또래친구 사귀는 법 학습 ⑤ 기본학습 기술(3R)의 습득 ⑦ 양심, 도덕, 가치체계의 발달	② 자신에 대한 건전한 태도형성 ④ 성역할 학습 ⑥ 일상생활에 필요한 개념획득 ⑧ 사회집단과 제도에 대한 태도 발달
청소년기	① 자신의 신체 및 성역할 수용 ② 동성 또는 이성친구와의 새로운 관계형성 ③ 부모와 다른 성인으로부터 정서적 독립 ④ 경제적 독립의 필요성 인식 ⑤ 직업선택 및 준비 ⑥ 유능한 시민으로서의 기본적인 지적 기능과 개념획득 ⑦ 사회적 책임에 맞는 행동 ⑧ 결혼과 가정생활 준비 ⑨ 과학적 세계관에 근거한 가치체계의 발달	
청년・성인 초기	① 배우자 선택 ③ 가정 형성 ⑤ 시민으로서의 의무 완수	② 배우자와의 생활방법 학습 ④ 자녀양육과 가정관리 ⑥ 친밀한 사회적 집단 형성
중・장년기	① 사회적 의무의 완수 ③ 10대 자녀의 훈육과 선도 ⑤ 배우자와의 친밀한 관계 유지 ⑦ 노년기 부모에의 적응	② 경제적 표준생활 확립과 유지 ④ 적절한 여가활용 ⑥ 중년기의 생리적 변화 인정 및 적응
노년기	① 신체적 건강쇠퇴에의 적응 ③ 배우자와의 사망에 대한 적응 ⑤ 사회적 시민의 의무 수행	② 은퇴와 수입 감소에의 적응 ④ 동년배와의 유대관계 재형성 ⑥ 생활에 적합한 물리적 환경의 조성

출처 : 손광훈(2012).

심리사회적 발달이론으로 널리 알려진 자아심리학자 Erikson에 따르면 인간은 사회환경에 적응해 가면서 발달하고, 사회는 인간의 발달과정에서 그의 잠재력을 개발해 가도록 포용해야 한다. Erikson은 인간의 발달단계를 여덟 단계로 나누고 각각의 연속된 단계의 출현이 앞 단계의 발달에 의해 예측될 수 있고, 성장과 발달의 결정적 시기가 존재하며, 미리 정해진 시간표에 따라 성장·발달한다고 본다. 따라서 각 발달단계마다 수행해야 하는 발달과업과 위기가 존재하며, 과업을 성취하고 위기를 극복하면서 발달한다고 보았다. <표 1-2>는 에릭슨의 심리사회적 발달단계의 발달과업과 위기, 성취목표를 보여준다.

〈표 1-2〉 에릭슨의 심리사회적 발달단계

발달단계	해당연령	발달과업 - 발달위기	성취목표
영아기(구강기)	0~1세	신뢰감 - 불신감	희망 - 위축
유아기(항문기)	1~3세	자율성 - 수치심 및 의심	의지 - 강박
유희기(남근기)	3~5세	주도성 - 죄의식	목적 - 억제
학령기(잠복기)	6~11세	근면성 - 열등감	유능성 - 무력감
청년기	11~18세	자아정체감 - 정체감혼미	성실 - 거부
성년기	18~35세	친밀감 - 고립감	사랑 - 배척
중년기	35~55세	생산성 - 침체	보호 - 거절
노년기	55세 이상	자아통합 - 절망	지혜 - 경멸

이러한 인간의 생애주기는 각 주기마다 가지는 특성과 단계별 발달과업에 대한 성취 욕구를 파악함으로써 주기별로 적절한 사회복지 서비스를 제공할 수 있는 중요한 지표를 제공해준다. 다음은 인간의 생애주기를 태아기, 영아기, 유아기, 아동기, 청년기, 성년기, 중년기, 노년기로 나누어 각 단계의 특성과 욕구 및 사회복지와의 관련성에 대해 살펴보고자 한다.

1) 태내기

태내기는 수정에서부터 출산에 이르기까지의 임신기간을 포함한다. 태내발달은 인간의 기본적인 신체구조와 장기가 어머니의 체내에서 형성되는 시기로 다른 어떤 시기보다 환경적 영향을 많이 받는다. 즉, 태아는 어머니를 통해 외부의 환경에 간접적으로 노출되어 있어 어머니가 경험하는 환경요인에 영향을 받게 된다. 이 단계에서의 과업이라면 태아가 건강하게 발달하고 순조롭게 출생하는 것이다. 그러나 태내기 단계에서 어머니의 신체건강, 영양공급, 의료서비스 등의 적절한 지원이 제공되지 않는다면 과업을 달성하기가 어려워진다. 이 시기와 관련한 사회복지서비스는 모성보호육아지원, 예비부모 교육, 고위험 임산부 의료비 지원, 저소득층 기저귀・조제분유 지원, 국가예방접종 지원사업 등이 있다.

2) 영아기

영아기는 태어나서 2세까지의 시기로 운동능력과 인지능력의 발달이 시작되며 감각과 신체의 발달이 급속히 이루어진다. 영아들은 주위의 환경과 친밀해 지기 위한 공감과 정서적 발달을 시도하는데, 이때 자신이 사랑받고 보호를 받는다는 감각이 중요하다. 이를 통해 안정감을 가질 수 있으며 주위환경, 특히 인간관계에 있어 신뢰감을 획득할 수 있다. 이 단계에서의 문제는 영아의 안전과 건강을 위협받는 것과 함께 잠재적인 문제로서 사랑과 신뢰에 대한 공포, 불신, 애정거부, 타인에 대한 공포, 낮은 자존감 등이다. 이 시기와 관련한 사회복지서비스는 산모・신생아 건강관리 지원사업, 국가예방접종 지원사업, 선천성 대사 이상 검사 및 환아관리, 영아보육, 가정양육수당 등이 있다.

3) 유아기

유아기는 2~6세에 해당되는 시기로 언어와 운동능력이 급속히 발달하고 상호의존의 이해가 성장하는 시기이다. 놀이와 역할에 대한 기대를 특정짓고 사랑과 애정을 주고받는 것을 배우며 스스로 성별을 인식한다. 이 시기 동안 유아는 스스로가 얼마만큼 해낼 수 있는지를 알아내기 위해 노력한다. 타인을 모방하고, 옳고 그름에 대한 판단을 시작하면서 의미 있는 타인의 범위를 늘린다(박완용, 2019). 이를 통해 유아는 능력과 독창성을 키워 나가며 스스로 할 수 있다는 자신감과 긍정적인 태도를 발달시킨다. 그러므로 유아의 자율성과 독립심을 증진시킬 수 있는 양육환경과 양육자의 세심한 보호와 정서적 배려가 필요하다. 이 시기와 관련한 사회복지서비스는 어린이집을 이용하는 영유아의 보육료 지원사업, 시간제 보육, 학대 및 방임 피해 아동에 대한 보호서비스, 언어발달 지원사업 등이 있다.

4) 아동기

6~12세의 시기로 중심활동 영역이 가정에서 학교라는 공간으로 이동하게 되어 다양한 사회생활을 경험하게 되는 시기이다. 지속적인 신체적 발달과 함께 정서적 능력이 발달하면서 자기인식과 사회적 민감성이 발달한다. 특히 자기인식은 자아개념(self concept)과 같은 의미로 자신이 어떤 사람인지에 대한 인식을 말한다. 즉, 자신의 가치와 가능성에 대한 자신의 관점, 타인과의 관계 속에서 자신을 인식하는 방식, 자신이 되길 원하는 이상적인 상태, 자신을 있는 그대로 받아들이는 정도 등을 포함하는 개념이다. 자기개념을 형성하는 것은 학교와 또래 사이에서의 성공적 경험을 획득하는 것과 함께 이 시기 아동이 성취해야 할 중요한 과업에 포함된다. 이 시기와 관련한 사회복지서비스는 위기에 처한 청소년의 건강한 성장과 복지 증진을 위한 지역사회 청소년통합지원체계, 아동학대 예방을 위한 아동보

호전문기관 운영, 정서 및 행동에 어려움을 겪는 청소년을 위한 청소년치료재활센터 운영, 취약계층 학생이 밀집한 학교를 선정하여 집중 지원하는 교육복지 우선지원사업, 돌봄이 필요한 아동에게 맞춤형 돌봄 서비스를 제공하는 다함께 돌봄 사업 등이 있다.

5) 청년기

청년기는 12~20세에 해당되며, '제2의 성장급등기'라고 부를 만큼 신체적 성숙이 급속하게 이루어지고 인지발달에서는 지각 및 경험을 뛰어넘어 논리적 사고와 추상적 추론이 가능해진다. 이 시기는 성정체성을 포함한 자아정체감을 확립하여 개인적 가치를 명확히 하는 시기이다. 부모로부터의 독립과 함께 정체감을 형성하기 위한 과정에서 또래집단은 매우 중요한 영향을 미친다. 이 시기에서의 또래집단은 가장 영향력 있으며, 긍정적인 힘과 또는 부정적인 영향을 주기도 한다. 자신의 가치에 진실하기보다 또래에게 수용되고 싶어 하는 욕구가 크면 진실하지 않는 방식으로 행동하기 쉽고, 다른 사람의 기대에 비춰 자신을 보려고 하는 경향이 증가한다. 청년기는 가장 격동적이고 불안정하지만 앞으로의 생의 방향을 결정하는 중요한 시기이며, 부모로부터의 심리적 독립과 정체성 확립 그리고 사회적 기대역할을 수용하는 과업을 달성해야 한다. 이 시기와 관련한 사회복지서비스는 학업 및 진로를 위한 학교사회복지, 위기 청소년을 대상으로 심리적·정서적 지지를 지원하는 청소년동반자프로그램 운영, 지역 청소년들이 균형 있게 성장하도록 지원하는 지역 청소년활동정책 진흥사업, 청소년의 개성과 창의성을 개발하도록 지원하는 청소년활동지원사업, 청소년의 비행이나 탈선을 예방하고 사회적응을 위한 가출청소년 보호지원 쉼터, 학교 밖 청소년 지원 등이 있다.

6) 성년기

이 시기는 20~40세에 해당되며, 타인과의 관계에서 친밀감을 형성하는 중요한 발달과업을 성취하는 시기이다. 성년기에는 신체적 발달이 완료되고 가장 강건한 시기이지만 일부 신체적 기능은 감퇴하기 시작한다. 자아정체감을 확립하여 타인과의 친밀한 관계를 형성할 수 있으며 결혼과 직업을 선택하고 부모역할 등의 새로운 환경에 적응하는 시기이다. 이 시기의 잠재적인 문제는 대인관계문제, 이성 관계 및 성적인 문제, 진로문제, 결혼과 사회적응 문제 등을 들 수 있다. 성년기와 관련한 사회복지서비스에는 결혼생활의 적응과 자녀양육을 위한 부부상담 및 부모교육, 아동의 양육과 미혼모·부의 자립 지원을 위한 미혼모·부 초기지원, 청소년 한부모가 자녀를 양육하고 자립할 수 있도록 지원하는 청소년한부모 자립지원, 취약계층의 취업과 자립을 지원하는 취약계층 취업촉진사업, 취약계층의 체계적인 취업훈련을 위한 직업훈련생계비 대부, 일하는 생계급여수급 청년의 탈수급과 자립을 위한 청년희망키움통장, 주거안정을 위한 임대주택 공급, 미취업 청년에게 지원하는 청년구직활동지원금 등이 있다.

7) 중년기

중년기는 40~65세의 시기로 노화의 징후가 나타나기 시작하며 개인적인 삶은 위축되고 다음 세대로의 전수를 생각해야 하는 시기이다. Erikson은 이 시기의 발달과업을 생산성 대 침체라는 갈등 및 위기의 경험이라고 했다. 생산성이란 성숙한 성인이 다음세대를 구축하고 이끄는 데 관심을 기울이는 것을 말한다. 그러므로 중년기의 사람들은 자녀를 양육하고 직업생활에 몰두하며 가정과 사회의 발전을 위해서 관심을 가지고 살아간다. 이러한 과업을 달성하지 못하면 침체감을 느끼게 된다. 사람들은 자신의 능력이나 가용할 수 있는 자원의 한계로 인해 인생의 목표를 달성하지 못하고 가정이나 사회에서 존재의미를 찾지 못하는 실패자라고 인식할 때 침체감에 빠지게 된다. 이 시기의 부적응 현상으로는 이혼이나 별거 등의 가족생활의 실패, 부모–자녀 간 갈등의 증가, 성장한 자녀의 독립에 따른 빈 둥지(empty nest) 증후군, 실업과 재취업 문제, 연령 증가에 따른 질병이나 장애의 발생 등이 있다. 중년기와 관련한 사회복지서비스는 5대 사회보험(국민연금, 건강보험, 산업재해보상보험, 고용보험, 노인장기요양보험)을 비롯하여 사회경력이 단절된 여성의 재취업을 지원하는 여성경제활동 촉진지원, 중장년 기술창업센터 지원, 저소득 자영업자 또는 근로자의 소득과 자녀양육비를 지원하는 근로·자녀장려금, 가족의 안정성 및 가족관계 증진을 위한 건강가정지원세터 운영 등이 있다.

8) 노년기

노년기는 일반적으로 65세 이상의 사람들을 지칭하지만 정확한 나이의 기준에 관해서는 여러 정의들이 서로 일치하지 않고 있다. 이는 인간의 평균수명 연장과 노화의 지연, 사회 변화에 따른 노인들의 역할과 지위가 달라지기 때문이다. 그럼에도 노년기를 중년기 이후부터라고 규정하는 데는 대부분이 합의한 것으로 보인다. Erikson은 이 시기의 발달과업을 자아통합과 절망감의 위기를 극복하는 것이라고 하였다. 노년기에는 자신이 살아온 삶을 되돌아보게 되는데, 이때 지난 삶에 대해 후회 없이 만족하며 인생의 마지막인 죽음까지 받아들이게 되면 통합감이라는 정점에 도달하게 된다. 반면 지난 삶에 대한 후회와 인생의 무의미함을 느끼고 남은 삶에 대한 가치를 부정하게 되면 절망감에 빠지게 된다. 이 시기의 잠재적 문제는 배우자나 친지의 죽음과 같은 개인적 상실과 사회적 지위 및 특권의 상실, 소득 감소와 빈곤, 노인에 대한 경시와 차별, 노화에 따른 신체적·정신적 질환 등이 대표적이다. 노년기와 관련한 사회복지서비스는 노년기 생활안정을 지원하는 기초연금, 종합적 노후준비를 지원하는 노후준비서비스, 독립적인 생활이 불가능한 노인을 위한 노인장기요양보험, 독거노인 보호를 위한 독거노인종합지원센터 운영, 노인학대예방을 위한 노인보호전문기관, 노인의 일자리 제공과 사회활동을 지원하는 노인일자리 및 사회활동 지원사업 등이 있다.

제 2 장

사회복지의 개념

제 2 장

사회복지의 개념

1. 사회복지의 개념

1) 사회복지의 어의적 개념

사회복지(social welfare)란 용어는 '사회적(social)'이라는 형용사와 '복지(welfare)'라는 명사의 합성어이다. 먼저 '사회적(social)'이라는 형용사는 '인간사회, 개인과 집단의 상호작용 또는 사회구성원으로서 인간의 복지에 관계 되는' 혹은 '인간 상호 간에 협력적이고 상호 의존적인 관계를 구성하려는 경향이 있는'으로 설명하고 있다. '사회적'이라는 단어의 의미에는 사회구성원 간의 상호관계를 중요시하고 이러한 인간관계를 통해 공동체 안에서의 삶이 영속된다는 점을 강조한다. 복지(welfare)는 'well'과 'fare'의 합성어이며, 사전적 의미로 'well'은 "만족스러운, 성공적인, 적절한" 등의 뜻이고, 'fare'는 "어떤 상태"를 의미한다. 따라서 복지(welfare)란 편안하고 만족스러운 상태를 의미하며, 행복, 안녕, 번영 등의 관점에서 잘 지내는 상태를 말한다. 동시에 이러한 상태를 누릴 수 있도록 제공되는 서비스나 정책까지 내포하고 있다. 이와 같은 개별적인 정의를 연결하면, 사회복지란 '만족스럽고 행복한 삶을 위해서 사회구성원 모두가 상호 협력적이고 상호의존적 관계를 맺는 사회적 실천 활동'으로 정의할 수 있다.

2) 사회복지의 잔여적 개념과 제도적 개념

사회복지의 개념은 어의적 의미, 잔여적 개념과 제도적 개념, 광의의 사회복지와 협의의 사회복지 등으로 나누어 다양하게 정의되고 있다. 특히 Wilensky와 Lebeaux(1965)가 제시한 잔여적 개념(residual concept)과 제도적 개념(institutional concept)은 가장 많이 인용되고 있는 사회복지의 개념정의라 할 수 있다. 사회복지의 잔여적 개념과 제도적 개념은 사회제도의 기능적 분화와 사회복지 기능의 제도화 과정을 배경으로 하고 있는데, 주요 내용을 살펴보면 다음과 같다(이경남 외, 2012).

(1) 잔여적 개념

잔여적 개념에서는 사회복지를 각 개인의 욕구가 일차적으로 가족과 시장에서 충족되지 못할 경우 혹은 적절한 자원이 없을 경우에만 잠정적, 일시적으로 사회가 나서서 돕는 것으로 간주한다. 즉, 가족의 기능을 통해 개인의 욕구가 충족되어야 하지만 부·모의 부재 또는 경제적 능력을 상실해서 제 기능을 하지 못하거나, 경제 불황과 같이 시장이 제 기능을 하지 못할 때 사회복지가 대신해서 개입하는 것이다. 따라서 가족이나 시장으로부터 탈락된 개인에게 정상적인 삶을 살 수 있도록 주로 응급조치의 기능을 수행하는 보충적 활동이 사회복지라고 간주하고 있으며, 정상적인 사회조직인 가족과 시장이 제 기능을 발휘할 때는 개인주의 이념에 따라 사회복지는 활동을 중단해야 하는 점에서 볼 때 '잔여적'이다. 잔여적 개념의 사회복지에서는 욕구는 비정상적이며 문제 상황은 위기이고 서비스는 낙인(stigma)을 수반하게 된다. 잔여적 개념의 대표적인 사회복지 프로그램은 공공부조 프로그램이다.

(2) 제도적 개념

제도적 관점은 현대사회의 복잡성이 인정되고, 이에 따라 가족이나 시장의 기능이 원활하지 못해 개인의 욕구를 충족시켜 줄 수 없으므로 사람들의 욕구를 정상적인 것으로 간주한다. 따라서 사회는 욕구를 가진 사람을 도와야 할 의무가 있고, 사회구성원은 사회복지 급여와 서비스를 받을 권리(시민권, 복지수급권)가 있다. 복잡한 현대 산업사회에서 사회복지는 가족, 경제, 정치, 교육, 종교와 같은 사회제도와 같은 위치에서 일차적 기능을 수행해야 한다. 사회복지의 제도적 개념은 사회복지를 각 개인이나 집단 및 지역사회가 만족할 만한 수준의 삶과 건강을 누릴 수 있도록 돕기 위해 정상적으로 제도화된 조직체계로 보고 있으며, 평등주의 이념에 따라 모든 국민에게 보편주의적으로 제공되는 것이다. 따라서 사회복지를 제도적 개념으로 볼 때 욕구는 예측되며 산업화로 인해 필연적으로 발생되는 것이며, 문제 상황은 현대 생활의 복잡성에서 나온다. 그러므로 서비스에 낙인은 없으며 타당하고 정당한 기능을 수행하는 것으로 받아들여지게 된다.

〈표 2-1〉 사회복지의 잔여적 개념과 제도적 개념의 비교

구 분	잔여적 개념	제도적 개념
문제 상황	응급상황 · 위기상황	복잡한 사회구조의 필연적 발생
문제 원인	개인 책임 강조	사회구조적 책임 강조
개인의 욕구	비정상적	정상적
서비스 제공	자원이 고갈된 후 사후에 제공	문제가 심각하기 전 사전에 제공
낙인 여부	낙인부여	낙인없음
지원 기간	일시적 · 단기적	제도적 · 항구적
사회복지 기능	보충적, 일시적, 대체적	사회제도로서 독립적 기능수행
국가 역할	국가역할의 최소화	적극적인 국가 역할
사회복지프로그램	공공부조, 의료급여	사회보험

사회복지의 잔여적 개념과 제도적 개념은 선별주의와 보편주의로 설명되기도 한다(박병현, 2012). 급여수급의 자격기준이 개인의 욕구나 자산조사에 의거하여 어떤 특정 계층에게만 사회복지서비스가 제공되면 그 사회복지프로그램은 선별적(selective) 성격을 지닌다고 할 수 있고, 모든 사람에게 권리로서 급여가 제공된다면 그 사회복지 프로그램은 보편적(universal) 성격을 지닌다고 할 수 있다. 예를 들면, 공공부조나 의료급여는 개인의 재산보유수준이나 소득수준과 관련된 기준을 충족시켜야 급여 대상자가 되기 때문에 선별적 프로그램이며, 사회보험제도는 기여에 의해 급여를 수급받기 때문에 보편적 프로그램이다. 이와 같이 사회복지에 대한 두 가지 견해는 철학적으로 서로 상반되지만, 오늘날 사회복지실천은 각각의 요인들을 결합하려고 시도해 왔다. 사회복지의 오랜 역사적 경향은 잔여적인 것으로부터 제도적인 것으로 바뀌어 왔고 또 발전해 나갈 것으로 전망하고 있다.

3) 사회복지의 광의의 개념과 협의의 개념

사회복지의 개념은 사회와 국가 및 다양한 분야의 학자들에 따라 다르게 해석되고 있다. 사회복지의 역사적 발달 과정에서도 볼 수 있듯이 시공간에 따라 그 개념도 달리 적용되어 왔다. 이는 사회복지를 정의하는 데 있어 사회복지의 가치와 이념, 주체와 대상, 실천내용과 기술 등이 밀접히 관련되어 있기 때문이다. 사회복지활동의 실체적 측면에서 넓은 의미와 좁은 의미의 사회복지 개념을 살펴보면 다음과 같다.

(1) 협의의 사회복지

사회복지는 인간의 욕구와 사회적 위험에 대응하기 위한 사회구성원들의 집합적 노력으로 기본적인 사회적 욕구(social needs)를 해결하기 위한 실천 활동이다. 협의의 사회복지는 이러한 실천 활동의 영역이나 내용이 공동체 내에서 반드시 도움이 필요한 사람들만을 대상으로 하는 제도나 정책 수립을 의미한다. 즉, 협의의 개념은 빈곤한 계층, 장애인, 노인, 아동 등의 사회적 약자계층이나 요보호자로 대상범주를 한정하여 실천하는 소극적이고 잔여적인 개념이다. 따라서 협의의 사회복지는 어떠한 이유로 독립적인 생활이 불가능한 사람, 즉 공공부조 대상자와 시장기능에서 탈락된 가족이나 장애인, 노인, 아동 등의 요보호대상자에 대한 소득보장과 개별 사회적 서비스만을 사회복지실천활동으로 포함한다.

협의의 사회복지 제도 및 정책의 실시는 사회 내에서 도움이 필요한 사람들에게만 서비스가 집중되므로 효과성이 높고 자원이 절약되기 때문에 경제적 효율성도 높일 수가 있다. 또한 전체 사회구성원들에서 상대적으로 취약한 계층에게 자원이 배분되므로 개인 간의 차이를 줄이는 소득 재분배 효과도 크다. 그러나 특정 계층에게만 서비스가 제공되기 때문에 대상자에게 사회적인 낙인(stigma)과 수치심을 유발할 가능성이 높다.

(2) 광의의 사회복지

광의의 사회복지 개념은 모든 국민을 대상으로 하는 확대된 사회복지의 개념으로 기본적인 사회적 욕구를 해결하기 위해 포괄적이고 보편적인 제도와 정책을 의미한다. 즉, 사회정책, 사회보장, 보건, 의료, 주택, 교육, 고용, 개별 사회적 서비스 등을 포괄하며, 모든 국민의 인간다운 삶을 보장하기 위한 적극적이고 체계적인 사회서비스를 실행하기 위해 노력한다.

포괄적이고 보편적인 사회복지 제도와 정책은 국민 모두가 대상이기 때문에 서비스 수급에 있어 차별이나 낙인 등을 최소화할 수 있고 사회 구성원 모두가 똑같은 법과 제도에 따라 복지서비스를 받게 된다. 따라서 사회구성원들 간의 통합과 공동체 의식이 함양됨으로써 사회통합(social integrity)의 효과가 높아질 수 있다. 그러나 사회구성원 모두에게 서비스가 제공되는 포괄적·보편적 특성은 사회복지서비스가 불필요한 사람에게도 똑같이 분배되기 때문에 자원의 낭비와 함께 서비스의 효과성 및 효율성을 감소시킬 수 있다.

〈표 2-2〉 사회복지의 협의의 개념과 광의의 개념

구 분	협의의 사회복지	광의의 사회복지
대상	사회적 약자나 요보호자	모든 국민
복지 개념	잔여적, 보충적	제도적
서비스 유형	공공부조	사회보험
장점	효과성 · 효율성 및 소득재분배 효과 높음	낙인 최소화, 사회통합 효과
단점	낙인, 수치심 유발	서비스 효과성 · 효율성 감소

2. 사회복지와 사회제도

어떤 사회든지 사회구성원들의 기본적 욕구를 충족시키면서 하나의 공동체로서 존속 발전해 나아가기 위해 필수적인 기능을 지속적 행위의 유형을 조직화하고 관습화하여 사회제도로 정착시킨다(장인협 외, 2007). 따라서 모든 사회와 국가는 존립과 발전을 영속하기 위해 필요한 다양한 기능을 사회제도를 통해 효과적이고 효율적으로 수행한다. 사회제도는 사회가 점점 발전하고 분화되면서 사회의 여러 가지 기능을 담당하도록 발전하기 시작하였는데, Gilbert와 Specht(1974)는 사회의 기본제도로서 가족, 종교, 경제, 정치, 사회복지를 들고 있다. <표 2-3>과 같이 가족제도는 사회화 기능을, 종교제도는 사회통합의 기능을, 경제제도는 생산 · 분배 · 소비의 기능을, 정치제도는 사회통제의 기능을, 사회복지제도는 상호상조의 기능을 하고 있다. 이러한 사회제도가 각각의 기능을 원활하게 수행하게 될 때 사회구성원들의 욕구는 충족될 수 있다.

〈표 2-3〉 사회제도와 기능

사회제도		주요기능
가족제도	------------------------	사회화
종교제도	------------------------	사회통합
경제제도	------------------------	생산 · 분배 · 소비
정치제도	------------------------	사회통제
사회복지제도	------------------------	상호부조

출처 : Gilbert & Specht(1974).

1) 가족제도 : 사회화의 기능

모든 사회나 공동체가 존속하기 위해서는 기본적으로 구성원들의 출산을 통한 재생산 기능이 원활히 수행되어야 가능해진다. 이러한 사회구성원들의 재생산 기능과 사회화 기능을 담당하는 것이 가족제도이다. 사회화는 인간이 사회나 공동체가 요구하거나 기대하는 행위와 역할을 할 수 있도록 그 사회의 가치와 규범, 문화, 지식 등을 전수하는 과정을 의미한다. 사회화 과정은 인간의 생애에 걸쳐 지속적으로 이루어지는데, 특히 유아기와 아동기 시기가 매우 중요하다. 아동의 사회화는 일차적으로 부모와 같은 주 양육자로부터 사회생활에 필요한 생활양식과 지식 등을 습득하게 된다. 또한 가족을 통해 친밀감을 형성하고 애정을 나누며 정서적 지지와 적절한 보호를 제공받으며 건강한 사회구성원으로 발달할 수 있다.

2) 종교제도 : 사회통합의 기능

종교제도는 종교조직이라는 공동체를 통하여 사회의 문화적 전통과 가치와 규범 등을 전승하는 기능을 한다. 종교조직은 신자들의 공동체로서 상호간의 신뢰를 굳건히 하고 나아가 사회구성원으로서 깊은 관여와 헌신을 강화하여 사회에 대한 충성심을 고취시킨다. 이것이 종교제도가 가지는 사회통합의 기능이다. 사회통합의 기능은 사람들 스스로 규범을 준수하여 바람직한 행동을 하도록 촉진하는 기제라 할 수 있다. 종교제도가 가지는 사회통합 기능은 사회복지의 기능도 포함하고 있는데, 예컨대 공공부조제도가 확립되기 전 교회나 종교단체에 의한 빈민구제 활동이 있었으며, 현대사회에서도 다양한 분야에서 사회통합을 위한 종교단체의 사회복지활동이 활발하게 전개되고 있다.

3) 경제제도 : 생산, 분배, 소비의 기능

경제제도는 사회구성원들이 일상생활을 영위하는 데 필요한 재화와 서비스를 생산하고 분배하고 소비하는 과정과 관련된 경제활동의 기능을 수행한다. 경제활동을 매개하는 가장 핵심적인 기제는 '시장'이며, 사회구성원들은 '시장' 안에서 노동력을 제공하고 대가로 급여를 받아 필요한 재화와 서비스를 구매한다. 즉, 개인은 시장 안에서 생산에 참여하고 그 대가로 급여를 제공받아 필요한 재화와 서비스를 구매하는 이른바 경제활동을 통해 기본적인 욕구를 해결한다. 전통사회에서는 가족이나 이웃, 지역사회를 중심으로 비교적 단순하게 경제활동이 이루어졌으나 현대사회에서는 복잡한 사회 구조와 문화, 생활양식 등으로 다양한 주체들에 의해 그 역할이 수행되고 있다. 경제제도는 이러한 경제활동의 기능을 수행하는 제도이다. 경제제도는 생산의 방법과 개인의 욕구충족 방법에 영향을 주며, 건강한 생활을 유지하는 데 필요한 재화와 서비스를 얼마나 제공받을 수 있는지를 결정한다.

4) 정치제도 : 사회통제의 기능

정치제도란 일정한 정치적 목적과 권력구조를 갖추고 정치활동을 규제하는 기능을 하며 관습적으로 법률적 기반을 가지는 조직을 말한다. 국가는 정치제도를 통해 사회공동체의 질서유지와 안정을 위해 사회구성원들이 지켜야 할 법과 도덕, 규범이란 장치를 만든다. 이러한 정치제도는 국가가 만든 법과 규범이라는 장치에 사회구성원들이 순응하도록 강제하는 사회통제의 기능을 가진다. 즉, 국가는 정치제도를 통해 개인이 일정한 사회적 가치나 규범에 순응하도록 강제함으로써 사회의 질서와 안녕을 유지하고자 하는데, 이러한 기능을 사회통제라고 한다.

5) 사회복지제도 : 상호부조의 기능

상호부조의 사전적 의미는 "사회공동체에서 그 구성원에 생활상의 사고 또는 위험이 있을 때 상호 간에 서로 돕는 것"을 말한다. 과거 전통사회에서는 가족과 친척, 이웃주민 등의 일차적 사회집단이 상호부조의 기능을 주로 수행했다. 그러나 현대산업사회로 발전해 오면서 전통적 사회집단의 상호부조 기능이 저하되고 정부와 민간사회조직, 종교단체, 자조집단 등의 이차적 사회집단으로 기능수행이 확대되었는데, 이른바 공공부조와 사회보험, 사회서비스와 같은 사회복지제도가 그것이다. 사회복지제도는 국가와 민간이 주체가 되어 조직적이고 제도적인 장치를 통해 상호부조의 기능을 수행한다.

3. 사회복지 관련 개념

사회복지의 개념을 정확히 이해하기 위해서는 일반적인 개념 정의뿐만 아니라 사회복지와 내용과 성격이 유사하거나 혼용하는 용어의 개념을 살펴볼 필요가 있다. 본 서에서는 사회보장, 사회사업, 사회서비스, 사회복지서비스, 사회복지실천의 개념과 비교해서 살펴본다.

1) 사회보장(social security)

사회보장이라는 용어가 공식적으로 사용된 것은 1935년 미국의 '사회보장법'이며, 보다 보편적으로 사용하게 된 것은 1942년 영국의 '베버리지 보고서'가 공표된 이후이다. 베버리지 보고서에 의하면 사회보장을 소득보장을 의미하는 것으로 정의하였는데, 빈곤, 질병, 무지, 불결, 나태의 5대 사회 악(惡)을 제거하기 위한 국가차원의 조치였다. 사회보장에 대한 정의를 논할 때 국제노동기구(ILO)의 정의를 가장 많이 인용한다. 국제노동기구는 '사회보장은 사회구성원들이 처하게 되는 일정한 위험(사고)에 대해서 사회가 적절한 조직을 통해 부여하는 보장'이라고 정의하며 국가의 역할을 강조하고 있다.

우리나라에서는 사회보장에 대한 개념을 사회보장기본법에서 정의하고 있다. 동법 제3조 제1항에서 '사회보장이란 출산, 양육, 실업, 노령, 장애, 질병, 빈곤 및 사망 등의 사회적 위험으로부터 모든 국민을 보호하고 국민 삶의 질을 향상시키는 데 필요한 소득·서비스를 보장하는 사회보험, 공공부조, 사회서비스를 말한다'라고 규정하고 있다. 이와 같이 사회보장은 모든 국민을 대상으로 최저생활의 보장 및 위험과 사고에 대한 보호를 국가기관을 통해 보장해야 함을 표명하고 있다.

또한 사회보장기본법에서는 사회보험, 공공부조, 사회서비스에 대한 정의도 규정하고 있다. 사회보험이란 국민에게 발생하는 사회적 위험을 보험의 방식으로 대처함으로써 국민의 건강과 소득을 보장하는 제도를 말한다(동법 제3조 제2항). 공공부조란 국가와 지방자치단체의 책임하에 생활 유지 능력이 없거나 생활이 어려운 국민의 최저생활을 보장하고 자립을 지원하는 제도를 말한다(동법 제3조 제3항). 사회서비스란 국가·지방자치단체 및 민간 부문의 도움이 필요한 모든 국민에게 복지, 보건의료, 교육, 고용, 주거, 문화, 환경 등의 분야에서 인간다운 생활을 보장하고 상담, 재활, 돌봄,

정보의 제공, 관련 시설의 이용, 역량개발, 사회참여 지원 등을 통하여 국민의 삶의 질이 향상되도록 지원하는 제도를 말한다(동법 제3조 제4항). 이와 같이 사회보장기본법에서는 사회보장을 사회보험, 공공부조, 사회서비스를 모두 포함하는 넓은 개념으로 규정하고 있다.

사회복지와 사회보장의 비교개념에서 어느 쪽이 더 상위개념인지에 대한 논의는 크게 의미가 없겠으나, 사회복지를 광의의 개념으로 정의할 경우 소득보장, 보건, 의료, 주택, 교육, 노동, 개별 사회서비스 등이 포함되기 때문에 사회보장의 개념보다 포괄적인 상위개념이 될 것이다.

2) 사회사업(social work)

우리나라에서는 현재 사회복지라는 용어를 매우 보편적으로 사용하고 있으나, 1970년대 이전에는 사회사업(social work)이라는 용어를 주로 사용하였다. 사회사업은 사회복지와 상호 관련된 영역으로 현재까지도 종종 혼용하여 사용되기도 하지만 구체적인 내용과 기능이 상이하기 때문에 그 의미를 구분해서 사용할 필요가 있다.

Friedlander와 Apte(1980)는 사회복지가 전문 사회사업보다 넓은 의미를 지니고 있다고 하였다. 그들에 따르면, '사회복지는 국민들의 복지를 위한 기본적인 것으로 인정된 사회적 욕구를 충족시키고, 사회질서의 회복을 위하여 제반 급여를 확보하거나 강화시키는 법률, 프로그램, 급여 및 서비스 체계이며, 사회사업은 개인, 집단, 지역사회가 개인적·사회적 만족과 독립을 누릴 수 있도록 도와주는 인간관계에 대한 과학적 지식과 기술에 바탕을 둔 전문적인 서비스'라고 정의 하였다. 즉, 사회사업은 개인이 자신의 능력을 충분히 발휘하여 복지를 증진해 나갈 수 있도록 가족 및 지역사회와의 조화를 통한 개인적·사회적 관계 조성을 목적으로 한다.

미국사회복지사협회(NASW)에서는 사회복지를 사회유지를 위한 기본적인 사회적·경제적·교육적·건강적 욕구를 충족하도록 돕는 프로그램, 급부 및 서비스에 관한 국가의 체계이며, 사회사업은 사람들이 효과적인 수준의 심리사회적 기능을 수행하도록 돕고 모든 사람의 행복을 증진시키도록 사회변화에 영향을 미치는 응용과학이며, 개인, 집단, 지역사회가 사회적으로 순기능을 수행할 수 있도록 그들의 능력을 증진 또는 회복시키려는 전문적인 활동이자 실천방법으로 정의하고 있다(이경남 외, 2012).

이러한 정의로 볼 때, 사회복지는 사회적 위험에 대처하기 위한 사회 정책이나 제도의 거시적 개념이라면, 사회사업은 사회복지의 전문영역으로서 개인의 사회적 기능을 원활히 수행하기 위해 제공하는 전문적 활동이라고 할 수 있다. 사회복지와 사회사업을 구체적으로 대상, 목적, 기능, 방법 등으로 구분하여 비교하면 <표 2-4>와 같다.

〈표 2-4〉 사회복지와 사회사업의 비교

구 분	사회복지	사회사업
강조점	이상	실천
대 상	불특정적	특정적
목 적	환경 지향적(사회환경 변화)	인간 지향적(개인 변화)
기 능	예방적·적극적	치료적·소극적
방 법	제도·정책	지식·기술·전문활동
본 질	체계	전문적 서비스

출처 : 이경남 외(2012).

3) 사회서비스와 사회복지서비스

사회서비스(social service)는 인간의 기본적이며 보편적인 욕구를 충족시키고 개인, 집단, 가족 또는 지역사회의 기능을 강화하기 위한 서비스로 언급되고 있다. 사회서비스는 넓게는 휴먼서비스(human service)와 동일한 의미로서 광의의 사회복지 개념과 유사하게 사용되기도 하며, 협의의 사회서비스를 의미할 때는 대인적 사회서비스(personal social service)로 사용되기도 한다(Mehr & Kanwischer, 2004).

사회서비스의 사전적 의미는 공공행정, 사회복지, 보건의료, 교육, 문화 등 다양한 분야를 포괄하고 있는 개념이다. 사회보장기본법 제3조 제4항에 따르면 사회서비스란 "국가 · 지방자치단체 및 민간부문의 도움이 필요한 모든 국민에게 복지, 보건의료, 교육, 고용, 주거, 문화, 환경 등의 분야에서 인간다운 생활을 보장하고 상담, 재활, 돌봄, 정보의 제공, 관련 시설의 이용, 역량 개발, 사회참여 지원 등을 통하여 국민의 삶의 질이 향상되도록 지원하는 제도"라고 정의하고 있다.

최근 우리나라에서는 사회서비스 분야의 일자리 창출과 복지확대라는 정책적 지향점으로 인해 사회서비스의 확충에 대한 관심이 높아졌다. 현재 논의되고 있는 사회서비스의 개념은 넓은 의미로는 우리나라 표준산업분류상 공공행정, 국방, 교육서비스, 의료서비스 및 사회복지서비스를 포함하고 있으며, 좁은 의미로는 사회적 돌봄 서비스(social care service)를 의미한다.

사회복지서비스(social welfare service)는 노인, 여성, 장애인, 아동, 가족 등의 대상별로 제공되는 복지서비스로서 개별적 서비스라는 제한된 의미로 이해될 수 있다. 우리나라 사회복지사업법에서는 사회복지서비스를 '국가 · 지방자치단체 및 민간부문의 도움을 필요로 하는 모든 국민에게 사회보장기본법 제3조 제4호(복지, 보건의료, 교육, 고용, 주거, 문화, 환경 등)에 따른 사회서비스 중 사회복지사업을 통한 서비스를 제공하여 삶의 질이 향상되도록 제도적으로 지원하는 것'으로 규정하고 있다(사회복지사업법 제2조 제6항). 즉, 사회복지서비스는 개인이나 가족 및 집단의 욕구충족을 위해 전문화된 개별서비스를 제공하지만 사회복지의 제도적 틀 안에서 '사회복지사업을 통한 서비스'라는 제한된 의미의 사회서비스를 말한다.

4. 사회과학과 사회복지학

사회복지학은 인간과 사회 환경의 상호작용에서 나타나는 다양한 사회 현상을 조사하고 연구하여 인간다운 삶이 보장되는 사회를 형성하는 데 기여하는 실천학문이며 응용학문이다. 사회복지학이 실천응용학문으로 분류되는 이유는 과학의 목적인 현상을 있는 그대로 묘사하는 기술(description), 현상 간의 인과관계를 밝혀내는 설명(explanation), 현상이 앞으로 어떻게 변화되고 전개될지에 대한 예측(prediction), 현상을 조작하고 변화시키는 통제(control) 중에서 현상의 기술, 설명, 예측을 목적으로 하는 순수학문의 이론과 지식을 바탕으로 과학의 마지막 목적인 현상의 통제, 즉 현상의 변화를 도모하는 데 초점을 둔 학문이기 때문이다(권중돈 외, 2019). 따라서 사회복지학은 사회적 욕구 및 문제를 사회복지라는 제도적 장치로 해결하기 위해 과학적으로 연구하고 실천함으로써 개인의 욕구를 충족하고 삶의 질을 향상시키려는 목적의 실천응용학문이자 사회과학의 독자적인 한 영역이라 할 수 있다. 이러한 사회복지학은 응용사회과학으로서 인간과 사회의 제반문제를 해결하기 위한 다학문적 노력을 전제로 하기 때문에 인접 사회과학 학문과 밀접한 관계를 가지고 있다. 사회복지학의 이론과 실천에 영향을 준 인접 사회과학에는 인간의 행동과 발달 및 인간의 내적 심리 등의 사회복지실천이론을 구축하는 데 공헌한 심리학, 정치현상 및 사회・경제적 구조와 복지행정을 이해하는 데 기여한 정치학, 경제학, 사회학, 행정학 등이 있다. 사회복지학의 지식체계를 확립하는 데 영향을 미친 이들 학문을 사회복지학과 비교하여 살펴보면 다음과 같다(오정수 외, 2020).

1) 심리학

심리학은 인간의 정신과정과 행동을 과학적으로 연구하는 학문으로서, 인간에 대한 이해와 행동을 예측하고 이를 통해 보다 나은 인간의 삶을 추구하는 학문이다. 심리학은 인간의 발달과정에 나타난 특성 및 여러 가지 문제를 이해하는 데 기여할 뿐 아니라, 인간의 행위와 사회와의 관계를 파악하는 데 필요한 기초지식을 제공해 주고 있다.

심리학의 학문적 영역은 다양하게 나타나고 있다. 생물심리학, 실험심리학, 인지심리학, 발달심리학, 사회심리학, 조직심리학, 광고심리학 등 다양한 인간에 대한 심리학적 관점을 포함하고 있다. 최근에 들어와서는 인간과 물리적 환경 간의 관계나 컴퓨터의 지능적 행동까지도 연구대상으로 하는 등 심리학의 연구 영역은 인간행동뿐만 아니라 인간행동에 영향을 미치는 사회적 현상까지 포괄하고 있다.

심리학은 사회복지학의 이론적 기초를 정립하는 데 많은 영향을 미쳤다. 그 중에서도 사회사업의 교육 및 실천에 미친 심리학의 영향은 대단히 크다. 예를 들어, 사회사업 교육에 기여한 인간발달이론은 인간과 정신현상에 관한 기본적인 이론으로서 인간행동의 이해에 대한 합리성을 제공하였다. 또한 인간발달과 사회환경 간의 중요성을 강조함으로써 사회사업의 이론적 기초를 형성하였으며, 사회복지실천의 개입기법, 사회복지사의 역할과 기능에 대한 명확한 이해를 하는 데 공헌하였다.

사회복지학의 중요한 교과목으로서 인간행동과 사회환경, 사회복지실천론, 사회복지실천기술론 등은 심리학의 이론적 기초를 광범위하게 활용하고 있다. 특히 인간행동과 발달에 관한 행동·심리 관련 이론 및 상담이론, 가족 및 집단 관련 이론 등은 사회복지실천의 중요한 이론적 기반을 제공해 주고 있다. 따라서 심리학에 대한 이해는 사회복지사에게 요구되는 실천지식뿐만 아니라 사회복지학의 이론구축에도 필수적이다.

2) 사회학

사회학은 개인의 사회적인 삶, 조직 및 집단, 사회에 대해 연구하는 학문으로서, 개인 행위 및 사회현상을 체계적으로 이해하고 방법론이나 연구주제 면에서 매우 광범위한 학문이다. 사회학은 인간의 집합체인 사회를 이해하고, 사회적 관계의 구조, 현상, 변동 등을 과학적이고 체계적으로 탐구함으로써 보다 좋은 사회를 만드는 것을 목적으로 한다.

사회학은 19세기 전반에 학문으로 확립되었으며, 미시 수준의 개인적 행위에서부터 중범위 수준의 사회조직과 제도, 거시 수준의 국가 및 초국가의 행위에 이르기까지 복합적인 사회현상을 연구하는 학문이다. 사회학의 연구 영역으로는 문화, 퍼스낼리티, 사회화, 사회행동, 사회집단, 지역사회, 사회계층, 사회제도 등 사회의 전반을 연구대상으로 하고 있다. 일반적으로 사회학은 사회구조와 변동을 설명하는 일반사회학, 개별화된 인식을 목적으로 하는 역사사회학, 실천적 응용을 목적으로 하는 응용사회학의 세 부문으로 분류할 수 있다. 그 밖에 정치 및 경제현상, 정보화 등을 사회학적으로 고찰하는 각종 특수사회학(예를 들어, 경제사회학, 정치사회학, 지식사회학, 정보사회학 등)이 있으며, 다양하고 복잡한 사회현상을 고찰하는 연구 영역으로 더욱 분화되고 있다.

사회복지학의 학문적 발전과 관련하여 사회학은 많은 공헌을 하였다. 사회사업에서 강조하는 사회환경에 대한 이해는 사회학의 학문적 성과를 바탕으로 하고 있으며, 사회학은 사회사업의 발전 초창기부터 많은 공헌을 하였다. Maciver는 『소셜웍에 대한 사회학의 공헌(The Contribution of Sociology to Social Work)』이라는 저서에서 사회학이 사회사업에 대해 어떤 직접적인 치료의 의미를 가지는 것이 아니더라도, 사회사업의 사고를 통합시키거나 그 방향 및 활동의 목표를 제시하는 사회철학의 발전에 기초를 제공해 줄 수 있다고 하면서, 사회학이 사회사업에 공헌할 수 있음을 강조하였다

(Maciver, 1931, 장인협 외, 2007 재인용). 또한 사회정책학에서 중요하게 다루고 있는 사회복지제도의 성립과 발전에 관한 설명 등은 사회학의 학문적 성과와 밀접히 관련되어 있다.

사회복지학의 연구주제어인 '욕구', '상황 속의 인간' 등을 과학적으로 규명하고 실천하기 위해 사회학의 이론적 성과를 활용할 필요가 있다. 또한 개인의 사회적 행위를 비롯하여 사회구조 및 사회변동, 가족, 집단, 지역사회, 사회계층, 이데올로기의 역할 등에 관한 사회학적 이론들을 활용하여 복지현상을 보다 더 세련되게 설명할 필요가 있다. 따라서 사회학은 사회환경을 이해하는 데 필요한 이론적 논거를 제시해줄 뿐 아니라 개인의 행위 및 사회구조의 영향, 사회문제에 대한 분석시각 등을 제공해주고 있기 때문에 사회복지학도들은 사회학의 기초지식을 이해하고 응용할 필요가 있다.

3) 경제학

경제학은 인간의 행위 중에서 경제적 행위를 연구대상으로 하는 학문으로서 물질적 욕구충족을 위해 사회적·개인적 차원에서 이루어지는 모든 경제적 선택행위를 체계적으로 연구하는 학문이다. 우리가 살아가면서 경제와 연관되지 않은 것이 없을 정도로 경제현상은 우리의 삶과 직결되어 있다. 예를 들어 경제성장, 소득분배, 노사관계, 조세, 재정, 실업 등은 우리들의 생활에 직접적인 영향을 미치고 있으며, 이러한 문제들은 경제학의 중요한 연구대상이 되어 왔다.

경제학의 분류는 분야별로 경제이론, 경제사, 경제정책론 등으로 분류할 수 있으며, 가치판단의 유무에 따라 실증경제학, 규범경제학으로 분류할 수 있다. 실증경제학은 경제현상을 있는 그대로 분석하고 경제현상들 간에 존재하는 인과관계를 규명하고 변화를 예측하는 데 초점을 둔 반면, 규범

경제학은 어떤 경제상태가 바람직한지에 대한 가치판단을 중시하고 있다. 또한 연구대상에 따라 미시경제학과 거시경제학으로 구분되는데, 미시경제학은 가계와 기업과 같은 개별 경제주체들의 경제행위와 그 상호작용을 연구대상으로 하고 있다. 거시경제학은 국민소득, 경제성장 등 개별 경제주체들로 구성된 국민경제의 전체적인 현상을 연구대상으로 한다.

특히 서비스나 재화(goods)의 배분과 관련된 선택행위나 관리 및 배분 방식 등은 경제학에서 중요하게 다루었던 연구주제라 할 수 있다. 최근에 들어와 사회복지학에서도 복지자원의 관리와 배분을 어떻게 최적으로 할 수 있는지에 대해 많은 관심을 보이고 있다. 왜냐하면 제한된 자원을 인간의 욕구충족을 위해 어떻게 활용할 것인지가 주된 관심사가 되었기 때문이다.

경제학의 학문적 성과들은 사회복지학의 지식체계를 구축하는 데 많은 영향을 미치고 있다. 사회복지학에서는 사회문제가 내포하고 있는 경제적인 측면이나 자원의 배분과정에 대한 체계적인 지식을 요구하고 있다. 예를 들어, 사회복지 프로그램에 대한 경제적 효과분석, 복지재정의 구조 및 운용원리, 조세정의의 실현, 소득분배, 노동문제에 대한 이해 등은 사회복지학의 지식체계를 구성하는 데 있어서 중요한 연구영역이라 할 수 있다. 따라서 경제이론 및 경제동향, 경제정책 등에 대한 기초지식은 사회복지학의 학문적 발전과 밀접하게 관련되어 있기 때문에 경제학에 대한 이해가 요구된다.

4) 정치학

정치학은 과학적인 분석방법을 통해 제반 정치현상을 체계적으로 연구하는 학문으로서, 인간의 사회적 행위인 정치 현상을 과학적으로 규명하고 있다. 정치학은 사회적 가치를 권위적으로 배분하는 다양한 활동이나 분야에 대한 연구를 주로 하고 있으며, 국가나 국가 간에 있어서의 권력의 배분을 둘러싼 현상에 대해 설명하고 분석하는 학문 분야이다.

정치학의 연구 영역은 정치이론, 정치제도, 비교정치, 정치과정론, 국제관계, 정책학 등으로 분류되고 있다. 정치학은 그 기원이나 관심사에 있어서 여러 학문과 밀접한 관련성을 가지고 있다. 정치과정, 정치행태, 정치제도 및 기능, 정치사상 등에서 논의되었던 연구주제들은 다른 학문 분야에서도 주요 관심사였으며, 사회복지학도 예외가 아니다.

정치현상의 복잡성에 비례하여 연구 영역도 세분화되어 왔으며, 정치사회학, 정치경제학, 복지정치학 등 인접학문 분야와의 결합을 통해 새로운 연구 영역을 발전시키고 있다.

특히 선거와 같은 정부의 정책방향을 결정하는 정치행위는 국가의 역할이나 사회복지의 발전에 중대한 영향을 미칠 수 있기 때문에 정치현상 및 정치행위에 대해 정확하게 이해하는 것이 필요하다. 복지국가를 둘러싼 사회・경제적 관계 및 영향, 복지발전의 경로에 있어서 정당의 역할 및 선거정치 등을 연구내용으로 하는 복지정치학의 영역은 복지를 둘러싼 국가역할 및 국가체제에 관한 논의를 심화시키고 있다. 이처럼 복지현상에 대한 정치학적 설명을 사회복지학에서도 중요한 연구대상으로 설정하고 있으며, 복지국가론, 복지체제론 등의 연구영역으로 구체화되고 있다.

오늘날 사회문제의 해결에 대한 국가의 책임 및 역할이 강조되고 있고, 이해관계에 따른 갈등을 해소하고 조정할 수 있는 합리적 역할이 무엇보다 중요하다. 그러므로 국가를 비롯한 사회적 행위자의 정치적 역할은 주목받을 수밖에 없다. 복지서비스에 대한 국가의 공적 역할, 선거이슈로서 복지의 중요성, 선거정치의 역학 등은 사회복지의 발전에 많은 영향을 주고 있다. 따라서 정치학에서 다루고 있는 정치행위나 정치현상에 대한 이해와 기초지식은 사회복지현상을 규명하는 데 도움을 줄 뿐 아니라 사회복지학의 연구영역을 확장하는 데도 기여하고 있다.

5) 행정학

행정학은 행정현상을 실증적으로 연구하는 학문으로서, 행정을 중심으로 이루어지는 공공현상을 분석・설명하고 행정의 본질을 규명하려는 지식체계이다. 여기에서 행정이란 사기업의 경영이라는 개념과는 달리 공공을 위한 정부활동을 의미한다.

행정학은 산업혁명 과정에서 대규모 조직들이 형성되고 효율적으로 관리되고 있는 현상이나, 오래 전부터 형성된 국가의 통치를 위한 각종 제도에 주목하고 행정현상을 설명하면서 시작되었다. 20세기에 들어와 정부의 역할이 강조되어 그 운영과 관리에 대해 체계적으로 연구되면서 행정학은 본격적으로 발전하였다. 행정학의 연구 영역은 조직론, 인사행정, 재무행정, 정책학, 도시행정, 지방행정, 복지행정 등 다양하며, 행정정보체계, 공공관리학 등 시대 및 사회변화에 따라 연구 영역을 확대하고 있다.

특히 복지수요자의 욕구충족을 위해 제한된 자원을 연계시키는 역할로서 복지전달체계는 복지수요의 복지체감도를 증진시키는 데 중요한 역할을 담당하고 있다. 이러한 복지전달체계의 구축과 발전은 공공복지행정을 비롯하여 사회복지를 수행하는 조직의 관리 및 행정기술과 밀접한 관계가 있다. 따라서 행정학에서 다루고 있는 기본 내용, 즉 공공조직의 목적을 달성하기 위한 인력 및 자원관리, 공익을 위한 재원충당 및 재원배분, 정책결정 및 정책평가 등에 관한 기초지식은 사회복지행정론이나 사회복지정책론을 이해하는 데 대단히 유용하다.

제 3 장

사회복지의 동기, 가치와 윤리 및 이념

1. 사회복지의 동기
2. 사회복지의 가치와 윤리
3. 사회복지의 이념

제 3 장

사회복지의 동기, 가치와 윤리 및 이념

1. 사회복지의 동기

사회복지의 동기를 이해하는 것은 사회복지의 공적·사적 책임에 대한 발전적인 개념을 모색하는 일이다. 사회복지는 인간의 욕구충족을 지원하려는 동기에서 비롯되었으며, 인간의 욕구와 이에 대한 사회인식이 변화함에 따라 사회복지의 동기 역시 다양하게 발전하였다. 동기는 '사람으로 하여금 행동을 일으키게 하는 내적인 요인'을 뜻한다. 마카로브(Macarov)는 사회복지의 동기를 상호부조의 동기, 종교적 동기, 정치적 동기, 경제적 동기, 이데올로기적 동기로 구분하고 있으며(표갑수, 2010 : 98), 최근 전문직업으로서도 사회복지에 대한 관심이 높아지고 있어 이의 내용을 함께 살펴보고자 한다.

1) 상호부조의 동기

상호부조는 상부상조의 개념을 가진다. 상호부조의 동기는 '서로가 서로를 돕는다'는 뜻으로 가장 오래되고 보편적인 사회복지의 동기이며 주는 자와 받는 자가 서로 원조행위를 하는 것을 뜻한다. 상부상조의 동기는 인간이 야생동물과 자연의 위협으로부터 자신의 생명을 지키기 위해 서로 협력한 때부터 시작하여, 오늘날 우리가 일상생활 속에서 접하게 되는 가족, 이웃, 노동조합, 자조(自助)집단, 지역사회 수준에서 다양한 사회복지제도 등을 통해 사회복지의 중요한 동기로 작용하고 있다. 인간은 예나 지금이나 상호부조를 통해 경제적 지원뿐만 아니라 정서적 지지, 사회관계, 정보, 활동 등의 자원을 가족 혹은 이웃들과 공유하고 있다.

전통사회에 비해 점차 상호부조 동기가 약화되고는 있으나 사회복지제도를 통해 다시 회복되거나 유지되고 있다. 상호부조적 실천은 자율적이고 문화적 거부감이 적어 낙인이 생기지 않는 것이 장점이지만, 비슷한 문화와 가치를 가진 사람들 간의 활동이 중심이 되기 때문에 대상자가 제한적인 면이 있다. 상호부조는 인간관계를 보다 긴밀하게 유지하는 역할을 수행하면서 경제적 이득이 아니라 사회적 연대의 확산이라는 핵심적 목표를 가진다.

2) 종교적 동기

종교적 동기의 구현은 사회복지 실천의 중요한 부분이다. 1980년대 복지국가 위기 이후 민간사회복지 영역에서 종교계가 차지하는 비율이 높아지면서 사회복지 발전의 중요한 디딤돌이 되었다. 기독교의 사랑, 불교의 자비(慈悲), 원불교의 무아봉공(無我捧供), 유교의 인(仁) 등은 서로 돕고 불우한 타인까지도 구제하는 자선행위를 강조하고 있다.

그러나 종교적 동기에서의 자선(charity)은 받는 사람(수혜자)에 대한 고려보다는 베푸는 자의 심적 태도나 종교적 의식에 더 강조를 두고 있다. 즉, 사회적 약자가 될 수밖에 없는 이유나 환경의 부조리에 관심을 두기보다는 종교적 자선행위를 통해 구원 혹은 속죄를 받고자 하거나, 신의 뜻과 명령을 이행하고자 하는 '주는 사람(giver)'의 종교적 믿음이 무엇보다도 중요하게 작용하기 때문이다. 최근 사회복지의 개념이 사회적 약자에 대한 보호에서 벗어나 모든 사람들의 권리로 인식됨에 따라 종교적 동기에 의한 사회복지는 많이 약화되었지만, 자원봉사활동이나 종교단체의 복지 활동과 인권 활동 등에서는 여전히 중요한 동기이다(오종희 외, 2018 : 52).

3) 정치적 동기

사회복지에서 국가 혹은 정부는 정치적 동기에서 사회복지제도를 발전시키기 때문에 사회복지의 역사에서 보면 구빈법의 시대까지 거슬러 가게 된다. 하지만 단지 정치적 이유로만 사회복지를 제공하는 것은 아니며 인도주의적 목적이나 경제적 이유 혹은 종교적 신념 등 복합적 요인들이 작용한다(표갑수, 2010 : 99). 근대 국가가 형성되면서 시민권의 확대와 민주적 선거제도 등이 도입되면서 정치적 동기는 더욱 강조되었는데 정치적으로 사회복지가 확대, 발전할 수 있는 중요요인은 사회복지가 정권 획득 및 유지의 수단으로 활용되기 때문이다.

정치적인 사회복지의 발전은 정치지도자들이 대다수 국민의 지지를 획득하기 위해서였다. 그리고 획득한 정치적 권력을 유지하기 위한 목적으로 사회복지와 관련된 공약을 제시하여 사회보장제도를 고안해냈다. 가장 대표적인 것이 독일의 비스마르크 사회보험 입법이다. 비스마르크는 아동과 여성근로자의 공장노동 시간을 제한하는 것을 반대했고 농업과 공업 분야에 대한 정부 지원도 반내했다. 하지만 노동계급 운동과 독일 사민당의 사회주의적 도전이 강해짐에 따라 그것을 억제하고 포섭하기 위해 사회보험을 도입하게 되었다. 정치적 권력의 획득과 유지를 위해 사회복지제도를 활용한 것이다.

사회불안을 예방하기 위해 사회복지를 발전시켜 나간 것도 정치적 동기에 해당한다. 자본주의 발달은 사회적 양극화가 초래될 수밖에 없는데, 이러한 상황 속에서 빈곤층에 의해 초래될 수 있는 사회적 위험을 감소시키려는 목적으로 사회복지를 활용하는 것이다. 1601년 영국의 엘리자베스 빈민법의 제정 배경은 간혹 강도들로 변하는 부랑인의 위협을 줄이기 위한 것이었고, 1935년 미국의 사회보장법은 빈곤과 대공황으로 인한 사회불안을 막기 위한 조치였다. 사회복지 프로그램과 서비스는 애초에 계획되거나 의도된 의사결정에 의하기보다 다른 정책의 부산물로서 개발되기도 하고 정치적 영향력이 큰 이익집단의 요구를 반영하면서 만들어지기도 한다.

사회복지는 오랫동안 정치적으로 중요한 기능을 하는 것으로 인정되어 왔다. 이와 더불어 사회복지 발달 역시 정치적 소산이기도 하고, 어떤 경우에는 사회복지 대상자와 시민들의 정치적 권리의 신장과 조직적 활동 및 참여의 결과로 사회복지 수준과 내용이 끊임없이 성장·발달해 온 것도 사실이다. 그러므로 각종 사회복지제도는 불평등의 해소와 사회적 갈등을 해소하는데 초점을 맞추어야 한다(표갑수, 2010 : 30).

4) 경제적 동기

사회복지의 경제적 동기는 사회복지 재화 및 서비스 특성에 따른 것으로 사회복지를 정부가 주도해서 제공하는 것이 다른 방법보다 더 효율적이기 때문에 나타나게 된다. 사회복지서비스는 대표적인 공공재로서의 특성을 가진다. 어떤 사람이 동일한 재화를 이미 소비하고 있다고 해도 다른 사람의 소비를 저지하거나 막을 수 없는 것이 바로 공공재의 가장 큰 특성이다. 공급자 입장에서 돈을 들여 만들어도 돈을 내지 않고 이용하는 사람을 막을 수 없는 것이 공공재적 서비스인데 방송, 국방 등이 대표적 공공재에 해당한다. 공공재로서 사회복지 재화 및 서비스는 시장을 통한 효율적 배분이 이루어져야 하지만 현실적으로 시장에 맡겨두면 원활한 분배가 이루어지지 못하는 경우도 있다. 재화를 효율적으로 분배하지 못하는 이른바 시장실패(market failure)가 발생한 경우에는 시장을 대신하여 정부가 사회복지 재화 및 서비스를 분배하는 것이 더 효율적인 것이다.

사회복지 재화 및 서비스는 경제성장에 긍정적 외부효과를 많이 발생시킨다. 사회복지활동을 통해 인적 자본의 질적 수준을 높임으로써 가능하다는 것이다. 여기에는 건강과 보건, 교육, 주택, 기타 사회복지서비스 등이 노동자의 복지증진은 물론 노동력의 질적 수준을 향상시킨다는 것으로 이해된다(표갑수, 2010 : 30). 어느 경제주체의 생산이나 소비행위가 다른 경제주체에게 긍정적인 결과를 나타내는 것은 국가가 공급하거나 보조금으로 공급을 유지해야 하는 것이다. 반면, 다른 경제 주체에게 부정적인 결과를 발생시키는 생산이나 소비행위의 효과는 부정적 외부효과에 해당한다. 재화가 과잉생산되는 경우 시장 내에서 적절한 통제가 곤란한 것을 예로 들 수 있다.

시장의 수요자와 공급자 모두 불완전한 정보를 기반으로 거래해야 하는 경우를 예방하는 측면에서도 국가가 개입한 사회복지제도가 필요하다. 수요자와 공급자의 정보의 양이 동일한 경우 합리적 선택이 이루어질 수 있으나 정보의 양이 비대칭일 경우 합리적 선택은 어려워진다. 의료서비스를 보면, 수요자가 관련 정보를 수집하는 데 많은 비용이 발생할 수 있고 정보를 수집했어도 그 정보를 이해하기 어려운 경우가 많다. 이런 상황 속에서는 공급자에게 유리한 가격 결정이 이루어지기 쉽지만, 국가가 개입하여 수요자에게 불리한 비대칭적 정보문제를 해결하면서 효율적 배분을 할 수 있게 된다. 반대로 실업보험의 경우 실업 가능성이 높은 사람이 보험 가입에 적극적인 경우 실업보험 운영사가 어려워질 수 있다. 이때 민간보험이 해결할 수 없는 분야에서 국가가 주도한 강제적 성격의 사회보험은 가입집단의 크기를 키워 집단적 위험 발생을 파악하여 역선택 문제를 해결할 수 있다.

정리해 보면, 경제적 동기로 사회복지 제도를 발전시키는 경우는 사회문제 비용을 감소하기 위해서, 사회문제가 경제에 미치는 부정적 결과를 감소하기 위해서, 경제적 부산물로서의 사회제도를 형성하기 위해서 등이다.

5) 이데올로기적 동기

사회복지의 동기로서 가장 강력한 것 중 하나는 타인을 도와야 한다는 신념, 느낌, 태도 혹은 이데올로기이다. 사회복지제도나 사회복지실천은 이데올로기로부터 직접적 영향을 받을 뿐만 아니라 이데올로기에 의해 그 가치와 원리, 방법, 방향 등이 결정된다. 사회복지의 동기와 관련된 주요 이데올로기는 이타주의, 인도주의, 복지주의를 들 수 있다(표갑수, 2010 : 55).

이타주의(altruism)란 이기주의의 반대개념으로 외부로부터 어떠한 보상도 기대하지 않고 타인을 이롭게 하는 행동을 수행하는 이타주의는 기본적으로 개인에 초점을 둔 것이다. '돕는다'는 원조행위에서 전문가 자신이 핵심적인 도구가 되는 것이다.

인도주의(humanitarianism)는 사회적 차원에서 인류의 복지와 행복에 관심을 두고 증진하도록 돕는 것이다. 과거에는 국제기구를 중심으로 인도주의 실천이 주를 이루었으나 최근에는 기업들도 이에 가세하고 있다.

복지주의(welfarism)는 사회복지를 보충적 개념 혹은 제도적 개념으로 이해한다든지, 심화된 소득분배의 불평등은 바람직하지 않다고 본다든지, 급진적 시각을 취하여 사회복지정책과 그 프로그램은 자본주의 체제 유지에 기여하므로 저지의 대상에 속한다고 보는 등의 의견을 제시한다. 이렇듯 사회복지 자체의 이데올로기는 사회복지 제도의 형성에 영향을 미친다.

본질적으로 이념을 명확하게 구분하는 것은 쉽지 않다. 이타주의는 기본적으로 개인에 초점을 둔 것이지만, 이것이 전체 사회로 확산되는 경우에는 인도주의가 된다. 인도주의는 사회적 차원에서 인류의 복지와 행복에 관심을 두고 이를 증진하도록 돕는 것을 의미한다. 인도주의는 인간에게 계급적 상하의 격차가 있는 것이 아니기 때문에 돕는 자와 도움을 받는 자는 평등한 관계에 있다는 것을 강조한다. 예컨대, 기초연금은 노인의 정치적 힘이 강력하여 재분배를 통해 경제적 이득을 준다고 해석할 수도 있지만 인간발달의 마지막 단계에 있는 노인들의 복지와 행복을 배려하는 인도주의 이데올로기가 반영되었다고 할 수 있다(오종희 외, 2018 : 52).

6) 전문직업적 동기

전문직업적 동기는 사회복지사의 사회복지실천은 물론 사회정책 전문가나 사회복지행정가의 직업선택을 위한 주요 동기로 작용한다. 타인을 위한 서비스를 제공하는 직업으로서의 사회복지는 인간을 돕는 일에 관심과 매력을 느껴 일정한 교육을 이수하고 국가가 인정한 자격을 취득한 후 종사하게 된다. 사회는 전문가들에게 전문적 활동을 할 수 있는 독점적 권한을 부여하고 변질되지 않도록 감시와 통제를 하게 되는데, 사회복지사도 전문직업인으로서 인간과 인간을 둘러싼 환경에서 발생하는 문제에 능동적으로 대처할 수 있어야 한다. 즉, 철학과 윤리에 입각하여 전문 지식과 기술을 활용하여 원조 전문가로서 소임을 다하여야 한다.

전문직업인이 되기 위해서는 '전문적 지식'과 '기술' 및 '사회적 책임감'을 구비해야 한다. 이러한 조건을 갖추기 위해서 전문교육을 받게 되는데, 전문교육의 목적은 사회복지에 대한 개념과 지식습득, 사회복지의 방법, 진행 과정의 기술 습득, 인간적 · 전문적 자질을 발전시키는 데 있다. 정리하면, 사회복지사는 원조를 필요로 하는 사람들을 돕기 위하여 전문적 서비스를 제공한다는 의미에서 전문직업적 동기로 작용한다.

2. 사회복지의 가치와 윤리

1) 사회복지와 가치

가치의 사전적 정의는 인간 행동에 영향을 주는 어떠한 바람직한 것, 또는 인간의 지적 · 감정적 · 의지적인 욕구를 만족시킬 수 있는 대상이나 그

대상의 성질을 의미한다. 인간의 행동에서 나타나는 가치체계는 자신이 성장해 온 사고방식 및 생활양식과 관계가 있다. 자신이 속한 집단이나 조직이 가진 가치관의 근원이 인간과 사회를 바라보는 관점을 형성하게 된다.

사회복지 실천가가 가지고 있는 가치는 사회복지의 정책 결정과 사회복지사로서 활동하는 기준이 되며, 사회문제의 원인분석과 대책마련이라는 사회복지실천의 전 과정에 영향을 미친다. 가치지향적 학문으로서 사회복지 학자들은 사회복지의 가치를 유형화하거나 체계화하여 가치의 우선순위와 중요도를 분석하고 있다.

사회복지와 가치의 관계는 모든 인간은 존중되어야 한다는 중요한 원칙 아래 성립된다. 사회복지가 사회구성원 모두의 안녕한 상태를 추구하기 위한 체계적이고 사회적인 노력이며, 가치는 이 과정에서 클라이언트를 돕기 위한 개입 방법의 선택 및 윤리적 문제의 해결 지침을 제공한다.

전미사회사업가협회(NASW)는 윤리강령에서 서비스, 사회정의, 개인의 존엄과 가치. 인간관계의 중요성, 성실, 능력을 중요한 가치로 제정하였으며, 한국도 사회복지사윤리강령을 통해 사회복지사의 전문성 강화. 사회적 가지 확대 등에 기여할 수 있도록 규정하고 있다. 프리드렌더(Friedlander)는 사회복지사업의 기본적 가치로서 ① 인간의 존엄성, ② 자기 결정권, ③ 평등 및 기회균등, ④ 사회적 연대성(책임성) 등 네 가지를 제시하였는데 이는 유럽과 미국의 사회복지 철학으로 인식되어 왔다(Friedlander, 1977 : 57). 이 장에서는 프리드렌더의 사회사업 기본가치에 대한 설명과 최근 사회복지 논쟁의 중심이 되고 있는 자유, 평등, 정의, 공평에 대해 살펴보고자 한다.

(1) 인간의 존엄성

모든 인간은 인간으로서 존엄과 가치를 가진다는 것은 사회복지의 가장 기본적 가치이다. 우리나라는 헌법 제10조에서 “모든 국민은 인간으로서 존엄과 가치를 가지며 행복을 추구할 권리를 가진다”를 선언하고 있으며,

인간으로서 존엄과 가치를 위한 인간다운 생활을 보장에 대한 보장은 헌법 제34조의 "모든 국민은 인간다운 생활을 할 권리를 가진다"고 규정하고 있다. 인간의 존엄은 인간이 가지고 태어난 가치로서 인간은 어떤 상태나 상황에 놓여 있는가와는 관계없이 존중해야 한다. 세계인권선언문은 우리 모두는 태어날 때부터 자유롭고, 존엄성과 권리에 있어서 평등하며, 피부색, 성별, 종교, 언어, 국적, 가지고 있는 신념 등이 다를지라도 모두 평등하므로 무시되거나 차별받아서는 안 된다는 것을 명시하고 있다.

(2) 자기결정권

인간이 자기 스스로 결정을 내리는 권리는 자기결정에 관한 것으로 사회복지 가치의 원천이다. 자기결정의 권리란 사람은 스스로 선택하고 결정을 내릴 수 있는 자유로운 권리와 욕구를 가진다는 것을 말한다. 그래서 사회복지사의 역할은 클라이언트로 하여금 필요한 제반 자원을 발견・활용할 수 있도록 도와주고 클라이언트의 결정을 존중하며, 그 잠재력을 자극해서 활동할 수 있도록 도와주는 것을 말한다. 자기결정의 권리는 사회의 모든 부문에 적용된다. 그러나 최선의 결정을 위해서는 사람은 자기가 선택할 수 있는 자원이 어느 정도 있는지를 알 수 있어야 한다. 사회복지사는 클라이언트가 사용할 수 있는 자원의 위치와 크기 등에 대해 알고 있어야 한다. 즉, 자기결정의 권리는 적극적・건설적 결정을 내릴 수 있는 클라이언트의 능력 및 법률이나 도덕의 테두리 또는 사회기관의 기능의 테두리에 따라 제한받게 된다(표갑수, 2010 : 96).

(3) 평등 및 기회균등권

인간은 누구나 평등하고 기회균등권을 가진다는 원리는 사회복지의 실천 과정에서 꼭 수반되어야 할 기본원리가 된다. 평등은 충분하고 만족스러운 삶을 영위할 수 있는 권리를 말하고 기회의 균등(equality of opportunity)

은 오늘날 자본주의 사회에서 가장 널리 퍼져 있는 평등의 범주이다. 이것은 각 개인이 자신의 소질과 능력을 자유롭게 계발할 평등한 권리와 기회를 가질 뿐 아니라 동일한 업적에 대해서는 동일한 보상이 주어진다는 입장이다(오종희 외, 2018 : 63). 많은 사람들이 소득, 교육, 지위, 신앙, 인종, 거주지 및 기타 기준에서 여러 계층으로 분류되기도 하는데 사회복지 측면에서는 이들에게 아무 차별 없이 꼭 같은 기회가 주어져야 할 도덕적, 직업적 원칙이 있는 것이다.

(4) 사회적 연대성(책임성)

연대(solidarity)는 '두 사람 이상이 함께 무슨 일을 하거나 함께 책임을 지는 일'로써 인간의 사회성에 대한 신념을 내포하며, 서로에 대한 책임감을 강조한다. 사람들은 공통의 위험에 빠지게 되면 서로 협력하게 된다. 위험에 처하게 되면 전통사회에서는 기계적 연대에 의한 자원의 재분배가 이루어졌지만, 근대사회 이후는 사회통합을 위한 사회복지가 실현되었다.

오늘날 대표적인 공통의 위험은 빈곤, 질병, 노령, 산업재해 등이며 이 위험을 제거하기 위해 국가적 차원에서 사회보험제도가 생겨났다. 사회보험 제도는 사회적 위험에 대한 공동의 협력과 책임을 전제로 한 사회적 연대의 가치실현이다. 물론, 사회보험을 위해 지불하는 비용은 각 개인이 경험하게 되는 위험과 반드시 일치하는 것은 아니지만 위험을 덜 느끼는 개인들이 사회보험에 참여하지 않는다면 위험을 느끼는 사람들이 지불해야 하는 비용이 늘어나 전체 사회가 구성원들을 보호할 수 있는 힘이 약해질 수밖에 없다. 연대성(책임성)이란 사회구성원 간의 협의와 상호의존성을 의미하며, 위험성을 공동 부담하는 것이다.

2) 자유

자유(liberty)는 근대 이후 인간생활에 가장 큰 영향을 미친 가치이지만, 자유의 개념과 본질을 파악하기는 쉽지 않다. 왜냐하면 역사적으로 특정 개인이나 집단의 요구가 자유라는 이름으로 주장되었고, 자유의 개념에는 다양한 내용들이 들어있기 때문이다.

자유에 관한 논의를 본격적으로 시도한 학자는 존 스튜어트 밀(John Stuart Mill)이다. 밀은 인간의 개별성을 지키기 위한 '자유의 원리'를 '인간은 누구나 자신이 원하는 방식으로 살아가야 하며, 다른 사람의 자유를 침해할 수 있는 경우는 오직 자신의 보호를 위하여 필요한 경우다'라고 하였다(이성기 · 원석조, 2020 : 81). 이로써 밀은 자유가 존중되지 않는 사회는 정부의 형태가 무엇이든지 간에 자유롭지 못한 사회라고 규정하였다.

밀의 정의에 의하면 개인이 자신의 욕구와 이익을 추구하는 것은 자연스러운 본성이고, 이 본성이 발휘될 수 있도록 자기 뜻에 따라 행동하면서 자신을 충족시키게 하는 자유가 보장되어야 하며, 사회복지사는 그런 자유가 보장되도록 개인을 도와야 한다(서미경 외, 2019 : 73). 그러나 이러한 자유의 정의는 '만약 한 사람의 자유가 다른 많은 사람의 자유와 양립할 수 없다면 어떻게 해결해야 하는가'와 같은 의문으로 이어질 수 있으며, 이를 해결하기 위해서는 다시금 어떤 자유는 보장하고 어떤 자유는 제한해야 하는가에 대한 질문을 맞이하게 된다. 질문에 답하기 위해 자유의 종류를 따져보는 것은 중요하다.

Isaish Berlin은 자유를 소극적 자유(negative liberty)와 적극적 자유(positive liberty)로 구분한다. 소극적 자유는 '외적인 구속이 없는 것'을 의미하며 일반적이고 전통적인 자유의 개념으로 국가의 간섭으로부터 벗어나려는 시민적 자유의 개념 속에서 탄생하였다. 적극적 자유는 '자신이 원하는 것을 할 수 있는 것'으로 '무엇인가를 할 수 있는 자유'라는 주체적 관점에서 파악한 것이다. 인간은 모두 무한한 가치를 가지고 있는데 그 가치를 실현시키는 불결의 요소가 자유라고 보는 것이다.

벌린은 소극적 자유를 진정한 의미의 자유라고 주장하는 데 소극적 자유는 국가와 타인의 관계에서 국가의 통제가 없거나 최소한으로 규정할 것을 전제로 한다. 이러한 주장은 사회복지가 개인의 자유를 침해한다고 비판하는 신자유주의의 이론적 근거가 되기도 한다(이성기 · 원석조, 2020 : 82). 그러나 인간이 사는 동안 자신이 세운 목적을 실현하는 것이야말로 인간 존엄을 완성하는 일이기 때문에 개인이 적극적 자유를 추구하는 것과 사회가 그것을 보장하는 것은 매우 중요하다(서미경 외, 2019 : 75). 정리하면, 소극적 자유의 제한이 적극적 자유를 확대하여 인간이 인간답게 살 수 있는 사회적 가치를 실현하는 데 용이하다면 이를 사회적으로 합의 · 인정하지 않을 수 없을 것이다.

3) 평등

평등(equality)은 사회복지뿐 아니라 각종 인권선언과 각국 헌법에도 명시되어 있어서 인류의 염원과도 같은 중요한 가치이다. 그러나 평등의 구체적인 개념에 관하여는 논란이 많다. 앞서 언급한 자유처럼 평등은 정치적 행위의 원리로서도 작용한다. 그래서 평등 그 자체가 아니라 어떤 개념의 평등을 가치로 채택하는지가 중요하다. 또 정책을 수립할 때 어떤 개념의 평등을 선택해야 공정(fairness)한 정책이 될 것인지를 따져 보아야 한다(서미경 외, 2019 : 86).

가장 기본적인 평등의 개념은 수량적 평등(numerical equality), 비례적 평등(proportional equality), 기회의 평등(equality of opportunity)으로 구분할 수 있다. 수량적 평등은 모든 사람을 똑같이 취급하여 욕구나 능력의 차이에 관계 없이 사회자원을 분배하는 것으로 가장 적극적인 평등개념이다. 비례적 평등은 개인의 욕구, 능력, 노력, 기여 정도에 따라 사회자원을 다르게 분배하는 개념으로 흔히 이를 공평 또는 형평성(equity)이라고 한다. 그리고 기회의 평등은 결과가 평등한가 아닌가의 측면은 무시한 채 결과를 얻을 수 있는 과정상의 기회만 똑같이 제공해 주는 개념이다(권중돈 외, 2011 : 54).

최근 평등의 개념에서 논란이 되는 것은 기회의 평등이다. 진보에 속한 사람들뿐만 아니라 보수에 속한 사람들도 기회의 평등에는 일정 부분 동의한다. 하지만 보수의 견해는 기회의 평등에서 기회를 강조하는 반면, 진보의 견해는 기회의 평등에서 평등을 강조한다. 즉, 기회의 평등이 단순한 명목상의 기회가 아니라 실질적인 기회가 되도록, 기회의 개념을 확대해야 한다는 것이다. 이는 상이(相異)한 사람에게 상이(相異)한 대우를 하는 것이 기회의 평등이라는 것이다(이성기 · 원석조, 2020 : 85).

건강한 아이, 부잣집 아이, 빈민촌 아이가 같은 출발선 상에서 달리기 경주를 할 기회가 주어졌다고 가정해 보자. 건강한 아이는 건강해서 지구력이 있고, 부잣집 아이는 달리기 교육을 받아서 기술이 뛰어나다면, 잘 먹지도 교육을 받지도 못한 빈민촌 아이는 이들과 달리기 시합에서 이기기 어렵게 된다. 달리기 시합처럼 사회적 제도에 대한 접근을 모든 사람에게 균등하게 열어놓아도 결과적으로 평등하지 않은 것이 자유경쟁에서 기회를 제공하는 것이다.

출발 조건까지 평등하게 정비하여 불평등을 차단하는 조치로 제안된 조건의 평등(equality of condition)은 개인적 능력의 부족을 사회적으로 메워주는 것이다. 그러나 달리기 시합의 출발 규정을 바꿀 수는 있지만 복잡한 인간사의 조건을 평등하게 하는 건 어려운 문제가 된다. 이런 점 때문에 일부 사람들은 기회나 조건의 평등이 허울 좋은 속임수일 뿐이므로 결과의 평등을 추구해야 한다고 주장한다. 결과의 평등은 이상적일 뿐이지만 가능한 결과가 불평등해지지 않도록 노력을 늦추지 않는 것이 중요하다. 평등의 가치는 사회복지에 관한 논의의 중심축을 이룬다. 평등한 사회일수록 연대 속에서 안정된 성장을 할 가능성이 높기 때문이다.

4) 정의

정의(justice)는 단순한 개념이 아니다. 정의는 평등, 욕구, 권리, 자유 등에서 어느 것을 중심적 가치로 정하는지에 따라 그 의미가 달라지기 때문이다. 정의의 개념은 '배분되어야 할 사람, 즉 예정된 사람에게 제공하는 것, 모든 사람을 평등하게 대우하는 것, 모든 사람의 자유를 평등하게 존중하는 것, 모든 사람의 기본적 권리를 평등하게 존중하는 것, 받을 만한 자격이 있는 사람에게 제공하는 것, 최대다수의 최대행복을 촉진하는 선택권을 추구하는 것, 동일한 노력에 대하여 동일하게 보상하는 것, 각자의 능력에 따라 일하고 각자의 욕구에 따라 제공되는 것' 등이 포함되어 있다(Loizou, 1997 : 163-165, 이성기·원석조, 2020 : 87 재인용).

사회복지는 분배의 정의를 실현하고자 하는 것이다. 샌델(Sandel)도 인간에게 소중한 것에 대한 분배가 공정하게 이루어지는 사회가 정의로운 사회라고 강조하였다. 이는 분배의 정의가 한 사회가 정의로운지 아닌지를 보여주는 중요한 잣대임을 시사한다. 이때 분배를 하는 행위는 분배를 하는 측과 분배를 받는 측을 나누고, 후자가 공정한 분배라고 인정할 때에야 의미가 있다(서미경 외, 2019 : 90). 정의는 분배의 기준에 관한 것으로 사회적으로 의미 있는 모든 편익과 부담이 사회의 구성원 사이에서 분배되는 것과 관련된 넓은 의미의 정의와 경제적인 것에 국한된 편익과 부담의 분배와 관련된 좁은 의미의 정의를 뜻한다.

존 롤스(John Rawls)의 정의는 평등을 중요시하는 데 '개인은 도덕적인 원리로 형성되어 있으며, 도덕적 원리를 대표하는 것으로서 인간은 평등하다'는 것을 설명한다. 개인은 각자의 속성과 지위를 인식하지 못하고 모든 인간은 모두 다 평등한 위치에 있다고 믿는데, 이러한 믿음이 개인들 각자에게 때로는 장점이 될 수도 있고 단점이 될 수도 있다는 것이다(오혜경, 2015 : 46). 다시 말해 롤스는 사람들의 사상, 인생계획, 선호체계에 관계없이 모든 사람들이 도덕 원리로서 수용할 수 있는 정의의 개념을 정식화하였다. 이 원칙에 의하면 롤스에게 정의로운 것은 모든 기초적인 재화(자유, 기회, 소득, 부, 자존감의 토대 등)가 사회에서 가장 취약한 집단에게 이익이 되도록 분배될 때이며 불평등이 용인되는 것은 취약 집단에게 이익이 되는 분배가 이루어졌을 때뿐이다(서미경 외, 2019 : 92).

롤스의 이론은 널리 알려진 대로 사회복지사의 실천에서 공리주의를 적용하는 데 많은 영향을 미쳤으며 사회복지실천의 가치와 윤리적인 책무의 우선순위를 정하는 일과 같이 사회복지실천에서 윤리적인 결정을 하는 데 있어 매우 중요하게 고려해야 할 기준을 제시한다. 롤스에 의하면 사회복지실천에서 윤리적인 결정을 하는 일은 선택 가능한 다양한 종류의 가치와 많은 책무들 가운데에서 모든 것을 뛰어넘어 가장 우선적으로 선택하는 것이기 때문에 그 선택에 어려움이 따른다고 하였다. 따라서 윤리적인 결정을 위해서는 많은 시간이 걸리는 데, 특히 사회복지실천에서 윤리적인 결정을 선택하고 그 결정에 따라서 실천하게 되는 경우 종종 실천의 속도가 늦어질 수 있음을 문제로 지적하고 있다(오혜경, 2015 : 47). 그러나 중요한 것은 사회의 기본재들을 가장 적게 가진 또는 거의 가지지 못한 사람에게 배분되는 것이 가장 정의로운 분배방식이라는 데 동의한다면, 그것을 실제 적용하면 되는 것이다.

5) 공평

공평(equity)은 '공정한 평등'으로 공정과 평등이 합쳐진 개념이다. 그러나 우리가 사는 세상에서 '무엇이 공평한 것인가'를 실제로 판단하기는 쉽지 않다(이성기 · 원석조, 2020 : 92). 평등은 자격과 기여를 고려하지 않고 똑같이 대우하는 것이라면, 공평은 자격과 기여를 고려하여 다르게 대우하는 것으로 비례적 평등으로 이해할 수 있다.

공평한 대우는 '형평'으로 표기하기도 한다. 우리는 사회에 대한 기여나 희생한 만큼의 대가를 받는 것을 공평하다고 하는데, 예를 들면 임금수준에 따라 기여금을 내고 후에 그 수준에 따라 연금급여를 받는 것이 이에 해당된다. 이는 취업 시의 불평등이 퇴직 후에도 계속되는 것으로 이렇게 기여에 관한 불평등은 얼마든지 발생할 수 있다. 그러나 일정한 희생자에게 반대급부 없이 보상적 차원의 급여를 제공하는 것은 공평하다고 볼 수 있다. 범죄피해자 제도나 국가유공자예우제도, 재해구조제도 등이 이에 해당된다(윤찬영, 2019 : 176).

한 사람이 공헌한 것에 기초하여 그 사람의 가치를 판단해야 하는 것이 공평이라면 사회복지실천에서 '공평'은 다양한 욕구를 가진 대상자들을 어떠한 기준으로 대우해야 하는지를 말한다. 욕구가 많고 적음에 따라서 차등적으로 배분된다면 욕구충족이 적절하게 될 수 있고 자원을 효율적으로 사용할 수 있다. 자원이 한정되었을 때 가장 취약한 사람에게 우선적으로 분배해야 한다는 주장은 사회복지의 존재 이유라고 할 수 있는 재분배의 기능에 가장 충실한 방법이다(서미경 외, 2019 : 89). 그러나 욕구의 많고 적음을 어떻게 판단할지, 또 많고 적음은 긴박성과 관계가 있는지 등에서 취약계층을 위한 차등분배도 고려해야 할 사안이 많다.

공공부조의 '열등처우의 원칙'은 형평의 가치가 드러나는 대표적인 예이다. 1834년 영국 빈민법위원회는 '구제를 받는 자의 전체적인 상태는 실질적으로나 명목상으로나 최하층 독립노동자의 상태만큼 누릴 만한 것이 되어서는 안 된다는 원칙'을 세워 노동하지 않고 구제를 받는 사람이 노동자와 같거나 노동자보다 더 많이 받는 것을 금지해야 한다는 것을 명시했다.

기여한 만큼 보상이 주어져야 한다는 형평의 가치가 정확하게 반영된 것이다. 이 원칙은 지금도 이어지고 있다.

형식적 공평과 실질적 보상의 기준을 정할 때 누가 어떤 몫의 보상을 받고 그 기준을 어떻게 정하는 것이 정의로운 것인지에 대해 사회적 합의를 이루어 가는 것이 무엇보다 중요하다.

6) 사회복지 실천 윤리

가치(value)는 좋거나 바람직하다고 여겨지는 것으로 주관적으로 선호하는 것이다. 인간이 적절한 행동을 선택하는 지침이나 기준이 되는데 가치가 사회적으로 합의되어 윤리가 된다. 윤리(ethics)는 '옳고 그름을 판단하는 기준'이며 인간이 살아가는 데 지켜야 할 도덕적 원리로 인간의 행동을 규제하는 기준이나 원칙까지 포함하는 개념이다. 일반적인 윤리는 일상생활에서 행하고 지켜야 할 의무를 규정한 것이지만 전문가 윤리는 타인에게 서비스를 제공하는 특수한 역할의 입장에서 전문가로서 역할 수행 시 고려해야 할 의무를 성문화한 것을 말한다.

사회복지전문가 윤리는 사회복지사의 실천이 도덕적으로 바른 방법이어야 함을 인식하도록 돕기 위한 것이며, 윤리적 결정이 요구될 때 어떻게 결정하며 어떻게 바르게 행동하는지를 배우도록 돕는 기준이다. 이런 맥락에서 볼 때 사회복지서비스를 계획하고 제공하는 사회복지전문직의 윤리는 전문가로서 행하거나 지켜야 할 도리이며, 이것이 바로 전문적 행동의 기준이 되고 원칙이 되는 것이다(권중돈 외, 2011 : 58).

사회의 급격한 변화로 사회복지사는 다양한 형태의 윤리적 결정을 해야 하는 상황에 놓이게 되면서 사회복지 실천 윤리의 중요성이 부각되었다. 과학기술의 발달로 생명 연장, 장기이식, 안락사 등에 대한 윤리적 이슈가 발생하고 윤리적 의사결정을 요구하고 있다. 또한 사회복지대상자의 권리를 인정하는 사회적 분위기 속에 다양한 윤리적 갈등이 발생하고 이를 해결하기 위한 윤리적 지침의 필요성이 높아진 것도 사회복지 현장의 실천윤리가 중요해진 이유가 된다. 최근에는 사회복지 교과과정에서 전문가 윤리에 대한 교과목이 개설되고 사회복지전문가가 윤리문제를 보다 효율적으로 다룰 수 있는 기술의 개발 필요성과 관심도 높아지고 있다.

사회복지 실천윤리는 전문가가 지켜야 할 전문적 행동기준과 원칙을 기술해 놓은 윤리강령(code of ethics)을 통해 구체화되었다. 윤리강령은 법적 제재의 힘을 가지지는 못하지만, 사회윤리적 제재의 힘을 가지고 사회복지 전문가들이 자신의 전문직 가치 기준에 맞게 실천할 수 있도록 판단 기준을 제시하며, 해당 전문직 실천 대상자에게 그 전문직이 지켜야 할 기본 윤리행위를 알리고 전문직의 비윤리적 행위에 대해 판단할 수 있는 기준을 제시한다. 사회복지사 윤리강령은 제4장에서 자세히 다루고자 한다.

3. 사회복지의 이념

이념(ideology)은 개인, 집단, 사회의 행동에 영향을 미치고 이들에 의해 유지되는 가치 및 신념체계라고 정의된다. 사회복지 이념은 사회적 상황에 대한 인식적·평가적 정향을 사회복지와 연결시키는 관념적 신념체계를 말한다. 또한 사회복지의 동기 또는 가치의 기준을 제공하여 사회복지의 주체, 대상, 재원 등을 결정하는 데 중요한 역할을 한다. 사회복지 활동의 구체적 모습을 결정하기 위해서 수많은 경제적, 사회적, 정치적 요소들이 개입하게 되는데 사회복지의 관점에 대한 태도를 결정하는 데 있어 사회복지의 이념은 사회복지 정책 결정에 매우 큰 영향을 미친다(오종희 외, 2018 : 64 수정 인용).

사회복지이념은 개인과 자유를 강조하는 자유주의형과 집단과 평등을 강조하는 사회주의형으로 크게 나눌 수 있다. 자유주의형은 대표적으로 자유방임주의, 그리고 사회주의형의 대표격으로는 마르크스주의가 존재하고 그 중간 형태로서 자유주의, 사회민주주의가 지적된다. 1970년대 후반 이후 신자유주의, 1980년대 이후 페미니즘과 녹색주의가 나타났다(김영모, 2000 : 65). 최근 사회복지학계에서는 사회복지 이념을 신자유주의(new liberalism), 국가개입주의(state interventionism, 케인즈 주의), 페이비언 사회주의(Fabian socialism), 마르크스주의(Marxism)로 대별한다. 이 네 가지의 이념은 국가의 사회복지 역할, 즉 국가복지에 대해 서로 다른 주장을 담고 있다(이성기 · 원석조, 2020 : 97). 여기에서는 V. George와 P. Wilding이 제시한 사회복지이념의 모델을 토대로 반집합주의, 소극적 집합주의, 페이비언 사회주의, 마르크스 주의에 대하여 살펴보고, 최근 등장한 제3의 길, 여성주의, 녹색주의 등에 대해 설명하였다.

1) 반집합주의(Anti-Collectivism)

1960년대부터 1970년대 중반까지 대부분의 산업사회의 복지국가는 꾸준하고, 때로는 급격한 확대시기를 경험하게 되었으나 1970년대 후반부터 다수 국가들은 경기침체로 복지국가의 확대에 제동이 걸렸다. 이 시기 복지국가를 비판하면서 대두된 신자유주의라 불리는 영국의 대처리즘(Thacherism)과 미국의 레이거노믹스(Reaganomics)는 국가개입에 의한 복지정책을 반대하고 시장의 가치를 최우선시한다.

자유방임주의적 성격을 가진 반집합주의는 자유, 개인주의, 불평등을 추구한다. 여기에서 자유란 타인의 간섭으로부터의 자유인 소극적인 개념으로 강제가 없는 상태, 즉 외부로부터 강요가 없는 자유를 의미한다. 국가의 개입에 대하여 개인의 자율성을 강조하는 것이다(오종희 외, 2018 : 64). 또한 개인주의에 기초해 경제성장과 부의 극대화에 큰 가치를 부여하며 모든 종류의 계약과 합의에서 개별적 선택을 강조한다. 소득과 부, 교육, 의료서비스 및 그 밖의 보호 형태는 생산제도에 의하여 좌우되고 그것이 약자를 보호하든 강자를 보호하든 최소의 국가개입하에서 개인적 교환력에 의존한다는 것이다. 이러한 모델에서는 빈곤이 다수를 차지하고 생활 수준이 생계비 이하로 떨어지거나 다른 사람들을 위협할 때에만 정부의 개입을 요청하는 것으로 빈곤의 상대적 개념보다도 절대적 개념과 관련되어 있다. 이것은 빈곤에 대한 개인주의적 접근인데 빈곤의 원인을 인간의 통제를 넘어선 상황에서 찾는다(표갑수, 2010 : 102).

반집합주의는 자본주의 시장경제체제에 대한 강력한 옹호자로서 자유와 평등은 양립할 수 없는 가치로 여기는 보수적인 이념이다. 이 이념에서 인정하는 평등은 자유의 증진을 위해 필요한 만인의 법 앞에서의 평등일 뿐이다.

2) 소극적 집합주의(Reluctant Collectivism)

소극적 집합주의의 중심적 사회가치는 반집합주의와 마찬가지로 소극적 자유와 개인주의를 신봉하지만 그것은 실용주의적 입장에서 조건적이고 제한적이며, 불평등에 대해서는 다른 관점을 가지고 있어 나름대로 인도주의적 관심을 보이고 있다(윤찬영, 2019 : 180). 케인즈(Keynes), 베버리지(Beveridge), 갈브레이드(Galbraith) 등이 대표적인 학자이며 어느 정도의 국가 개입을 정당한 것으로 보는 것이다.

자본주의는 비리와 빈곤을 소멸시킬 수 없는 비효율적이고 낭비적인 요소를 소지하고 있어 강자의 이해관계가 국익과 동일시되기 쉬우므로 국가의 개입을 조건부로 인정한다. 자본주의가 원활한 기능을 수행할 수 있도록 시장체계의 약점을 보완하고 사회악을 제거해 사회적 균형을 유지하기 위해 정부개입이 필요하다는 것이다. 자동조절능력이 없는 자본주의를 국가가 보완해야 한다는 것이다.

소극적 집합주의도 자본주의 시장체제를 옹호하기 때문에 개인주의, 기업, 자조 등을 강조한다. 좋은 사회를 만드는 것은 국가의 손에 달려있는 것이 아니라 시민 개인과 기업에 달려있는 것으로 보는 것이다. 평등에 대한 관점은 기여에 따른 보상의 차별로서 불평등이 효율적인 노동시장을 유지하는 활력소가 된다고 본다(윤찬영, 2019 : 181). 자기가 벌어들인 임금이나 자기가 소유하는 부(富)에 의하여 결정되는 인간의 사회경제적 지위를 허용하는 것이다. 그러나 이들은 반집합주의와 달리 불평등이 완화되어야 하고 또 완화될 수 있어야 한다고 믿는다. 불평등보다는 좀 더 평등한 것이 도덕적으로나 경제적으로 의미가 있다고 보고 전체적인 평등의 추구보다 빈곤 해결에 더 많은 관심을 보인다.

3) 페이비언 사회주의(Fabian Socialism)

1884년 영국의 페이비언 협회가 주장한 점진적 사회주의 사상으로 페이비언주의(Fabianism)는 영국 노동당의 지도이념이다. 페이비언 사회주의자는 점진적 사회주의로서 의회제 민주주의에 의하여 사회주의를 실현하고자 하는 것으로, 관련 학자로는 Titmuss, Tawney, Marshall 등이 있다(오종희 외, 2018 : 67).

페이비언 사회주의는 평등을 강조한다는 점에서 소극적 집합주의와 구별된다. 복지를 시민권으로 파악하며 자산조사(means test)와 같은 선택주의는 낙인을 찍기 때문에 보편주의적 복지정책을 주장하고 시민의 이타주의적 의무감을 조성한다. 즉 계급, 소득, 인종의 구별 없이 무차별적 서비스(보편주의)를 베푼다는 것이다. 따라서 사회정책은 개인적 이익보다는 집합적 이익에 기초한 도덕적 질서의 수단인 것으로 국가개입이 적절히 이루어지며 국민의 최적의 욕구충족을 목표로 삼는다(표갑수, 2010 : 104).

페이비언 사회주의들이 주장하는 자유는 평등의 결과에 필연적인 것으로 시민적, 정치적 자유에서 더 나아가 경제적인 자유까지 포함한다. 경제적으로 불평등하게 되면, 개인은 이미 타인에게 예속되는 삶을 살 수 밖에 없기 때문이다. 이러한 자유는 국가의 개입으로 실현되는 적극적 자유를 뜻한다. 주요 가치는 경쟁보다는 협동, 개인보다는 공동체의 유익, 이기주의 보다는 이타주의의 의미를 담고 있다. 특히 이들은 이타주의야말로 사회복지서비스 또는 사회주의 사회의 본질에 해당되는 것으로 본다. 엘리트주의, 물질주의, 경쟁에 비해 인간적이고 우월한 가치라는 것이다.

정리하면, 자유시장 경제체계는 필연적으로 실패하므로 시장체계의 수정, 보완 및 대리 기능을 정부가 수행하여야 한다는 것이다. 복지국가를 사회주의 이행의 전단계로 여기고 적극 찬성하는 입장이며 점진적이고 지속적인 불평등의 완화와 재분배에 대한 국가책임을 강조한다. 보편주의의 입장에서 공적 급여를 확대하고 국유화를 통한 국가개입을 지지하면서 노동자의 협력과 참여를 강조하는 것이 페이비언 사회주의의 특성이다.

4) 마르크스주의(Marcism)

마르크스주의는 기본적으로 자원분배를 능력보다도 욕구에 기초해야 한다고 주장하는 점에서 자유주의와 반대되는 것이다. 마르크스에 의하면 복지는 '각자의 욕구에 따른 각자에게' 최대의 서비스를 제공하는 것을 말한다. 마르크스주의자들은 자본주의 사회의 속성상 소수가 생산수단을 독점하고 다수는 자기의 노동을 팔아야만 하는 생산관계가 기본적으로 착취적이기 때문에 자본주의 사회에서는 다수의 복지가 보장될 수 없다고 본다.

이러한 마크르스주의의 기본 가치는 평등과 자유이다. 자유의 개념은 국가의 개입을 적극 인정하는 적극적 자유을 의미하고 자유를 얻기 위해서 경제적 평등은 반드시 이루어져야 한다고 본다. 자유와 평등은 양립할 수 있는 가치로 보는 것이다. 마르크스 주의가 강조하는 평등은 절대적 평등의 개념이 아닌 개인의 욕구를 최저생활수준으로 표준화하여 국가가 이를 충족할 수 있도록 하여야 하며, 그 이상에 대해서는 노동한 만큼 분배하는 것이 공평하다고 본다(윤찬영, 2019 : 185).

마르크스주의자들에게 복지국가는 사회경제적 구조상 근본적 변화를 억제하고 지배계급의 권한을 유지하려는 사회통제에 불과하다. 따라서 복지국가는 빈곤 및 소득이나 주택 또는 정치권력상의 불평등을 해결하지 못하기 때문에 자본주의 사회에서 발생하는 여러 사회문제들을 해결하기 위해서는 사회혁명을 통한 자본주의의 붕괴가 그 해결책이라고 한다. 마르크스주의는 국가가 전적으로 개입하며, 국민의 최대의 욕구 충족에 목표를 두고 있다.

5) 제3의 길(The Third Way)

페이비언 사회주의는 '제3의 길'로 이어지고 있다. 제3의 길은 영국의 총리 Tony Blair가 내건 노동당의 새로운 정치노선이며, Anthony Giddens가 이론적으로 체계화했다. 제3의 길은 고복지－고부담－저효율로 요약되는 사회민주주의 복지국가 노선(제1의 길)과 저복지－저부담－불평등으로 정리되는 신자유주의 시장경제 노선(제2의 길)을 지양한 새로운 정책노선이다. 이는 시민의 사회경제생활을 보장하는 동시에 시장의 활력을 높이자는 신 노동당 프로젝트, 즉 과거의 사회민주주의와 신자유주의로부터의 차별화 전략이었다(이성기 · 원석조, 2020 : 100)

제3의 길은 처음 등장하던 시기에 사회민주주의 포기, 신자유주의에의 투항 등 다양한 비판을 받았으나 현재는 세계적인 추세로 자리를 잡아가고 있다. 우리나라에서도 1999년 국민의 정부가 주창한 '생산적 복지' 정책이 제3의 길 이념을 따르고자 했던 것이다.

제3의 길은 단지 사회복지정책에만 국한되는 이데올로기는 아니며 정치, 정부, 경제, 사회 제반에 걸친 새로운 패러다임이며 이념이다. 이 이념에서는 전통적인 국가와 시장뿐 아니라 시민사회의 역할을 강조하며, 복지국가에 관하여는 신자유주의와 같이 재정을 축소하는 것보다 효율적 집행을 강조한다. 낭비적이거나 근로의욕 감소 등 부정적인 결과를 가져오는 전통적인 복지정책을 생산적으로 전환시켜 경제와 선순환을 도모하는 것이다(윤찬영, 2019 : 186).

제3의 길에서 내세우는 적극적 복지전략은 인적자원에 대한 투자, 중앙정부 중심의 복지 공급을 지양하고 주체를 다양화하려는 복지다원주의(welfare pluralism)로 크게 설명된다. 이는 '베버리지 원칙의 포기'를 뜻한다. Giddens는 Beveridge가 제시한 궁핍 대신에 자율성을, 질병 대신에 건강을, 무지 대신에 교육을, 불결 대신에 안녕을, 나태 대신에 진취성을 강조한다.

결국 제3의 길에 따른 사회복지정책은 시민권을 강화하면서도 일을 할 수 있는 사람들에게는 교육과 훈련을 강화하고 일자리를 적극적으로 제공하여 전통적인 복지제도에서 불필요한 낭비적 요소를 제거하고 생산성을 강화하는 방향으로 재구조화하는 것이다.

6) 여성주의(Feminism)

페미니즘은 여성억압의 원인과 상태를 기술하고 여성해방을 궁극적 목표로 하는 운동 또는 이념이다. 19세기 중반에 시작된 여성 참정권 운동에서 비롯되었으며, 페미니즘의 시초는 자유주의에 근원을 두고 있는데, 자유주의적 페미니즘에 의하면 여성의 사회진출과 성공을 가로막는 관습적·법적 제한이 여성의 남성에 대한 종속의 원인이라고 본다. 따라서 여성에게도 남성과 동등한 교육기회와 시민권이 주어진다면 여성의 종속은 사라진다고 주장한다(오종희 외, 2018 : 69).

복지국가가 모든 시민의 평등에 큰 영향을 미치는 노동시장에서 여성들이 평등한 지위를 보장받을 수 있도록 하는 데 필요한 서비스를 제공할 수 있다는 측면에서는 강한 지지를 보이지만, 페미니스트들은 복지국가에 대해 남성들이 정책입안자이고 여성들은 단지 정책 수혜자로 머무는 남성지배적 국가라고 주장하고 있다(표갑수, 2010 : 105).

7) 녹색주의(Greenism)

산업화와 자본주의 경제 체제, 과학기술의 발달은 인류에게 무한한 편의를 주기도 했지만 필연적으로 자연환경의 파괴를 가져왔다. 녹색주의자들은 환경문제를 야기한 것은 산업사회와 자본주의적 경제체제가 원인이라고 보고 경제성장은 개인적 풍요나 공공서비스의 자원을 증가시킴으로써 복지를 강화하는 수단이기 때문에 엄청난 비복지라고 생각한다.

비교적 온건한 녹색주의는 친환경적 경제 성장과 개발을 수용하지만, 강경한 녹색주의는 경제개발과 환경보존이 양립될 수 없다고 본다. 복지국가에 대해 부정적인 입장을 가지는 것은 강경한 녹색주의 이념으로 인간 중심의 사고가 오늘날 거대한 재앙을 가져왔다고 보고 인간 또한 생태계의 일부로서 자연과 상호관계를 맺는 존재로 보면서 인간중심주의를 부정한다.

따라서 녹색주의 입장에서 볼 때, 기술의 발달, 생산성의 증대 등은 양극화를 촉진하고 인구와 소비를 증가시켜 결국 지속되기 어렵다. 자원고갈의 위험으로부터 벗어나기 위해서 지속가능한 개발과 성장을 유지해야 하며, 그래서 불평등보다 평등을, 소외와 배제보다 참여를 증진시키는 복지제도가 필요하다(윤찬영, 2019 : 189).

제 4 장

전문직으로서의 사회복지

제 4 장

전문직으로서의 사회복지

1. 전문직의 개념

1) 전문직

전문직은 영어의 'profession'의 번역어이며, 그것은 'profess'(공언하다, 신앙적 교리를 간증하다)라는 말에서 비롯되었다. 즉, 다른 사람은 할 수 없거나, 할 수 있더라도 불완전하게 하는 것을 자신은 완전하게 할 수 있다고 공언할 수 있는 직업이 전문직이다(한상훈, 1997 : 115).

Rothman은 "전문직은 직업분류상 한 하위범주로 자신들의 일에 대한 배타적인 권한을 가지는 독점(monopoly)과 업무의 이행에 있어서 외부의 개입으로부터 자유롭다는 의미의 자율성(autonomy)이라는 두 가지 특징을 지닌 직업"이라고 정의했다. 이러한 전문직을 직업사회학을 연구하는 학자들은 '고전 전문직', '신흥전문직', '준전문직'으로 분류하는데, 의사, 법률전문가, 성직자, 대학교수 등은 고전 전문직에, 최근 들어 권위와 자율성을 획득하고 높은 수익을 버는 기술자, 회계사, 건축사, 신문기자, 방송인, 컴퓨터 전문가 등은 신흥전문직, 그리고 이 둘에 비해 수입이 적고 자율성이 상대적으로 부족하며 대다수가 여성이라는 특징을 가진 간호사, 교사, 사서 등은 준 전문직에 포함된다(Borgatta & Borgtta, 1992, 서미경 외, 2019 : 98 재인용).

전문직의 정의는 단순하지 않고, 고정적이지도 않아서 시대와 장소에 따라 변화해 왔다. 일반적으로 전문직은 전문적인 지식이나 기술이 필요한 직업으로서 전문화된 교육의 과정을 거쳐 고도의 지적 작업을 성취해내는 직업을 가리키지만 전통적인 전문직에 대한 개념 규정은 패러다임의 전환이 이루어지고 있다.

2) 전문직의 요건

Abraham Flexner는 전문직의 능력은 인간에게 매우 중요한 실천적 제문제에 적용된다고 보고 이타적 서비스에 윤리적 요청이 있다고 지적하였다. 플렉스너가 소개한 전문직의 준거틀은 다음과 같다(Flexner, 1915; 오혜경, 2015 : 119).

첫째, 전문직은 지적인 과정에 관계하는 것으로서 강한 개인적 책임을 수반한다.

둘째, 소재를 과학과 학문으로부터 도출한 것으로 전통이나 일상 경험에 의거하지 않는다.

셋째, 이러한 과학적 자료는 실질적 목적달성을 위해 적용되어야 한다.

넷째, 공식적 교육, 훈련체계를 통해 타인에게 이 내용과 기술을 전달할 수 있어야 한다.

다섯째, 과학적 자료의 체계와 이것에 대한 비판적이고 분석적인 문헌을 발달시킨다.

여섯째, 상호단결을 이룩하여 전문적 이익을 향상시키기 위해 구체화된 전문적인 결사체를 가진다.

일곱째, 전문단체는 공공의 이해에 관한 문제에 의해 영향을 받는다는 것을 자각한다.

밀러슨(Millerson)도 전문직에게 필요한 것으로 6가지를 제시한다. 첫째, 전문직은 이론적 지식에 기초한 기능을 필요로 하고 둘째, 그 기능은 훈련과 교육을 필요로 한다. 셋째, 전문직 종사자는 시험에 합격하는 것과 같이 자신의 능력이 입증되어야 하며 넷째, 행동규범을 준수함으로써 청렴성을 보여야 한다. 다섯째, 공공의 복리에 도움이 되는 봉사를 해야 하고 여섯째, 전문직은 조직화를 이루고 있다는 것이다(사회학 사전, 2000 수정 인용).

전문직을 구성하는 또 다른 요건으로 국가나 협회 등의 큰 단체에서 주관하는 별도의 선발과정을 거치며 취득할 수 있는 자격증에 기반한 직위가 있다. 사회복지사도 별도의 선발 과정을 거쳐 자격을 취득한 후 인정된 직위로서 오랜 기간 숙련되어야 적용 가능한 기술을 습득하게 되므로 전문직으로 분류될 수 있다. 그러나 사회복지사가 다른 전문직에 비해 상대적으로 완전한 전문직이 되었다고 보기 어려운 만큼 독점적인 지위를 가지지 못했다는 데서 사회복지사가 전문직인지에 대한 비판이 있다.

3) 전문직으로서의 사회복지사

전문직은 체계적인 지식과 기술을 바탕으로 자신들의 일에 대한 권한과 일의 내용이나 조건에 관해 외부의 간섭 및 통제를 받지 않는 자율성을 지닌 직종이다. 전문직업을 결정하는 다양한 요인들 중 핵심적인 것은 직업인이 직무수행 시 보유하는 자기 결정성, 고도의 이론적 지식과 기술에 바탕을 둔 직무, 직무수행에 대한 윤리적 규범, 이타적 봉사정신에 기초한 직무수행, 그리고 동료 중심의 자조 집단으로 정리할 수 있다(김용주, 1999 : 54).

하나의 직업이 전문직(profession)으로 인정되기 위해서는 그 일의 독자성과 특수성이 있어야 하며 나름대로 기준이 있어야 한다. 일반적으로 가장 빈번하게 묘사되는 전문직의 특성에는 체계적인 지식기반, 윤리강령, 자율성, 권위, 제도화된 교육, 전문적 문화, 사회적 재가(sanction), 그리고 자격증 제도 등이 있다(Greenwood, 1957, 문영주, 2007 : 97 재인용).

우리나라는 1985년부터 사회복지사 자격증을 교부하였다. 이후 2003년 1급 사회복지사 국가고시를 통해 선발 과정을 강화하였으며 이어 전문사회복지사 자격제도 도입, 사회복지사 보수교육 프로그램 마련 등으로 일련의 작업을 수행하면서 전문직으로서의 위상을 정립하기 위해 노력해오고 있다(서미경 외, 2019 : 105).

전통적으로 사회복지서비스의 주 제공자였던 사회복지 전문직은 최근 심리정서, 치료상담, 보건의료, 돌봄 등 다양한 전문가들이 포함되는 변화를 맞이하고 있다. 사회가 끊임없이 변화하고 진화하는 상황에서 더 이상 사회복지가 사회복지 전문직의 배타적인 점유물이 아니므로 사회복지사의 전문성은 더욱 중요해지고 있다.

사회복지사의 전문성과 관련해 2004년 호주 애들레이드에서 열린 국제사회복지사연맹 총회와 국제사회복지교육협의회 총회에서 승인된 '사회복지 윤리 : 원칙 선언'의 내용 중 전문행동에 관한 일반적 원칙을 소개하고자 한다(서미경 외, 2019 : 336).

① 사회복지사는 자신의 직무를 수행하기 위해 필요한 기술과 능력을 계발하고 유지해야 한다.
② 사회복지사는 자신의 기술이 비인간적인 목적, 예를 들어 고문이나 테러와 같은 목적으로 활용되지 않도록 해야 한다.
③ 사회복지사는 성실하게 행동해야 한다. 이는 사회복지사가 서비스를 이용하는 사람들의 신뢰 관계를 악용하지 않는 것과 개인 및 전문직 생활 간의 경계선을 인식하는 것, 자신의 이익을 위해 지위를 악용하지 않는 것을 포함한다.

④ 사회복지사는 서비스를 이용하는 사람들과의 관계에서 열정과 감정이입, 그리고 보살핌의 자세를 가지고 행동해야 한다.

⑤ 사회복지사는 서비스를 이용하는 사람들의 욕구나 관심사보다 자신의 욕구나 관심사를 우선시해서는 안 된다.

⑥ 사회복지사는 적절한 서비스를 제공하기 위해 전문가로서, 그리고 한 개인으로서 직장과 사회에서 자신을 돌봐야 할 책임이 있다

⑦ 사회복지사는 서비스를 이용하는 사람들의 정보에 대해 비밀을 보장해야 한다. 이에 대한 예외 사항은 보다 더 큰 윤리적 이유(생명보존 등)가 있을 경우에만 정당화될 수 있다.

⑧ 사회복지사는 서비스를 이용하는 사람들, 동료, 고용주, 사회복지 전문조직 및 법 앞에 자신의 행동에 책임을 질 것을 고지해야 하며 자신의 책임이 상충될 수 있음을 고지해야 한다.

⑨ 사회복지사는 사회복지 학생들이 질적인 실습과 최신 실천지식을 습득할 수 있도록 사회복지대학교(원)와 협력할 의무가 있다.

⑩ 사회복지사는 동료 및 고용주와 함께 윤리적 논의를 장려하고 이에 관여해야 하며 윤리에 근거한 의사결정을 할 책임이 있다.

⑪ 사회복지사는 자신들의 의사결정이 윤리적 고려에 기반한 것임을 표현할 수 있도록 준비해야 하며 자신의 선택과 행동에 책임을 져야 한다.

⑫ 사회복지사는 자신이 일하는 기관과 국가에서 이 원칙선언문과 자국의 윤리강령이 논의되고 평가되고 지지될 수 있는 환경을 조성해야 한다.

2. 사회복지사의 활동과 전문성

1) 사회복지사

사회복지사는 1970년대 사회복지사업종사자로 시작하여 1983년 5월 사회복지사업법이 개정되면서 사회사업가 또는 사회사업종사자의 명칭이 '사회복지사'로 규정되어 사회복지사 자격증이 발급되기 시작하였다. 이후 사회사업은 사회사업학의 학문적 체계에서 사용되고, 사회복지사의 영문 표기는 'Social Worker'로 사용하고 있다.

우리나라의 사회복지사업법 제11조 제1항은 "사회복지에 관한 전문지식과 기술을 가진 자"를 사회복지사로 규정하고 있다. 사회복지사란 현대 사회에서 발생하고 있는 청소년, 노인, 여성, 가족, 장애인 등 다양한 사회적, 개인적 문제를 겪는 사람들에게 사회복지학 및 사회과학의 전문 지식을 이용하여 문제를 진단・평가함으로써 문제 해결을 돕고 지원하는 업무를 담당하는 자를 말한다.

한국사회복지사협회는 사회복지사의 직무에 대해 다음과 같이 설명한다.

첫째, 사회적, 개인적 문제로 어려움에 처한 의뢰인을 만나 그들이 처한 상황과 문제를 파악하고 그들이 필요로 하는 서비스의 유형을 판단한다.

둘째, 문제를 처리, 해결하는 데 필요한 방안을 찾기 위해 관련 자료를 수집하고 분석하여 대안을 제시한다.

셋째, 재정적 보조, 법률적 조언 등 의뢰인이 필요로 하는 각종 사회복지 프로그램을 기획, 시행, 평가한다.

넷째, 공공복지 서비스의 전달을 위한 대상자 선정 작업, 복지 조치, 급여, 생활지도 등을 한다.

다섯째, 사회복지 자원봉사자를 모집하여 교육하고 배치 및 지도감독을 한다.

여섯째, 사회복지정책 형성과정에 참여하여 정책분석과 평가를 하며 정책대안을 제시한다.

일곱째, 정신건강사회복지사는 정신질환자에 대한 개인력 조사 및 사회조사 작업을 진행하며 정신질환자의 사회복귀 촉진을 위한 생활훈련 및 작업훈련, 그 가족에 대한 교육, 지도 및 상담 업무를 수행한다.

2) 사회복지사 활동분야

사회복지사업법 시행령 제6조 제1항에서는 사회복지법인 또는 사회복지시설을 설치·운영하는 자는 해당 법인 또는 시설에서 해당하는 업무에 종사하는 자를 사회복지사로 채용하도록 하고 있다. 해당하는 업무는 공통적으로 사회복지프로그램의 개발 및 운영, 시설 거주자의 생활지도 업무, 사회복지를 필요로 하는 자에 대한 상담 업무 등을 말한다.

현재 활동하는 사회복지사는 주로 공적 사회복지영역과 민간 사회복지기관 및 시설 영역으로 나누어 활동하게 된다. 공적 사회복지영역은 사회복지사업법 제14조에서 사회복지사업에 관한 업무를 담당하게 하기 위하여 시도, 시군구 및 읍면동 또는 복지사무 전담기구에 사회복지사 자격증을 가진 사회복지전담공무원을 두도록 규정하고 있다. 민간 사회복지기관영역은 지역복지사업, 아동복지, 노인복지, 장애인복지, 가족복지 등을 말한다.

민간영역의 경우 2018년 11월 사회복지사업법 개정을 통해 정신건강, 의료, 학교 영역에서 활동하고 있는 영역별 자격이 국가 자격으로 인정되면서 사회복지사의 활동 영역이 확장되었다. 이는 1983년 사회복지사 1, 2, 3급 자격제도 개정 이후 35년 만에 정신건강, 의료, 학교 등 특정 영역에서 활동하고 있는 사회복지사의 자격을 국가 자격으로 법제화한 것이다. 이로써 사회복지사업법에 영역별 자격 부여 및 자격증 발급절차가 명시됨에 따라 앞으로 사회복지사 1급 자격이 있는 사람 중에서 보건복지부령으로 정하는 수련기관에서 수련을 받은 사람은 정신건강사회복지사, 의료사회복지사, 학교사회복지사 국가 자격을 부여받을 수 있다(윤찬영 외, 2019 : 3).

이 외에도 사회복지사는 자원봉사자를 모집, 배치, 상담, 훈련하고 자원봉사자 활용 프로그램의 개발과 시행, 평가 등을 수행하는 자원봉사 활동관리 전문가로 활동하고 있으며, 법무부 산하의 교정시설에서 범죄인의 재활과 범죄 예방에 개입하고 있는 사회복지전문직은 교정사회복지사로 통칭되고 있다. 최근에는 군대 내의 의무직에 속하여 환자의 상담과 복귀를 위한 복지업무를 담당하는 군사회복지사, 기업체에서 노동자들의 비복지적 문제의 개선을 위해 사회복지학의 전문 지식을 활용하여 문제 해결을 수행하는 산업사회복지사 등으로 사회복지사가 전문영역을 넓히고 있다(한국사회복지사협회 홈페이지 참조).

3) 사회복지사 자격제도

(1) 사회복지사 자격제도 신설

2021년 개정된 사회복지사업법은 정신건강, 의료, 학교 등 특정 영역에서 활동하고 있는 사회복지사의 전문성을 인정한 중요한 의미를 가진다. 이로써 타 전문직 및 유사기관과의 관계에 있어 전문영역을 확고히 하면서 경쟁력 확보가 가능할 뿐 아니라 전문성 향상을 통한 보다 높은 질적 서비스를 제공할 수 있게 되었기 때문이다(윤찬영 외, 2019 : 11)

이렇게 되기까지 사회복지사 자격제도는 많은 발전 과정을 거쳤다. 1970년대 이전에는 사회복지시설 종사자들이 전문자격과 상관없이 일하던 무자격 시대였다. 이 시기는 한국전쟁 이후 아동을 돌보기 위한 시설이 급속히 생겨났으나 사회복지시설 종사자를 통상적으로 자선사업가로 부를 뿐 전문자격 제도는 없었다. 이후 1983년 사회복지사업법이 개정되기 전까지

사회복지사업 종사자는 자격 기준이 없었으며 대학에서 사회복지학 전공자가 배출되면서 자격제도의 개정 필요성이 논의되기 시작했다. 1982년 사회복지사업종사자 자격을 사회복지사 자격제도로 개정하는 논의가 시작되었고 1983년 사회복지사 제도가 신설되면서 이후 자격제도에 기반한 사회복지사들의 시대가 열리게 된 것이다.

(2) 사회복지사 국가시험 시대

이후 20여 년이 지난 2003년에서야 사회복지사 국가시험 시대가 열렸다. 그동안 4년제 대학 졸업자에게 주어지던 1급 자격증을 사회복지사의 전문성 향상을 위해 2003년부터 사회복지사 1급 국가시험이 시행된 것이다. 2003년 국가시험의 실시를 명시한 1998년의 사회복지사업법 시행령 개정은 사회복지사 양성이 학과 중심에서 이수교과목 중심으로 조정되는 계기를 마련하였다. 또한 자격 등급을 상향 조정하고 3급 자격증을 폐지하였으며, 2002년부터는 평생학습과정의 이수자에게도 사회복지사 자격을 부여하면서 사회복지사 자격증 소지자가 급격히 증가하게 되었다.

〈표 4-1〉 사회복지전공교과목(2020년 기준)

구분	교과목
필수과목 (10)	사회복지학개론, 인간행동과 사회환경, 사회복지정책론, 사회복지법제와 실천, 사회복지실천론, 사회복지실천기술론, 사회복지조사론, 사회복지행정론, 지역사회복지론, 사회복지현장실습
선택과목 (7)	가족상담 및 가족치료, 국제사회복지론, 복지국가론, 빈곤론, 사례관리론, 사회복지와 문화다양성, 사회복지와 인권, 가족복지론, 교정복지론, 노인복지론, 사회문제론, 사회보장론, 사회복지역사, 사회복지윤리와 철학, 사회복지자료분석론, 사회복지지도감독론, 산업복지론, 아동복지론, 여성복지론, 의료사회복지론, 자원봉사론, 장애인복지론, 정신건강론, 정신건강사회복지론, 청소년복지론, 프로그램 개발과 평가, 학교사회복지론

(3) 사회복지현장실습 강화

현장 중심의 사회복지사 양성을 위해 필수과목 중 사회복지현장실습의 기준이 최근 강화되었다. 사회복지사 교육과정에서 기관실습 시간은 160시간 이상 하여야 하며, 보건복지부 장관이 선정한 기관에서의 실습만 인정한다.

기관 실습 지도자는 1급 사회복지사 자격증을 취득한 이후 3년 이상의 사회복지사업 실무경험이 있거나 2급 사회복지사 자격증 취득 이후 5년 이상의 사회복지사업 실무경험이 있어야 자격이 부여된다. 또한 기관실습이 실시되는 연도의 전년도에 8시간 이상의 보수교육을 받아 전문성을 유지하고 있어야 하며 기관실습 지도자 1명이 동시에 지도할 수 있는 학생 수는 5명 이내로 제한하고 있다.

이 외에 30시간의 실습세미나를 별도로 개최하도록 하고 있으며 기관실습 실시기관의 선정·선정취소, 사회복지현장실습의 내용 및 방법 등에 관한 구체적인 사항은 보건복지부장관 고시에 따르고 있다.

(4) 사회복지사 보수교육 이수

사회복지사의 전문성 강화를 위해 사회복지법인 및 사회복지시설에 종사하는 사회복지사는 매년 8시간의 보수교육을 이수해야 한다. 사회복지사업법 제13조 제2항에 의거한 보수교육은 한국사회복지사협회에서 관리운영하고 있으며 교육내용은 사회복지 윤리와 가치, 사회복지실천, 사회복지인권 영역으로 나누어 진행하고 있다.

3. 사회복지사의 노동조건과 처우

국가 자격을 가진 사회복지사는 사회복지 활동이 한순간이라도 중단되면 사회의 기반이 붕괴될 수 있는 중요한 공공서비스를 제공하는 중요한 인력이므로 사회복지사 처우개선을 위한 다양한 노력이 필요하다. 국가와 지방자치단체가 이러한 노력을 기울이는 것은 사회복지사의 열악한 처우와 근로 환경이 국가의 필수적 복지 기능에 중대한 난관을 야기할 우려가 있기 때문이다. 사회복지사의 노동조건 개선과 처우에 대한 논의와 필요성을 정리하면 다음과 같다.

1) 사회복지사의 인권 침해 상황

사회복지사의 처우는 사회복지사의 인권과 밀접하게 관련되어 있다. 사회복지사 처우개선과 관련된 처음의 논의는 사회복지종사자의 처우에 대한 전반적인 실태 파악 결과 민간부분의 사회복지전달체계 분야에 종사하는 사회복지사 등은 노동의 강도와 노동의 성격에 견주어 상대적으로 낮은 임금을 받고 있는 것으로 나타나면서 시작되었다.

2010년을 전후하여 한국보건사회연구원과 한국사회복지사협회 등 관련 기관에서 전국단위 조사를 처음 실시하였고, 이 연구에 의하면 사회복지사의 임금은 전체산업 평균 임금 대비 62.7%에 해당하는 매우 낮은 수준이며, 보건복지부 인건비 가이드라인 준수율은 약 30% 수준에 불과했다. 또한 사회복지사의 76%가 자신의 보수수준이 공정하지 못하다고 인식했으며, 99.8%의 사회복지사가 자신의 보수수준이 낮다고 평가하는 등 사회복지사의 임금수준이 매우 열악한 것으로 보고되었다. 열악한 근무환경 및 낮은 보수로 인한 사기저하, 잦은 이직 등은 결과적으로 사회복지서비스의 질에 부정적 영향을 미치는 것으로 분석되었다. 따라서 이들 연구는 사회복지사의 임금 개선이 불가피하며, 공무원 급여의 95% 수준까지 상향 조정되어야 한다고 제안했다(최혜지 외, 2017 : 8).

이러한 연구는 사회복지사의 처우를 단순히 임금만으로 설명하지만, 이 논의를 인권 전반으로 확대해 보면 사회복지사의 소진과 감정노동에 대한 근본적인 대책이 필요함을 강조한다. 2013년 서울시 사회복지사를 대상으로 한 연구에서 50% 이상의 서울시 사회복지사들은 클라이언트의 신체적, 성적 폭력으로 인해 자신의 근무환경이 안전하지 못하다고 인식하는 것으로 조사되었다. 특히 여성이 남성보다, 이용시설 종사자가 거주시설 종사자보다 클라이언트의 성적 폭력으로부터 보호받지 못한다고 생각하는 것으로 나타났다. 클라이언트 폭력이 발생한 경우 기관의 대처는 소극적이거나 어떤 대처 행위도 하지 않은 것으로 조사되어 기관이 클라이언트의 폭력에 적극적으로 대처했다고 인식하는 사회복지사는 5.5%에 불과했다(최혜지 외, 2017 : 8).

이로써 사회복지종사자 또는 사회복지사의 처우를 위한 논의는 임금을 넘어 복리후생, 불안정한 신분보장 등 노동 환경 전반으로 확대해 관심을 가진 접근의 필요성을 보여준다.

2) 사회복지사 처우개선

사회복지사의 인권 침해에 대한 다양한 연구가 제시되면서 사회복지사 처우개선을 위한 법적근거 마련의 필요성이 높아졌다. 이러한 노력으로 2011년 「사회복지사 등의 처우 및 지위 향상을 위한 법률」이 제정되었다. 이 법은 사회복지사 처우개선과 관련하여 국가와 지방자치단체의 역할을 명시하고 있다.

이 법률은 매년 보건복지부가 제시하는 '사회복지시설 관리안내 지침'에서 사회복지사 등의 적정 인건비 기준을 마련하고, 지방자치단체가 이를 준수할 것을 권고하고 있다. 이는 지방자치단체의 재정 상황에 따라 인건비 기준을 따로 마련할 수 있기 때문에 각 지방자치단체 간 동일 업무에 대한 보수 수준의 차이가 발생하는 것을 줄이기 위한 것이다.

이를 위해 국가가 사회복지사 등의 적정 인건비에 관한 지침을 마련하도록 하고, 지방자치단체는 해당 지침을 준수하기 위하여 노력하도록 하며, 보건복지부장관은 지방자치단체별 지침 준수율을 3년마다 조사·공표하도록 함으로써 지방자치단체가 사회복지사 등의 적정 인건비에 관한 지침을 이행하도록 하는 내용이 법의 주요 골자를 이룬다. 이로써 사회복지사업을 행할 목적으로 설립된 사회복지시설의 종사자에게 적용하는 '사회복지시설 종사자 인건비 가이드라인'이 매년 제시되고 있으며 각 시설이 근로기준법 등 노동관계 법령을 준수할 수 있도록 하고 있다. 이 외에도 사회복지종사자의 생활안정과 복지증진을 위해 한국사회복지사협회는 '사회복지사 공제회'를 설립하여 운영하고 있다.

사회복지사 등의 처우개선과 신분보장에 관해 명시한 「사회복지사 등 처우 및 지위 향상을 위한 법률」 제3조의 내용은 다음과 같다.

「사회복지사 등 처우 및 지위 향상을 위한 법률」 제3조

제3조(사회복지사 등의 처우개선과 신분보장) ① 국가와 지방자치단체는 사회복지사 등의 처우를 개선하고 복지를 증진함과 아울러 그 지위 향상을 위하여 적극적으로 노력하여야 한다.

② 국가와 지방자치단체는 사회복지사 등의 보수가 사회복지전담공무원의 보수수준에 도달하도록 노력하여야 한다.

③ 국가는 사회복지사 등의 적정 인건비에 관한 기준을 마련하여야 하며, 지방자치단체는 해당 기준을 준수하기 위하여 노력하여야 한다.

④ 보건복지부장관과 지방자치단체의 장은 사회복지사 등의 보수수준 및 지급실태, 제3항에 따른 기준의 지방자치단체별 준수율 등에 관하여 3년마다 조사·공표하여야 한다.

⑤ 사회복지사 등은 사회복지법인 등의 운영과 관련된 위법 · 부당 행위 및 그 밖의 비리 사실 등을 관계 행정기관과 수사기관에 신고하는 행위로 인하여 징계 조치 등 신분상 불이익이나 근무조건상 차별을 받지 아니한다.

4. 사회복지사 윤리강령

사회복지실천에 있어 윤리기준을 마련하고 실천지침을 제공하는 일은 전문가의 가장 핵심적인 역할 가운데 하나이다. Millerson은 전문직에게 필요한 것 중 하나로 전문직 종사자는 행동규범을 준수해야 함을 강조한다. 전문직으로서 사회복지사의 행동규범은 '사회복지사 윤리강령'으로 설명할 수 있다.

윤리강령은 특정직종의 전문직으로서의 사명과 원칙 및 행동 규범을 제정한 것으로 사회복지사윤리강령은 사회복지 실천행위 전반에 전문직이 지켜야 할 가치 기준을 제시하고 있다. 전문직의 상징으로서 윤리강령은 법적 제재 효력은 없지만 사회적 제재의 힘을 가진다. 이 장에서는 윤리강령의 기능과 한계에 대해 알아보고 미국과 한국의 사례를 중심으로 윤리강령의 목적과 윤리원칙, 윤리기준을 살펴보고자 한다.

1) 윤리강령

사회복지현장에서 발생하는 윤리적 문제 대해 윤리강령의 중요성이 높아지지만 모든 것을 해결해 주지 못하는 한계를 분명히 가진다.

Loewenberg와 Dolgoff(1996)도 윤리강령이 모든 윤리적 문제 해결의 청사진이 될 수 없다는 점을 기억해야 한다고 강조하였다. Remear(1995) 역시 윤리강령을 가이드라인이라고 간주하지만 대부분 윤리강령은 전체적이고 세심한 대답을 제공하기에는 한계가 있다고 하였다(서미경 외, 2019 : 114). 그것은 윤리강령이 일반적인 용어로 작성되고 넓은 영역을 다루어야 하므로 추상적 수준에서 가끔 갈등을 일으킬 수 있는 원칙을 포함하기 때문이다. 윤리강령의 주요 기능과 그 한계에 대해 설명하면 다음과 같다(서미경 외, 2019 : 112-115 요약 인용).

(1) 윤리강령의 기능

Lowenberg와 Dolgoff(1996)는 사회복지사 윤리강령의 필요성을 다음과 같이 소개하고 있다.

첫째, 실천현장에서 윤리적 이슈뿐만 아니라 윤리적인 딜레마가 발생하게 될 때 이를 해결하기 위한 지침을 제공한다. 윤리적인 갈등 상황에 처했을 때 사회복지사가 지향하는 가치에 부합하는 윤리적 결정을 내리는 데 윤리강령이 지침이 될 수 있다.

둘째, 정직하지 않고 무능력하며 불완전한 실천가들로부터 많은 사람들을 보호한다. 사회복지사에게 충분한 지식과 기술이 있다고 해도 바라는 결과를 얻지 못할 때 잘못된 실천을 제공하거나 제공했다고 의심받는 경우가 생긴다. 이때 윤리강령은 업무의 전 과정에서 준수해야 하는 행동기준과 원칙을 정한 것이기 때문에 그것을 참고한다면 잘못을 최소화할 수 있다.

셋째, 정부의 조정보다는 자율에 의한 규정을 강조하기 위한 목적으로 정부의 통제로부터 전문직을 보호한다. 전문직의 자기규제는 정부의 규제보다 우선된다. 경우에 따라 전문직이 추구하는 가치와 정부의 조정과 통제가 상충될 때 사회복지 전문직은 윤리강령을 근거로 전문직의 가치를 실현하기 위해 노력할 수 있다.

넷째, 동료 전문가와의 상호작용을 위한 기준을 제시하고 바른 동료 관계를 가능하게 하기 위한 목적이다. 전문직의 내부갈등으로부터 초래되는 자기파멸을 예방하여 전문가들이 조화롭게 일하도록 하면서 윤리적인 조직문화를 만들어 갈 수 있는 지침을 제공해준다.

마지막으로 소송으로부터 전문가를 보호한다. 윤리강령을 따르는 실천가들이 실천오류로 인해 제기된 소송에서 일정한 보호를 받도록 한다. 이는 소송에서 실천가의 입장이 유리하도록 만든다는 것보다는 윤리강령에 입각한 실천을 했을 때 실천상의 오류를 방지해서 사회복지사가 고소되는 경우를 피할 수 있다는 것이다.

이상에서 언급한 윤리강령의 기능은 서비스를 제공하는 사회복지사가 전문직의 규제를 지킴으로써 자신과 전문직을 보호하고 윤리적으로 더 나은 서비스를 제공할 수 있는 역량을 확보할 기회를 제공한다는 측면에서 중요하다.

(2) 윤리강령의 한계

사회복지사 윤리강령은 윤리적 쟁점이 빚어질 때 의사결정과 행위를 이끌어 줄 일련의 가치, 원칙, 기준을 제공한다는 면에서 매우 중요하지만 이를 활용할 때 조심해야 할 부분도 있다. 윤리강령이 사회복지사의 행위에 관한 일련의 모든 환경에서 제공되는 것은 아니기 때문이다.

윤리강령을 활용할 때 조심해야 할 것은 우선 윤리강령이 일상에서 일어나는 세세한 내용을 포함하지 못하고 있다는 것을 인식해야 한다. 윤리강령은 일반적인 원칙의 입장에서 서술되기 때문에 상세한 규칙으로서 활용되기 어려운 부분이 있다.

또한 윤리강령에는 대립되는 두 원칙이 포함되어 있어 혼란스럽다. 윤리강령의 각 조항은 그 하나로는 타당하지만 각 조항 간에는 모순이 생기는 내적 불일치가 있다. 이를테면 사회복지사는 대상자의 법적 권리를 손상하거나 축소시키는 행위를 하면 안 되지만 고용된 기관에 충실해야 하기 때문에 기관의 정책이 대상자의 시민권을 침해하는 경우 선택이 난감해진다.

윤리강령이 가진 또 다른 한계는 규제적이고 금지적이라는 데 있다. 복잡하고 애매한 윤리적 상황에서 이런 규제와 금지는 사회복지사에게 일어날 수 있는 비난을 막을 수 있지만 어떤 경우에는 대상자와 좋았던 관계가 무산되도록 할 수 있다.

사회복지사는 실천과정에서 윤리강령보다는 해당사업 관련 지침을 더 유용하게 활용한다. 현장의 다양성만큼이나 실천 활동도 다양해지고 있는데 윤리강령은 그것을 모두 포괄할 수 없어서 실천의 기준과 원칙으로 반영하기에 부족한 부분이 있다. 그러므로 사회복지사가 어떠한 상황에서 윤리적 의사결정을 하는 데에는 사회복지사 각자의 타당한 결정이 반영되어야 하며, 윤리강령을 적용할 때는 강령이 고려되는 환경과 가치, 원칙, 기준 사이에 상충 될 가능성을 함께 살펴야 한다.

2) 미국의 윤리강령

윤리강령의 역사는 1947년 미국사회복지사협회(NASW)가 채택하였으나 이 시기는 전미를 대표하는 통일조직이 아니었으므로 1960년에서야 공식적으로 발표되었다. 이후 1967년 1차 개정을 시작으로 2018년까지 8차 개정에 이르고 있다. 2018년 개정된 내용에는 급격한 기술진보를 반영하여 사회복지실천에서 기술사용(use of techonology)과 관련한 문제를 포함하여 사회변화를 반영하였다. 대표적으로 사회복지사가 뉴미디어(전자우편, 온라인게시물, 온라인 채팅, 스마트폰, 문자메시지, SNS 등)와 같은 기술사용에서 지켜야 할 윤리규정 등이다(박차상 외, 2019 : 127).

미국사회복지사 윤리강령은 실천의 핵심가치를 반영하여 윤리원칙과 기준을 수립하고 윤리적 모호성을 위한 판단 기준을 제시한다. 사회복지 전문직의 책임에 대한 윤리적 기준과 그 기준에 맞게 사회복지사들에 대한 새로운 사회화, 비윤리적 행동에 대한 평가기준을 목적으로 제정되었기 때문이다. 전체적으로 서문과 윤리강령의 목적, 윤리원칙, 윤리기준으로 구성되어 실천 현장에 적용할 수 있는 세부적이고 구체적인 원칙과 행동지침을 제시하고 있다.

윤리강령 서문에 담긴 사회복지전문직의 주요 사명은 인간의 복지향상과 모든 사람의 기본적인 욕구충족을 돕는 것, 클라이언트의 역량강화, 사회정의와 사회변화에 대한 헌신, 문화적, 인종적 다양성에 대한 민감성의 제고 등이다. 윤리원칙은 6가지가 제시되었는데 서비스, 사회정의, 인간의 존엄성과 가치, 인간관계의 중요성, 성실, 능력이며 윤리적 기준은 클라이언트에 대한 사회복지사의 윤리적 책임(17개 기준), 동료에 대한 윤리적 책임(10개 기준), 실천현장에서의 사회복지사의 윤리적 책임(10개 기준), 전문가로서의 사회복지사의 책임(8개 기준), 사회복지전문직에 대한 사회복지사의 윤리적 책임(2개 기준), 포괄적 사회에 대한 사회복지사의 윤리적 책임(4개 기준) 등이다.

〈표 4-2〉 NASW 윤리강령의 핵심가치와 윤리원칙

가치	윤리 원칙
서비스	사회복지사의 일차적 목적은 욕구가 있는 사람을 돕고 사회적 문제를 해결하는 것이다.
사회정의	사회복지사는 사회적 불의에 도전한다.
인간의 존엄성과 가치	사회복지사는 인간의 타고난 존엄성과 가치를 존중해야 한다.
인간관계의 중요성	사회복지사는 인간관계의 주된 중요성을 인정해야 한다.
성실	사회복지사는 신뢰할 수 있는 방식을 행동한다.
능력	사회복지사는 능력 내에서 실천하고 자신의 전문성을 개발하고 향상시킨다.

출처 : 서미경 외(2019), p. 119.

3) 한국의 윤리강령

한국의 사회복지사 윤리강령은 사회복지사업 윤리선언으로 1973년 초안이 결의된 후 1982년에서야 처음 제정되었다. 이후 3차에 걸친 개정을 거쳐 지금의 윤리강령이 완성되었다. 1988년 1차 개정에서는 인간존엄성과 사회정의 실천을 강조하였으며 1992년 2차 개정에서는 '사회복지사 윤리강령'이라는 명칭을 사용하도록 하였다. 가장 최근에 개정한 2001년 3차 개정에서는 윤리강령을 46개 조항으로 세분화하여 확장하고 윤리위원회 구성 등에 대한 내용을 추가하였다.

한국의 사회복지사 윤리강령은 전문과 윤리기준, 사회복지사 선서로 구성되어 있다. 전문에서는 인본주의, 평등주의 사상, 인간의 존엄성과 가치 존중, 천부의 자유권과 생존권 보장, 사회정의, 평등과 자유, 민주주의 가치실현 등의 기본이념을 제시하고 클라이언트의 주체성과 자기결정권 보장, 사회복지사의 실천을 위한 전문적 지식과 기술개발 노력 준수 등의 실천적 가치를 반영하고 있다.

[윤리강령 전문]

사회복지사는 인본주의・평등주의 사상에 기초하여, 모든 인간의 존엄성과 가치를 존중하고 천부의 자유권과 생존권의 보장활동에 헌신한다. 특히 사회적・경제적 약자들의 편에 서서 사회정의와 평등・자유와 민주주의 가치를 실현하는 데 앞장선다. 또한 도움을 필요로 하는 사람들의 사회적 지위와 기능을 향상시키기 위해 저들과 함께 일하며, 사회제도 개선과 관련된 제반 활동에 주도적으로 참여한다. 사회복지사는 개인의 주체성과 자기결정권을 보장하는 데 최선을 다하고, 어떠한 여건에서도 개인이 부당하게 희생되는 일이 없도록 한다. 이러한 사명을 실천하기 위하여 전문적 지식과 기술을 개발하고, 사회적 가치를 실현하는 전문가로서의 능력과 품위를 유지하기 위해 노력한다. 이에 우리는 클라이언트・동료・기관 그리고 지역사회 및 전체사회와 관련된 사회복지사의 행위와 활동을 판단・평가하며 인도하는 윤리기준을 다음과 같이 선언하고 이를 준수할 것을 다짐한다.

한국사회복지사협회에서 채택된 사회복지사 윤리강령은 전문가로서의 자세와 전문성 개발을 위한 노력, 경제적 이득에 대한 태도가 기본적 윤리기준에 해당되며 클라이언트와의 관계, 동료의 클라이언트와의 관계를 정한 클라이언트에 대한 윤리적 기준이 있다. 이 외에 동료와 슈퍼바이저에 대한 윤리적 기준, 사회와 기관에 대한 윤리적 기준, 사회복지윤리위원회의 구성과 운영에 대해 정하고 있다. 사회복지윤리위원회는 윤리강령을 위배하거나 침해한 행위는 공식적 절차를 통해 대처하는 책임을 말한다.

최근 사회복지사업에서는 '윤리경영'이 기관의 최우선 가치이자 주요한 실천방식으로 주목받고 있지만, 윤리강령은 윤리적 딜레마 상황에서 적용할 수 있는 구체적 지침이 부족한 것으로 평가되어 세부적이고 구체적인 윤리지침 제공의 필요성을 과제로 안고 있다. 또한 실제 사회복지현장에서 윤리강령의 활용이 저조하므로 사회변화를 반영하는 윤리적 기준 제시가 필요하다.

제 5 장

사회복지와 인권

1. 인권과 정의
2. 권리로서 사회복지
3. 인권과 사회복지

제 5 장

사회복지와 인권

1. 인권과 정의

1) 인권

인권이란 용어는 페인(Paine)이 『인간의 권리(Rights of Man, 1791)』에서 사용한 그의 저서 제목인 '인간의 권리'에서 유래한 것으로 알려져 있다(부산복지개발원, 2017 : 47). 인권의 사전적 의미는 인간이 자연인으로서 누려야 할 당연한 권리를 의미한다. 인권개념이 정착된 것은 법적으로 성문화되면서 가능해졌으며 세계적으로는 1919년 바이마르 공화국 헌법을 시작으로 사회적 기본권 또는 사회국가 원리가 헌법에 수용되었으며 그 후 각국의 헌법에 인권조항이 명시되기 시작했다.

1948년 12월 유엔총회에서 채택된 「세계인권선언(Universal Declaration of Human Rights)」은 인권의 개념을 보다 적극적으로 해석하여 '인간의 권리'를 넘어 '인간이 가져야 할 당연한 권리'로 보고 있다. 세계인권선언에 의하면 "인류 가족 모든 구성원의 고유한 존엄성과 평등하고 양도할 수 없는 권리를 인정하는 것이 세계의 자유, 정의, 평화의 기초가 됨을 인정"하는 것으로 강조하고 있다. 유엔은 인권이 성(性), 연령, 인종 등 귀속적 요인이나 경제적 요인, 사회문화적 요인에 의해서 제약받아서는 안 된다고 선언한다(UN Office of the High Commissioner for Human Rights, 2008).

대한민국 헌법 제10조는 "모든 개인이 가지는 불가침의 기본적 인권을 보호하고 그 수준을 향상시킴으로써 인간으로서의 존엄과 가치를 구현하고 민주적 기본질서 확립에 이바지함을 목적으로 한다"고 명시하고 있다. 또한 사회적 기본권으로서 제31조 교육을 받을 권리, 제32조 근로의 권리, 제33조 근로 3권, 제34조 인간다운 생활을 할 권리, 제35조 환경권 등이 이에 해당한다. 국가인권위원회법 제2조 제1호는 인권을 "대한민국 헌법 및 법률에서 보장하거나 대한민국이 가입 및 비준한 국제인권조약 및 국제관습법에서 인정하는 인간으로서의 존엄과 가치 및 자유와 권리"로 정의한다.

인권이란 고전적 의미든 현대적 의미든 간에 인간에게 주어진 고유한 권리이다. 단지 인간이라는 이유만으로도 인간의 존엄성은 보호되어야 한다. 인권은 권력, 종교, 정치, 민족적, 인종적 이유로 절대 침해되거나 무시되어서는 안 된다. 이것은 어느 나라 할 것 없이 성문법, 불문법 형태로 정해져 있으며 이러한 인권의 특성을 정리하면 다음과 같다.

(1) 천부적 권리

인간은 태어나면서부터 천부적인 권리를 가지고 이는 어떤 이유로도 부정되어서는 안 된다.

(2) 양도할 수 없는 권리

인권은 자신에게 주어진 권리로 국가권력이나 개인 기타 집단에 의해 양도되거나 양도를 요구해서는 안 된다.

(3) 인간답게 살 권리

인권은 인간이 태어나 자라면서 누려야 할 권리로 국가와 사회는 이를 외면하거나 부정해서는 안 된다.

(4) 보편적 권리

인권은 세상 누구에게나 보편적 권리로서 적용되어야 한다.

인권의 개념은 인간은 그 자체로서 존엄성을 확보해야 하는 존재로서 사람답게 살 권리이며, 인간이기 때문에 당연한 권리이자 누구에게도 양보할 수 없으며, 침해당해서는 안 되는 절대적 권리를 말한다.

2) 인권과 정의

인권은 반드시 있어야 할 인간다움을 지키기 위한 최저선이다. 인간 누구나 존중받아야 하는 권리를 가지고 있고 일할 수 있는 권리, 교육받을 수 있는 권리 등 삶에 있어 기본적인 것들을 의미하기 때문에 이 땅을 살아가는 사람들에게 꼭 필요한 것이다. 특히 상대적으로 인권을 제한당할 수 있는 어린 학년기 아동이나 질병을 가진 환자, 장애인 등 사회적 약자계층에게 인권은 더욱 중요하다.

보편적 권리로서의 인권은 세계 어디서나 동일하게 보호되어야 한다는 의미에서 세계인권선언 초안이 마련되었다. 이 선언문의 작성에 많은 나라들이 참여하였고 또 여러 나라들이 국제인권법을 인정하기 때문에 가능한 일이었다. 인권이 장소와 문명을 초월하여 보편적인 호소력을 가지는 것은 모든 사람이 평등하게 가지는 권리이기 때문이다.

인권이 존중되어 개인의 안전과 통합을 보장하고, 사회구성원들의 존엄성을 인정하는 사회에서 그 기초를 구성하는 법률, 사법, 사회, 경제 등은 정의를 반드시 고려해야 한다. 국제 문서들을 통해 유엔은 이에 대한 중요한 원칙을 제공하고, 특히 자유를 임의로 박탈하거나 사생활을 간섭하는 것에 저항하고, 법률로 보호받도록 하였다. 그러나 정의의 추구는 더 넓은 의미를 함축하고 있다. 사회정의는 기본적으로 인간 욕구의 충족과 물질적 자원의 공평한 공유를 포함한다. 사회정의의 목표는 건강과 교육 영역에 있어서 기본 서비스의 보편적 접근, 출발점에서의 평등한 기회, 불이익을 받는 개인 또는 집단의 보호 그리고 재분배·수익·이익에 있어서의 중용 등이다. 사회복지사들은 정의와 사회정의를 모든 형태의 억압에 저항하는 중요한 방어체계로, 그리고 보다 공정한 방법의 인간 발달을 위한 기초로 간주하고 있다(UN Centre for Human Rights. 이혜원 역, 2005 : 50).

모든 사람이 차별 없이 당연하게 누려야 하는 것이 인권이기 때문에 국민들의 인권을 억압하는 국가 권력은 정당성을 얻을 수 없다. 국가권력은 권력자 자신을 위해 사용되어서는 안 되며, 오직 국민의 인권을 보장하기 위해서만 사용되어야 한다. 그래서 인권은 법으로 보장되어 있는 권리에만 한정되어 있지 않으며, 현행법이 보장하고 있지 않더라도 인간의 존엄성을 보장하는 데 반드시 필요한 권리는 보장해야 하는 것을 의미한다. 자국 법률이 인권을 인정하지 않거나 인권을 위반할 시에도 인권은 존재하기에 법률적이고 학술적인 개념이 아니라 그것보다 더 큰 의미로 볼 수 있으며 인간이 이성을 가진 존재라는 것에 기반하여 형제애로 대할 것을 요구한다.

다만, 인권은 보편적인 개념이어서 서로 충돌하지 않을 것이라고 생각하기 쉽지만 권리를 주장하는 과정에서 서로의 권리가 충돌과 대립하는 경우가 있다. 사회복지시설의 경우 시설 내 생활은 많은 사람들과 함께 살아가는 것이기에 생활하는 다른 사람들의 권리와 충돌하기도 하고 시설에서 함께 살아가는 것에 도움을 주는 직원들과도 권리가 때때로 충돌하기도 한다. 이러한 상황에서 각 권리를 제한하는 행동을 피할 수 없을 때 인권전문가들은 다음과 같은 원칙을 제시하고 있다(부산복지개발원, 2017 : 48-49).

첫째, 권리 간의 충돌을 중재하는 데 전체 사회의 민주적 요구가 반영되어야 한다. 이것은 다수를 고려하라는 의미이며 다수를 고려함으로 약자의 권리를 무시하라는 것이 아니라 약자의 권리도 소중히 여겨야 한다는 것을 의미한다.

둘째, 자신의 권리를 행사하기 위해 타인의 권리를 해하면 안 된다는 것을 말하며 함께 살아가기 위하여 많은 노력이 필요함을 말한다.

셋째, 권리와 권리가 다툴 때는 어느 쪽 권리가 더 중요한지 결정할 수 있는 판단 기준과 주체가 있어야 하므로 인권보장을 위한 시설 내 지침을 정하여 실천하는 것이 중요하다.

3) 인권의 역사

인권의 역사는 배제되는 사람들이 권리의 주체가 되는 역사를 말한다. 인권개념의 역사적 기원은 미국의 독립선언(1776년)과 프랑스의 인권선언(1789년)으로 절정에 달하였던 18세기로 거슬러 올라간다. 인권개념의 출현은 봉건사회의 몰락과 근대 자본주의 사회의 형성이라는 역사적 측면과 더불어 인간 해방이라는 보편적 사상의 발전이 결합되어 나타나기 시작하였다(부산복지개발원, 2017 : 45). 그러나 인권의 핵심요소는 대부분 오래전부터 동・서양의 문화와 사회 속에 존재하여 시행되어 왔음을 인식하는 것이 중요하다.

인권 개념의 발전은 점진적인 사회 변화의 일부이다. 18세기에 있어서 인권의 개념화에 최초의 동기가 되었던 시민적・정치적 권리에 대한 관심은 점차 경제적・사회적・문화적 권리에 대한 요구로 대체되었다. 이제 권리 개념의 세 번째는 집합적 권리로서 전체 인류를 위한 합법적이며 보편적 욕구, 즉 평화와 발전에 대한 권리와 보호된 깨끗한 환경에 대한 권리 등으로 점차 인식되고 있다(UN Centre for Human Rights. 이혜원 역, 2005 : 43).

이러한 발전과 함께 두 차례의 세계대전은 인권의 발전단계에서 자극제가 되었다. 특히 제2차 세계대전은 전 세계국가들로 하여금 국제 협력을 위한 새로운 틀을 채택하도록 하였으며, 국제 행동의 기준이 인권으로 표현될 필요성이 있음을 인식하게 되었다. 이러한 배경에서 1948년 세계인권선언이 보급되어 발전하였다.

[인권의 발전단계]

제1단계 : '소극적 권리'로서 세계인권선언 제2조부터 제21조에 걸쳐 규정된 시민적 · 정치적 권리를 의미함. 이 권리들은 개인의 자유를 박탈하는 어떠한 것으로부터도 해방을 보장하도록 고안된 권리임

제2단계 : 소위 '적극적 권리'로서 세계인권선언 제22조부터 제27조까지 규정된 경제적 · 사회적 · 문화적 권리를 의미하며, 사회정의의 실현, 결핍으로부터의 자유, 사회 · 경제 · 문화생활에의 참여를 보장하는 것을 목표로 하고 있음

제3단계 : '집합적 권리'로서 아직 형성단계에 있는 개념임. 세계인권선언 제28조

(1) 세계인권선언 결의

1948년 세계인권선언은 인권의 역사에서 중요한 의미를 가진다. 세계인권선언은 수많은 소중한 생명을 앗아간 제2차 세계대전이 끝나고 국적을 불문하고 모두가 함께 지켜야 할 하나의 윤리 기준을 세우기 위한 선언이었다. 선언은 그 자체로서는 법적 구속력을 가지고 있지 않은 결의문이지만, 전 세계 국가와 국민들이 모두 이루고자 하는 목표를 나타내는 권위를 가진다. 또한 세계인권선언을 골격으로 하여 경제적 사회적 및 문화적 권리에 관한 국제규약, 시민적 및 정치적 권리에 관한 국제규약을 비롯하여 수많은 인권 조약들이 탄생했고 선언의 내용이 거의 모든 국가의 헌법에 반영되어 있다는 점에서 선언의 내용이 하나의 국제관습법의 지위를 가진다고 볼 수 있다. UN인권보호 체계는 다음과 같다.

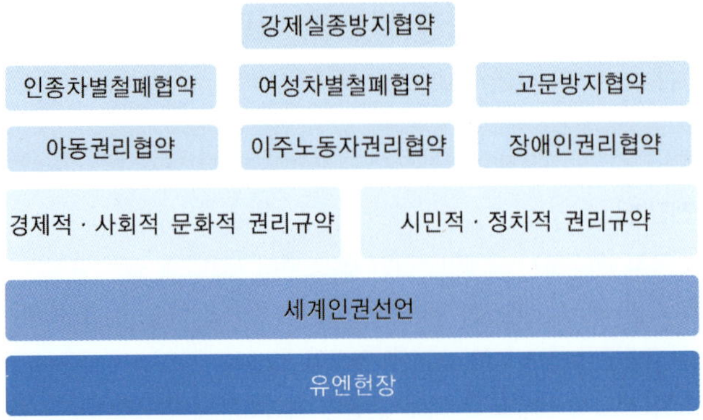

[그림 5-1] UN인권보호 체계

출처 : 국가인권위원회(2015), p. 15.

(2) 한국의 역사

우리나라에서는 1980년대 민주화 운동을 기점으로 자유권에 대한 논의가 시작되었으며, 1990년대에는 사회복지 영역에서도 인권의 중요성이 부각 되었다. 박태영(2002)은 장애인 이동권 확보 운동, 사회복지현장에서의 반인권적 사건이 지속적으로 발생하여 사회복지시설의 평가를 시작으로 인권의 중요성이 부각 되었다고 제시한다.

이후 2001년 국가인권위원회법의 제정과 국가인권위원회 출범 이후 인권에 대한 국민들의 관심이 높아지고, 사회복지 분야별 인권실태조사가 나오면서 사회복지실천에서 인권에 관한 주제가 부각되는 중요한 계기가 되었다. 국가인권위원회법에 의해 사회복지생활시설은 다수인 보호시설로 규정되어 법의 대상이 되었으며, 이후 각종 구금시설, 인권침해, 영역별 인권에 관한 실태조사가 이루어지고 있다. 사회복지 시설의 전체적인 인권보장 수준이 높다고 가정하더라도, 단 한 건의 인권침해 사실이 발생될 경우는 그 한 건의 사례가 가진 무게감은 매우 크다는 점을 유념할 필요가 있다.

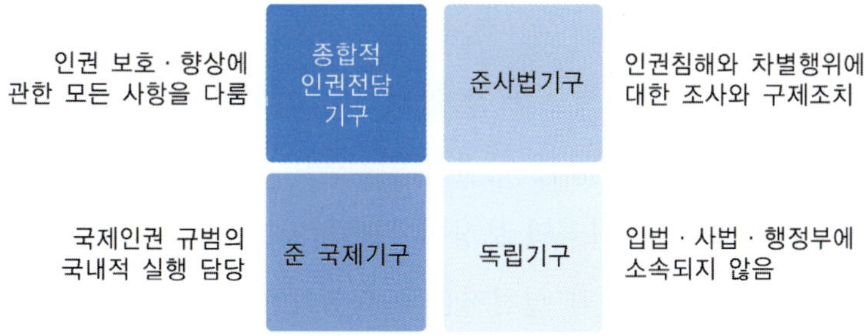

[그림 5-2] 국가인권위원회의 특성

출처 : 국가인권위원회(2015), p. 16.

인권의 침해는 비단 신체적 학대에만 국한되지 않으며, 법적 근거에서 살펴보았을 때 다방면으로 찾아볼 수 있지만, 인권에 대한 인식의 부족으로 인권침해적인 사건이 발생하였을 때에만 관심을 가지게 되는 현실에 처해있기도 하다. 하지만 생명의 가치는 인권과 관련한 모든 일에 있어서 가장 필수적인 영역이다. 사회복지전문직은 가능한 한 모든 곳에서 인권침해에 저항해야 할 뿐만 아니라 생명의 가치를 보호하기 위한 모든 활동을 적극적으로 지지해야 한다. 사회복지와 관련한 정책들을 수립함에 있어서도 인권 친화적인 요소를 바탕으로 해야 한다.

2. 권리로서 사회복지

사회복지는 인간의 존엄성이 최대한 실현될 수 있는 상태를 이루기 위해 개인에서부터 사회에 이르는 다양한 문제에 전문적・제도적인 개입을 한다. 사회복지가 지향하는 궁극적인 목적이자 사회복지의 출발점이 바로 인간존중의 가치이며, 사회복지가 개입하는 다양한 문제 역시 빈곤, 차별, 가족, 질병, 노동, 교육, 자유, 학대와 폭력 등 인권의 문제와 다르지 않다.

1) 윤리적 실천

사회복지실천의 기본원칙으로 잘 알려진 클라이언트의 자기결정, 수용, 비심판적 태도, 비밀보장 등은 인권의 원칙들이 내재되어 있는 것으로 사회복지실천과정을 통해 인권의 보장이 이루어지고 그 과정에서 인권의 원칙 및 인권에 대한 감수성과 실천기술들이 접목될 때 인권이 보다 잘 실현될 수 있을 것이다.

사회복지사는 욕구를 가진 클라이언트를 중심으로 윤리적 실천을 통해 인권을 실현하는 대표적 전문직업이다. 이미 사회복지사에게 인권은 추상적인 관점이나 가치가 아니라 이를 넘어서는 제도 및 정책의 입안과 서비스 제공이라는 실천의 행동으로 이루어 내고 있지만 여전히 기본적 인권의 가치에 반하는 여러 가지 사회문제가 대두되고 있는 것이 사실이다.

2) 사회복지수급권

인권을 실현하는 사회복지 실천은 사회복지수급권에 잘 나타나 있다. 권리는 법의 적용을 받는 대상자들을 권리의 주체로서 인정하고, 사회복지급여 및 서비스에 대한 이익을 추구할 수 있는 힘을 법이 부여해 준 것을 말한다. 사회복지 실천에서 권리는 개별 법에서 대상자의 수급권으로 드러나지만 근본적인 권리의 근거는 인권에서 시작된다(남기민 · 홍성로, 2020 : 102).

사회복지수급권은 헌법의 사회적 기본권을 한층 더 구체적으로 표현한 것이다. 전통적으로 사회복지는 인권을 실천해 오고 있으므로 헌법상 사회적 기본권이 개별 사회복지수급권을 통해 실현된 것으로 볼 수 있다. 사회복지에서 추구하는 가치와 이념은 국민의 기본권 중 하나인 생존권을 보장하는 데 있다. 생존권은 자유권, 참정권, 청구권과 함께 헌법상 고전적 권리에 해당하며 중요한 사회복지의 권리로서 국민이 자신의 최저생활유지를 위해 필요한 조건을 국가로 하여금 확보해 주도록 요구할 수 있는 권리를 말한다. 생존권 보장은 국가의 적극적인 보장의지와 노력이 필요한 것으로 권리수혜자로서 국민의 적극적인 주장이 필요한 부분이다.

이렇게 사회권적 기본권은 국민이 생존을 유지하거나 생활을 향상시키기 위하여 국가에 대해 적극적인 배려를 요구하는 권리로서 행사된다. 대한민국 헌법 제11조 제1항은 '누구든지 성별, 종교 또는 사회적 신분에 의하여 정치적, 경제적, 사회적, 문화적 생활의 모든 영역에서 있어서 차별을 받지 아니한다'고 명시하고 있다.

개인이 개별 법률에 근거하여 가진 사회복지 급여 및 서비스 청구권을 사회복지수급권으로 볼 때 이 권리는 인권이나 기본권에 비해 구체적이고 직접적인 권리의 의미를 가진다. 사회복지수급권이 단순히 국가 행정행위의 반사적 이익 또는 시혜적인 것이 아니고, 법적 권리로서 인정되는 것이다. 법률에 나타난 인권영역을 정리하면 다음과 같다.

〈표 5-1〉 법률에 나타난 인권영역

영역	하위 영역	개별항목
일반적 기본권	행복추구권 평등권	행동자유권과 인격의 자유발현권 성, 종교, 사회적 신분에 의한 차별금지
자유권적 기본권	신체의 자유권	불법체포 및 구속, 강제 격리로부터의 자유 불법강제 노역으로부터의 자유
	사생활에 관한 자유권	사생활의 비밀과 자유, 주거의 불가침 거주 및 이전의 자유, 통신의 불가침 개인물건을 가져올 권리 시설입소나 전원의 결정에의 입소자의 참여 입소 시 시설 생활에 필요한 사항에 대한 충분한 설명
	정신적인 활동에 관한 자유권	양심의 자유, 종교의 자유, 학문과 예술의 자유 표현의 자유(개인적/ 집단의 자유) 시설의 각종 활동프로그램의 참여 여부 결정권
	경제생활에 관한 자유권	재산권의 보장, 직업선택의 자유 입소자의 동의에 기초한 수입 및 재산(연금, 교통비, 입소 시 지참금) 등의 사용

	정치 활동에 관한 자유권	정치 활동의 자유, 참정권
생존권적 기본권	인간다운 생활을 할 권리	사회보장(사회보험, 공공부조를 받을 권리) 사회복지의 혜택을 받을 권리 식사서비스 및 목욕서비스에 있어서의 개별화 깨끗한 의복과 침구류의 제공
	정서적 지원	입소자의 자긍심 유지를 위한 언어 표현 입소자들 간의 통합
	교육을 받을 권리	균등하게, 능력에 따라 교육받을 권리
	근로의 권리	국가의 고용 증진의 의무
	근로자의 3권	근로자의 단결권, 단체 교섭권, 단체 행동권
	환경권	쾌적한 환경에서 생활할 권리, 쾌적한 주거 생활을 할 권리
	보건에 관한 보호를 받을 권리	모든 국민의 보건상의 보호, 모성의 보건상의 보호, 혼인과 가족생활의 보장
	청구권적 기본권	청원권, 재판의 청구권, 형사보상 청구권 국가배상 청구권, 범죄피해자의 구조 청구권

출처 : 부산복지개발원(2017). 사회복지생활시설 인권 교육교재, p. 54.

3. 인권과 사회복지

국가인권위원회(2015)는 인권기반 사회복지(human rights based on social welfare)에 대해 인권의 속성 및 기본가치에 바탕을 둔 국가 및 사회의 노력, 그 결과로서의 사회복지로 정의하고 있다. 인권기반 사회복지의 원칙은 첫째, 특정 정책 및 제도의 마련과 시행에서 적용대상의 포괄성을 강조하고 둘째, 정책 결정 및 집행과정에서 이용자의 참여를 강조한다. 셋째, 사회문제 해결을 위한 포괄적 접근방법으로 대안적 사고방식을 강조한다. 즉, 사회문제로서 빈곤 문제 해결은 소득보장 정책과 클라이언트의 역량강화 정책이 함께 이루어져야 한다는 것이다.

1) 인권과 사회복지사

사회복지현장은 인권 사안이 발견되는 곳이며, 사회복지사는 인권 당사자와 관계자를 함께 만날 수 있고, 사회복지현장은 인권이 보장되는 곳이어야 한다는 외부의 기대를 받고 있다는 면에서 사회복지현장은 곧 인권현장이기도 하다. 덧붙여, '사회적 책임성의 확대' 차원에서 인권 개념의 사회복지적 유용성이 예상되기도 한다. 하나는 사회복지서비스에서 제도권 밖의 새로운 취약계층의 발굴에 유리할 것이고, 또 하나는 '차별과 인권'의 사회적 인식 개선과 예방 접근에 유리할 것이다. 마지막으로 인권 시각은 사회복지 정책적, 제도적 변화 접근에 강점으로 작용할 수 있다(김영종, 2006 : 229).

인권현장으로서의 사회복지현장에서 사회복지사가 인권전문직으로서 역할을 수행하는 것은 사회복지실천의 목적이 인간의 행복과 자기실현을 이루는 것에 있기 때문이다. 이로써 사회복지사는 인권 보호와 옹호에 대한 사명을 가지면서 이를 통한 욕구충족과 권리보장은 실천의 주요 과제가 된다.

2) 아동과 인권

인권과 관련하여 아동권리가 중요한 이유는 아동이 성인보다 약자의 위치에 있고, 신체적·정신적으로 미성숙한 존재이기 때문에 사회적 특수성이 고려되어야 하기 때문이다. 아동의 권리는 성인이 가지는 기본적인 권리의 내용뿐 아니라 성인으로 발달하는 과정을 고려한 '발달권'과 미성숙하고 의존적인 특성을 보일 수밖에 없는 상황을 고려한 '보호권'이 포함되어 생존과 발달, 보호와 참여가 균형적으로 보장되어야 한다.

아동에 대한 특별한 보호의 필요성은 영국의 Eglantyne Jebb이 작성한 '아동권리선언문'(1923)과 국제연맹(League of the Nations)의 '제네바 아동권리선언'(1924)을 시작으로, 제2차 세계대전 후 국제평화와 안전 보장을 목적으로 결성된 국제연합(The United Nations)에서 공표한 '세계인권선언'(1948), '아동권리선언'(1959)으로 이어졌지만, 아동보호와 권리에 대한 단편적인 내용만을 담고 법적 구속력이 없는 선언적 형태였다. 이후 1989년 11월, 정부 대표와 비정부기구들이 참여한 제44차 UN총회에서 아동을 단순한 보호 대상이 아닌 존엄성을 가진 권리주체자로서 규정하는 '아동의 권리에 관한 협약'(Convention on the Rights of the Child, 이하 UN아동권리협약으로 표기)이 만장일치로 채택되었다(김현진 외, 2019 : 1)

우리나라는 1923년 어린이날 기념식장에서 '소년운동협회'가 '소년운동선언'에서 '아동의 권리공약 3장을 선포'한 것에서 아동권리 역사의 시작을 찾아볼 수 있다. 이때 선언문에는 완전한 인격적 예우, 만 14세 미만 아동에 대한 유·무상의 노동 폐지, 학습·놀이(문화)의 장 제공 등의 내용이 담겨 있다. 이후 1975년 어린이헌장 제정, 1991년 아동의 권리에 관한 국제 협약 가입으로 아동의 권리를 국가 전체의 의무와 책임으로 인정하였다. 그러나 여전히 현대 사회에서 아동 빈곤으로 인한 생존권과 발달권의 위협, 아동학대 증가, 장애아동 지원 등 많은 과제를 안고 있다.

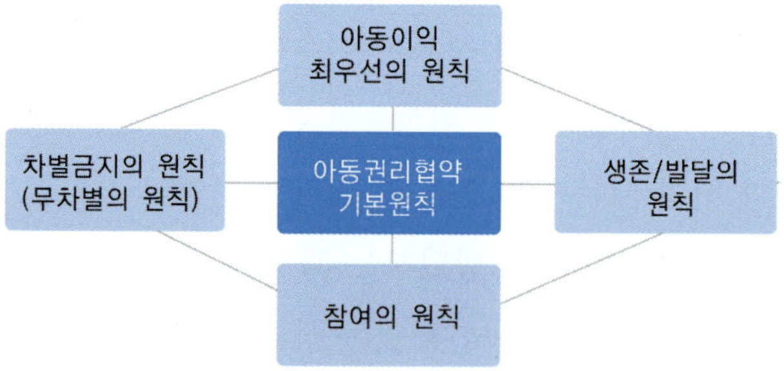

[그림 5-3] UN아동권리협약의 기본 원칙

3) 노인과 인권

1981년 제정된 노인복지법은 노인의 질환을 사전예방 또는 조기 발견하고 질환 상태에 따른 적절한 치료・요양으로 심신의 건강을 유지하고, 노후의 생활안정을 위하여 필요한 조치를 강구함으로써 노인의 보건복지증진에 기여함을 목적으로 한다. 이 법률은 노인이 누려야 할 일반적 기본권과 자유권적 기본권, 사회권적 기본권 보장을 강조하고 기본권 보장에 대한 국가의 책임을 규정하고 있다.

노인과 관련된 주요 국제문서로는 노화에 관한 세계회의의 실천행동을 위한 국제계획(1982)이 있다. 노인이 누려야 할 일반적 기본권은 행복추구권과 평등권을 말하고, 자유권은 신체적 자유, 사생활에 관한 자유, 정신적 활동에 관한 자유, 경제생활에 관한 자유, 정치활동에 대한 자유 등이 해당된다. 사회권은 기초생활보장과 기초연금 등을 수령할 수 있는 경제권, 노동권, 주거권, 건강권, 평생교육권, 문화생활권, 사회참여권, 가족유지권, 소통권 등을 말한다. 그러나 현실적으로 노인 인권향상을 위한 국내외 노력에도 불구하고 법적 구속력은 약한 상황이다.

노인 인권과 관련하여 보건복지부는 2013년 '노인복지시설 인권보호 및 안전관리 지침'을 신설하여 각 시설 및 관련 기관에서 이를 준수토록 하였다. 이 외에 장기요양보호제도 등으로 인한 노인복지시설이 대폭 확충되면서 시설 생활노인의 인권에 대한 인식 제고와 인권보호를 위해 마련된 제도적 장치로서 인권보호지침, 학대예방지침, 시설 안전관리 지침으로 구성되어 있다. 사회복지사가 노인을 원조할 경우, 자신의 역할을 노인의 위기에 단순히 반응하는 것이 아니라 노인의 위기를 경감시키기 위하여 노인을 지원하는 체계를 형성하도록 도와주는 것으로 이해해야 한다. 더 나아가 사회복지사는 노인 자신의 가치와 노인의 인권에 대한 지식을 제고하기 위하여 노력해야 한다.

4) 장애인과 인권

장애인권리와 관련한 '장애인권리협약(2006)'은 기존 장애인 인권관련 규정에 비해 상당한 수준의 구체성과 강제성을 지니고 있다. 차별금지, 완전하고 실질적인 사회참여와 사회통합, 기회균등, 접근성 등을 기본 원리로 제시하고 장애 유형별로 수화, 점자, 고용조건 및 고용환경, 재활서비스 및 재활프로그램 등 실생활과 관련된 구체적이고 실질적인 권리보장을 위한 세세한 내용을 규정하고 있다.

장애인 인권과 관련한 국제문서는 「정신지체인의 인권에 관한 국제협약(1971)」, 「장애인인권선언(1975)」, 「정신질환자의 보호 및 정신건강서비스 증진을 위한 원칙(1991)」 등이 있다. 우리나라는 장애인 인권과 관련하여 장애인복지법, 특수교육진흥법, 「장애인·노인·임산부 등의 편의증진 보장에 관한 법률」, 「장애인차별금지 및 권리구제 등에 관한 법률」을 제정하여 장애인 인권보장을 위한 내용을 담았다. 특히 「장애인차별금지 및 권리구제 등에 관한 법률」은 모든 생활영역에서 장애를 이유로 한 차별을 금지하고 장애를 이유로 차별받은 사람의 권익을 효과적으로 구제함으로써 장애인의 완전한 사회참여와 평등권 실현을 통하여 인간으로서의 존엄과 가치를 구현함을 목적으로 한다.

이 외에도 정신장애인의 경우 「정신건강증진 및 정신질환자 복지서비스 지원에 관한 법률」을 별도로 제정하여 정신질환자의 재활·복지·권리보장과 정신건강 친화적인 환경 조성에 필요한 사항을 규정하고 있다.

5) 여성과 인권

국제적으로 여성인권에 대해 모든 영역과 부문을 포괄적으로 규정하고 있는 '여성에 대한 모든 형태의 차별철폐에 관한 협약(Convention on the Elimination of All Forms of Discrimination Against Women, 1979년)'은 성평등을 이루기 위한 여성의 권리장전으로 불린다. 우리나라는 「가정폭력범죄의 처벌 등에 관한 특례법」, 「가정폭력 방지 및 피해자 보호 등에 관한 법률」, 「성매매 알선 등 행위의 처벌에 관한 법률」, 「성매매 방지 및 피해자 보호 등에 관한 법률」 등에서 여성과 인권을 규정하고 있다.

여성인권의 유형은 우선 시민권과 정치권, 사회권과 경제권, 노동권, 폭력으로부터의 자유 등으로 분류한다. 특히 사회권과 경제권은 결혼, 모성, 임신이나 출산을 이유로 한 차별을 금지하고 출산휴가제도, 재산분할청구권 등을 말한다. 여성인권을 위한 사회복지사의 역할은 궁극적으로 여성의 지위를 향상하는 것이므로 이를 잘 수행할 수 있도록 다양한 여성단체들과 협력하면서 여성 인권 관련 이슈에 개입할 수 있는 능력을 갖추어야 한다.

6) 이주민, 노숙인 등의 인권

이주민을 대상으로 한 국제 기준의 인권협약은 1990년 UN에서 비준된 '모든 이주노동자와 그들 가족구성원의 권리에 관한 국제협약(International Convention on the Protection of the Rights of All Migrant Workers and Members of Their Families)'이 있다. 이주노동자는 자신의 국적이 소속된 본국이 아닌 국가에서 유급활동에 종사할 예정이거나 이에 종사하고 있는 사람을 말하며 추방을 금지하고 결혼과 가족 구성, 가족생활의 보호, 노동기본권 보호, 사회적 기본권 실현을 골자로 한다.

노숙인 등의 인간다운 생활을 할 권리를 보호하고 재활 및 자립을 위한 기반을 조성하여 이들의 건전한 사회복귀와 복지증진을 위한 「노숙인 등의 복지 및 자립지원에 관한 법률」은 노숙인 등을 위한 종합계획의 수립과 복지서비스 제공 등을 명시하고 있다. 노숙인의 가장 중요한 욕구로서 적절한 수준의 주거생활을 할 권리, 건강권과 건강유지를 위한 식사, 불안정한 노동 조건 및 차별적 요소를 해소하여 노숙인의 자활을 도와야 한다.

이 외에도 필요한 정보를 제공받을 권리, 신체의 자유에 대한 권리, 자기결정권의 존중 등을 통해 실천의 방향을 제시한다.

최근 우리 사회는 사회적 약자인 아동, 노인, 장애인 등에 대한 인권침해 사례가 자주 발생하고 여성, 다문화가정, 이주노동자, 노숙인, 성적 소수자 등에 대해서도 폭력, 차별, 착취, 배제 등의 인권침해가 사회문제화되고 있어 사회복지사의 윤리적 실천 중요성이 증가하고 있다. 그러므로 사회복지 실천에 관한 윤리적이며 철학적인 관심을 실제로 현장에서 클라이언트의 인권보장을 위하여 적용하는 과정을 배우는 것은 매우 중요하다. 사회복지사 개인적 태도뿐만 아니라 전문가로서의 태도와 지식 그리고 기술이 함께 조화를 이루어, 궁극적으로 가치 · 지식 · 기술의 협력체계를 습득함으로써 사회복지사는 실천현장에서 전문가로서의 일상적인 역할을 충실하게 수행할 수 있게 될 것이다.

제 6 장

사회복지의 구성요소

제 6 장

사회복지의 구성요소

사회복지의 구성요소를 살펴보는 것은 사회복지를 이해하는 데 중요한 역할을 제공한다. 따라서 여기에서는 사회복지의 구성요소로서 사회복지의 주체, 대상, 급여, 전달체계, 재원에 대해 살펴보고자 한다.

1. 사회복지의 주체

전통적으로 사회복지의 주체는 공공부문과 민간부문으로 구분된다. 여기서 공공부문은 국가와 지방자치단체이며, 민간부문은 비영리부문과 영리부문 등이다.

1) 공공부문

사회복지 주체로서의 공공부문은 국가와 지방자치단체이다. 사회보장기본법 제5조 제1항과 제2항에서는 "국가와 지방자치단체는 모든 국민의 인간다운 생활을 유지·증진하는 책임을 가진다. 국가와 지방자치단체는 사회보장에 관한 책임과 역할을 합리적으로 분담하여야 한다."고 규정하고 있어, 헌법 제34조의 인간다운 생활권 보장에 대한 책임을 가진 사회복지의 일차적인 주체가 국가와 지방자치단체임을 명시하고 있다.

국가란 공식적 통치조직을 가지고 일정한 영토에 거주하는 다수로 이루어진 단체를 말하며, 법률상 하나의 공법인으로서 법률관계에서 주체가 된다. 국가가 행정주체가 되는 경우, 그 권한은 대통령을 정점으로 하는 국가 행정조직을 통해 행사된다. 그리고 국가를 위해 실제로 행정사무를 담당·수행하는 역할을 하는 것이 행정기관이며, 이 행정기관은 어떠한 권한을 행사하는지에 따라 행정관청, 집행기관, 의결기관, 자문기관, 보조기관 등으로 분류된다(조원탁 외, 2009 : 82). 이러한 국가의 행정기관 중 사회복지의 주된 집행기관으로는 보건복지부가 있고, 그 밖에 여성가족부, 고용노동부, 행정안전부, 교육부 등도 집행기관으로서 사회복지와 관련된 권한을 일부 수행하고 있다(황인옥 외, 2016 : 106-107).

그리고 지방자치단체는 주민의 복리에 관한 사무를 처리하고 재산을 관리하며 법령의 범위 안에서 자치에 관한 규정을 제정할 수 있다(헌법 제117조). 지방자치단체는 국민기초생활보장제도와 같은 공공부조나 사회복지서비스를 직접 국민의 삶의 현장에서 집행하는 데 중요한 역할을 하고 있다. 지방자치단체는 자치행정의 주체로서 국가로부터 행정권의 일부를 부여받은 공공단체이며 공법인이다(조원탁 외, 2009 : 83). 지방자치단체는 특별시, 광역시, 도, 시·군·구가 있다. 지방자치단체가 제정하는 자치에 관한 규정에는 지방의회에서 제정·공포하는 조례와 지방자치단체의 장이 제정·공포하는 규칙이 있다(강희갑 외, 2009 : 56-57).

2) 민간부문

사회복지의 주체로서의 민간부문은 개인은 물론 사회복지법인, 각종 비영리법인, 기업 등이 있는데, 여기에서는 비영리부문과 영리부문으로 나누어 살펴보고자 한다.

첫째, 비영리부문은 민간 비영리단체에서 운영하며, 이윤을 추구하지 않는다는 점에서 영리단체와는 구분된다. 대표적인 비영리단체로는 사회복지법인, 시민단체 등이 있다(고명수 외, 2018 : 37).

둘째, 영리부문은 영리를 추구하는 기업이 사회복지의 주체로 참여하는 형태이다. 공적 부문에 의한 사회복지 공급에 한계를 느끼고 민간에 의한 보완이 필요해지면서 영리부문의 역할에 대한 새로운 인식이 이루어지고 있다. 대표적인 영리부문의 예로는 기업이 별도의 사회복지법인을 만들어 복지사업을 실시하는 것, 기업 내의 사원들을 위한 복지사업을 시행하는 것, 사회복지를 목적으로 하는 사회적 기업[1] 등이 있다(윤찬영, 2019 : 223-224).

사회복지의 주체로서의 공공부문과 민간부문의 특성을 비교하면 <표 6-1>과 같다(이경남 외, 2020 : 45).

〈표 6-1〉 사회복지의 주체로서의 공공부문과 민간부문의 특성

구분	공공 사회복지	민간 사회복지
장점	- 세금이 재원으로 이루어져 재정적 안정 - 국민의 최저생활 보장 - 보편적이고 계속적인 서비스 제공 - 형평성과 책임성 확보 - 서비스 접근의 권리성	- 법의 제약을 넘어 욕구에 대응 - 국가에 대해 대상자의 입장에서 대변, 비판 - 수혜대상자의 자존심 유지 - 독창적인 서비스 접근 개발 - 다양한 서비스와 혁신성 있는 프로그램 개발
단점	- 운용의 관료성, 획일성 - 탄력성과 융통성 결여 - 법적, 재정적 제약으로 즉각적 대응 결여 - 지역 간의 격차	- 재원확보의 불확실성 - 지속적인 서비스 제공 또는 운영에 차질 - 자선적인 측면에서 그치기 쉬움 - 부분에 국한된 서비스 제공

1) 예컨대, "아름다운 가게", "행복한 가게" 등 소위 자선 가게(charity shop) 등이 여기에 해당한다. 이 자선 가게들은 사람들로부터 안 쓰는 물건들을 기부를 받아 가게 매장에서 판매를 하고, 판매대금 중 수익금을 불우이웃에게 배분하는 일을 한다. 기부를 받고 불우이웃에게 배분하는 것은 전형적인 사회복지사업이다. 이것이 이 가게들의 목적이다. 그러나 그 방법과 수단은 가게를 통한 판매행위이다. 즉, 기업활동을 통하는 것이다(윤찬영, 2019 : 224).

한편 사회복지의 주체를 실시 관점에서 보면, 정책주체, 운영주체, 실천주체로 나눌 수 있다(박경일 외, 2010 : 48).

첫째, 정책주체는 사회복지정책을 계획하고 책정하여 실행하는 주체로, 보통 국가와 지방자치단체가 된다.

둘째, 운영주체는 사회복지사업을 운영하고 경영하는 주체이며, 사회복지사업을 행하는 시설, 단체, 기관들로 공영기관과 민간기관으로 구분할 수 있다.

셋째, 실천주체는 사회서비스를 직접 대상자에게 제공하는 주체로, 사회복지사, 시설의 종사자, 자원봉사자 등이 있다.

2. 사회복지의 대상

사회복지의 대상으로는 사회복지의 대상자, 인간의 욕구, 사회문제, 사회적 위험 등이 있다. 그런데 인간의 욕구, 사회문제, 사회적 위험은 이미 본 서의 제1장에서 살펴보았으므로 여기에서는 사회복지의 대상자에 대해서만 살펴보기로 한다.

사회복지의 대상자는 사회복지를 필요로 하는 사람들로서, 영어로는 클라이언트(client)[2]라고 한다. 사회복지가 발전하는 초기단계에서는 소수의 사회적 약자들에게 한정해서 사회복지서비스가 제공되어 왔으나, 현대사회로 접어들면서 국민 전체로 사회복지가 확대되는 현상을 볼 수 있다. 즉, 사회복지의 대상자 선정기준이 선별주의(selectivism)에서 보편주의(universalism)로 변화하고 있다. 여기서 선별주의란 소득이나 자산조사를 통해 대상자를 선별적으로 선정하는 것으로, 대표적인 예로는 공공부조인 국민기초생활

2) client는 ① 소송 의뢰인, ② 고객, 단골 손님, ③ [고대로마] 피(被)보호민, 가신(家臣), 부하, ④ 사회복지 혜택을 받는 사람 등으로 번역되고 있다.

보장제도의 생계급여, 의료급여, 주거급여, 자활사업 등의 각종 급여들과 기초연금, 장애인연금, 긴급복지지원제도 등이 있다. 그리고 보편주의란 전 국민을 대상으로 하는 것으로, 대표적인 예로는 영국의 국민보건서비스(NHS), 우리나라의 사회보험제도(국민연금, 국민건강보험, 산업재해보상보험, 고용보험, 노인장기요양보험), 사회수당 등이 있다(양정하 외, 2020 : 175). 선별주의와 보편주의의 특징을 비교하면 <표 6-2>와 같다(이경남 외, 2020 : 46-47).

〈표 6-2〉 선별주의와 보편주의의 비교

구 분	선별주의	보편주의
범 위	특수문제(욕구) 집단에 한정	전 국민에게 확대
자 격	제한 강화	제한 완화
급여수준	최저 수준으로 인하	적절한 보상율로 인상
급여기간	단축	연장
장 점	유효성과 효율성이 높음, 경비 절감	공평성, 접근성, 편익성이 높음
단 점	낙인	경비가 많이 소요됨, 낭비가 많음
대표적 예	공공부조제도	사회보험제도

3. 사회복지의 급여

사회복지의 급여는 사회복지의 주체가 대상자에게 제공하는 것으로, 현금, 현물, 증서, 기회, 권력 등이 있다(양정하 외, 2020 : 168-174).

1) 현금

사회복지급여의 형태로서 현금(cash)으로 제공되는 경우는 국민연금, 질병보험의 질병수당, 산재보험의 장해급여, 실업급여, 휴업급여, 생계급여, 아동수당, 주택수당 등을 들 수 있다. 현금으로 급여를 제공하는 경우는 현물로 제공하는 경우와 비교하여 다음과 같은 네 가지 장점이 있다.

첫째, 수급자 개인의 효용을 극대화할 수 있어 급여로서 현금을 제공할 때에는 사회적 자원이 효율적으로 배분될 수 있다. 현물에 비해 물품의 선택권이 다양하기 때문에 이론적으로 수급자의 효용을 높일 수 있다는 것이다.

둘째, 현금급여는 복지상품이나 서비스의 선택권을 보장할 수 있다. 수급자 선택의 자유[3]와 소비자 주권(consumer sovereignty)의 측면에서 볼 때 현금이 현물에 비해 장점을 지닌다. 즉, 현금급여는 수급자 선택의 폭을 넓혀 다양한 취향을 반영할 수 있을 뿐만 아니라 사회복지의 중요한 가치인 자유나 자기결정권리를 보호할 수 있다.

셋째, 현금급여는 인간의 존엄성을 유지시키는 데 현물급여보다 우월하다. 즉, 낙인감이 적다는 것이다. 일반적으로 급여가 쌀이나 의복과 같은 현물로 제공되는 공공부조의 경우 수급자가 수치심을 느끼는 경우가 많다. 이러한 수치심은 급여를 신청할 때, 급여를 받을 때, 급여를 소비할 때의 세 가지 단계에서 나타나는데, 특히 소비단계에서 수치심이 클 수 있다.

넷째, 현금급여는 운영효율성이 높다.[4] 현금급여는 사회복지기관 관리운영비의 절감과 행정적 편의를 가져다줄 수 있다. 즉, 현물급여에 비하여 프로그램의 관리운영비용이 적게 든다. 현물급여를 하기 위해서는 현물을 보관, 관리, 전달하는 데 많은 비용이 든다. 특히 오늘날과 같이 상품의 유통비용이 비싼 복잡한 사회상황에서는 더욱 그러하다.

그러나 현금급여의 단점으로는 현물급여에 비해 오남용의 위험이 크다는 점, 목표효율성이 떨어진다는 점, 개인들의 효용은 높일 수 있어도 사회적 효용이 감소되는 경우도 있다는 점 등이 있다.

---

3) 수급자 혹은 소비자 선택권이 높은 순서는 현금급여 > 바우처 > 현물급여 순이다. 예를 들어 생계비급여 > 학습지바우처 > 쌀 지원의 순이 되는 것이다.

4) 운영효율성이 높은 순서는 현금급여 > 바우처 > 현물급여 순이다.

2) 현물

현물(goods) 급여로서 제공되는 것으로는 의료서비스, 교육서비스, 음식, 주택, 에너지, 각종 직업훈련, 상담 등으로 종류가 다양하다.

그렇다면 왜 현물급여가 필요한가?

첫째, 정책의 목표효율성(target efficiency)[5]을 높일 수 있다. 예를 들면, 정책의 목표가 수급자의 영양상태 개선이라면, 직접 음식을 제공함으로써 현금으로 줄 경우 발생할 수 있는 다른 용도로의 사용을 막을 수 있어 정책목표를 더 효율적으로 달성할 수 있다.

둘째, 현물급여는 현금급여에 비하여 정치적 측면에서 선호된다. 일반적으로 납세자는 자기가 낸 세금이 어떤 용도로 사용되고, 어떤 목표를 이루었는지에 관심이 있는데, 현물급여는 현금급여에 비하여 효과가 비교적 명확히 나타나기 때문에 납세자가 선호한다.

셋째, 현물급여가 현금급여보다 대량생산과 대량소비로 인해 생산 및 공급비용을 줄일 수 있어 규모의 경제 효과가 커 프로그램 비용을 줄일 수 있다. 또한 현금급여 시 발생할 수 있는 시장에서의 지나친 경쟁으로 인한 낭비를 줄일 수 있다.

그러나 현물급여의 단점으로는 낙인(stigma)이 발생할 수 있다는 점, 선택권을 제한할 수 있다는 점, 관리비용이 많이 든다는 점, 개인들의 복지욕구와 괴리가 나타날 수 있다는 점 등이 있다.

---

5) 목표효율성이란 대상효율성이라고도 하며, 정책이 목표로 하는 대상자들에게 자원이 얼마나 집중적으로 할당되는지, 즉 동일한 자원으로 정책의 목표를 얼마나 잘 달성할 수 있는지의 여부를 판단하는 기준이다. 일반적으로 목표효율성(대상효율성)은 현물급여 > 바우처 > 현금급여 순으로 높다.

3) 증서

증서(바우처, voucher)는 일정한 용도 내에서 수급자로 하여금 원하는 재화나 서비스를 자유롭게 선택할 수 있도록 하는 방법이다. 예를 들면, 미국의 식품권(Food Stamp) 프로그램은 수급자가 이것을 이용하여 음식물이라는 용도 내에서 다양하게 선택할 수 있다. 또한 교육증서를 가지고는 수급자가 다양한 학교선택을 할 수 있다. 증서에는 이 밖에도 사회복지서비스 이용권, 상품권, 의료보험증이나 경로 버스표 등에 이르기까지 다양하다.

증서의 특징을 비교하면 다음과 같다.

첫째, 현금급여에 비해 목표달성에 효과적이다. 따라서 개인의 효용보다 사회 전체의 효용을 우선시한다면 바우처가 현금급여보다 더 바람직한 형태의 급여이다.

둘째, 현물급여에 비해 공급자 간 경쟁을 유도하는 데 유리하다. 즉, 현물급여에 비해 재화나 서비스 공급자 간의 서비스 질 경쟁을 유도하여 재화나 서비스의 질을 높일 수도 있다.

셋째, 현물급여에 비해 소비자의 선택권이 높다.

넷째, 현물급여의 장점인 정책의 목표효율성도 살릴 수 있고, 현물급여보다 수급자의 효용을 증가시킬 수 있다. 또한 관리운영비용이 적게 들고, 현물급여의 단점인 낙인도 줄일 수 있다.

그러나 현물급여에 비해 오·남용의 문제가 발생할 가능성이 높다는 점, 서비스 공급자가 소비자를 자의적으로 선택 또는 회피하는 현상(크리밍 현상)이 발생할 수 있다는 점, 급여의 양을 통제(해당 부문 안에서만 사용이 제한됨)한다는 점, 현물급여에 비해 서비스에 대한 충분한 정보접근이 이루어져야 한다는 단점이 있다.

4) 기회

기회(opportunity)는 무형의 급여로, 어떤 개인이나 집단에 대해 이전에는 부정되었던 급여에 대해서 접근을 가능하게 만드는 것이다. 예를 들면, 대학입시에서 농어촌지역 학생이나 장애인의 특례입학을 허용하는 것(빈곤층 자녀의 대학입학정원 할당), 기업의 장애인 의무고용제 등은 그들에게 기회를 제공하는 것이다.

기회를 제공하는 주요한 대상으로는 여성, 장애인, 노인, 외국인 근로자 등 사회적으로 차별받고 있다는 사회적 인식이 형성되어 있는 집단이며, 기회 제공의 궁극적 목표는 노동시장의 경쟁에서 불리한 것을 제거함으로써 그들에게 진학, 취업, 진급 등의 유리한 기회를 주어 소득을 높이려는 사회복지정책의 목표를 달성하는 데 있다. 이를 긍정적 차별(positive discrimination)이라 하는데, 긍정적 차별은 기회라는 형태의 급여를 통해 부정적 차별(negative discrimination)을 보상하는 방법이다. 그러나 현실적인 여러 가지의 어려움 때문에 일반적으로 단순한 기회만 준다고 해서 그들의 소득이 높아지는 것은 아니다. 따라서 기회의 제공과 같은 간접적 급여형태는 현금, 현물과 같은 직접적 급여형태에 비해 효과가 미약하다.

5) 권력

권력(power)은 사회복지의 수급자로 하여금 정책결정에 대한 권력을 주어 정책의 내용(급여자격, 급여액 등)이 그들에게 유리하게 결정되도록 하는 것이다. 대표적인 예가 미국의 1960년대 중반 이후 활발했던 다양한 지역사회운동 프로그램(community action program)과 수급자가 직접 급여에 대한 결정이나 그와 관련된 정책결정에 참여하는 것 등이 있다. 이것들의 기본 목표는 지역사회의 다양한 사회복지 프로그램의 정책결정과정에 수급자를 참여시켜 수급자의 이익을 최대한 반영하고자 하는 데 있었다.

지금까지 사회복지급여의 종류를 살펴보았는데, 이를 정리해 보면 <표 6-3>과 같다.

〈표 6-3〉 급여의 종류와 대표적인 예

급여종류	특징	대표적인 예
현금	사회적 자원의 효율적 배분 복지상품이나 서비스의 선택권 보장 높은 운영효율성	국민연금, 질병보험의 질병수당, 산재보험의 장해급여, 실업급여, 휴업급여, 공공부조의 생계급여, 아동수당, 주택수당 등
현물	정책의 목표효율성 향상, 규모의 경제효과, 소비단계에서 낙인의 부여	의료, 교육, 음식, 주택, 에너지, 각종 직업훈련, 상담 등
증서	현물급여와 현금급여 형태의 중간 성격	식품권, 교육증서, 사회복지서비스 이용권, 상품권, 의료보험증, 경로 버스표 등
기회	무형의 급여 사회적으로 차별받고 있는 집단 대상	농어촌지역 학생이나 장애인의 대학특례입학, 빈곤층 자녀의 대학입학정원 할당 기업의 장애인 의무고용제 등
권력	수급자가 직접 급여에 대한 결정이나 그와 관련된 정책결정에 참여하는 것	지역사회운동 프로그램(community action program) 정책결정과정 참여

4. 사회복지의 전달체계

사회복지의 전달체계란 사회복지의 주체와 대상자를 연결해 주는 조직적 장치를 말한다. 사회복지의 대상자인 클라이언트에게 효과적이고 효율적인 서비스를 제공하기 위해서는 관련 복지기관들이 서비스의 내용과 절차 등에서 서로 유기적인 관계를 유지해야 할 전달체계가 필요하다. 사회복지서비스 전달체계가 그 기능을 충분히 발휘하기 위해서는 전달체계의 하위체계 혹은 단위(unit)를 구성하는 복지기관들이 적절한 기능을 수행해야 한다(김상균, 2002; 오종희 외, 2018 : 83). 여기에서는 먼저, 사회복지 전달체계의 구분으로 공공부문과 민간부문 및 정부와 민간부문의 혼합 형태를 살펴보고, 다음으로 사회복지 전달체계의 주요 원칙을 살펴보고자 한다.

1) 사회복지 전달체계의 구분

여기에서는 사회복지정책의 전달체계를 공공부문 : 중앙정부와 지방정부, 민간부문, 정부와 민간부문의 혼합형태로 나누어 살펴보고자 한다(양정하 외, 2020 : 184-188).

(1) 공공부문 : 중앙정부와 지방정부

공공부문은 자격관리, 급여의 형태와 액수, 공익성이 있는 사업, 기본적인 소득보장 등을 담당하는 것이 바람직하다. 예를 들어, 보건복지부는 국민연금과 건강보험을 관장하고, 고용노동부는 고용보험과 산재보험을 관장한다. 이러한 의미에서 사회보험의 관리·감독은 중앙집권적이라 할 것이다. 그리고 국민연금은 국민연금공단, 국민건강보험은 국민건강보험공단이 보험자이고, 고용보험은 고용센터와 근로복지공단, 산재보험은 근로복지공단이 보험자가 된다.

① 중앙정부

오늘날 복지국가라고 불리는 국가의 대부분은 중앙정부에서 급여수급자격, 급여 수준, 재원, 전달체계에 관한 모든 사항을 결정한다. 사회복지 관련 중앙부처는 보건복지부, 여성가족부, 고용노동부뿐만 아니라 행정안전부, 문화체육관광부, 국가보훈처 등 다양하다. 특히 2012년 8월부터 운영된 사회보장정보시스템은 보건복지부 외에 정부의 모든 부처 복지사업을 포함하여 수요자 중심으로 통합 관리하는 시스템으로, 정부의 모든 복지서비스를 누락이나 중복 없이 꼭 필요한 국민들에게 맞춤형으로 제공하고 있다.

중앙정부의 역할이 강조되는 이유는 사회복지서비스는 공공재적 성격이 강하여 모든 국민을 대상으로 하는 경우가 있는데, 이 경우에는 중앙정부가 관장하는 것이 효율적이기 때문이다. 즉, 사회복지서비스를 중앙정부가 담당할 경우 국민들의 인간다운 생활 보장, 전국적으로 통일성 있는 서비스 제공, 사회통합, 소득재분배, 평등, 사회적 적절성 달성에 유리하다. 중앙정부에 의한 사회복지정책은 또한 다양한 사회복지에 대한 욕구를 체계화하여 다양한 프로그램을 통합, 조정하거나, 이러한 정책을 보편적, 지속적, 안정적으로 유지하는 데 유리하며, 국민 기초선 보장에도 유리하다.

그러나 모든 국민을 대상으로 하기 때문에 욕구파악이 어렵고, 독점적이며, 관료주의적이기 때문에 민간보다 체계의 탄력성이 낮고, 가격과 질 측면에서 불리할 수 있다. 또한 지방정부에 비해 다양한 욕구에 부합하는 사회복지서비스 제공에 불리하다는 단점이 있다. 또한 중앙정부는 관련 부서들이 각각 분리 설치되어 있어 통합성이 결여되어 있고 업무 내용이 중복되어 있어 책임소재가 불분명하다. 따라서 서비스의 중복을 방지하기 어렵다.

② 지방정부

지역주민의 욕구를 효율적으로 충족시키기 위해서는 지방정부의 전달체계가 중요시된다. 미국의 경우 교육서비스는 대부분 지방정부의 주도하에 제공된다. 영국도 교육서비스는 재원의 80% 이상, 대인적 사회서비스는 90% 이상을 지방정부에서 마련한다. 우리나라의 경우 사회서비스는 지방 시·군·구를 통해 제공되는 방향으로 변하고 있다. 그리고 효과적인 지역별 복지제공을 위하여 지역사회보장협의체가 구성되었다. 지방정부인 기초자치단체는 국민기초생활보장 급여를 전달한다. 그리고 지방자치단체는 사회복지시설 위탁 및 지도·감독의 주체가 될 수 있다.

지방정부의 역할은 중앙정부에 비해 지역주민의 욕구를 효율적으로 해결 및 신속히 대응할 수 있고, 특수한 욕구에도 적절하게 대응할 수 있으며, 욕구변화에 융통성 있게 대응하고, 지방정부 간 경쟁을 유발시켜 서비스의 질을 향상시킬 수 있다.

그러나 지역 간의 불평등을 야기하여 사회통합을 저해할 수 있고, 중앙정부보다 규모가 작기 때문에 재정자립도에 따라 지역 간 격차가 심화될 수 있으며, 중앙정부에 비해 프로그램의 지속성, 안정성을 보장하기 어렵고, 지방정부 단위의 프로그램으로 단편화될 가능성이 높다는 단점이 있다.

③ 중앙정부와 지방정부의 혼합형태

중앙정부와 지방정부 간의 혼합형태는 대부분 중앙정부가 지방정부에 재정을 일부 보조하여, 지방정부가 재화나 서비스를 전달하는 방법을 결정하는 방법이다. 오늘날 복지국가에서 제공되는 사회복지 재화 가운데 많은 것들은 중앙정부와 지방정부의 혼합형태로 이루어진다.

(2) 민간부문

민간 사회복지기관이 필요한 이유는 국가의 사회복지 재정 축소, 서비스의 선도적 개발 및 보급, 서비스의 다양화 등을 들 수 있다. 사회서비스를 민간에서 제공할 경우 융통성과 탄력성이 있고 전문성, 독창성, 자율성 측면에서 유리하다. 그리고 민간부문은 욕구에 따라 선택을 필요로 하는 서비스, 다양한 소비자 선택권을 주는 것 등을 담당하는 것이 바람직하다. 또한 경쟁에 따른 서비스 질 향상, 사회복지서비스의 선도적 개발 및 보급, 동일 종류의 서비스에 대한 선택의 기회 제공, 민간의 사회복지 참여 욕구 수렴, 욕구와 환경변화에 민감하다는 장점이 있다.

그러나 민간부문은 공공부문에 비해 서비스의 안정성과 지속성에서 불리하다. 그리고 공공재 제공의 어려움, 평등추구의 어려움, 규모의 경제 실현의 어려움, 사회통합과 소득재분배 및 사회적 적절성 달성에서의 어려움 등이 있다.

(3) 정부와 민간부문의 혼합형태

정부와 민간부문의 혼합형태는 대부분 사회서비스 부문에서 행해진다. 사회서비스는 민간부문이 제공하되 그 재정적 지원은 중앙정부 혹은 지방정부가 여러 가지 조건을 붙여 담당하는 경우이다. 정부가 민간부문이 실천하는 사회서비스에 재정을 지원할 때, 민간부문으로 하여금 일정 부문 재정부담을 요구하거나, 프로그램의 내용, 수급자의 대상, 서비스의 형태 등에 대해 정부가 규제한다. 즉, 비영리 사회복지기관은 공공부문과 연계하여 서비스를 제공하기도 한다. 그리하여 최근 서비스 생산 및 전달에 있어 지방정부와 민간기관의 역할이 증대되고 있다.

이렇게 민간부문에서 사회서비스를 제공하는 것은 효율적이고 경쟁적이며 선택의 폭이 넓어질 수 있다. 영리기관은 이윤을 목적으로 하며 효율성을 추구한다. 또한 접근성이 높고 융통성 또는은 신축성이 높아질 수 있다.

2) 사회복지 전달체계의 주요 원칙

(1) 전문성(professionalization)

전문성은 핵심 업무는 반드시 전문가가 담당한다는 것을 의미한다. 예를 들어, 국민기초생활보장제도의 수급권자 선정 및 관리는 사회복지전담공무원이 담당해야 하는 것이다.

(2) 통합성(integration)

통합성은 상호 연관된 서비스를 종합적으로 고려한다는 것을 의미한다. 또한 상호 연관된 서비스를 전달할 때 사회복지기관 간 협력 강화는 전달체계의 단편성을 줄일 수 있다. 즉, 통합성 원칙 구현을 위해서는 조직 간 유기적 연계가 중요하다.

(3) 포괄성(comprehensiveness)

서비스의 포괄성은 다양한 욕구 해결을 위해 필요한 서비스를 종합적으로 제공하는 것을 의미한다. 클라이언트의 욕구는 다양한 문제와 관련되어 있어 다각적인 접근과 서비스 제공이 필요한 것이다.

(4) 지속성(continuity)

서비스의 지속성은 필요한 여러 서비스를 중단 없이 제공한다는 것을 의미한다. 즉, 이 원칙은 서비스 공급이 연속적으로 이루어져야 한다는 것이다. 특정 프로그램 종료 후 필요한 후속 프로그램이 없다면 지속성이 결여된 것이다.

(5) 적절성(appropriateness)

서비스의 적절성은 서비스의 양과 질, 기간이 클라이언트의 문제(욕구)해결에 충분한 것을 의미하며, 충분성의 원칙이라고도 한다. 이 원칙은 서비스의 양과 질, 그리고 기간을 설정하는 것과 관련되는데, 필요한 서비스의 양과 질이 부족하다면 적절성이 결여된 것이다.

(6) 경쟁성(competition)

경쟁성은 서비스가 독점적으로 제공되는 것이 아니라 여러 공급자가 경쟁적으로 제공하는지를 의미한다. 경쟁은 사회복지기관을 클라이언트의 욕구에 민감하게 만들 수 있다.

(7) 접근성(accessibility)

서비스의 접근성은 클라이언트가 사회복지 서비스를 이용하는 데 있어서 지리적인 거리, 경제적인 이유, 개인적 동기와 인식 등 클라이언트의 사회복지조직이나 서비스에 대한 접근성이 높아야 하는 것을 의미한다. 따라서 정보 부족으로 인해 서비스를 이용할 수 없다면 접근성이 결여된 것이다.

(8) 책임성(accountability)

책임성은 클라이언트의 욕구에 대한 대응, 전달절차, 전달과정에서의 불평과 불만의 수렴장치 등이 적합한지를 검토하고 책임을 지는 것을 의미한다. 이 원칙은 전달체계 자체의 효과성이나 효율성과 관련된다. 클라이언트의 적극적 의견 개진을 장려하는 것은 사회복지기관의 무책임성을 줄일 수 있다. 만약 이용자 불만을 표시할 수 있는 장치가 없다면 책임성이 결여된 것이다.

(9) 평등성

서비스의 평등성은 사회복지서비스를 제공받는 클라이언트의 연령, 성별, 소득, 지역, 종교나 지위에 관계없이 모두 평등하게 제공되어야 하는 것을 의미한다.

5. 사회복지의 재원

사회복지의 재원은 정부나 지방자치단체가 지출하는 공공부문의 재원과 개인, 기업, 사회복지단체 등이 부담하는 민간부문의 재원으로 나눌 수 있다(양정하 외, 2020 : 190－197).

1) 공공부문의 재원

공공부문의 재원은 정부의 일반예산, 사회보장성 조세, 조세비용 등이 있다.

(1) 정부의 일반예산

정부의 일반예산은 정부 및 지방자치단체의 조세수입으로 구성되는데, 사회복지의 확대를 위해 조세수입을 늘리는 것은 조세부담을 높이는 결과를 가져온다. 조세는 모두가 부담하기 때문에 조세저항, 기피현상 및 도덕적 해이가 발생할 수 있다. 일반예산으로 충당하는 대표적인 제도는 공공부조제도로서, 우리나라의 경우 국민기초생활보장제도가 있다.

일반예산이 사회복지정책의 재원으로 중요한 이유는 첫째, 정부의 일반예산을 통한 재원이 다른 재원에 비하여 사회복지정책이 추구하는 가장 중요한 목표인 평등가치의 구현이나 소득재분배를 이루기 쉽기 때문이다. 일반예산을 구성하는 조세는 지불능력(capacity to pay)과 관련되어 있으며, 누진적이어서 소득이 많은 사람의 조세부담률이 소득이 적은 사람의 조세부담률보다 높다. 둘째, 정부의 일반예산재원은 다른 재원에 비하여 사회복지정책의 급여대상의 확대와 급여내용의 보편성을 이룰 수 있다. 셋째, 재원의 안정성과 지속성의 측면에서 정부의 일반예산이 다른 재원에 비해 유리하다.

(2) 사회보장성 조세 : 목적세

사회보장성 조세(social security tax or pay roll tax)란 사회보장과 같은 특별한 목적을 위해서 거둬들이는 조세(earmarked tax)를 의미한다. 따라서 사회보장성 조세를 목적세라고 하지만, 다른 목적세인 교육세와는 차이가 있다. 사회보장성 조세는 부담자와 수혜자가 일치하는 반면, 교육세는 부담자와 수혜자가 일치하지 않기 때문이다. 반면 사회보장성 조세와 교육세의 공통점으로는 모두 강제 징수하고, 국가 또는 공공기관이 징수하며, 목적세로서 목적이 정해져 있어 재원 안정성이 높다는 것이다.

사회보장성 조세는 국민연금, 국민건강보험. 산재보험, 고용보험, 노인장기요양보험 등 사회보험을 위한 보험료를 사용자나 피고용자로부터 강제로 부과하여 일종의 세금의 기능을 한다. 사회보장성 조세인 사회보험료는 누진세가 아니라 정률제이며, 소득재분배 효과가 작고 제한적이다. 사회복지에 쓰이는 재원 중 가장 비중이 높은 것은 사회보장성 조세이다. 즉, 우리나라의 사회복지 재원 중 사회보장의 주된 재원은 사회보장성 조세인 사회보험료이다.

(3) 조세지출

조세지출(조세비용, tax expenditures)은 조세를 거둬들여 직접적 사회복지급여를 하지 않는 대신 사람들이 내야 할 조세를 감면시켜 사회복지의 목표를 이룰 수 있는 방법, 즉 정부가 받아야 할 세금을 감면하는 방식을 통해 마련하는 사회복지 재원이다. 따라서 조세지출은 조세율 감소로 현금급여의 효과를 준다. 저소득층을 위한 소득세 면세 혜택은 조세지출에 해당하는데, 이러한 조세지출은 소득재분배에 있어 세금을 낼 수 없는 저소득층에게는 혜택이 가지 않고, 고소득층에게 유리한 점에서 소득 역진적이다.

2) 민간부문의 재원

민간부문의 재원에는 사용자 부담, 자발적 기여, 기업복지, 비공식부문의 네 가지가 있다.

(1) 사용자 부담/ 이용료

사회복지정책의 재원 중 사용자 부담이란 일정한 금액을 본인이 부담하면서 어떤 사회서비스를 수급하는 것을 말하는데, 지역사회복지관의 유료서비스(본인 부담)가 사용자 부담(user fee)에 해당한다. 지역사회복지관에서 서비스 이용료를 부과할 경우, 다음과 같은 장점이 있다. ① 서비스 재정의 증대를 도모할 수 있다. ② 서비스 이용에 대한 선호도를 파악할 수 있다. ③ 서비스 이용자의 도덕적 해이를 방지할 수 있다. 즉, 불필요한 서비스 이용을 방지하고 수요를 억제할 수 있다. ④ 이용자의 권리의식을 높여 서비스 질을 향상시킬 수 있다. ⑤ 공급주체 간 경쟁을 유발하여 서비스의 질을 향상시키고 공급 효율성을 높일 수 있다. ⑥ 사용자의 자기존중감을 가지게 해줄 수 있다. ⑦ 사용자의 선택권을 높여주며, 다양한 서비스가 이루어진다. ⑧ 정부의 재정 부담을 완화하는 효과가 있다. 반면 다음과 같은 단점이 있다. ① 안정적인 재원확보가 어렵다. ② 저소득층의 서비스 접근성을 떨어뜨릴 수 있다. 즉, 저소득층의 서비스 이용을 저해할 수 있다. 따라서 기본적인 욕구에 대해서 이용료를 부과하는 것은 신중히 결정해야 한다.

(2) 자발적 기여

자발적 기여의 형태는 크게 개인, 재단(foundation), 기업 그리고 유산으로 이루어지는데, 이 가운데 일반적으로 개인에 의한 기여금이 가장 크고, 다음으로 재단, 기업, 유산의 순서이다. 자발적 기여의 가장 큰 문제점은 자발적 기여에 의한 재원이 불안정하다는 점이다. 자발적 기여는 개인, 재단, 기업이 처한 상황의 변화에 따라 기여의 규모가 크게 바뀔 수 있다. 예를 들면, 경제상황이 나빠 소득이 줄거나 사회의 관심에 따라 인기 있는 기여 항목이 바뀔 수 있는 것이다.

(3) 기업복지

사회보장에 사용되는 재원 중에는 기업의 사용자가 그들의 피고용자의 복지향상을 위하여 지출하는 것, 즉 근로자에게 혜택을 부여하는 것이 있다. 예를 들면, 소득보장의 영역에서는 기업연금(occupational pension)이 있고, 의료서비스의 영역에는 기업의료보험, 교육에서는 피고용자 자녀의 학비보조, 주택에서는 사원주택을 포함한 다양한 프로그램이 있다. 이러한 기업복지는 사용자의 입장에서는 피고용자에게 직접적 임금 대신 기업복지 형태의 지급이 세제상 유리하고, 양질의 근로자를 고용·유지하기 위한 동기강화를 위해서 필요하다.

(4) 비공식부문 재원 : 가족, 친척, 이웃

사회복지정책에 사용되는 재원 중에는 비공식부문의 재원이 있다. 예를 들면, 노인의 복지는 상당 부분 자식들의 부양에 의해 해결된다. 제도적 사회복지가 발전하기 전에는 이러한 비공식부문의 재원이 가장 중요한 역할을 하였다. 그러나 제도적 사회복지가 발전하기 시작하면서 이 부문의 역할이 많이 줄어들었다 하더라도 그 사회의 사회적·문화적 관습과 규범에 의해 비공식부문이 계속 중요한 역할을 할 수 있다.

지금까지 사회복지 재원의 종류를 살펴보았는데, 사회복지 재원의 종류와 대표적인 예를 정리하면 <표 6-4>와 같다.

〈표 6-4〉 사회복지정책의 재원

재원의 종류		사회복지재원의 예
공공부문 재원	일반예산	공공부조제도(국민기초생활보장제도 등)의 재원, 아동수당, NHS 등
	사회보장성 조세	국민연금, 산재보험, 고용보험, 국민건강보험, 노인장기요양보험의 재원
	조세비용	조세감면제도
민간부문 재원	사용자 부담	지역사회복지관의 유료서비스, 의료서비스, 주택서비스 등
	자발적 기여	개인, 재단, 기업, 유산 등의 기여금
	기업복지	기업연금, 기업의료보험, 자녀학비보조, 사원주택 등의 재원
	비공식부문	가족, 친척, 이웃의 아동보호 및 노인부양 재원

제 7 장

사회복지의 역사

제 7 장

사회복지의 역사

1. 사회복지 역사 연구의 개관

1) 사회복지 역사 연구의 의의

사회복지 역사 연구의 의의를 다음과 같이 정리해 볼 수 있다.

첫째, 사회복지제도의 역사성을 규명하는 데 있다. 사회복지제도는 사회적 존재이자 실천체로 파악될 수 있다. 여기서 언급하고 있는 사회적 존재이자 실천체라는 것은 사회복지제도가 역사적 존재라는 동시에 실천체를 의미한다. 사회복지는 사회문제의 해결이라는 실천적 임무를 가지는데, 그 임무는 특정한 시간과 공간 속에서 부여받은 것이다. 따라서 오늘날의 사회복지제도를 이해하기 위해서는 과거와의 연결고리를 찾아야 한다. 이러한 맥락에서 "역사란 과거와 현재와의 대화"라는 의미에서 역사연구의 의의를 찾을 수가 있다. 과학이 우리에게 지식을 제공해 준다면 역사는 지혜를 제공해 준다. 사회복지 분야에서 제기되고 있는 난제[1)]들을 과학적 지식과 더불어 역사적 지혜로서 원만하게 해결할 수 있다(김동국 편, 1986 : 9).

둘째, 사회복지제도의 변천 과정을 설명하고 어떤 법칙성을 발견하며, 나아가 이를 예측할 수 있는 이론을 개발하고자 하는 것이다. 사회복지사는 사회복지제도의 생성과 발전 과정을 설명해 줄 수 있다. 사회복지학의

1) 사회복지 분야에서 제기되기 있는 난제로서는 사회복지에 대한 개념의 정립, 정체성의 확립, 접근방법의 강조 및 가치와 철학 등이 있다.

기존의 이론들은 주로 서구 산업사회라는 공간적 배경과 20세기 이후의 복지국가 등장이라는 시간적 배경을 가지고 있다(하상락 편, 1989 : 7). 따라서 사회복지학의 이론은 여러 가지 형태의 국가나 사회의 특수성을 초월하여 일반이론을 발전하기 위해서도 역사연구가 필요하다. 다시 말해서 자본주의 사회의 발전 과정에서 발생한 '사회문제'에 대한 개인·집단이 행한 운동·정책의 역사가 사회복지의 역사인 것이다(한국사회복지연구회, 1988 : 19).

셋째, 사회복지학이 하나의 독립학문이므로 역사연구가 기초적인 작업이라고 할 수 있다. 이점에 대해 지 윤(1964 : 1−2)은 "사회사업을 하나의 학문으로 연구하기 위해서 한편으로 사실적인 연구를 수행함과 동시에 다른 한편으로 끊임없이 과학적 구성에 반성과 비판을 가하고 이것을 보다 더 효과적으로 그 연구목적을 달성할 수 있게 하는 노력을 필요로 하는 것이다"라고 하여 사회복지의 학문적 연구의 필요성을 강조하였다. 한국의 사회복지학의 일천한 역사로 인해 역사 연구가 미흡한 실정에 놓여 있기 때문에 사회복지사 연구의 의의는 클 수밖에 없다.

넷째, 우리나라에 있어 종래의 역사연구가 왕조중심의 역사인데 반해, 민중의 일상 사회생활의 역사를 연구하는 사회복지사 연구는 새로운 사회관으로 한국사 연구에도 크게 기여할 수 있을 것이다(하상락 편, 1989: 7). 일반적으로 사회복지제도는 근대 자본주의 발전에 따른 사회문제를 해결하기 위해서 모색되었다. 그러한 사회문제의 대표적인 것이 빈곤문제라는 민중의 일생생활문제인 것이다.

마지막으로 사회복지학이 실천적 학문이므로 과거의 사회복지제도를 연구함으로써 작금의 상황에 적합한 사회복지의 실천모델을 모색해낼 수 있다. 이것은 사적 연구를 통해 얻어진 결과를 어떻게 현실에 적용시키는지의 문제인 것이다. 이러한 실천모델은 과거의 사회복지제도에 대한 비판적 검토를 통해 현실의 문제를 해결할 수 있는 다양한 지식을 축적하는 노력의 과정에서 비롯될 수 있을 것이다.

2) 사회복지 역사 연구의 문제점

사회복지역사 연구에 있어 제기되는 문제점으로 다음 내용을 지적해볼 수 있다(양정하, 2004, 19-21).

첫째, 사회복지사의 대상영역에 관한 문제이다. 사회복지사의 대상이라는 것은 과거부터 현재에 이르기까지의 사회복지에 관한 제 이론들을 말한다. 그러나 사회복지사의 대상을 과거부터 현재까지의 사회복지에 관한 제 이론이라고 규정하는 것만으로는 그 구체적인 범위가 명백하게 설정되었다고 보기는 어렵다. 왜냐하면 현재의 제 이론이 사회복지사의 대상이 된다는 데에는 이론(異論)의 여지가 있을 수 없지만, 과거에 있었던 제 이론의 어느 범위까지가 사회복지사의 대상이 될 수 있을 것인지에 관해서는 사회복지의 기원을 어떠한 곳에서 구할 것인지에 따라 이론(異論)이 있을 수 있기 때문이다. 그러므로 사회복지사의 대상을 확정하기 위해서는 먼저 사회복지의 기원을 결정하는 것이 선결요건이라고 할 수 있다. 그런데 사회복지의 기원을 결정하는 것도 간단한 문제는 아니다. 왜냐하면 사회복지의 정의(定義)에 따라 또는 사회복지 이전과 비교한 현대 사회복지의 특징 등에 관한 각자의 견해에 따라 사회복지의 기원이 달라질 수 있기 때문이다. 일반적으로 사회복지의 대상에는 빈곤을 중심으로 한 인간의 일상생활상의 문제해결활동이 포함된다고 할 수 있다.

둘째, 사회복지사의 내용에 소위 사회복지 전사(前史), 즉 상호부조, 자선사업 및 박애사업 등의 역사를 포함할 것인지의 문제를 들 수 있다. 사실 사회복지와 사회복지 이전의 활동은 여러 가지 관점에서 구별되는바, 사회복지사의 영역에 사회복지 이전의 활동을 포함시키지 않는 것이 일견 타당할 것 같이 여겨지기도 한다. 그러나 역사적 관심에서 볼 때 이 양자는 개별적인 것이 아니다. 왜냐하면 사회복지 이전의 내용 중 다수가 그 자체의 역사적 변천과정을 경험하면서 현대 사회복지에 흡수되어 있기 때문이다. 그러므로 사회복지사의 내용에는 상호부조, 자선사업 및 박애사업 등을 포함시키는 것은 당연하다고 할 수 있다.

셋째, 사회복지의 제 사실을 역사적으로 어떻게 분류하는지의 문제를 들 수 있다. 사회복지사의 목표는 사회복지에 관한 제 이론을 단순히 평면적인 관점에서 분석 또는 정렬하는 것이 아니고 역사적 관점에서 분석 또는 정렬하는 것을 말한다. 즉, 사회복지의 역사적 발전의 상황에 대응하여 제 사실의 역사적 특성을 규명함과 동시에 그 상호관련성을 탐구하여 그 결과 제 사실들을 역사적으로 구분하는 것이다.

2. 서양의 사회복지 역사

1) 고대의 사회복지

사회복지 전사(前史)는 고대와 중세의 빈곤과 기타의 생활파괴 현상에 따른 사회문제가 발생하였고, 그에 따른 대응이 있었기 때문에 중요하다. 고대와 중세의 자선사상은 근대 자본주의 사회의 자선사업가나 사회개량운동가에 영향을 미쳤고, 그리고 중세 말 이후 사회문제에 대한 합리적이고 세속적인 대응방식을 그리스, 로마의 구제제도와 사상에서 찾으려 하였다.

고대 희랍 종족들의 투쟁은 가축, 보물, 노예 등의 획득에 있었다고 하나, 그것은 어디까지나 씨족, 부족의 공동의 부에 속하였다. 그러나 그것이 사유재산의 새로운 형태로 변화하게 되어 신성한 행위로 인정받게 되었다. 그렇게 소유하고 있는 자와 소유하지 못한 자로, 즉 지배계급과 피지배계급으로 분리하게 되었고, 또한 부권적 지위가 확립되어 재산의 상속이 자기들의 자손으로 고정됨에 따라 가족 내에 있어서의 부의 축적을 하게 되어 가족의 강화는 씨족들 간에 대항하게 되어 세습적 귀족의 길은 부지중에 발생하게 되었다(지 윤, 1964 : 16).

원시시대에는 낮은 생산력으로 인해 공동체의 상호부조가 필요하였고, 그것으로 공동체가 존속할 수 있었다. 상호부조의 대상도 처음에는 씨족공동체에서 점차 외래자에게로 확대되었다. 그러한 상호부조는 성원 상호 간의 연대의식을 그 기저로 삼았지만, 고대 이후 계급적인 문명사회의 자선이나 구제와는 상이하였다. 고대 이후 하층계급의 사람들은 살아남기 위해 희사를 바라게 되었고, 이들을 구제하는 것에 의하여 우월감을 가지는 계층이 생기게 되어 여기에 자선이라는 것이 성립하게 되었다(지 윤, 1964 : 17). 고대 희랍 사회에서는 자선이 관습화되었고, 사유재산으로 시작되게 되었다.

고대 로마도 종족에 의하여 발달한 도시국가로서 희랍인과 같이 다신교를 신봉하였다. 로마의 주요 산업은 당시 농업이었으며 여러 나라에 곡물을 수출하고 그 대가로 공업제품을 수입하고 있었으나, 계속된 전란으로 인하여 농민들은 농사를 짓지 못하고 농지를 버려두게 되었다. 그리하여 다수의 빈궁한 자유농민을 발생시키게 되어 결국 그들은 노예로 전락하게 되기도 했고, 한편으로는 귀족들은 부채를 갚지 못하는 자유농민들의 토지를 수탈하여 대토지를 병합·소유하는 결과로 전개되어 자유농민들은 점점 토지를 빼앗기고 부채로 고민하는 빈민계급으로 전락되어 그 생활유지가 불가능하게 되었다. 세월이 흐름에 따라 평민들이 점차 요구호 대상자, 걸인 및 노예로 전락하게 되었다(권오구, 1999 : 26-38). 그라커스 형제의 개혁은 실패했지만, 그들이 시도한 토지법[2]에 의한 빈민구제와 곡물의 염가

2) 티베리우스 그라커스는 개인의 사유재산에 제한을 두어 그 누구도 500Morgan(약 130정보) 이상의 토지를 소유하게 못하게 하였고 그리고 일정 수 이상의 가축 사육을 제한하였다.

(廉賣) 등은 로마 구빈사업의 효시가 되었다. 이러한 구빈사업은 제정 로마 시대(1~5세기)에는 조직적으로 전개되었는데, 그 실시 초기에는 빈곤의 여부와 관계없이 분배되었지만 나중에는 등록된 빈민에게만 분배하였다. 그러다가 로마제국에 의한 기독교의 공인과 뒤이은 국교화로 인해 기독교의 구빈사업이 출현하게 되었다.

요컨대 최초의 문명사회는 고대 노예사회였는데, 그 사회는 노예인 인민을 착취함으로써 지탱되었다. 그러다가 상업의 발달로 가내노예에서 노동노예로 변화해 갔음에도 불구하고 노동노예의 인간성은 거의 부정당하였다. 그리스·로마의 도시국가에서는 인간에 의한 궁핍이 사회문제로 되어 공동체의 생활에서 독립한 사회적 구제제도가 등장하였다. 이러한 구제제도는 무산시민을 대상으로 삼아 행해졌고, 지배계급의 피지배계급에 대한 지배의 동기로 나타났다.

2) 중세의 사회복지

서양의 중세는 고대 그리스·로마 시대와 근대 르네상스와의 중간시대, 즉 5세기 말부터 봉건사회가 해체되는 15세기까지의 기간이다. 고대 그리스·로마 시대는 노예제 사회를 형성하였으나, 노예제의 사회가 체제적 위기를 드러내면서 농노제 사회로 촉진된다. 지속적으로 발생하는 노예들의 봉기와 게르만족의 침입은 결국 노예제 사회를 완전히 해체시키고 이에 대신하여 봉건제 사회인 농노제 사회가 정착되었다. 이 시기의 사회복지를 장원과 길드에 의한 구빈사업과 교회와 수도원을 중심으로 한 자선사업 중심으로 살펴보고자 한다.

(1) 구빈사업

중세사회의 사회조직으로 장원을 들 수 있는데 그곳에서의 활동은 공동노동과 공동작업으로 이루어졌다. 이러한 사회조직하에서 특정 개인의 빈곤문제는 전체 지역사회의 문제로 간주되었다. 그리고 장원 내의 주민은 영주 및 부락공동체의 규제에 복종하여야 했다. 장원에서의 생활보장은 이중적으로 행해졌는데, 그 이유는 ① 장원에서는 경지의 확대에 비교하여 노동력의 부족현상이 존재하였고 ② 부락공동체의 규제 이면에는 강력한 연대의식과 상호부조가 존재하였기 때문인 것이다.

이러한 장원에서의 행해진 생활보장의 구제대상으로는 전쟁, 천재, 유행병의 시기를 제외하면 심신장애자, 노인, 병자 및 고아와 같은 무능력한 빈민 등이 대부분이었다. 빈민구제에 있어서도 시여하는 측의 주관적 동기가 크게 작용하였다.

봉건사회로의 과도기인 중세 초기의 사회문제로는 인구의 감소, 정신적 및 신체적 불구자의 증대 그리고 시민계층(급) 간의 빈부격차 심화 등이 있었다. 이러한 사회문제에 대해 도시는 걸식 및 유입민을 억제하는 구제대책을 사용하였다. 이 구제대책은 사회적인 요구에 대한 자각으로 세속적인 정부기관이 도입했다는 특징을 가진다.

중세에서는 상인길드와 직인길드라는 조합이 생겨났다. 먼저 11세기 중엽에서 생겨난 상인길드는 대외적인 경쟁을 막고 대내적인 상업행위를 회원 간에 균등히 안배하고자 하는 목적으로 설립되었고, 그리고 그 조합은 일종의 친목 단체이기도 하였다. 상인길드의 복지사업은 주로 길드 성원 중에 남편을 잃은 과부나 고아를 보호하고 교육하는 것이었다.

그리고 12, 13세기에 생겨난 직인길드는 특수산업에 있어 노동조건을 보호하기 위해서 조직된 것으로 친목의 기능을 가지고 있었다. 직인길드는 불행한 성원을 구제하였는데 초기에는 그러한 구제는 자선이라기보다는 상호부조에 가까운 것이었다.

(2) 자선사업

기독교의 자선사상의 구체적인 내용은 신약 및 구약성서에 기술되어 있다. 기독교의 구제활동은 오늘날 상호부조와 자선사업으로 발전하게 되었다. 먼저 그러한 구제활동에 있어서 상호부조는 신도들 간의 동류의식과 공속의 감정 등이 관련되어 있다. 그리고 자선사업의 동기는 기독교의 4대 복음서에 나타난 신・망・애(信望愛) 등의 근본정신과 죄장소멸사상에 근거하고 있다. 기독교도의 구성과 성격상의 변화가 나타났는데, 초기의 기독교인은 주로 도시하층민, 노예 그리고 속주민(屬州民)이었는데 점차 중류시민, 군인 및 관리로 확대되었고, 종교의 성격도 무산자의 종교에서 지배계급의 종교로 변해갔다. 이러한 기독교의 변화에 따라 자선사업도 죄장소멸의 수단화로 변질되었다.

중세시대의 자선사업으로는 조제직 제도, 크세노도치움 그리고 수도원에의 한 자선사업 등이 있다.

① 조제직 제도(助祭職制度)

이 제도는 불행한 신도를 보호하는 최초의 공식적인 조직적 제도였다. 이 제도에서 조제는 교구내의 빈민을 찾아내는 일을 담당하였다. 조제는 자신이 해당하는 지역의 구빈활동을 담당하였다. 그리고 조제가 작성하는 마트리큘라(Matricula)라는 빈민 명부는 구빈활동에 따른 빈민의 이름과 분배된 물품을 기재함으로써 회계부 등의 기능을 수행하였다. 또한 이 명부에 의해서 나태한 걸인을 구제에서 제외시켰고, 구제를 필요로 하는 새 빈민은 소개장의 지참이 요구되었다. 그리고 조제는 원조를 위해서는 사제에게 통지하였고 구빈활동에 따른 인가를 필요로 하였다. 이러한 상황에서 조제는 자신의 담당구역 내의 구빈활동, 사제는 각 교구의 보고에 의해 금품의 공평한 분배 등의 역할을 수행했다.

② 크세노도치움(Xenodochium)

콘스탄티누스 황제에 의한 기독교의 공인 뒤이어 데오도시우스 황제에 의한 기독교의 국교화 등으로 기독교는 제국의 박해를 벗어나게 됨에 따라 교회는 자선사업을 보다 적극적으로 시행할 수 있게 되었고, 그 결과 많은 구호기관이 설립되었다. 그중 특히 중요한 것은 콘스탄티누스 황제의 시대에 설립된 크세노도치움을 들 수 있다. 본래 이 시설은 여행자를 위한 숙박소였으나 구호를 필요로 하는 빈민을 보호하는 시설로 되었다.

이것은 고대 그리스 제나도카이아(Xenedochia : guest house) 전통의 연장으로 집 없는 사람들의 쉼터 기능을 했다(함세남 외, 2001 : 2001). 교회의 영향력이 증대하고 기독교가 국교가 됨에 따라 가난한 사람들을 위한 시설이 수도원 안에 설치되었다. 즉, 고아원, 노인, 병자 또는 장애인들을 위한 집, 집이 없는 사람들을 위한 피난처와 같은 시설들이 수도원 안에 설치되었다. 이 시설은 나중에 구빈원의 전신이 되었고. 여기서 많은 시설로 분화되었다. 즉, 그것은 유아원(brephotrophium), 양호시설(orphonotrophium)[3], 양로원(gerontoconium) 그리고 병자시설(nosocomium) 등인 것이다.

③ 수도원

수도원은 교회가 발전하여 신앙적 순수성을 잃어가는 경향 속에서 세속을 피하여 청빈, 순종, 정결 등의 계율을 지켜서 신앙에 힘쓰는 조직으로서, 6세기 베네틱터스 경에 의해 이탈리아의 몬테 카지노에 설립된 것을 시작으로 서구의 전 지역에 걸쳐 설립되기 시작하였다(김동국 편, 32).

그리고 수도원은 전체 수입 중 1/10을 항상 빈민에게 사용하였다. 시여자인 수도사가 정기적으로 금전, 의류, 식량을 분배하고 축제일 전야에는 대량 분배하였다. 그리고 수도원은 병자들을 치료하였고 그들에게 약품을 무료로 배포하였다. 특히 자선계인 승려[4]는 병자의 가정을 방문하여 원조

3) 이 시설은 부모를 잃은 아동중 유아기를 지난 아동을 수용・보호하는 시설이다.

를 행하기도 하였다. 이러한 구빈활동 이외에 수도원은 여행자나 순례자에게 숙박을 제공하였다.

주민 속에서 생활하면서 그들을 충분히 파악하고 있었던 교구의 사제들이 행한 자선에 비하여 수도원의 시여는 보다 주관적, 비조직적 특징을 띠고 있었다. 그러나 수도원이 신앙생활과 그 신망에 의하여 많은 재산을 기증받아 부유하게 되자 타락을 면치 못하게 되었다. 특히 중세 말에 접어들자 수도승은 나태와 사치에 빠져 빈민을 사랑하는 마음이 식어가고 문전에서 무차별한 시여를 베푸는 것에 불과하였다. 그렇지만 수도원의 자선 중 특기할 만한 것으로서는 탁발수도회의 활동을 지적할 수 있는데 그중 프란시스코 경에 의해 창시된 수도회가 탁월한 업적을 남겼다. 탁발수도회는 수도원 타락이 오히려 세속에서 떨어져 있기 때문에 야기된다고 보고 재산을 버리고 일반사회 속에 들어가 탁발에 의한 생활을 하면서 이웃에 대한 사랑과 봉사를 통하여 신앙생활과 전도에 종사하였다(김동국 편, 1986: 33).

④ **구치원**(hospital), **구빈원**(Almshouse)

중세교회에 의한 자선사업에는 각종 개인에 대한 무차별 구제와 집단적 수용시설 등이 있다. 그중에서 집단적 수용시설에 해당하는 것으로 구치원과 구빈원을 들 수 있다.

구치원은 현재의 병원과는 달리 종교적 시설로서 의학적 치료보다는 보호를, 신체적 구제보다는 영혼의 휴양을 목표로 삼았기 때문에 본질적인 측면에서 구빈원과의 구별이 어렵다고 할 수 있다(김동국 편, 1986: 33).

집단적 시설형태의 구빈원은 최초에는 수도원 부설의 사원 숙박소에 그 기원을 두고 있으나, 차츰 노쇠자, 병자, 과부, 고아 및 원조를 필요로 하는 사람들의 주거시설로 이용되었다(지 윤, 1964: 54). 이러한 시설은 크세노도

4) 베네딕투스(Benedictus)교단의 각 사원에서는 규칙적으로 금전, 의류 및 식료품 등을 분배하였다. 당시 자선가라는 불리는 사제가 있어 자신의 의무로서 빈민을 보호하였다.

치움에서 발달하여 나타난 종교적 시설로서 영혼의 휴양을 목표로 하여 노인, 병자, 아동 등을 원조하였다. 그리고 이러한 시설은 죄장소멸사상에 입각하여 대부분 국왕이나 귀족들이 창설·운영되었다. 중세 구빈원은 그 설립목적에는 충실하였을지라도 그 원외에서 보호를 필요로 하는 사람들의 구제는 충분히 행하지 못하였고, 이 제도의 운영에 따른 폐해[5]를 발생시켰다.

3) 빈민법의 성립과 변천

(1) 1601년 엘리자베스 빈민법

엘리자베스 빈민법은 엘리자베스 1세의 재임 기간(1558–1603)에 제정된 모든 빈민법을 지칭하는데 그중에서도 1598년부터 검토되어 1601년에 제정된 법을 지칭한다. 이 법은 당시까지의 빈민구제를 위한 제 법령의 집대성으로 각종 규정을 일괄한 기본법이다.

엘리자베스 빈민법은 Juan Luis Vives의 영향을 받아 노동능력의 유무에 따라 구제대상자, 즉 빈민을 구분하였다. 엘리자베스 여왕은 부랑자의 문제가 억압과 교구의 구빈만으로 해결되지 않는다는 것을 인정하고 보다 합리적 조치를 마련하였는데 그것이 분류화인 것이다. 이렇게 빈민을 분류하는 것은 빈민에 대한 억압책의 부분적인 포기를 의미하였다(원석조, 2001 : 23).

첫째, **노동능력 있는 빈민** : 건장한 걸인으로 불렸던 이들은 교정원이나 강제노역장(작업장)에 수용되었다. 교정원에서 노역하기를 거부하는 걸인이나 부랑자는 감옥에 투옥되었다. 그리고 1601년의 법은 시민들이 이들에게 자선을 베푸는 것을 금지했으며, 타 교구에서 이주해온 빈민은 1년

5) 구빈원이 빈민의 곤궁을 구제하기 위해 설립되었지만, 걸식행위를 장려하는 결과를 낳게 되었다. 구빈원은 부랑인과 구제자간의 구별을 시도하였지만, 실제 그것이 거의 불가능하게 됨으로써 부랑인에게 쉽게 원조를 제공하게 되는 폐해를 발생시켰다.

이상 거주했던 교구로 복귀시켰다.

둘째, **노동능력이 없는 빈민** : 병자, 노인, 맹인, 농자(聾者), 불구자, 광인 및 아동을 부양해야 하는 모 등이 이 유형에 속하였다. 그들은 법정 자격의 범위 내에서 원조를 받을 수 있는 구빈원에 수용되었다. 만약 노동능력이 없는 빈민들이 거주할 집을 가지게 되거나 그들의 집에서 그들을 원조하는 것이 더욱 경제적이라고 생각될 때, 빈민감독관은 현물인 식량, 의복과 연료를 공급하면서 원외구조를 실시하였다.

셋째, **요보호아동** : 고아, 기아 또는 부모로부터 버림받았거나 부모가 너무 빈곤하여 적절한 보호를 받지 못하는 아동을 말한다. 이러한 아동들은 보호하기를 원하는 시민에게 위탁되었다. 만일 적절한 무료위탁가정(free home)이 없을 경우 아동은 최저 입찰자에게 맡겨졌다. 어느 정도 노동을 할 수 있는 8세 이상의 아동은 도시민에게 맡겨 도제생활을 하게 하였다. 소년들은 24세가 될 때까지 주인의 상거래 활동을 배웠으며, 소녀들은 가정부로 일하거나 결혼할 때까지 도제로 생활하였다.

이러한 분류는 빈민을 좀 더 체계적으로 분류했다고 할 수 있다. 그러나 노동력을 기준으로 빈민을 이렇게 분류한 그 저의에는 그들의 생활을 향상시키려는 순수한 인도주의적 동기보다 빈민을 좀 더 체계적으로 분류함으로써 노동력을 조직화하여 사회의 생산력을 제고시키고, 그들을 보다 쉽게 관리하려고 하는 지배계급의 자기보호적인 전근대적인 발상이 내재되어 있었다. 그리고 이러한 분류는 노동력을 분류의 유일한 기준으로 선정하는 반면 빈민의 경제적, 사회적 그리고 심리적 제 특성을 무시함으로써 클라이언트의 독립적인 생활과 재활을 목표로 하는 사회복지사업의 기본적 성격에도 부합되지 못하는 문제점을 내포하고 있다.

이상과 같은 1601년 빈민법의 문제점과 전근대적인 빈민관에도 불구하고 이 법은 300년 동안 대영제국 정부의 책임하에서 이루어진 공적 구제의 형태를 정착시키게 되는 의의를 가진다(Picad, 1975 : 46–47). 그뿐만 아니라 근대 사회복지에 대해서도 다음과 같은 세 가지 점에서 크게 기여했다고 볼 수 있다(김동국 편, 1986: 63–64).

첫째, 빈민법의 조직과 관리, 빈민의 처우방법 및 구제원조기술의 발달에 기여하였다. 물론 오늘의 기술이 영국 빈민법에서부터 발달한 것은 아니며, 또 영국 구빈 관리들이 경험했던 구빈 행정상의 방법들이 일종의 전범(典範)으로 지칭되는 것도 아니다. 그러나 영국 빈민법의 실시 경험으로부터 런던자선조직협회가 안출되었고, 그것으로부터 케이스워크와 지역사회조직이라는 사회복지의 기본적 기술이 발달하였다.

둘째, 구빈 문제에 대한 공공적 국가적 책임의식의 발달을 촉진하였다는 의미의 공헌이다. 그것은 빈민을 교구에 배속시켜, 걸식을 금지하려는 정부의 노력에서 비롯되었다. 그러한 노력에서 출발해서 그 후 전국적인 규모에서 통일된 구제제도를 확립한 다음 빈곤의 발생원인 및 그로 인한 불행을 경감시키기 위해 국가가 노령연금, 건강보험 및 실업보험 등의 제도를 제정하게 되었다.

셋째, 결국 영국 빈민법은 그 오랜 역사적 경험에도 불구하고, 구빈목적을 달성하기 위해서는 사후대책만으로는 무익하다는 것을 이해시켰다. 즉, 모든 구빈활동은 빈곤의 원인을 추구하고, 그것에 대한 예방적, 건설적 수단 및 정책에 해당하는 고용량의 증대나 공중위생의 향상, 의무교육의 보급 등의 보편적 시책이 필요함을 인식시켰던 것이다.

(2) 18세기 작업장

사회복지서비스를 클라이언트에게 제공해 주는 방법에는 시설 외 구제와 시설 내 구제가 있다. 오늘날과 비교하면 전자의 활용이 일반적인 경향이지만, 빈민들의 인권에 대한 인식이 낮았던 시대에는 전체 사회의 구빈

비용을 감소시키려는 동기하에서 후자의 방법이 주로 선호되었다(김동국, 1996 : 93).

현대적 의미에서 작업장이 언제 확립되었는지를 추적하기는 쉽지 않다. 원래 작업장은 '일하는 집'이라는 말에서 출발하였지만, 17세기 후반에는 수용자가 규제하에서 부양되는 집으로 활용되었다. 그 결과 거주의 의미도 가지게 되어, 구빈원이라고 하는 명칭과 작업장이라는 명칭은 18세기 말까지 교대로 사용되었다(Martin, 1972 : 61). 작업장이라는 용어가 최초로 승인된 법은 1597년 법으로, 빈민을 위한 구치원 혹은 거주 및 노동의 집을 건설하는 것을 규정하였다. 그러나 작업장제도는 17세기 후반 이전까지는 발달하지 못하다가, 빈민고용론이 대두되면서 전기를 맞게 되었다. 그리고 1722년에는 교구가 보다 효과적인 자금조달과 구제를 위해 서로 연합하는 것을 인정한 일반 작업장법이 성립되었다.

작업장은 영국 빈민법사에 있어 중요한 의의를 가지고 있지만, 그 성격은 매우 다양하다. 빈민법은 부랑인의 태만을 처벌하는 반면, 노동능력이 없는 자에게는 구제를 제공하였다. 전자를 위한 시설로는 징치감(the house of correction), 후자를 위한 시설로서는 구빈원(the poorhouse)이 있는데, 이 구빈원에서 빈민들을 노역시켰기 때문에 작업장이 발생하였다. 이 작업장이 일반화되어 오늘날에는 빈민에 대한 수용시설 전체를 지칭하는 용어로 이해되고 있다.

작업장 제도의 원래 목적은 이윤과 인도주의의 결합을 추구하는 것이었다. 그러나 이와 같은 목적은 작업장 설치 후 몇 년간은 효과가 있는 것처럼 보였으나, 경제적인 목적도 실패를 가져왔고 또한 빈민의 억압으로 인도주의 이념 역시 성공을 하지 못했다. 작업장 제도는 초기에는 걸식과 주민에게 부과한 구빈세가 감소되는 효과가 있었다. 그러나 작업장에서 빈민을 임금으로 고용하는 것이 시설 외 구제비용보다 더 많은 경비가 들었으며, 생산성이 높지 못함에도 불구하고 작업장 안에서의 비인도적인 처우는 빈민들이 가장 기피하는 보호형태가 되었다.

1722년 나치블법(an Act for Amending the Laws relating to the Settlement, Employment and Relief of the Poor)은 일반적으로 작업장선서법이라고 알려져 있으며, 작업장에 관한 획기적인 입법으로 지적되고 있다. 이 법률에서는 작업장이란 구원을 억제하면서, 노동 의욕을 선서케 하는 곳이라고 규정하였다.

이 법은 빈민에 대한 종전의 태도와는 다른 철학에 입각하였다. 그것은 빈민과 실업자도 기회가 주어지면 국부의 원천이 될 수 있다는 점이다. 그러나 실제 이 법률이 전제로 삼은 것은 빈곤관은 비관적·형벌적이었다. 그리고 이 법에서는 작업장에로의 수용을 구제의 조건으로 삼았기 때문에, 작업장은 빈민고용을 위한 시설이 아니고, 그들의 자유를 속박하고 혐오와 공포를 줌으로써 구제의 신청을 억제하는 시설이 되었다. 따라서 이 법의 목적은 구원의 억제와 빈민 통제에 두고 있었다. 그리하여 이 구원억제라는 목적은 초기에 성공적이었기 때문에 1722년 이후 2~3년간 150개소 이상의 작업장이 건설되어 구빈세가 현저히 감소하였다.

나치블법은 작업장선서제를 도입함으로써 급여의 남용과 빈민의 나태조장 등을 방지하고 구빈세의 감소를 목적으로 하고 있었다. 1722년 나치블법을 계기로 작업장은 공포의 기관이 되었다. 그리고 18세기 후반 이후의 작업장은 종합작업장으로 변질하여 성, 연령 혹은 노동능력의 유무에 관계 없이 노인, 아동, 건강한 빈민, 병자 및 장애인 등을 모두 똑같은 작업장에 수용하였다.

(3) 스핀햄랜드 제도

나치블법을 법적 근거로 한 작업장제도로 인해 또다시 암흑의 시대로 전락하였던 구빈행정은 대외전쟁에서 승리하기 위해서는 모든 국민들의 결집된 역량이 필요하다는 현실적인 인식 전환 등을 근거로 새로운 방향으로 전개되기 시작하였다. 그것이 바로 18세기 말에서 19세기 초에 걸쳐 진행되었던 빈민법의 인도주의화였다. 이러한 인도주의화는 '기근과 혁명으로 인한 양면적 공포'(double panic of famine and revolution)에 대한 일시적인 응급책으로 출발하였다. 또한 이러한 인도주의화는 빈민에 대한 관대한 시설외 구제의 지급을 의미하며, 그것은 태만한 빈민을 양성하고 산업의 부담이 된다고 하는 반대에도 불구하고, 1834년 신빈민법이 성립될 때까지 계속되어 갔다(김동국, 1996: 117).

1782년법(An Act for Better Relief and Employment of the Poor)은 일반적으로 길버트법이라고 알려져 있다. 그것은 수년에 걸쳐, 빈민법의 수정과 빈민들의 여건 개선을 위해 헌신해 왔던 길버트의 노력에 의해 입법화되었기 때문이다. 이 법은 17세기 후반부터 주장되었던 개혁안 중의 하나였고, 구빈세 부담의 경감을 위한 개혁의 필요성 차원에서 논의되면서 모색되었다. 길버트법은 빈민법의 인도주의화를 법률적으로 확인하고, 스핀햄랜드 제도로 연결되었다..

스핀햄랜드 제도는 빈민에게 주는 구제의 액을 빵의 가격과 가족의 크기에 비례해서 결정했다고 하는 사실에서 빈민대책의 과학성을 모색했다고 평가되고 있다. Fraser(1984 : 34)는 스핀햄랜드 제도의 의의를 다음과 같이 평가하고 있다.

첫째, 그 경제적 귀결이야 어떠하든, 새로운 형태의 구제방법은 인도주의적이었다.

둘째, 사회정책이란 사회철학의 표현이라고 할 수 있다. 임금을 보조해 주기 위해 수당을 지급했다는 것은 빈곤이나 빈민구제를 도덕적 타락으로 간주하지 않았던 것을 의미한다.

스핀햄랜드 제도는 스스로 삶을 영위할 수 있는 자와 도움이 필요한 자를 적절히 구분하는 데 있어 최초로 대가족을 고려했다는 점에서 의의를 지니고 있다(Bruce, 1961 : 42). 또한 경제적 불황기에 노동자의 권리를 인정했다는 점에서 중요성을 가진다(Rimlinger, 1971 : 23).

(4) 신빈민법

1834년의 개정빈민법(An Act for the Amendment and Better Administraion of the Laws Relating to the Poor in England and Wales)은 일반적으로 신빈민법으로 불리고 있다. 그 법은 엘리자베스 빈민법에 사실상 종지부를 찍고 산업사회에 부응하기 위해 새롭지만 가혹한 구빈정책과 행정조직을 확립하기 만들어진 법률이다. 이 법에 의해 확립된 1834년의 원칙은 20세기의 사회보장제도의 확립에 이르기까지 영국 공적부조의 기본원리로 간주되었다.

신빈민법이 목표로 삼은 것은 무엇보다도 빈민에 대한 구제의 극단적인 제한이었다. 스핀햄랜드 제도에서 정점에 달했던 빈민법의 인도주의화에 대해 신빈민법은 엘리자베스 빈민법의 원점에 돌아가서 극단적인 억제정책을 채용하였다. 즉, 엘리자베스 빈민법은 노동능력이 있는 빈민에게는 취업을 강제하고, 노동 의욕을 가지지 않은 태만한 빈민은 엄벌로 다스렸다. 신빈민법에서 노동능력이 있는 자에 대한 구제의 극단적인 제한은 어떤 의미에 있어서는 엘리자베스 빈민법에로의 복귀라고 평가하고 있다. 그러나 그 복귀도 종래의 빈민법이 전제군주와 특권적 지주계급을 위한 것인데 비해 신빈민법은 자본가계급을 위한 것이라는 점에서 다르다. 신빈민법의 성립은 경제자유주의의 승리인 것이다.

신빈민법의 주요 내용은 다음 세 가지로 정리해 볼 수 있다. ① 스핀햄랜드법에 의하여 마련되었던 임금보조와 아동수당, 가족수당을 폐지하고, 노동불능자를 제외하고는 원외구제를 폐지함으로써 구빈세를 감축시켰고, ② 모든 빈민구제는 열등처우를 적용하였으며, ③ 빈민구제 업무의 관리

(중앙위원회)를 위해 전국적 통일을 기한다는 것이다. 오늘날 가장 많이 인용되고 있는 신빈민법의 원칙으로는 ① 열등처우의 원칙, ② 작업장제도의 원칙, ③ 구빈행정의 전국적 통일의 원칙 등이 있다.

(5) 민간활동

사회보험 시대가 도래하기 전이자 빈민법 시대가 퇴조하던 시기, 즉 19세기 후반 빅토리아 시대에 박애, 상호부조, 자조 등의 민간활동이 활발하게 전개되었다. 이러한 현상은 구빈행정의 관료화와 그로 인해 발생되는 구빈행정의 공동화(空洞化)에 기인하였다. 그러한 공백에 대신하여 사회복지의 민간부문이 활성되었다.

빅토리아 시대는 대체로 자유방임과 비개입의 정책이 지배적인 사조였다(Jordon, 1978 : 111). 자유방임의 사회에서는 사회적 문제라고 불리우는 모든 것이 도덕적 문제로 인식되어 어떤 방식으로든 간에 그것은 인간의 성격이나 행실의 결과를 반영하는 것으로 이해되었다. 그래서 빈곤은 빈민들의 도덕성의 결여에서 오는 결과로 이해되었고, 도덕의 문제였다. 이러한 사고방식은 빈곤은 불가피한 현상이라는 관념과 연결되었다. 사회의 전체부의 축적이 충분히 이루어지지 못한 단계에서는 이러한 생각은 매우 유용한 이데올로기적 역할을 담당하였다.

빅토리아 시대의 박애, 상호부조 및 자조는 서로 대비되고 때로는 상충되는데, 이후의 사회복지 발전에 나름대로 영향을 미쳤다. 이 시기의 민간활동은 우애조합과 자선조직협회과 인보관운동 등이 대표적인 것이다. 여기서는 자선조직협회와 인보관운동을 중심으로 민간활동을 살펴보고자 한다.

① 자선조직협회

1834년 빈민법의 개정에도 불구하고 노동계층의 빈곤은 해소되지 못했다. 이에 덧붙여 경제적인 위기와 실업은 자선조직들이 불규칙하게 난립하는 현상을 초래하였다. 1860년대는 런던에만 100개가 넘는 자선사업기관들이 구호를 남발하였다. 따라서 여론은 이러한 자선사업기관들의 구호활동이 대중들을 거지로 만든다고 비판하였다. 1880년대에 민간활동이 가장 왕성했는데, 런던 민간협회들이 약 550~700만 파운드의 활동비를 사용하였다. 그러나 이러한 거액이 모두 효율적으로 사용된 것은 아니었다. 무차별적이고 무원칙한 시여와 자선에 대해 일부 지도층이 느꼈던 분노가 자선조직협회를 태동케 한 직접적인 배경 중의 하나였다(Woodroofe, 1974 : 27).

자선조직협회의 성립과 관련된 시대적 배경을 정리해 보면, ① 빈민법당국과 민간자선사업 간 협력관계의 결여, ② 다양한 자선기관 간의 종파적 성격의 차이로 인한 협력의 결여, ③ 개인의 자선활동에 관한 정보의 부족, ④ 그 결과 구제의 중복과 낭비만이 야기된 것이 아니라, 효과적인 자선에 관한 동기도 약해져서 불충분하고 무책임한 자선활동이 성행케 되었고, 또 곤궁한 자들을 자립시킬 수 있는 효과적인 재원이 탕진되고 있는 것 등을 들 수 있다.

자선조직협회의 원리는 원칙적으로 토머스 찰머스 목사의 이론을 따른 것이라고 볼 수 있다. 그에 의하면 개인은 궁극적으로 빈곤에 대해 책임이 있으며 구호를 받는다는 것은 자기존중을 파괴하는 것이라고 했다. 따라서 빈민은 그 자신의 생활유지를 위해 그의 모든 능력을 활용할 요청을 받아들여야 한다는 것이다. 자선조직협회의 목적은 첫째, 중복구호를 방지하기 위하여 여러 가지 자선활동을 조정하고, 둘째, 환경조사와 적절한 원조제공이었다.

자선조직협회는 사회사업의 역사에 있어서는 비중이 대단히 크다. 그 이유는 이 협회의 활동이 후에 전문사회사업의 효시가 되었기 때문이다. 중복구빈을 피하기 위하여 연락기관이 설치되었는데 그것이 오늘날의 지역사회사업을 발전시켰고, 빈민에 대한 철저한 환경조사는 가족사회사업 또는 개별사회사업으로 발전하였다. 또한 빈민들에게 탈빈곤 동기를 부여하는데 도움이 된 사회중산층의 우애방문(friendly visiting)과 인격적인 감화활동은 오늘날의 자원봉사활동을 발전시키는 밑거름이 되었다.

그렇지만 빈곤은 개인의 도덕적 책임이라고 하는 이들의 입장은 빈곤발생의 사회적 기반을 경시한 점은 자선조직협회의 한계라고 볼 수 있다(小山路男, 1978 : 175−176).

② 인보관 운동

자선조직협회와 함께 사회사업의 역사에 있어서 중요한 의미를 가지는 인보관운동(settlement movement)이 전개되었다. 인보관운동은 1854년 Edward Denison 목사가 주축이 되어 캠브리지 대학과 옥스퍼드 대학의 학생들과 슬럼가의 노동자들을 결합시킴으로써 빈곤문제를 해결하려는 일종의 사회이상주의 운동으로 시작되었다.

인보관운동은 Samuel Barnett 목사가 계승하여 더욱 발전시켰는데 그는 빈민가에서의 생활체험을 통해 빈곤은 경제적인 문제라기보다는 정신적인 문제이고 따라서 교육을 통해 빈민이 자신을 스스로 변화시켜야만 가난에서 궁극적으로 벗어날 수 있다는 확신을 얻게 되었다. 그리고 빈곤은 부자와 빈민 간 계급대립의 표현이므로 교육을 받은 대학생들이 빈민과 결합함으로써 계급 간의 화해를 기할 수 있다고 생각하였다. 그리하여 대학생들이 빈민가에 거주하면서 가난한 노동자들과 그 가족들에게 문화와 교양을 깨우쳐 줌으로써 빈민의 인간적 성장을 돕도록 적극적으로 권장하였다. 그들 중 하나가 옥스퍼드대 학생인 Arnold Toynbee(1852−1883)였다. 그가 옥스퍼드 경제학부 조교수로 재직할 때 결핵으로 요절하자 그의 열성적인 활동을 기려 동료들이 1884년 런던 동부 빈민 지역에 토인비 홀을 설립하였는데, 이것이 세계 최초의 지역사회복지관(community welfare center)이다(Fraser, 1973: 121).

토인비 홀은 3대 목적을 가지고 있다. 첫째, 빈곤한 사람들의 교육과 문화를 발전시키는 것, 둘째, 빈곤한 사람들의 생활환경에 관한 정보와 긴밀한 사회적 욕구의 파악 그리고 셋째 사회 및 건강문제 그리고 사회입법에 대한 일반 국민들의 관심촉구이다. 인보관 사업의 기본적 목적은 빈민들과 교육받은 계층 간의 상호교류를 증진하는 일이었고, 이러한 공동활동과 연구를 통해서 서로 문화를 공유하자는 것이었다. 인보관 사업은 단지 아동과 성인들을 위한 강좌 개설만을 목적으로 하는 것이 아니라, 이 지역 사람들에게 폭넓은 교육기회를 제공하고 강조와 집단토의에 참여함으로써 가르치는 사람과 배우는 사람 간의 협조와 배움을 나누는 환경을 증진하는 것이었다.

4) 사회보장제도의 성립

흔히 1948년 7월 5일은 영국 복지국가의 탄생일로 일컬어지고 있다. 바로 이날을 기해서 영국 복지국가의 2대 지주라고 할 수 있는 사회보장제도와 국민보건서비스에 관한 제반 법령들이 그 효력을 발생하게 되었다. 즉, 가족수당법(Family Allowances Act, 1945), 산업재해국민보험법(National Insurance (Industrial Injuries) Act, 1946), 국민보험법(National Insurance Act, 1946) 및 국민부조법(National Assistance Act, 1948) 등 소득보장제도를 구성하는 여러 법령과 국민보건서비스법(National Health Service Act)이 이날부터 전면적으로 시행됨으로써 영국에서 복지국가가 출범하게 된 것이다.

그리하여 모든 국민은 생계를 위협하는 온갖 종류의 사회적 위험 또는 위기에 대비하여 최저생활 수준의 소득을 보장받음으로써 궁핍으로부터의 자유를 누리게 되었으며, 또한 포괄적인 의료서비스를 무료로 제공받으면서 질병으로부터의 자유도 얻게 되었다. 영국 국민은 각종 사회적 위험으로부터 최소한의 보장을 받을 수 있게 되었으며 사회급여도 시혜가 아닌 하나의 권리로서 제공되었다.

사회보험과 관련 서비스에 관한 각성위원회(各省委員會, an Interdepartment Committee on Social Insurance & Allied Services)가 의회의 만장일치로 구성되고 William Beveridge가 위원장으로 임명되었다. 이 위원회는 기존의 사회보험과 복지프로그램을 전면적으로 재검토하였으며, 이를 바탕으로 획기적인 개혁내용이 담긴 보고서를 1942년 11월에 발표하였다. 동 보고서에서 Beveridge는 기존의 복잡다단한 사회보험을 하나의 통일된 체계로 통합할 것을 권고하였으며, 자영업자를 포함한 포괄적인 사회보험을 제안하였다. 또한 보편주의원칙하에 정액기여제(flat－rate contribution)와 최저수준의 정액급여제(flat－rate subsistence benefit)의 도입을 주장하였다. 동 보고서는 사회문제를 5대 악, 즉 무지(ignorance), 불결(squalor), 질병(disease), 나태(idleness), 결핍(want)으로 규정하고, 사회보험의 성공을 위한 전제로서 완전고용, 포괄적인 보건서비스 및 가족수당의 필요성을 강조하였다(Fraser, 1973: 199).

이 보고서에 입각하여 영국은 복지국가 체계의 골격이 되는 모든 법령들을 제정하기 위한 기본 계획들을 거국내각의 주도 아래 전시 중에 마련하였다. 베버리지 보고서에 대해 어정쩡한 태도를 취했던 보수당의 Churchill은 세계 최고의 전쟁 영웅이었음에도 불구하고 전후 영국의 재건과 대대적인 사회보장의 확충을 내세운 노동당의 아틀리에게 1945년의 선거에서 패하고 말았다. 전후 노동당정부는 완전고용정책을 중심으로 산업국유화정책과 사회보장제도의 구체화 작업에 착수하였다. 이러한 작업을 통해 베버리지 보고서의 권고사항들이 속속 입법화되었다. 그리하여 소위 “요람에서 무덤까지”라는 복지국가의 체제를 갖추게 되었다.

1952년 노동당을 누르고 보수당이 재집권한 이래 양대 정당 간의 정권교체가 수없이 일어났으나 어느 정권이 집권하더라도 사회복지만큼은 거의 전적으로 확충되었다. 1940년대부터 1970년대 중반까지 영국의 보수당과 노동당은 이른바 복지국가주의라는 전후합의를 바탕으로 복지국가를 향한 전진을 계속하여 왔다(양정하, 2004 : 183). 그렇지만 1970년대의 석유 위기 이후 세계적인 경제불황의 계속으로 인한 영국 복지국가에 대한 전반적인 검토와 대대적인 변화를 경험하게 되었다.

3. 한국의 사회복지 역사

우리나라의 사회복지역사는 어느 시대부터 시작되었는지 확실하지는 않지만 대체로 사회가 성립되면서부터 시작되었다고 할 수 있다. 따라서 우리나라의 사회복지 역사에는 고대시대부터 근대시대에 이르기까지 시행되어 온 각종 민생구휼과 구제제도, 구빈사업 그리고 사회복지사업 등이 포함된다.

1944년 조선구호령을 중심으로 8.15 광복 이전과 이후로 나누어서 각 시기의 사회복지의 제도를 중심으로 사회복지의 역사를 살펴보고자 한다. 특히 해방 이후의 사회복지 역사는 우리나라 사회복지제도가 정치체제의 변동에 영향을 크게 받는다는 점을 감안하여 각 공화국별로 간략하게 살펴보고자 한다.

1) 8 · 15 광복 이전

(1) 고대 시대와 삼국 시대

고조선 시대는 단군을 시조로 홍익인간, 제세이화 및 경천애인의 이념을 가지고 있었다. 이 시기는 씨족사회에서 부족사회로 발전하여 왔으며, 제정일치가 행해졌던 시기인 것이다. 부족사회라는 공동체 내에서 상부상조가 행해졌다.

특히 삼국시대로 대표되는 고대사회의 사회정책은 그 자체가 고대 국가의 존립을 위한 목적에서 시행되었다. 그리고 이 시기의 사회문제로는 현존하는 백성의 궁핍, 각종 천연재해와 전쟁, 그리고 귀족들의 백성에 대한 사적 지배 등을 들 수 있다. 이 시기의 사회정책도 이러한 문제와 상호 밀접하게 관련되어 생겨났음은 물론이다.

이러한 맥락에서 고대의 사회정책, 특히 고대국가의 대민정책은 결국 단순히 국왕이 자비를 베푼다는 인정의 차원만이 아니라 고대국가의 존립을 위한 정치적 그리고 군사적 차원에서 시행되었던 것이다(최익한, 1947 : 48–49). 이러한 이유로 고대 삼국의 구휼사업은 고대국가의 존립, 삼국전쟁의 승리를 목적으로 한 농민 안정책의 성격을 가지게 되었다. 그러나 당시의 구휼정책은 임시적이고 사후 대책적인 성격을 가지고 있었다. 그리고 일부 구휼사업이 법으로서 제정되기도 하였으나 지속적이지 못했고 제도화의 단계로 이어지지 못했다(한국복지연구회, 1988: 30).

삼국 모두가 공통적으로 많이 시행한 방법으로는 사면・제사・위무・발창구제・의식하사・진곡・진휼・농경정책 등이 있다(함세남 외, 2001: 483). 이 시기의 대표적 사회복지사업으로 다음과 같은 것이 있었다.

① **관곡의 배급** : 정부에서 비축하고 있는 관곡을 각종 재해로 인한 빈곤한 백성들에게 배급하여 구제하는 것으로 이는 삼국에 있어 자주 실시되었다.

② **사궁구휼** : 환과고독의 무의무탁한 빈민을 구제하는 것으로 삼국시대 이래로 여러 군주들이 친히 방문하고 의류, 곡물 및 관재 등을 급여하여 이들을 구제하였다. 그 결과 이들에 대한 보호가 일종의 관부의 의무처럼 되었던 것이 이후 조선 시대에 이르러 다소 변경되었다.

③ **조세감면** : 재해로 인하여 심한 피해를 입은 지역의 주민들에게 그 재해의 정도에 따라 조세를 감면해주는 것이다.

④ **대곡자모구면** : 춘궁기에 백성에게 대여한 관곡을 거두어들임에 있어 재해로 인한 흉작으로 상환이 곤란할 때에는 그 원본 및 이자를 감면하여 주는 것이다.

⑤ **진대법** : 이 법은 흉년이나 춘궁기에 창곡을 백성들에게 대부하였다가 추수기와 풍작을 기다려 다시 갚게 하는 법으로 이것은 무상으로 백성에게 구휼을 행하는 것이 아니라 백성들이 삶에 여유가 있을 때 다시 갚는 제도이다.

(2) 고려 시대

이 시기의 구빈제도는 정치도덕으로서의 유교의 등장과 책기, 사회의 안정과 왕권의 강화을 위해서 제도화되었다. 고려 시대부터는 중앙집권적 봉건국가가 형성됨에 따라 구호행정도 하나의 전문화된 독립기관으로 발전하였다. 고려 시대의 문화는 일반적으로 불교적 색책을 농후하게 띠었으며, 이러한 불교의 바탕에서 시료(施療)와 행려자 보호사업 등이 실시되었다. 삼국 시대의 국가사업으로서 발달한 민생과 구휼의 여러 제도는 이 시기에는 불교의 자비심에 입각한 선정으로 점차적으로 확대되어 갔다.

이 시기의 중요한 사회문제로서는 전쟁과 천재지변으로 인한 빈민의 발생이었다. 빈민은 상기의 원인 이외에 조세제도의 과중함과 불합리한 운용에서도 발생하였다. 궁민 구제를 위해 창제를 채택하고 조직 · 제도화하여 운영하였다. 구제기관으로는 흑창, 의창, 상평창, 유비창, 연호미법, 동서대비원, 혜민국, 혜민전 약국, 제위보, 제위도감, 구제도감, 구급도감, 진제도감, 진제색, 해아도감 등이 있었다(함세남 외, 2001: 489).

이 시기의 구빈제도는 흉년과 여러 가지 재해에 대비한 각종 구제책과 평상시에 생계를 자력으로 유지할 수 없는 이른 바 궁민을 구휼하는 제도로 되어 있었다. 그것은 은면지제, 재면지제, 환과고독진대지제, 수한질여진대지제, 납속보관지제 등의 5영역으로 분류 · 실시되었다. 그리고 임기

응변적인 이재민구제사업을 위해서는 급창소와 보통원을 설립하여, 이러한 사업을 실시하였다(구자헌, 1972 : 155－156).

고려 시대는 삼국 시대에 비해 보다 발달된 토지와 조세 제도를 기반으로 해서 귀족과 농노의 관계가 발달되었다. 혜민국처럼 일시적이 아닌 국가차원에서 실시하는 의료기관이 설립되었다는 데 큰 의의를 찾아볼 수 있다.

이상과 같이 고려시대의 구빈 제도는 삼국 시대보다 구체화되고 다양화되었지만, 시행과정상 일관성이 결여되고, 항례화로 이어지지 못했다. 그렇지만 이 시기의 구빈제도는 국가책임하의 사회복지제도로서의 명맥을 유지해 감으로서 조선 시대의 구빈 제도의 모체가 되었다.

(3) 조선 시대

조선 시대는 전제의 개혁을 통해 국가의 재정적 기초를 튼튼히 하여, 중앙집권적 봉건국가를 확립한 시기였다. 그리고 고려의 불교중심 문화가 유교중심 문화로 변화함에 따라 조선의 지배층이 내세운 치국이념은 왕도정치였다. 그렇지만 유교는 삼국 이후 왕조의 통치이념으로서 인(仁)의 윤리를 강조하여 왔다.

경국대전을 비롯하여 자휼전칙(1783)과 휼전 등을 제정·공포함으로써 지금까지의 즉시적·일시적·자의적 구제로부터 탈피할 수 있었다. 이러한 법제화와 아울러 빈궁민의 구제를 전담하는 기구를 설치하였다. 조선시대의 구휼제도도 이러한 치국이념과 법제화를 통해 고려시대의 각종 진휼정책에 관한 제도를 확대·발전시켰다.

이러한 빈민구제에는 다음과 같은 특징들이 나타나 있다(함세남 외, 2001 : 509). 첫째, 빈민구제는 왕의 책임으로 하고, 둘째, 구제의 신속을 중시하며, 셋째, 일차적인 구빈행정의 실시책임은 지방관이 지게 하고 넷째, 중앙정부는 구호관계 교서 및 법 제정을 하며 또 지방구호행정에 대한 지도 및 감독을 하는 것으로 되어 있다.

이와 같이 조선시대의 구제사업은 기본적으로 유교 사상을 입각하여 체계적으로 전개되었다. 이 시기의 대표적인 구제제도로는 다음과 같은 것이 있었다(남세진 외, 1995).

① **비황제도** : 비황제도의 구제기관으로 삼창(의창, 상평창, 사창)을 위시한 기타의 창제들이 있는데, 의창과 사창은 춘궁기에 곡식을 빌려주었다가 추수기에 갚게 함으로써 빈민에게 도움을 주었던 것이다. 상평창은 주로 곡물과 포목으로 물가조절기능을 수행했다.

② **구황제도** : 구황제도는 사궁(四窮)에 대한 보호, 시식(施食) 등을 들 수 있다. 특히 사궁 중 유아기의 보호 및 입양에 관한 법적인 체계성과 내용을 지닌 "자휼전칙(字恤典則)"이 그 대표적인 법령으로 평가되고 있다.

③ **구료제도** : 활인서, 혜민서 등의 의료구제기관을 통해서 구료사업을 시행하였다.

④ **기타** : 이밖에 계, 향약 등의 제도가 있었다. 향약은 덕업상권, 과실상규, 예속상교, 환난상휼 등 4개 조항을 실천목적으로 삼고 있으며, 그 중 물질적 방법인 환난상휼의 구체적 사업으로서 급난의 구제, 질병의 구제, 빈궁의 진휼 등을 규정하고 있으며 그밖에도 융통성 있게 운영하였다.

하지만 조선 시대의 구제사업은 일제의 침략으로 인하여 체계적인 발전을 이루지 못하고 식민지라는 특수상황 속에서 식민지 구호정책으로 대신하게 되었다.

(4) 일제 강점기 시대

일제 강점기 시대에는 빈곤이 단순히 개인적인 차원에서 파악할 수 있는 성질의 것이 아니라 식민지 재편과정에 있어서 일본 제국주의가 취한 정책의 결과인 농민층 분해 과정에서 그 형성 및 존재를 찾아야 한다. 따라서 이 시기의 빈민은 농업정책에 의해 토지로부터 농민이 분리됨으로써 생겨났다.

이 시기의 각종 정책은 식민통치의 합리화와 황민 사상과 같은 식민지 이데올로기 강화라는 목적을 달성하기 위해 시행되었다. 이러한 맥락에서 이 시기의 빈곤 정책도 식민통치에 따른 식민지 민중의 불만 해소, 질서유지 그리고 식민통치의 합리화라는 목적을 달성하기 시행되었다.

이와 마찬가지로 조선구호령은 한국의 징병제를 실시하기 이전에 한국인의 반발을 완화하기 위해 1932년의 일본의 구호법을 원용하여 1944년 3월에 실시하였다. 조선구호령은 일본의 구호법을 기초로 하고 모자보호법과 의료보호법을 부분적으로 부가·종합시킨 것이다. 조선구호령은 근대적 의미의 공적부조의 출발이고 해방 이후 전개되는 생활보호법의 모태가 되었다. 그렇지만 조선구호령이 외형적으로 우리나라 공공부조제도의 체계를 확립시켰지만, 이것은 일제의 식민지 통치의 수단이었다는 점에서 비판의 소지를 안고 있다.

2) 8·15 광복 이후

(1) 미군정 시대

태평양전쟁 이후 일제가 패망함에 따라 우리나라는 광복을 맞이하게 되었지만, 광복 이후 자주 정부를 수립하지 못함으로써 과도기적 미군정기를 맞이하게 되었다. 해방 이후 정부 수립까지 약 3년 동안의 미군정기는 우리나라에 있어 극도의 사회적 혼란기였으므로 일제 강점기의 법령이 그대로 사용되었다. 이 시기에는 사회사업 및 구호에 관한 여러 가지 각서가 발표되어 조선구호령과 함께 사용되었다. 이러한 시기의 구호 정책은 전재민에 대한 구호사업으로 한정되었다.

공공구호는 기아의 방지와 보건 및 의료보호, 최저생계 유지, 응급주택 보급 등에 중점을 두고 즉흥적으로 대처해 나갔지만, 적극적이고 계획적인 사업이나 장기계획은 전무하였다.

(2) 대한민국 정부수립 이후

① 제1·2공화국 시대

미군정이 철수하고 한국정부가 수립하면서 다시 조선구호령에 의거하는 구호행정이 실시되었다. 그러나 뜻하지 않은 1950년의 6.25 한국전쟁으로 인하여 전쟁고아, 이북에서의 피난민 등 긴급을 요하는 구빈 대상자의 증가는 조선구호령만으로 도저히 감당할 수 없는 지경에 이르게 되었다. 해방과 6.25 전쟁이라는 사회변동으로 인한 사회구호의 수요는 방대하였으나 물자와 자금의 부족으로 인해 전재민, 노인, 유아, 임산부 등을 대상으로 하는 일시적이고 단기적인 최소한의 응급구호가 실시되었다.

따라서 이 시기에는 국가와 민간 사회복지사업 간의 혼란과 각 외원기관에 의한 수용보호가 불가피하게 생겨났고, 사회복지 재원에서도 외원이 차지하는 비율이 더욱 높아졌다. 외원기관들의 구호활동으로 인해 사회사업은 구호물자를 원칙없이 나누어 주는 자선사업과 동일시하게 되었다.

이 시기의 사회복지사업은 구호사업으로 기아의 방지, 최저생계유지, 및 의료보호 등에 중점을 둔 응급적인 임시방편책이라고 볼 수 있다. 따라서 이 시기의 사회복지사업은 근대적 사회복지 개념에 입각한 것이라고 보기는 힘들다.

이 시기에 주목할 것은 교육 부분에 투자가 많이 이루어졌다는 점이다. 이것이 토대가 되어 경제도약을 이루는 데 큰 영향을 미쳤다. 그리고 제1

공화국 중반부터 말엽까지 사회복지현장에서는 사회복지교육의 필요성은 강조되지 않았지만 몇몇 대학에서 그러한 교육을 위한 사회사업학과가 설치되었고, 1956년에는 사회복지 전문인력을 양성하기 위한 국립 중앙사회사업종사자 훈련소가 창설되었다(남일재 외, 2004, 47).

이러한 사실을 고려한다면 제1·2공화국 시기의 사회복지 분야는 전 시대에 비해 별다른 진전이 없었다고 볼 수 있다. 다만, 사회사업교육을 위한 기반이 조성되기 시작하였다고 볼 수 있다.

② 제3·4공화국 시대

5.16 군사정부는 쿠데타의 명분과 민심안정을 위하여 '시급한 민생고의 해결'이라는 정치적 공약을 내세우고 그것을 실천하기 위하여 국가종합개발정책으로 제1차 경제개발 5개년 계획을 수립·추진하였다. 이러한 경제개발 정책의 추진은 전통적인 가치와 서구적 가치 간의 갈등을 초래하였다. 이러한 정책의 수립·추진에서 복지국가의 이념이라든지 권리로서의 사회보장에 대한 일반 국민의 이해나 주장은 전무하였다.

군사정부는 생활보호법(1961, 12, 30 법률 제913호)을 제정함으로써 저소득층 중심의 공공부조를 시행하였지만, 정부재정의 부족으로 인해 민간 외원단체가 시급한 사회복지 문제나 욕구를 해결하는 실정이었다. 그리고 동법 역시도 일제 강점기의 조선구호령을 크게 벗어나지 못했고, 그 법에 관련된 사회복지사업마저도 질적으로 개선되지 못했다.

주무부서인 보건사회부도 전반적으로 생활보호 위주의 정책을 수행하였고, 대부분의 외원기관도 저소득층에 대한 원조를 시행하였다. 이러한 상황에서 공적 사회복지조직은 단순한 정책적 계획과 비전문적 활동에 그쳐, 사회복지 서비스의 효과성과 효율성을 고려할 수 없었다. 그리고 공공부조와 관련된 군사원호보상법과 재해구호법은 사회질서 유지의 차원에서 제정되었다. 그리고 이 시기에 제정된 고아입양특례법, 아동복리법 및 고아의 후견직무에 관한 법률 등은 아동복지에 관한 법적 근거로 되었지만, 그 법들에서도 사회사업이라는 용어가 포함되어 있지 않았다. 또한 이 시기에 일부 민간 외원기관이 미국적인 사회사업의 방법론을 적용하려고 시도하였지만, 그것이 사회복지의 발전으로 이어지지 못했다.

그리고 1970년에 사회복지사업법이 제정됨으로써 민간사회복지사업의 체계·확립뿐만 아니라 국가와 지방자치단체에 의한 사회복지법인에 대한 보조와 지도·감독이 가능하게 됨으로써 민간 사회복지와 공공 사회복지의 토대가 마련되게 되었다.

한편 10개 대학이 사회사업학과를 설치하여, 사회사업 교육을 실시하였다. 전 시대에 비해 사회복지 교육을 위한 기반이 확대되었다.

이상에서 군사정부 시대와 제3공화국에서는 공공부조제도의 수립으로 공공 사회복지사업의 토대가 마련되었다고 할 수 있다. 이러한 긍정적인 평가와 더불어 다음과 같은 부정적인 평가가 제기되었는데 그것은 공공부조 제도의 역할과 시설의 보호 수준이 이전의 구호활동과 거의 차이가 없었다는 점이다.

③ 제5공화국 시대

제5공화국은 제4공화국 이래 계속되어 온 선경제개발 후분배주의정책에 따른 소득분배상의 불균형 문제, 소득 격차, 상대적 빈곤, 지역 간의 격차, 지속적인 산업화, 도시화에 따른 각종 새로운 사회문제, 가치관의 분열, 광주사태에 따른 후유증, 학생과 재야세력의 반정부 민주화 투쟁 및 정부의 불신 등 많은 부담을 안고 출범하였다.

그렇지만 제5공화국은 복지사회의 구현을 사회목표로 설정하였기 때문에 그 시기는 건국 이래 사회복지에 대한 논의가 가장 고조된 시기였다. 즉, 복지사회의 건설은 민주주의의 토착화, 정의사회의 구현, 교육 혁신 및 문화창달과 더불어 제5공화국의 국정지표로 되었던 것이다. 이를 구체화하기 위해 제5공화국 정부는 정치·사회의 안정과 사회복지 관련 문제의 해결을 위해 적절한 대책을 수립하였다.

제5공화국은 헌법에서 "국가는 사회보장·사회복지의 증진에 노력할 의무를 진다"고 하여 제3·4공화국에 비해 사회복지에 대한 국가의 책임을 분명히 했다. 이러한 국가책임의 원리에 입각하여 정부는 사회보장정책과 함께 당시 심각한 국민 욕구로 표출되었던 아동, 노인 및 장애인 등에 대한 사회복지서비스 정책을 중시하고, 이를 위해 국가와 지방자치단체의 책임을 강화하는 조치를 시행함으로써 사회복지의 범위를 보다 확장시켰다. 또한 생활보호 급여에 교육보호와 자활보호를 추가함으로써 공공부조의 범위도 종래의 생계보호뿐만 아니라 자활보호까지 확대되었다.

이와 같이 제5공화국에 의한 사회복지사업은 국민들의 인간다운 생활을 보장하고, 국민생활의 불안정과 계층 간의 갈등을 해소·융화하는 데 한계를 가지고 있었지만 사회복지사업의 범위를 사회복지서비스까지 확대시켰다는 점에서 긍정적으로 평가할 수 있다.

④ 제6공화국 시대

제6공화국의 각 정부는 나름대로의 사회복지정책의 이념과 비전을 제시하였다. 노태우 정부는 그동안 미루어왔던 고도성장의 열매를 공정하게 분배하여 모든 국민이 질 높은 문화생활을 누릴 수 있도록 하며, 소외된 저소득층의 복지증진을 위해 저소득층 밀집 지역 동사무소에 사회복지전담공무원을 배치할 것을 약속하고 실현하였다.

김영삼 정부는 신경제 5개년계획과 21세기에 대비한 사회복지정책의 발전전략에 입각하여 보건사회부를 보건복지부로 개칭하고, 국민복지기획단을 구성함으로써 사회복지에 대한 노력을 계속하였다. 그러나 김영삼 정부의 사회복지정책에는 정부의 역할과 책임보다는 민간부문의 역할과 책임을 강조하는 선진국의 신보수주의적 경향이 깔려 있었다.

김대중 정부는 노인이나 장애인들도 일할 능력이 있는 사람에게는 일을 하게 하는 소위 생산적 복지를 강조하였다. 특히 IMF 시대 이후에는 심각한 실업자 대책을 위해 공공근로사업을 위시한 근로연계복지시책이 강력히 시행되었고, 민간부문을 활용하는 이른바 신보수주의 정책이 더욱 강화되었다. 아울러 근로 능력이 없어 복지의 사각지대에 놓여 있는 사람들을 위한 사회안전망 구축에 역점을 두어 국민기초생활보장제도가 도입·시행되었다.

그리고 사회복지 전문요원은 1987년부터 연차적으로 저소득층 밀집 지역을 중심으로 일부 읍·면·동 단위에 배치하기 시작하여 제6공화국 초기에 전국에 걸쳐 배치되었다. 이로써 전문직에 의한 공공사회복지의 토대가 마련된 것이다.

사회복지 욕구와 문제에 대처하기 위하여 다양한 사회복지 정책 및 프로그램의 개발을 지원하기 위해서 공공부문에서의 조직이 확대·분화되었다. 정부의 지원을 받는 국내 사회복지법인들이 사회복지관을 위시한 많은 민간 사회복지기관을 설립함으로써 민간 사회복지사업의 중요성이 강조되었다.

이러한 복지환경의 변화에 따라 중앙정부 차원에서의 직제개편이 이루어졌다. 특히 90년에는 사회복지를 담당하는 중앙정부의 부서인 기존의 사회국과 가정복지국을 통합하여 사회복지정책실로 개편함으로써 종합적인 복지시행이 가능하게 되었다.

특히 90년대 초반의 중요한 정치질서 변화로서 지방자치제의 전면 실시로 인해 공공과 민간 부문에 있어서의 사회복지 전달체계가 보다 체계적으로 정비될 필요가 있었다. 따라서 각 지방자치단체들은 보건복지부 사회복지정책실의 업무를 지역차원에서 수행할 독자적인 부서의 설치를 조례로 제정할 수 있게 되어 지역실정에 적합한 전달체계를 구성할 수 있게 되었다. 또한 지방자치제의 실시는 중앙과 지방의 사회복지에 대한 역할 분담에 대한 논의를 가속화하였다(신복기 외, 2002 : 45).

1997년 8월의 사회복지사업법 전면개정과 뒤이은 IMF 구제금융체제의 진입으로 인해 사회복지환경은 급변하였고 이에 따라 사회복지행정의 중요성은 크게 확산되었다. 이러한 변화에 대응하기 위해서 사회복지조직들은 조직운영에 따른 책임성 이행을 위한 기술과 절차를 갖추어야 할 것이다. 그리고 국민기초생활제도의 도입에 따른 수급자권자의 공정한 관리와 자활지원계획과 연계한 적절한 서비스의 제공 등은 체계적인 사회복지의 발전이라는 과제를 제시하고 있다.

노무현 정부(2003~2007)는 정부 출범 이후 성장중심의 복지정책을 넘어서서 성장과 복지의 선순환을 추구하겠다고 했지만, 복지정책의 구체적 목표는 불분명하였다. 그러나 세계화, 사회경제적 양극화, 탈산업화, 저출산 고령화 등의 사회문제에 직면하면서 이른바 '소득보장형 사회투자 복지국가'라는 노선을 추구하기 시작하였다(김태성 · 성경륭, 2014 : 584). 그렇지만 참여정부 들어서 사회보장지출이 증가하고, 또한 복지문제가 중요한 정책적 이슈로 부상했으며, 다양한 복지정책들이 시도된 것도 사실이지만, 복지지출의 추이를 볼 때 정부가 복지확대에 적극적이었다는 증거는 없으며, 결론적으로 복지부문에 대한 국가의 책임이 줄어들었다고 진단하고 있다(조영훈, 2008).

이명박 정부(2008~2012)는 규제 완화, 민영화, 노동시장 유연화, 부자 감세 등 신자유주의적 성장노선을 일관되게 추진했지만, 복지정책 분야에서는 매우 모순적인 정책적 선택을 했다. 집권 초기에는 '능동적 복지'를 강조하며 국가의 복지 책임을 최소화하고 개인의 자립과 근로연계복지를 최대화하려는 시도를 하였지만, 2008년 미국발 경제위기 이후 경기부양과 고용증진을 위해 재정지출을 늘렸다. 이명박 정부의 복지정책에 대해서는 대체로 부정적 평가가 주종을 이룬다. 물론 이명박 정부가 추진했던 전달체계의 민영화나 능동적 복지지향이 복지체제를 시장 친화적으로 구성하려는 '신사민주의' 정책에 가까운 이념이라고 평가한 입장(김원섭·남윤철, 2011)도 있지만, 경제성장, 시장경제를 우선한 결과 복지는 신자유주의적으로 후퇴하였다는 시각이 많다(김연명, 2009; 이태수, 2012; 조흥식, 2011).

4. 사회복지 발달 이론

하나의 연구 분야가 표준과학으로 되기 위해서는 몇 가지 기본조건을 충족시켜야 하는데 그 조건은 고유한 연구주제, 주로 사용되는 연구방법 및 이론체계의 확립이다. 지금까지의 사회정책학이 축적해 온 나름대로의 이론체계는 사회정의론, 사회욕구론, 복지국가론 등이 있지만 사회정책 또는 사회복지가 사회과학에 기여한 바로는 사회정책발달론 또는 사회복지 발달 이론을 으뜸으로 손꼽아 볼 수 있다. 사회정책발달 또는 사회복지 발달을 설명하고 있는 이론 중 사회양심론과 음모이론 중심으로 설명하고자 한다(김상균, 1987, 제3장 참조).

1) 사회양심론(The Social Conscience Theory)

Higgins의 주장에 따르면 이 가설은 1950년대 영국 사회정책학의 통설로서 애용되고, 그 이후 오늘날에 이르기까지 사회사업가 및 박애주의자에게 큰 영향을 미치고 있다.

John Barker는 이 가설의 내용을 다음 다섯 가지로 요약하고 있다. 첫째, 사회정책이란 인간이면 누구나 가지기 마련인 타인에 대한 사랑을 국가를 통해 발현하는 것이다. 둘째, 사회정책은 사회적 의무감(social obligation)의 확대와 욕구에 대한 국민의 지식향상이란 두 요인에 의해 변화된다. 셋째,

변화는 축적적이고, 관대함과 관심 영역의 증대 방향으로 균일적 변화폭은 아니지만 줄기차게 변화한다. 넷째, 개선은 불가피하며 현행 서비스는 지금까지의 것 중 최선의 것이다. 다섯째, 역사적으로 볼 때 현행 서비스가 완전한 것은 아닐지라도 사회복지의 주된 문제는 이미 해결되었고 사회는 안정기반 위에 구축되어 있기 때문에 지속적으로 발전을 기대할 수 있다. 이상 5가지 내용 중 전부나 일부를 직설적으로나 묵시적으로 인정하면 일단 사회양심론의 부류에 속하게 된다고 바커는 보고 있다.

영국 사회행정의 특성에서 잘 나타나듯이 사회양심론도 낙관적이고 문제해결 중심의 시각이란 점이 장점이 될 수도 있지만, 다음과 같은 단점을 가지고 있다. 첫째, 사회정책의 자비적 성격을 너무 강조한 나머지 국가의 역할에 대한 왜곡된 견해를 가지게 하여 사회적 과정의 정확한 이해를 방해한다. 둘째, 특정 문제가 특정 시기에 하필이면 문제로 인식되어 해결의 시도를 받게 되는 사회적 맥락에 관한 설명이 불가능하고 사회정책의 형성과 변화에 영향을 미치는 압력 및 영향에 관한 분석이 협소하다. 셋째, 국가 간의 비교가 쉽게 수렴이론으로 비약될 소지도 있다.

이상은 Higgins의 비판을 요약한 것인데, 그중에서도 특히 세 번째 단점의 지적은 Higgins의 비교연구적 시각이 날카롭게 적용된 것이다. 왜냐하면 사회정책의 생성과 변화가 사회양심론의 주장대로 인간의 기본가치인 이타심의 발현이라면 이러한 가치의 표현은 모든 형태의 인간사회에서 유사하게 나타나야 할 것이지만 실제는 그렇지 않다는 것이다.

2) 음모이론(The Conspiracy Theory)

이 주장은 사회양심론에 정면으로 도전하는 입장을 취하고 있는데 이 가설에 의하면 사회정책의 주목적은 인도주의나 인정(compassion)의 실현이 아니라 사회안정 및 질서의 유지 및 사회통제라는 것이다. 따라서 사회정책의 변화시기를 지배계층이 기존의 사회질서가 위협을 받고 있다고 느끼는 때라고 주장하면서 사회정책의 변화를 줄곧 진화의 과정을 밟아 발전되는 것만이 아니라 개선과 악화의 양면이 언제라도 교차될 수밖에 없는 성질의 것으로 본다.

Piven과 Cloward는 전통 사회정책론에서는 별로 다루지 않던 계급갈등과 정치적 편파주의의 중요성을 주장하면서 이를 뒷받침하기 위해 대공황 이후의 미국 사회복지사를 분석했다. 그 결과 그들은 대량실업에서 파생되는 시민소요사태가 발생하면 공공복지제도가 시작되거나 확장되며, 반대로 정치적 안정이 회복되면 그러한 프로그램은 폐지되거나 감축되어 버린다는 사실을 발견했다. George와 Wilding은 이러한 속셈으로부터 실시되는 복지제도를 일컬어 복지국가의 마키아벨리적 관점이라고 하면서 이 관점은 지배계급이 예상되는 근로계층으로부터의 엄청난 요구를 사전에 봉쇄할 목적으로 원하든, 원하지 않든 간에 미리 선수를 쳐서 양보를 하는 것을 사회정책이라 한다.

음모이론의 또 다른 시각은 마르크스주의자들에 의해 제공된다. Saville은 사회정책을 자본주의에 절대 필요한 안정과 효율의 유지를 위한 물리적 강압책의 대안으로 보고 있다. O'Conner에 의하면 정부의 사회복지지출액은 시장의 법칙에 의해 결정되는 것이 아니라 계급 또는 집단 간의 사회경제적 갈등에 의해 구조적으로 결정된다고 한다. 결국 마르크스주의자들은 사회정책을 단기적으로는 폭력사태를 방지하기 위한 자본주의자들의 방편이고 장기적으로는 노동자계급의 혁명에 대한 정열을 식히는 전략으로 보고 있다.

음모이론에 대한 비판으로 Popper와 Muraskin의 주장을 Higgins가 다음 네 가지로 정리하였다.

첫째, 정책결정자의 의도를 너무 중시한 나머지 정치적 현실을 과소평가하고 있다. 현대정치의 다원적 특징과 민주정치의 압력과 제한 때문에 발단에서부터 시행에 이르는 정책과정이 일사불란하게 움직이는 것처럼 일반화시킬 수 없다. 뿐만 아니라 대중 소요가 있을 때 사회정책을 통한 간접적 사회통제가 아니라 경찰이나 군 병력을 이용한 보다 직접적인 통제를 얼마든지 가할 수도 있다는 점이 지적된다.

둘째, 사회안정에 대한 위협을 조성하지 않는 집단이면서도 사회적 서비스의 확충으로 인한 혜택을 입고 있는 사례를 설명할 수 없다. 예컨대, 아동, 노인, 환자와 같이 노동시장에서 제외되는 대상은 정책입안가에게 위협적 존재라고 보기 힘들다.

셋째, 음모가 도사리고 있음은 사실이지만 그렇게 자주 있는 것도 아니고 또 반드시 음모가 성공하는 것도 아니다.

넷째, 권력에 대한 견해가 모순적이다. 한편으로 지배 엘리트가 빈곤자의 압력에 반응하여 행동하는 것처럼 가정하고 또 다른 한편 전체 권력을 장악하여 구호체계의 모든 확대 및 축소를 결정하고 있는 것처럼 본다는 것이다. 덧붙여 복지에 대해 대부분 회의적이거나 거부적 태도를 가지고 있는 중간계층의 정책결정에 미치는 영향을 고려하지 않고 있다는 점이 지적된다.

제 8 장

사회복지와 복지국가

1. 사회복지와 복지국가
2. 복지국가 발전론
3. 복지국가 유형론
4. 복지국가 위기와 재편

제 8 장

사회복지와 복지국가

1. 사회복지와 복지국가

'복지국가'라는 용어의 뜻을 이론적으로 정의하고 정확하고 쉽게 풀이하는 것은 어렵다. 여러 학자들의 복지국가에 대한 정의를 종합하여, 신섭중(1989 : 76)은 복지국가를 다음과 같이 정의하고 있다. "복지국가란 일반적으로 완전고용과 사회보장정책에 의하여 모든 국민에 대하여 곤궁의 원인이 의료, 노령, 실업 및 그 밖의 어떠한 이유로든지 간에 최소한의 생활보장을 목적으로 자본주의의 폐해를 제거함과 동시에 사회주의도 회피하기 위한 제3의 정치경제 체제를 지향하는 것"이다.

사회복지(social welfare)는 인간의 다양한 욕구와 문제에 대응하여 대상자가 보다 인간다운 삶을 유지할 수 있도록 해준다. 따라서 사회복지는 다양한 욕구 또는 사회문제의 해결을 도모하는 실천적 또는 정책적 활동이다. 이와 같이 사회복지가 자본주의 이행에 따라 파생되는 사회적 요구 또는 사회문제를 해결하기 모색된 것인데, 이것을 통하여 대상자를 포함하는 국민의 삶의 질을 유지하기 위한 국가가 복지국가라고 할 수 있다. 복지국가는 사회복지 또는 사회복지정책 등의 수단을 통해 실현된다. 이러한 맥락에서 복지국가는 국민의 복지증진과 그 확보에 노력하게 된다. 그러한 국민의 복지증진과 그 확보는 사회복지를 통해 가능하게 된다.

2. 복지국가 발전론

1) 복지국가 발전의 관점에 대한 이해

복지국가 발전의 관점을 이해하기 위해서는 일정한 사회현상에 대해 과학적 체계화를 시도해 온 근대 사회과학의 역사주의(역사법칙주의)가 필요하다. 흔히 복지국가를 실현하는 수단이라고 할 수 있는 사회복지도 어떠한 사회현상에 내재하는 사회문제를 해결하기 위한 사회적 제반 노력인 것이다. 이러한 맥락에서 복지국가 발전의 관점을 이해하기 위해서는 역사에 대한 사관 또는 관점이 동원되어야 한다.

흔히 사관이란 용어는 일본 학계에서 비롯된 것으로 유물사관이란 개념이 사용된 이후 본격적 학술용어로 사용되고 있다(이기백 · 차하순 편, 1999 : 9). 사관 혹은 역사관 또는 역사의 관점은 역사에 대한 견해, 관념, 사상, 해석 등의 개념을 포함하고 있다. 우리나라에서 사관은 역사철학 혹은 역사이론뿐만 아니라 '역사를 보는 눈', '역사에 대한 식견', '역사의식' 등을 의미한다(이기백 · 차하순 편, 1999 : 9). 그래서 사관 또는 역사의 관점은 역사 연구의 일반화 작업을 위한 사고의 틀뿐만 아니라 분석 또는 이해의 틀로 활용된다. 따라서 사관 또는 역사의 관점은 다양하고 혼재된 역사적 사실과 설명들을 나름대로 분류하고 이해하는 연구틀 또는 분석틀로 활용될 수 있다. 그렇다고 한다면 사관 또는 역사의 관점은 사회과학적 개념들이나 이론들의 타당성을 검증하거나, 또는 훌륭한 사회과학이론을 정립하는 데 유용하게 활용될 수 있다.

사관 또는 역사적 관점은 목적론적 역사철학으로서의 사관, 역사법칙으로서의 사관, 그리고 사학 이론으로서의 사관 등으로 분류된다(이기백 · 차하순 편, 1999: 11). 이러한 사관 중 복지국가 발전의 관점을 이해하는 데 역사법칙으로서의 사관 또는 역사법칙주의적 관점이 유용하기 때문에 이를 중심으로 개관하고자 한다.

역사연구에 있어서 근대 사회과학의 역사주의(역사법칙주의)는 역사의 흐름 밑바닥에 있는 움직임이나 유형, 법칙, 추세 같은 것을 발견함으로써 역사적 예측을 시도하려는 접근이다(김경동, 1983 : 62). 이러한 입장은 경험론적 특성을 보이며 역사변화의 패턴을 과학적 법칙성으로 설명하거나 가설 혹은 모델을 설정하여 그러한 패턴을 발견하고, 그 과정에서 사실을 입증하려는 것이다. 역사법칙으로서의 사관은 경험론적 법칙사관으로 역사인식의 과학성에도 기여하였다.

역사법칙주의적 관점이 동원된 사회복지의 대표적인 예로서는 Wilensky와 Lebeaux(1958)의 사회복지 모형의 구분과 Romanyshin(1971)의 사회복지 개념의 변화 등이 있다. 먼저 복지모형은 보다 넓은 사회문화적 상황의 반영이며, 산업화가 더욱 진전됨에 따라 보완적 모형보다 제도적 모형이 더 우세하게 된다. 사회복지 개념도 가변성과 역사성에 입각한 진화과정으로 사회환경, 경제적 환경, 복지수준의 변화, 정치적 이데올로기의 변화 그리고 시대적 상황 등에 의해 자선(charity)에서 정의(justice)로 변화해 왔다. 사회발전에 따라 복지모형도 보완적(residual) 모형에서 제도적(institutional) 모형으로 이행하게 되고, 사회복지의 개념도 자선에서 정의로 변화해 왔다. 이러한 두 가지의 사례에는 역사법칙주의적 관점이 깔려 있다.

역사법칙주의적 관점에 의거하면, 사회복지는 사회적 환경, 경제적 환경, 복지수준, 정치적 이데올로기 그리고 시대적 상황 등에 의해 보완적인 복지체계에서 제도적인 복지체계로 또는 자선에서 정의로 변화해 왔다. 실제 산업화 이후 오늘날까지 서구의 사회복지정책은 대체로 그 활동영역과 보호대상, 급여내용의 세 가지 방향에서 변화 또는 발전되어 왔다(이정우, 2002 : 113−115). 또한 그러한 사회복지정책의 방향에 맞추어 복지국가는 ① 복지혜택의 종류(kind) 또는 포괄성(comprehensiveness or range), ② 복지혜택의 적용범위(coverage), ③ 복지혜택의 적절성(adequacy or generosity)

④ 재분배 효과(redistributive effect) 등의 제 국면에서 발전되어 왔다(Flora and Heidenheimer, 1981 : 28−32; 115; Korpi, 1983 : 184−185 참조).

역사법칙주의적 관점에 입각한 복지국가의 발전은 복지수준의 변화, 사회복지정책의 활동영역과 보호대상 그리고 급여내용 등의 국면뿐만 아니라 상기의 복지국가 발전의 제 국면에 의해서도 확인될 수 있다. 이러한 입장은 복지국가의 발전을 확인하는 데도 적용될 수 있다. 그중에서도 복지국가 발전의 제 국면이 복지국가 발전화의 특징을 역동적으로 확인하는 데 보다 유용하다.

2) 복지국가 발전에 관한 이론

복지국가가 왜 생겨났고, 또 발전하게 되었는지(그리고 변화하는지)에 대해서는 다양한 설명이 있다. 하지만 이를 큰 틀에서 보면 대략 세 가지 패러다임으로 정리할 수 있는데 첫째, 기능주의적 접근, 둘째 갈등론적 접근, 셋째 제도주의적 접근이다(윤도현, 2017: 61). 하지만, 실제 복지국가 발전형태는 국가마다 특이한 양상을 보이기 때문에 복지국가 발전을 일반화하는 이론은 한계를 가지고 있다. 그럼에도 불구하고 지금까지 나온 연구들을 종합해 보면 복지국가 발전에 관한 이론은 다음 다섯 가지로 정리·요약할 수 있다(김태성·성경륭, 1993 : 제5장 참조).

(1) 산업화 이론

복지국가 발전을 설명하는 이론들 가운데 가장 먼저 등장하였고 또한 가장 많이 논의되며, 따라서 가장 비판받는 이론이 산업화 이론이다. 산업화 이론에 따르면 복지국가 발전은 산업화된 사회에서 발생하는 '욕구(need)'에 대한 대응이 산업화로 인해서 가능해진 '자원(resource)'을 통해서 이루어진 것으로 본다.

(2) 독점자본 이론

복지국가 발전을 설명하는 또 하나의 이론적 흐름은 이른바 신마르크스주의(neo-marxism) 이론이다. 이 이론은 자본주의 사회의 속성, 예를 들면 생산양식, 계급 관계, 노동력 재생산, 자본축적 등을 무시하여 자본주의 사회든 사회주의 사회든 산업화만 되면 복지국가가 필요하게 된다는 점을 강조하였다.

(3) 사회민주주의 이론

산업화 이론과 독점자본 이론은 배경으로 하는 이념적 틀이 크게 다르다. 전자는 복지국가 발전을 설명하는 데 있어 자본주의 사회에서 계급갈등의 문제를 무시하는 반면, 후자는 계급갈등의 문제에 초점을 맞추었다. 이러한 두 이론이 정치는 무관하다(Politics does not matter)는 입장을 가진 반면에 사회민주주의 이론은 정치를 중요시 여긴다. 사회민주주의 이론은 독점자본 이론처럼 자본주의에서의 계급갈등에 초점을 맞추었지만, 독점자본 이론이 이러한 계급갈등에서 자본의 일방적인 이익추구라는 관점으로 설명한 것과 달리, 사회민주주의 이론은 노동의 정치적 세력의 결과로 설명한다. 다시 말해서, 복지국가는 노동자계급을 대변하는 정치적 집단의 정치적 세력이 커질수록 발전한다는 것이다. 한마디로 말하면 복지국가는 자본과 노동의 계급투쟁에서 노동을 승리의 전리품으로 보는 것이다.

(4) 이익집단 정치이론

사회민주주의 이론이 마르크스 이론의 계급갈등의 정치적인 면을 강조했다면, 이익집단 정치이론(Interest group politics)은 산업화 이론의 정치적인 면에 초점을 맞추었다고 볼 수 있다. 즉, 사회민주주의 이론은 전통적인 계급-자본과 노동-의 정치적인 권력투쟁에서 사회복지 발전을 설명하는 반면에 이익집단 정치이론에 의하면 사회복지 발전은 다양한 이익집단들

사이의 사회적 자원의 배분을 둘러싼 경쟁이 치열해지고, 이러한 집단들의 정치적인 힘이 중요해져서 정치가들이 이들의 요구를 수용하는 데서 나온 결과라고 본다.

(5) 국가중심적 이론

사회복지 발전을 설명하는 네 가지 이론은 사회복지에 대한 수요(demand)의 증대에 초점을 맞추었다. 즉, 산업화 이론이나 독점자본 이론은 각기 산업화나 독점자본 축적에의 기능적 필요성으로 사회복지에 대한 수요가 증대한 것이고, 이익집단 이론이나 사회민주주의 이론은 각기 이익집단이나 노동자계급의 정치적인 힘의 증대로 인한 사회복지에 대한 수요가 증대하여 확대된 것으로 본다.

이와는 달리 국가중심적 이론은 사회복지를 제공하는 공급(supply)의 측면에서 복지국가 발전을 설명한다. 이 이론은 사회복지에의 수요의 변화에도 불구하고 국가는 국가 나름대로 사회복지 확대가 필요한 이유를 가지고 있다고 본다. 다시 말해서 유사한 사회복지에의 수요에 처해 있어도 국가에 따라서 특정한 국가구조의 차이에 따라 대응하는 것이 다르다는 것이다.

3) 복지국가의 발전 과정

일반적으로 복지국가는 적절한 모습을 갖추기까지는 1세기 남짓한 역사가 필요하다. 복지국가의 역사에 있어 중요한 문제는 복지국가의 기원을 둘러싼 논쟁이다. 그 기원은 구빈법 또는 산업혁명까지 거슬러 올라갈 수 있는데, 1870년대 후반의 대불황과 그에 따른 제반 입법이 있었던 시기를 복지국가의 기원으로 간주하는 것이 일반적이다(양정하, 1992).

小山路男(1983)은 영국 복지국가의 발달단계를 ① 복지국가의 기원, ② 복지국가의 성숙, ③ 복지국가의 후퇴와 변용 등으로 구분하고 있다.

이러한 복지국가 또는 사회복지의 발달단계의 구분과는 달리 Heclo는 복지국가의 발달단계를 실험기, 정착기, 확장기 및 1970년 이후의 위기기로 구분하고 있는데 그는 각 시기의 공통된 토대와 주요 복지국가의 제도적 성장을 비교, 분석하여 복지국가의 위기에 대한 정책대안과 연결하여 논의하였다. 그리고 毛利建三(1990)은 Heclo의 구분을 참조하여 영국 복지국가 발달사의 특징을 염두에 두고 다음과 같이 구분하고 있다. ① 복지국가 생성에 직접 선행하는 준비기(1870~1900), ② 복지국가 생성기(제1국면, 1900~1914), ③ 복지국가 생성기(제2국면, 1914~1930), ④ 복지국가 확립기(1940년대), ⑤ 복지국가 팽창(변용)기(1950~1975), ⑥ 복지국가 재편기(1975~) 등이 그것이다.

이러한 여러 학자의 구분 중에서 Heclo의 복지국가 발전 과정의 구분은 각 시기의 복지국가의 특징과 상호 유의미한 것을 규명해 주는 데 도움이 된다.

3. 복지국가 유형론

복지국가의 유형을 살펴보는 것은 상황이 다른 국가들이 사회복지를 발전시키기 위한 국가적 노력을 어떻게 수행해 왔는지를 비교해 보는 데 그 의미가 있다. 또한 유사하지만 서로 다른 국가에 살고 있는 사람들의 삶의 질을 향상시키기 위해 어떤 정책적 노력이 필요할 것인지를 제안하는 데 그 목적이 있다(양정하 외, 2016 : 114).

1) Furniss와 Tilton의 분류

Furniss와 Tilton(1977)은 복지국가를 적극적 국가(the positive state), 사회보장국가(the social security state), 사회복지국가(the social welfare state)로 분류하

고 있다.

첫째, 적극적 국가는 복지보다는 경제적 효율성과 시장을 중시하며 재산 소유자를 시장과 재분배적 수요의 가능성으로부터 보호하는 국가이다. 복지는 단지 시장에서 배제된 사람들만을 위한 시혜적 또는 통제적 장치로 기능하는 국가로서 사회복지정책은 경제정책의 하위개념에 속하게 된다. 따라서 빈곤계층에 대한 정부의 지원은 경제성장의 저해요인으로 인식하고, 사회복지제도 중에는 사회보험을 선호하는 국가이다. 즉, 이와 같은 적극적 국가는 복지국가라고 볼 수 없으며, 대표적인 나라는 미국이 있다.

둘째, 사회보장국가는 지방분권의 전통하에서 단지 국민최저만을 보장하는 국가를 의미한다. 사회보장국가는 사회보험뿐만 아니라 공공부조나 사회적 서비스를 확충하게 되지만, 완전한 평등을 추구하지는 않는 국가로서 영국이 대표적인 경우이다.

셋째, 사회복지국가는 강력한 유럽의 중앙집권 전통을 유지하면서 소득, 재산 및 권력의 불평등을 제거하기 위해 정부가 적극적으로 나서는 국가를 의미한다. 경제정책은 사회정책의 구속을 받게 되며, 국민의 삶의 질을 저하시키는 도시계획이나 개발은 금지되는 국가로서 스웨덴이 대표적이다.

2) Mishra의 분류

Mishra(1984)는 1970년대 이후 복지국가가 직면하게 된 위기를 극복하기 위한 대안을 모색하기 위해 복지국가를 분류하고 있다. 이에 다원적 혹은 분화적 복지국가와 조합주의적 혹은 통합적 복지국가로 분류하였다. 먼저 분화적 복지국가의 특성은 경제상황에 나쁜 영향을 줄 것으로 예상되는 정책은 제한하며, 사회복지정책은 잔여적 특성을 지닌다. 또한 이와 같은 국가 내에서 정책은 이익집단의 이익추구과정에서 형성되기 때문에 복지정책은 일관성을 지니지 못하여 분화되고, 단편화되는 경향이 나타난다. 이를 중시하는 나라는 주로 영어권 국가인 미국, 영국 등으로 분석하고 있다. 그리고 통합적 복지국가는 경제와 복지는 연계된 것으로 인식하고 있어, 사회복지와 경제를 구분하지 않고 상호의존적이며 보완적인 관계로 이해한다. 특히 완전고용정책과 포괄적 사회복지정책을 통해 시장체계를 유지하고 지속적으로 기능할 수 있도록 한다고 보고 있으며, 대표적인 나라로 오스트리아, 스웨덴, 독일, 네덜란드 등을 들고 있다.

3) Esping-Andersen의 분류

Esping-Andersen(1990)은 탈상품화(de-commodification) 개념을 도입하여 복지국가의 유형화를 시도하고 있는데, 탈상품화 점수가 높을수록 복지국가가 고도화되었다는 것을 의미한다. 탈상품화란 인간이 시장기능에 의존하지 않고 생계를 유지할 수 있는 정도(또는 복지서비스가 시장에서 거래되지 않는 정도)를 의미하는 개념으로서, 탈상품화의 정도를 측정할 수 있는 지수인 탈상품화 점수를 연금, 의료보험, 실업보험 등의 분야에서 점수화하여 복지국가의 개념을 정립하였다. 구체적으로는 ① 최저급여액의 평균임금에 대한 비율, ② 평균급여액의 평균임금에 대한 비율(소득대체율을 의미), ③ 급여수급자격요건(가입기간), ④ 전체 재정 중 수급자 부담의 비중, ⑤ 전체 인구 중 실제 수급자의 비율 등을 점수로 계산하여 자유주의 복지국가 → 조합주의 복지국가 → 사회민주적 복지국가 순으로 탈상품화 정도가 높다는 결과를 도출하였다.

첫째, 자유주의(the liberal) 복지국가는 국가가 노동시장에서 적절한 소득을 획득하지 못하는 사람을 대상으로 국민최저수준의 복지급여를 제공한다. 노동력의 탈상품화 정도가 매우 미약하고 사회복지는 노동력을 약화시킨다는 관념이 널리 퍼져 있으며, 대표적인 나라는 미국, 영국, 캐나다, 호주 등을 들 수 있다.

둘째, 조합주의(코포라티스트, corporatist) 복지국가는 복지대상자가 공무원, 노동자, 사무직과 같은 직업범주에 따라 구분된다. 국가는 이들이 직무경력을 쌓아 갈 수 있도록 교육과 직업훈련을 적극적으로 지원하고 이들의 소득보장은 사회보험을 통해 담보된다. 소득보장수준은 국민 최저수준 이상이며, 노동력의 상품화 문제는 중요시하지 않는 국가로서 오스트리아, 프랑스, 독일, 이탈리아 등이 여기에 해당한다.

셋째, 사회민주적(the social democratic) 복지국가는 사회적 평등과 전 국가적 사회연대성의 제고를 위해 국가가 적극적으로 개입한다. 조세, 임금격차축소정책, 각종 복지수당, 적극적 노동시장정책(직업훈련, 해고 회피 기업에 대한 임금보조 등) 등을 통해 소득의 평등이 확대되고 모든 시민이 평균적 생활수준을 유지한다. 또한 복지급여는 보편주의적이고, 높은 수준을 유지하며 탈상품화 정도가 가장 높은 나라로서 스웨덴, 덴마크, 노르웨이, 핀란드 등이 여기에 속한다.

자유주의 복지국가, 조합주의 복지국가, 사회민주적 복지국가를 비교하면 <표 8-1>과 같다.

〈표 8-1〉 **자유주의 복지국가, 조합주의 복지국가, 사회민주적 복지국가의 비교**

구분	탈상품화 수준	특징	예
자유주의 복지국가	낮음	• 복지서비스가 시장에서 판매됨 • 극도로 가난한 사람에게 복지 급여 지급	미국, 영국 등
조합주의 복지국가	중간	• 복지수준 높지만 보편적 복지를 제공하지 않음	프랑스, 독일 등
사회민주적 복지국가	매우 높음	• 모든 국민에게 보편적 복지 제공	스웨덴, 덴마크 등

4. 복지국가 위기와 재편

1) 복지국가의 위기

제2차 세계대전 후의 고도 경제성장으로 선진국은 이차적 소득분배가 가능한 재원확보가 가능하게 되어 1960년대 서구 복지비의 재정지출은 GDP의 평균 30%대를 상회하는 높은 수준을 차지하게 되었다.

그러나 1970년대 유류파동으로 인한 스태그플레이션 발생으로 복지국가는 엄청난 예산 불균형과 고실업, 고물가의 삼중고에 시달리게 되었으며, 그동안의 고도 경제성장과 완전고용에 가까운 호황을 토대로 누려오던 복지국가의 위치는 흔들리게 되었다. 또한 복지국가의 이론적 기반이었던 케인스주의는 붕괴하고 정부재정 지출의 감소정책을 핵심으로 한 신자유주의가 등장한다. 즉, 1980년대 이후 사회경제적 여건의 변화와 사회복지정책의 효율성에 대한 회의감 등으로 인해 복지국가의 위기에 대한 논의가 제기되기 시작하면서 복지 관련 예산의 축소 조정 등을 통하여 복지국가의 진행을 반전시키려는 흐름이 나타났다.

시장경제를 기초로 하면서 경제적 안정과 사회적 통합을 위해 거대정부에 의한 케인즈주의적 경제정책의 추구는 전후 복지국가의 전개기반이지만 1970년대 스테그풀레이션의 출현으로 그러한 경책은 파탄지경에 이르게 되었다. 이러한 상황에서 신보수주의 또는 신자유주의가 시장경제 기능의 회복이라는 기치를 내걸고 거대정부에서 작은 정부로의 전환, 사회보장의 축소 또는 민영화를 도모하였다. 이러한 신보수주의 또는 신자유주의의 주장으로 인해 복지국가의 정책적 기반은 파괴당하고, 복지국가에 대한 국민적 합의는 동요하게 되었다(양정하, 1992: 57). 따라서 이러한 복지국가는 이데올로기 면과 실제적인 면에서 변화가 불가피하게 되었다.

하지만 복지국가가 진정한 위기에 처해 있는지에 대해서는 견해가 일치하지 않는다. 복지국가는 여전히 건재하며, 현재 상황은 복지국가가 조정과 재편의 과정을 거치는 것일 뿐이라는 주장(재편론)이 있는가 하면, 적어도 금융 세계화의 국면에서 복지국가는 확실히 위기에 봉착해 있고, 여러 면에서 해체의 조짐을 보이고 있다는 주장(위기론)이 제기되고 있다(박시종, 2003). 복지국가 재편론자들은 복지수혜자가 증가하고 있고 다양한 이익집단과 압력집단의 영향력이 확대되며, 선거와 여론 등 의회 민주주의 제도와 절차 등이 존재하므로 복지국가는 역전될 수 없다고 한다. 즉, 신자유주의 이데올로기와 기업의 복지국가 해체 위협에도 광범위한 사회복지 옹호세력의 존재가 복지국가를 방어하기에 충분하다는 것이다.

그러나 위기론자들은 금융세계화 국면에서 복지국가는 급속한 노령화 추세에 가족해체의 경향, 노동시장의 불안정화로 그 토대를 위협받고 있다고 주장한다. 실제로 노동자의 임금과 소득, 노동조건은 약화되고, 노동자는 분절화되어 집단적 힘을 상실하였다. 반면에 자본은 세계화를 무기로 국가와 노동을 압박하여 그 결과 국가의 정책역량이 훼손되고 자본주의 갈등구조를 관리해 온 조합주의도 해체되었다는 것이다. 물론 사회복지예산이 감소하지 않았다는 것은 인정하지만, 그것은 세계화와 구조조정의 충격으로 인한 자본주의의 위기를 정당화하기 위해 복지지출을 유지 또는 확대하는 것이라고 해석한다. 즉, 복지국가의 안정이나 성숙이 아니라 자본주의 위기의 충격을 완화하기 위한 대응으로 보는 것이다. 복지국가에 대한 비판은 크게 네 가지로 분류할 수 있는데(송근원 · 김태성, 1996), ① 복지국가가 경제성장을 저해한다, ② 빈곤층을 증가시킨다, ③ 빈곤층의 의존심을 높인다, ④ 가족구조의 변화를 가져와 사회복지수급자를 증가시킨다는 것이다.

2) 복지국가의 재편

복지국가의 위기에 따른 자본주의 국가의 대응에 있어서는 자유방임적 자유주의로 대표되는 신우익과 네오코프라티즘 등에 의한 방식이 있다. 이러한 방식에 의한 복지국가 재편의 성격을 이해하기 위해 1950년대, 1960년대의 전통적 복지국가와 대비가 유용할 수 있다. 이를 표로 나타내면 <표 8-2>와 같다(양정하, 1992).

〈표 8-2〉 복지국가의 재편

구분	전통적 복지국가	신우익적 재편	네오코프라티즘적 재편
경제적 배경	고성장	저성장	저성장
정치시스템	이익집단 자유주의	신보수주의	네오코프라티즘
정치적 시스템의 중심적 담당자	다원적 이익집단	정부의 강력한 리더십을 전제로 한정·사 대립적 계급관계	집권적 이익집단 정·노·사
계급관계의 특질	몰계급관계	대립적 계급관계	협조적 계급관계
사회정책	경제시스템으로부터 분화	경제시스템에로의 종속적 통합	경제시스템에로의 의존적 통합
사회정책의 이념과 특질	보편주의, 평등주의	선별주의, 자조	보편주의, 평등주의

<표 8-2>에서 보는 바와 같이 복지국가는 신우익으로 대표되는 자유경쟁적 자본주의와 마르크스 주의에 의해 동요되고 있다(Cawson. 1982: 3). 이러한 복지국가 위기에 대한 재편방향은 자유방임적 자유주의로 대표되는 신우익과 네오 코포라티즘 등의 방향으로 진행되고 있다. 이러한 재편방향에는 '공적 부문의 부담'의 논리가 깔려 있다. 다시 말해서 공공지출과 그 지출을 위한 재원조달에 필요한 조세 간의 불편한 관계에서, 성장에서부터 현행 조세지출의 감소나 보다 나은 공공서비스의 개선에 이르기까지 자원선택이라는 견해가 그 바탕을 이루고 있다. 그러나 그러한 견해에 있

어서도 최소한의 국가개입이라는 의견일치가 있지만, 사회서비스 재원조달을 위한 자발적 조세납부에 대해서 의견을 달리한다(양정하, 1992 : 73).

5. 복지국가의 새로운 방향 모색

1) 사회투자국가

사회투자국가의 개념은 영국의 사회학자 Giddens(1998)가 신자유주의의 장점을 받아들여 사회민주주의의 개선을 목적으로 쓴 『제3의 길』에서 새로운 복지국가 비전 또는 새로운 사회경제정책의 패러다임으로 인적자본투자로 대표되는 적극적인 형태의 복지라는 의미로 처음 사용되었다. 이후 사회투자전략은 급격한 경제·사회적 구조 변화로 인한 신사회적 위험에 대응하고, 복지국가체제를 공격하는 신자유주의 담론과 정책을 극복하기 위한 새로운 사회정책 패러다임으로 자리잡게 되었다(김연명, 2007).

사회투자국가는 전후 케인즈주의 복지국가(Keynesian welfare state)와 신자유주의(neo-liberalism) 사이에서, 소득보장보다는 인적 자본 및 기회의 재분배에 투자함으로써 복지가 가지는 생산주의적 성격을 극대화하는 것을 목표로 한다(Giddens, 1998). 즉, 사회투자국가는 인적 자본과 사회 자본에 대한 투자를 통해 국민들의 경제활동 참여기회를 확대하고 더 나은 일자리를 제공함으로써, 경제성장과 사회통합을 동시에 추구하는 국가라고 할 수 있다(유시민, 2006).

2) 기본소득

우리 사회에서 기본소득에 대한 논의는 2000년대 초반에 싹트기 시작했으나, 2016년에 접어들면서 본격적인 찬반논쟁으로 발전하였으며, 학문적 차원뿐만 아니라 대중적, 정치적 공간에서도 기본소득이 주요한 이슈 중 하나가 되었다(백승호 · 이승윤, 2018). 특히 최근 들어 자동화와 인공지능으로 인한 일자리 소멸 등 노동 없는 성장에 대한 전망으로 인해 미래 노동시장의 변화에 대응한 대안적 사회보장정책으로서 기본소득에 대한 관심은 더욱 확대되고 있다.

이러한 기본소득은 국가 혹은 지방자치단체에서 모든 국민에게 각 개인을 대상으로 조건 없이 정기적으로 일정한 급여를 지급하는 것이라고 정의할 수 있다. 이와 같은 기본소득은 무조건성, 보편성, 개별성, 정기성 등을 원칙으로 하고 있다(양정하 외, 2020 : 157).

3) 사회적 경제

사회적 경제는 자본주의의 폐해로 인한 시장실패와 정부실패가 나타나면서 구성원과 공동체에 대한 기여, 민주적 의사결정 등의 필요성에서 시작을 찾을 수 있다. 자본주의적 시장경제와 대비되는 개념으로의 사회적 경제는 1800년대 초 유럽의 자본주의의 성장과정에서 나타난 빈곤, 질병, 실업 등의 사회적 위험, 자본가 중심의 시장구조와 독과점 등의 문제에 경제적 약자들이 자조적으로 대응하기 위한 협동조합, 공제조합, 그리고 결사에 그 뿌리를 두고 있다(장종익, 2019). 우리나라에서는 1920년대 농민협동조합, 도시빈곤층의 두레조합 등의 형태로 나타났으며, 이후 1960년대 시작된 신용협동조합, 1980년대 생활협동조합 등에서 사회적 경제의 흐름을 찾을 수 있다. 1997년 외환위기 이후에는 구조화된 실업문제, 고용불안, 깊어지는 빈부격차, 쇠락하는 지역의 문제를 해결하기 위해 자활기업, 사회적 기업, 마을기업, 협동조합 등을 중심으로 하는 사회적 경제에 대한 관심이 높아졌다.

우리나라에서 사회적 경제에 대한 개념은 서울시에서 시행 중인 '사회적 경제 기본조례'에서 찾을 수 있다. 서울시 사회적 경제 기본조례 제4조에 의하면 사회적 경제기업은 조직이 사회적 가치 실현을 주목적으로 하고, 민주적이고 참여적인 의사결정 구조 및 관리 형태를 통해 개인과 공동체의 역량 강화를 원칙으로 하고 있다. 그밖에 지난 20대 국회에서 윤호중 의원이 대표 발의한 사회적경제기본법안에서는 '사회적 경제란 양극화 해소, 양질의 일자리 창출과 사회서비스 제공, 지역공동체 재생과 지역순환경제, 국민의 삶의 질 향상과 사회통합 등 공동체 구성원의 공동이익과 사회적 가치의 실현을 위하여 사회적 경제조직이 호혜협력과 사회연대를 바탕으로 사업체를 통해 수행하는 모든 경제적 활동'으로 정의하고 있다(양정하 외, 2020 : 158-159).

제 9 장

사회복지실천

1. 사회복지실천의 대상
2. 실천 가치와 이론
3. 실천과정과 기술
4. 사례관리

제 9 장

사회복지실천

1. 사회복지실천의 대상

전통적인 사회사업에는 개인의 문제를 원조하는 개별사회사업(case work), 집단화하여 원조하는 집단사회사업(group work), 그리고 지역사회 내 기관과 자원에 대한 지역사회조직(community organization) 등 3대 방법론으로 분류하였다.

사회복지실천의 대상은 사회복지실천 개입 단위를 의미하며 이 절에서는 개인, 가족, 집단 그리고 지역사회 등으로 분류하여 알아본다.

1) 개인

개인을 단위로 하는 사회복지실천은 클라이언트 개인을 환경 간의 상호작용하는 존재로 이해된다. 즉, 개인과 개인을 둘러싼 환경의 상호작용에 초점을 둔 PIE(Person In Environment) 관점을 적용해서 접근하는 것이다. 이러한 관점에서 개인의 욕구나 문제를 발견하여 그것에 대한 변화를 모색하고 지원하여 개인이 속한 환경에 적응하도록 사회복지사가 클라이언트와의 면대면 원조를 제공하는 것이다.

개인을 대상으로 하는 사회복지실천에 대한 정의로, Richmond(1922)는 개인을 대상으로 하는 사회복지실천을 개별사회사업이라 하였으며, 개별사회사업(casework)이란 개개인, 개인과 그 사회 환경 사이에서 의식적인 조정을 통해 개개인의 인격발달을 이루어가는 과정이라 하였다. 또한 Perlman (1957)은 개별사회사업이란 사람들이 사회적 기능을 수행함에 있어서 그들의 문제를 보다 효과적으로 처리해 나가도록 돕는 사회복지기관에서 사용되는 과정이라고 하였다.

이러한 정의에서 알 수 있듯이 개인 대상의 사회복지실천은 개인적 또는 사회적 문제에 직면해 있는 개인을 일대일로 만나 그의 문제해결을 원조하는 활동이라 할 수 있다. 또한 그들의 문제를 해결하기 위해 필요하다고 판단될 경우 사회복지사는 그들을 둘러싸고 있는 문제에 직·간접적으로 영향을 미치고 있는 주변 환경에 개입하여 그들의 변화를 시도하는 것까지를 포함한다. 사회복지실천 현장에서 주로 관찰할 수 있는 개인대상 실천은 다양한 현장, 즉 종합사회복지관, 각종 사회단체와 전문기관, 병원, 정신건강영역 등에서 이루어지는 개별 상담이라 할 수 있다. 구체적으로 살펴보면 아동학대를 경험한 피해아동, 학교폭력에 노출된 피해학생, 약물남·오용자, 갑작스런 생활상의 위기를 겪게 된 개인 등 사회적 기능을 수행하는 데 혼자서는 어려움이 있는 클라이언트를 대상으로 한다.

2) 가족

가족은 그 구성원의 인격형성에 중요한 영향력을 미치며 사회공통의 문화양식과 규범을 습득시키는 사회화 과정을 담당하는 가장 기본집단이다. 가족을 대상으로 하는 사회복지실천은 가족을 단위로 한 사회복지실천 활동으로 가족구성원 간의 관계나 가족 단위의 문제를 해결 또는 경감시키는 노력을 의미한다.

현대 사회에 와서 가장 많은 변화를 겪고 있는 가족제도는 핵가족, 위탁아동을 양육하는 가족, 법적으로 결혼한 부부는 아니지만 동거하며 사실혼 관계를 유지하는 부부, 재혼으로 이루어진 혼합가족 등, 과거 개념과는 사뭇 다른 다양성을 지니고 있다. 또한 가정 내의 구성원들은 급격한 변화에 융통성 있게 적응하면서 개인의 욕구를 충족시키고 그들이 필요한 기능을 수행하고 있다. 이러한 기능을 수행하게 되는 가정은 기능적 가정과 역기능적 가정으로 구분할 수 있다. 사회복지사는 다양한 현장에서 이러한 역기능을 보이는 가족을 단위로 문제해결과 가족적응을 위한 사회복지실천을 하게 된다.

만약 이러한 역기능적 가족에 대한 원조를 계획하고 있다면 개인과는 다른 실천 접근이 요구된다. 개인의 대상으로 원조하는 것은 대상이 한 명이라 사정이나 개입 목표, 개입 계획도 하나이지만, 가족은 다양한 관점과 다양한 목표를 가진 가족 구성원들을 다루어야 한다. 따라서 가족을 대상으로 하는 실천에서는 다음과 같은 특징을 염두에 두어야 한다(Boyle et al., 2006).

첫째, 사회복지사는 한 번에 여러 사람과 관계를 형성해야 한다. 처음 두 회기 동안 각각의 가족성원과 관계를 형성할 필요가 있다. 이러한 관계형성의 과정은 시간이 걸리면 노력을 요하는 일이다. 전체 가족과 관계를 맺는 능력을 배우기는 어렵지만 엄청난 이득을 가져다 준다. 그러기 위해서는 각 성원의 인식을 가치 있는 것으로 보아야 하며, 이는 각 성원의 말을 경청하고 이해함으로써 가능하다. 가족과 관계형성을 위해서는 그들의 감정과 생각을 이해하는 기술과 공감적 이해 기술의 통합이 필요하다.

둘째, 사회복지사들은 가족으로부터 필요한 모든 자료를 수집하기 위해 광범위한 사정기술이 필요하다. 사정은 모든 실천의 주요한 부분으로서 심리사회적 관점에서 개인에 대한 이해를 할 수 있게 해준다. 가족의 경우에는 가족 내 개인을 사정해야 할 뿐 아니라 가족 자체의 특성에 대해 사정해야 한다. 가족은 생애주기를 가지고 있으므로 각 주기의 단계에 따른 이슈들을 다루어야 한다. 나아가 가족에 대한 사정은 하위체계, 상호작용, 의사소통 및 역할 면에서 이루어져야 한다.

셋째, 사회복지사들은 가족성원들의 의사소통 문제를 다룰 수 있어야 한다. 가족성원들이 의사소통을 할 수 있어야 지금 혹은 장래에 대두하는 문제를 해결할 수 있다. 물론 사회복지사가 한 회기 내에 일어나는 모든 의사소통을 책일질 수는 없지만, 가족성원이 서로 문제를 해결해 나가기 시작할 때 이러한 지식은 매우 중요하기 때문에 가족의 의사소통 방식을 사정할 필요가 있다. 나아가 사회복지사는 효과적 의사소통 기술을 가르칠 수 있어야 한다. 또한 경우에 따라서는 이러한 상호작용 바깥에 머물면서 방향을 제시할 필요가 있다.

넷째, 사회복지사는 중립성을 유지해야 한다. 사회복지사는 클라이언트인 가족구성원들과 관계를 형성하면서 독특한 개인으로서 이들을 알아가게 된다. 그러한 여러 명의 가족구성원과 함께 있을 때 사회복지사는 그들 모두와 관계를 형성해야 하는데, 이때 한 사람의 편에서 이야기를 듣거나 지지하지 않도록 유의해야 한다. 물론 가족 중 한 클라이언트에게 좀 더 지지적이어야 할 필요가 있을 때도 있지만 중요한 것은 어느 경우에도 편향적이어서는 안 된다는 것이다.

3) 집단

집단은 공동의식과 목적을 가진 2명 이상의 집합체를 의미하며 집단 구성원간의 상호관심과 의사소통을 통해 상호작용이 발생하는 상태를 의미한다. 이런 의미에서 군집이나 군중과는 다르다. 즉, 집단은 공통의 관심사를 지닌 사람들이 정서적으로 결속하고 서로 의지하게 되며 공통의 목표 및 문제해결을 위해 상호작용을 하는 집합체이다. 인간은 태어나면서 가족이라는 집단에 속하게 되고 여러 집단과 상호작용을 하면서 성장·발달하게 된다. 인간은 집단을 떠나서 생활할 수 없으며 집단에서 소외된 삶은 건전한 생활양식으로 보기 어렵다. 위와 같이 인간은 생활과정에서 집단과 밀접한 상호작용을 하기 때문에 인간의 문제는 집단 속에서 발생하고 있다. 따라서 집단대상의 사회복지실천은 집단 속에서 집단을 도구 또는 매개체로 활용하여 욕구를 충족시키고, 사회·심리적 기능을 향상시키며, 집단구성원인 개인이나 집단의 당면문제를 해결할 수 있도록 사회자원을 동원하여 원조하는 활동이다(최경화 외, 2010).

집단대상의 실천은 집단의 유형에 따라 다를 수가 있는데 집단의 목적에 따라 치료집단과 과업집단, 그리고 자조집단으로 구분하였다. 치료집단(treatment group)의 목적은 집단구성원 교육, 성장, 치료, 사회화 등으로 행동 변화, 사회화의 욕구 충족 등을 위함이다. 여기서 사회복지사의 역할은 상호작용을 통해 집단을 발전시켜 목적을 달성하게 하며 지지집단, 교육집단, 성장집단, 치료집단, 사회화집단 등으로 분류하였다. 또한 과업집단(tast group)의 목적은 조직이나 기관의 문제에 대한 과업성취, 문제해결, 성과물 산출 등에 있고 사회복지사의 역할은 클라이언트의 강점과 자원을 강조하여 클라이언트의 관심사를 처리하도록 원조하다. 치료회의팀, 각종위원회, TFT 등이 있을 수 있다. 마지막으로 자조집단의 목적은 공동된 관심과 욕구가 있는 구성원들이 상호지지와 협력을 통해 문제 상황에 대처할 수 있는 능력을 향상시키는 것이다. 자조집단 내에서 사회복지사의 역할은 매우 간접적이며 조언, 지지제공자이며 집단이 스스로 역량을 강화하여 문제를 해결할 수 있도록 원조한다. 종류로는 단주친목모임, 장애인당사자집단, 정신질환자가족모임 등이 있다.

4) 지역사회

지역사회복지실천은 지역사회를 사회복지실천의 단위로 한다는 점에서 다른 실천 영역과 구분이 된다. 구체적으로 그 대상이 지역사회 그 자체이기도 하며 지역사회에 거주하는 주민이 되기도 한다. 즉, 지역사회 자체를 하나의 클라이언트로 보고 지역사회 수준에 개입하여 지역주민에게 필요한 서비스를 제공하고 지역사회의 문제를 예방하고 해결하고자 하는 일체의 노력을 의미한다.

사회복지실천에서의 지역사회복지를 포괄적으로 정의하면 전문 혹은 비전문 인력이 지역사회 수준에 개입하여 지역사회에 존재하는 가족 제도에 영향을 주고 지역사회의 문제를 예방하고 해결하고자 하는 일체의 사회적 노력을 의미한다. 따라서 지역사회복지는 개인이나 가족단위의 사회복지 실천보다 넓은 차원의 개념이며, 아동복지, 청소년복지, 노인복지라는 대상 중심의 복지체계보다 지역성이 뚜렷하다는 특징을 발견할 수 있다.

우리나라의 경우 지역사회대상의 실천활동은 지역사회복지관을 중심으로 지역사회 보호활동과 지역사회조직활동을 혼합하여 실천하고 있다. 지역사회보호활동은 시설보호가 아닌 지역사회가 중심이 되어 경제적, 정서적 안정을 도모하는 급식지원서비스, 보건의료서비스, 경제적 지원서비스, 일상생활 지원서비스, 정서 지원서비스 등이 있을 수 있다. 또한 지역사회조직활동은 후원자를 발굴 및 동원하여 요보호대상자와 지역사회 자원을 서로 연결시켜 주는 복지네트워크 구축사업이나 주민들의 참여로 지역사회의 문제를 스스로 해결하기 위한 주민조직 강화 및 교육, 주민복지증진사업, 자원봉사관리사업, 사회조사 및 직원교육 등이 있을 수 있다(김현호 외, 2020).

2. 실천 가치와 이론

1) 사회복지실천의 기본 가치

사회복지실천의 가치는 사회복지실천의 근간이자 사회복지 사명의 토대를 이룬다. Brawn(1968)은 "철학을 제외하면 사회복지 전문직만큼 가치의 문제에 깊이 관심을 갖는 전문직은 아마도 없을 것이다"라고 하였으며, Goldstein(1973)은 사회복지사들을 일컬어 "가치에 둘러싸인 사람들"이라고 하였듯이 사회복지실천에서 가치의 중요성은 매우 높다할 수 있고 사회복지사의 실천을 인도하는 역할을 담당한다. 따라서 사회복지사는 사회복지의 핵심가치를 충분히 숙지하고 그것을 의미 있는 실천 행위로 전환할 수 있도록 노력해야 한다(김용석 · 고은정, 2014; Reamer, 2013).

(1) 가치의 개념

가치는 믿음 또는 신념, 사회구성원들이 좋거나 바람직하다고 여기는 것이다. 가치는 인간이 적절한 행동을 선택하는 데 지침이나 기준이 된다. 또한 가치는 좋거나 싫거나 혹은 바람직하거나 바람직하지 못하다는 도덕적 판단의 기준이 된다. 따라서 가치는 인간행동의 방향과 동기를 제공한다.

그런 의미에서 사회복지현장에서 실천하는 사회복지사에게 윤리적인 문제는 늘 첨예한 주제로 마주치게 되는데 바로 여기서 다루는 가치를 기반으로 하여 윤리가 나오기 때문이다. Cordon(1965)에 따르면, 가치(value)란 '선호되는 것'을 의미한다. Levy(1973)는 "가치는 사람에 대해 그리고 사람을 다루는 적절한 방법에 대하여 전문직이 갖고 있는 신념"으로 정의하고 있다. 가치는 지식, 기술과 더불어 사회복지실천의 3대 중심축의 하나로, 사회복지실천이 추구하는 방향성을 제시한다.

사회복지실천의 가치란 사회복지사가 추구해야 할 가치이다. 가치기준은 사회복지에 한정된 것이 아니라 할지라도 사회복지사가 활동할 가치

영역을 규정한다. 사회복지실천에 적절하게 참여하기 위해서는 사회복지사의 가치기준에 대한 구체화가 필요하다, 국제사회복지사연맹(IFSW : International Federation of Social Workers)에서는 모든 국가의 사회복지사들이 공통적으로 지향해야 하는 핵심가치로 인간의 권리와 존엄성, 사회정의를 제시하고 있다.

또한 Friedlander(1976)가 제시하는 사회복지실천 가치는 인간의 존엄성, 인간의 자율성, 기회의 균등성, 사회적 책임성 등이다. 전미사회복지사협회(NASW : National Association of Social Workers, 2019)가 제시하는 기본 가치는 개인의 가치와 존엄성, 개인에 대한 존경, 개인의 변화가능성에 대한 가치, 클라이언트의 자기결정권, 비밀보장, 사생활보장, 적절한 자원과 서비스 제공, 역량강화, 동등한 기회보장, 비차별성, 다양성 존중 등이다.

이 외에도 사회복지실천의 가치로는 인간의 잠재적 능력을 인정받고 개발할 수 있는 기회를 가질 가치, 자기결정권, 기회균등, 인간의 사회적 책임, 연대성, 인도주의 등이 있다.

(2) 가치의 분류

Pumphrey(1959)는 상대적 중요성에 따른 가치체계로, 사회복지 가치를 추상적인 목적과 관련된 궁극적 가치, 이러한 목적을 달성하기 위해서 사용할 수 있는 수단인 도구적 가치 그리고 이 두 가지 사이에 추상적 가치를 좀 더 구체화한 차등적(혹은 근사적) 가치의 세 가지로 범주화하였다.

① 궁극적 가치

궁극적 가치(ultimate values)는 가장 추상적이고 다수에 의해 쉽게 동의를 얻을 수 있는 내용들이다. 궁극적 가치는 절대적 가치로 사회나 시대상황에 관계없이 불변하는 가치, 즉 인간의 존엄성, 사회정의, 자유, 평등, 평등한 대우 및 차별금지 등을 말한다.

② 차등적(근사적) 가치 혹은 중간단계의 가치

차등적 가치(proximate values)는 추상적인 궁극적 가치와 구체적 행위나 상황과 관련된 도구적 가치 사이에 있으며, 추상적 가치를 좀 더 구체화한 가치이다. 차등적 가치는 상대적 가치로, 사회 문화적 영향이나 개인의 경험에 따라 찬성과 반대가 가능한 가치이다. 즉, 낙태나 동성애, 안락사 등 특수하고 단기적인 목표를 제시하는 중간 수준의 가치(intermediary values)이다. 이러한 가치는 시대 환경에 따라 변화가 가능하다.

③ 수단적(도구적) 가치

수단적 가치(instrumental values)는 궁극적 가치를 달성하기 위한 수단이나 방법에 대한 가치이다. 목적 달성에 필요한 수단들을 명확히 하는 것이며, 궁극적 가치를 달성하기 위한 수단이다. 즉, 서비스를 수행하는 방법과 수단, 도구에 대한 가치로서 사회복지사들은 모든 사람을 존경과 존엄으로 다루어야 하고 자기결정의 권리를 갖도록 해야 하며, 인간을 독특한 성격과 삶의 경험을 가진 개인으로 다루어야 한다는 믿음이다. 그런 의미에서 수단적 가치는 기술적 가치로, 행동 지침이나 윤리로 나타나는데, 무심판적 태도, 무조건적 수용, 자기결정, 비밀보장, 사전 동의 등이 이에 속한다.

(3) 사회복지 전문직의 가치

Levy(1973)는 사회복지 가치들이 가진 기능적 측면을 기준으로, 사회복지 전문직의 가치를 3개 범주, 즉 사람우선가치, 결과우선가치, 수단우선가치로 구분하여 설명하였다.

① 사람우선가치(인간의 존엄성에 대한 가치)

사람우선가치는 인간을 대상으로 하는 전문직이 갖추고 있어야 할 기본적 가치로, 인간의 본성을 제시해 줄 수 있는 가치이다. 인간의 타고난 가치와 인간 존엄성에 대한 믿음, 개별성에 대한 인정, 독특성, 일반적인 인간적 욕구 등을 인정하는 가치이다. 클라이언트를 하나의 개별화된 인간으로 보고 그의 능력과 권한을 인정해 주는 가치이다.

② **결과우선가치**(결과가 좋아야 한다는 것에 대한 가치)

결과우선가치는 클라이언트에게 서비스를 제공했을 때 나타나는 결과에 대한 가치로, 바람직한 결과 성취를 위해 가져야 하는 가치이다. 사회가 인간의 기본 욕구를 충족시키고, 부적절한 교육이나 주택문제 등의 사회문제를 제거해야 하며, 개인의 발전을 위해 사회참여 기회를 동등하게 제공해야 한다는 사회적 책임에 대한 믿음이다.

③ **수단우선가치**(결과를 이끌어 내는 과정에 대한 가치)

수단우선가치는 서비스를 수행하는 방법과 수단, 도구에 대한 가치이다.

수단우선가치는 인간을 존엄한 존재로 인식하고, 인간 스스로 자기결정의 권리를 가져야 하며, 사회변화에 참여하도록 독려하고, 하나의 독특한 개인으로 인정해야 한다는 믿음이다. 클라이언트에 대한 비심판적 태도, 무조건적인 수용, 자기결정권 존중 등이 수단우선가치에 해당한다.

미국사회복지교육협의회(CSWE : Council of Social Worker Education)에서는 사회복지 전문직의 가치를 다음과 같이 제시하고 있다(사회복지교육연구센터 편저, 2014)

- 개인의 가치와 인간의 존엄성, 수용, 비밀보장, 정직, 책임성
- 클라이언트의 자기결정권, 원조과정에의 적극적 참여권리 존중
- 클라이언트체계가 필요한 자원을 획득할 수 있도록 원조할 책임성
- 사회제도 개선의 책임 : 사회제도가 인도적으로 운영되고 인간의 욕구에 부응하도록 만드는 노력
- 다양한 집단의 고유한 특성을 존중하고 수용하여 이를 이해할 수 있는 교육내용(문화, 계층, 성별, 성적 취향, 종교, 장애, 연령 등)의 필요성 인정

- 전문 직업적 특성 개발을 위한 노력 : 자신이 행한 윤리적 행위와 실천 내용에 대한 책임, 전문적인 지식과 기술을 발전시키려는 노력

사회복지실천 현장에서 사회복지 전문가는 개인적 가치, 사회적 가치, 클라이언트 가치, 기관의 가치, 전문직의 가치 등 다양한 차원의 가치를 고려해야 한다. 이 중 사회복지 전문직 가치는 사회복지실천 대상에 직접적인 영향을 미치기 때문에 매우 중요하다. 사회복지 전문적 가치에 대해 살펴보면 다음과 같다(김용석 · 고은정, 2014)

첫째, 전문직 가치는 그 사회에서 사회복지 전문직의 임무와 역할을 제시한다. 지속적으로 변화하는 사회 속에서 사회복지사가 실천에서 어떠한 역할을 수행하는가는 곧 가치의 문제이며, 그 사회에서 사회복지사가 담당하는 역할을 통해서 그들이 전문직으로서 공유하는 가치가 드러난다. 이는 윤리강령으로 성문화되어 전문가의 행동을 통제하며 사회복지사가 자신의 권력을 남용하지 않도록 한다.

둘째, 전문직 가치는 사회복지 전문가로서 정체성을 가지고 일하는 근간이 된다. 사회복지실천의 정체성은 가치기반을 명료화하는 것에서 비롯되며, 사회복지 전문직의 가치는 다른 전문직과 구별 짓게 해주는 기준이자 그 사회에서 전문직으로 인정받는 기본 조건이 된다.

셋째, 사회복지 전문직 가치는 사회복지실천에서 대립되는 가치들 사이에서 윤리적 딜레마 또는 갈등을 해결하기 위한 방안이 된다. 사회복지사는 실천 현장에서 적절하고 공정하게 결정하고 행동해야 하는 상황에 직면하게 되는데, 사회복지 전문직 가치는 이러한 결정을 견인하는 역할을 한다. 실천에서 윤리적 의사결정을 위해서 가장 우선적으로 검토되어야 하는 부분이 바로 사회복지 전문직 가치인 것이다. 즉, 사회복지실천에서 구체적인 방향을 제시함으로써 사회복지실천을 조명하는 핵심적인 기준이라고 할 수 있다(양정빈 외, 2020).

2) 사회복지실천의 통합적 접근

(1) 통합적 접근의 개념

역사적으로 사회복지는 모든 사회문제에 대하여 다양한 접근방법으로 도움을 제공하였다. 이러한 접근방법들은 상이한 개념, 기술, 과업 및 활동을 가진 기술론적이고 구체적인 방법들로 전환되는데, 즉 1920년~1930년대에는 개별사회사업과 집단지도, 1930년대에는 지역사회조직사업, 1950년대에는 사회복지행정과 사회복지조사가 발달하였다. 이러한 방법론을 흔히 전통 방법론이라 칭하였다(전재일, 1981). 이후 개인, 가족, 집단에 대해 사회치료를 한 범주로 묶어 명명하는 임상사회사업 혹은 직접적 실천방법이라는 용어와 계획, 행정, 지역사회조직을 한 범주로 묶는 간접적 실천 혹은 거시적 실천이라는 용어가 등장하였다(조휘일 외, 1999).

그러나 사회복지실천의 발달과정에서 개별사회사업 이론과 기술은 사회복지직 전문직을 정립하는 계기 마련은 되었으나 지나친 개인 심리문제의 집착은 사회복지 내에 과도하게 분화된 전문화를 야기했다. 또한 하나의 기술이나 실천영역을 강조하는 사회복지 전문직 내의 동향은 다양한 요인이 복잡하게 작용하는 사회 문제를 효과적으로 대처하지 못한다는 한계에 맞닿게 되었다.

이러한 전통적 방법의 한계를 보완하고자 분화 및 전문화되어 있는 사회복지실천방법을 통합하려는 시도가 나타나기 시작하였는데 1958년 미국 사회복지사협회가 제출한 "사회사업실천의 직업 정의"라는 보고서가 그것이다. 이후 사회복지실천에 있어 통합적 방법에 관한 논의는 Barlett(1970)이 그의 저서 『사회사업실천의 공통기반(The Common Base of Social Work Practice)』에서 사회복지방법의 지식과 가치가 다양한 방법을 규정하고 있음을 강조하면서 그 공통된 기초를 묶어낸다.

사회사업의 통합적 방법이란 모든 사회복지사들이 개인, 집단, 지역사회에 제기되는 문제에 대처해 나가고자 할 때 활용할 수 있는 방법의 통합화를 말한다. 통합적 접근방법의 특징을 요약하면 다음과 같다. ① 사회복지 실천에 본질적인 개념, 활동, 기술, 과업 등에 어떤 공통적 기반이 있음을 전제로 한다. ② 통합적 방법이 가지고 있는 가치관은 클라이언트의 잠재성을 인정하고, 계속적인 성장을 통하여 그의 잠재성을 계발할 수 있으며, 성장과 잠재성은 미래지향적임을 강조한다. ③ 과거의 심리 내적인 정신역동적 측면에 초점을 둔 것으로부터 사회와 문화, 즉 상황 속의 인간(person-in-situation)을 이해하고 설명하는 데까지 확대된 개념을 사용한다. ④ 통합적 방법은 인간과 환경의 상호작용에 초점을 둠으로써 인간환경의 고유영역, 사회적 기능 수행 영역까지 사회복지사가 개입해야 함을 강조한다. ⑤ 클라이언트의 존엄성, 강점지향, 자기결정, 개별화를 극대화하고, 실천과정의 평가를 강조한다(김융일, 1995).

통합적 접근은 일반체계이론과 생태학적 이론에 기초하여 과거의 1920년대 강조하였던 심리학적인 패러다임보다는 사회적 측면에서 사회문제와 인간의 욕구에 초점을 두며, 인간과 환경의 관계의 중요성과 균형을 강조하였다. 체계이론과 생태체계적 관점은 사회복지실천가에게 영향을 주는 요소들을 연구하게 하였다. 여기에서는 일반체계적 관점과 생태체계적 관점을 자세히 살펴본다.

(2) 체계이론의 주요 개념

① 일반체계론적 관점(General systems theory)

체계의 변화기능을 강조한 일반체계이론은 1937년 Ludwig Von Bertalanffy에 의하여 개발되었다. 이 이론은 생물학적 이론으로서 '조직은 체계이다'라고 하는 개념으로부터 출발하여 생물학적 체계이론을 집단, 가족, 사회 등과 같은 사회학적 개념에 적용하여 사회체계이론을 도출했다. 체계이론의 기본적인 가정은 인간의 행동은 개별적이거나 정신 내적인 것보다 인간이 상호작용하는 인간관계의 체계나 지속되는 역동과 욕구에 의해 결정되고 유지된다는 것이다(정민숙 외, 2019).

체계이론에는 몇 가지 중요한 개념들이 있다. 먼저 체계(system)는 상호 관련을 갖고 있는 일련의 단위(하위 및 상위체계)가 있다. 전체체계는 하위체계의 합보다 더 큰 능력과 효과가 있는데 이를 시너지(synergy)라고 한다. 각각의 체계(systems)들은 하위체계(sub-systems)로 이루어지며, 이들 하위체계들이 모여서 상위체계를 이루고 각 체계 간에 상호 순환작용을 계속하고 있다고 주장한다. 체계이론에 의하면, 체계 간의 관계에 있어 한 가지 원인이 체계 내에 영향을 미치는 것이 아니기 때문에 인간의 행동과 사회현상에 관한 설명을 하는 데 있어 원인과 결과를 규정하는 것을 피하고 있다. 이는 한 체계로부터 다른 체계로 에너지가 투입되는 과정에 있어 한 가지 원인뿐만 아니라 다차원적인 원인으로부터 에너지가 투입되고 다양한 방법에 의하여 체계에 영향을 미칠 수 있기 때문이다(Meyer, 1983).

경계(boundary)는 체계와 다른 체계를 구분짓는 지점을 말하는데, 물리적인 것보다는 관념적으로 보이지 않는 선의 개념이다. 또한 체계간의 경계가 얼마나 견고하며 투과 여부에 따라 개방체계와 폐쇄체계로 구별된다. 어느 정도 투과성이 높은 경계를 가진 체계를 개방체계, 그리고 다른 체계와 상호작용하지 않아 환경의 다른 에너지 접근이 불가능하여 자체의 에너지만을 써야 하므로 번창할 수 없는 상태의 엔트로피(entropy) 경향을 초래하는 폐쇄체계가 있다.

사회복지실천에 있어서 기본적인 체계개념을 살펴보면 사회복지의 체계는 Pincus와 Minahan의 4체계와 Compton & Galaway(1989)의 6체계 이론이 있다.

- 변화매개체계 : 사회복지사와 이를 고용하는 기관과 조직에 해당한다. 계획된 변화를 향해 체계와의 활동을 계획하며 사회적 서비스와 자원을 제공한다.
- 클라이언트체계 : 사회복지사의 서비스를 요구하거나 인가받을 때, 그로부터 이익이 기대될 때, 사회복지사와 명시적 또는 암시적으로 계약할 때 클라이언트체계로 간주된다.
- 표적체계 : 변화매개자들이 목표달성을 위해 영향을 주거나 변화시켜야 할 사람들이다. 변화대상이 클라이언트이거나 클라이언트 내부체계일 때는 클라이언트체계와 표적체계가 흔히 중복된다.
- 행동체계 : 사회복지사가 변화노력을 달성하기 위해 상호작용하는 사람들이다. 클라이언트에게 바람직한 변화를 주기 위한 사회복지사의 활동, 이웃, 가족 또는 타인을 말한다.
- 전문가체계 : 사회복지사협회, 교육협회, 전문가 실천의 가치나 인간으로 이루어진다. 전문가체계의 문화와 가치는 변화매개자로서의 사회복지사의 행동에 강한 영향을 미친다. 사회복지사는 자신의 기관을 변화시키거나 사회적 변화의 옹호자로서 행동할 때 활용한다.
- 문제인식체계(의뢰-응답체계) : 잠재적 클라이언트를 사회복지사의 관심영역으로 끌어들이기 위해 행동하는 체계이다. 사회복지사 또는 변화매개체계와의 접촉 초기에는 클라이언트체계로 고려될 수 있지만 본질적으로 클라이언트체계가 아니다.

체계이론의 한계점을 보면, 체계이론은 문제해결을 위해 처방을 하는 방법이 아니기 때문에, 체계에 변화를 주기 위한 기법을 제시하지 못한다는 단점이 있다(조휘일 · 이윤로, 2001).

② **생태체계적 관점**(ecological systems theory)

생태체계이론 혹은 생태학이론(ecologica theory)은 Bronfenbrenner의 대표적 저서인 『인간발달의 생태학』(1979)에서 체계화된 이론이며 생태학의 개념과 일반체계이론을 기반으로 하여 인간과 환경간의 상호작용하는 방법이나 내용에 초점을 두는 관점이다. 생태체계적 관점의 주요 개념은 생태학으로부터 개인과 환경 사이에 존재하는 상호작용의 개념을 빌려왔으며, 일반체계이론으로부터 체계와 관련된 개념들을 빌려왔다. Bronfenbrenner는 인간과 사회적·물리적 환경과의 상호작용을 바탕으로 상호의존적이고 변화하는 구조를 네 개의 체계, 즉 미시체계, 중간체계, 외부체계 및 거시체계로 분류하였다(최일섭, 2012).

- 미시체계(microsystem)

인간이 가장 밀접하게 상호작용을 하는 사회적·물리적 환경으로서, 가족, 친구, 학교, 종교단체 등이 여기에 속한다. 미시체계는 사회적 관계망으로서 구성되는데, 끊임없이 변화하며, 개인이 성장하면서 점점 상호작용이 약화된다.

- 중간체계(mesosystem)

특정한 시점에서 미시체계들 간의 상호작용을 의미한다. 즉, 이것은 개인에게 하나의 미시체계에서 일어나는 일이 다른 미시체계와 상호 관련되어 있으며, 그들 간에 상호작용을 하는 것을 말한다. 예를 들면, 가정생활과 학교생활, 가정생활과 친구관계, 가정생활과 종교생활 등이 상호작용하는 것은 중간체계이다.

- 외부체계(exosystem)

지역사회수준에서 기능하고 있는 주요한 기관들로서, 학교제도, 언론매체, 정부기관, 교통기관, 통신시설, 의료기관, 직업세계 등을 말한다.

• 거시체계(macrosystem)

개인이 속한 사회의 이념이나 제도의 일반적인 형태로서, 정치. 경제, 사회, 법, 문화, 관습, 가치 등을 말한다. 거시체계는 법과 같이 명백한 형태를 가진 것도 있지만, 문화와 가치관 같이 일정한 현태가 없는 것도 포함된다.

사회복지 실무에 생태체계모델을 적용하고 체계화시킨 사람은 Germain과 Gitterman(1980)이다. 생태체계적 관점은 사회복지실천에서 널리 사용되고 있으며 생태체계(ecosystem), 생태적 체계론(ecological system), 생태적 관점(ecological perspective) 등을 혼합하여 사용하고 있는데, 이 모두 개인과 환경 간의 관계를 의미하고 있는 것이다.

환경 속의 인간이란 개인에 대한 환경적인 요구, 개인의 내부적 요구, 환경적 지지, 극복능력 혹은 적응능력 등을 포함한다. 인간문제는 개인의 극복능력과 환경이 주는 요구, 혹은 개인이 원하는 바나 소망이 환경적 지지와 조화가 이루어지지 않을 경우 발생한다. Germain과 Gitterman(1980)은 인간이 살아가며 생활상의 변화를 경험하면서 문제해결능력 부족, 대인관계 부적응, 부적절한 환경적 지지, 지나치게 요구적인 환경일 때 문제가 발생한다고 하였다.

결론적으로 생태체계이론은 개인의 대처 능력 강화와 개인에게 영향을 주는 환경 모두를 강조하는 접근법으로 주요 개념은 환경, 적합성과 적응, 스트레스와 대처, 관계, 역할과 유능성, 상호교류와 상호의존이 있다. 생태체계이론에서의 환경은 사회적 환경과 물리적 환경 그리고 문화적 환경뿐 아니라 공간과 시간적 리듬까지 포함한다. 따라서 생태체계이론을 활용한 사회복지실천은 개인과 환경 간에 부적절한 조화로 인해 생기는 문제에 대한 개입이며 환경적으로 스트레스가 되는 인자를 완화시키거나 환경적 요구를 낮추어 줌으로써 스트레스를 줄이고 동시에 개인의 대처능력을 향상시켜 환경에 적응하는 적합성을 강화함으로써 환경으로부터 지원받을 수 있도록 하는 것이다.

3. 실천과정과 기술

1) 사회복지실천 과정

사회복지실천 과정은 사회복지사가 클라이언트와 환경을 변화시키기 위해 개입하는 과정이며, 다양하게 구분할 수 있지만 일반적으로 실천과정은 접수, 자료 수집 및 사정, 계획수립, 개입, 평가 및 종결의 다섯 단계로 이루어져 있다. 흔히 접수에서 계획수립까지를 초기단계, 개입을 중간단계, 평가 및 종결까지를 종결단계로 구분하기도 한다. 본 절에서는 다섯 단계로 살펴본다.

(1) 접수

접수(intake)란 문제를 가진 사람이 사회복지기관을 찾아왔을 때 그의 욕구를 확인하여 그것이 기관의 정책과 서비스에 부합되는지의 여부를 판단하는 과정으로서, 사회복지기관을 찾아온 사람이 그 기관의 서비스를 받을 수 있는지의 자격 여부를 결정한다. 원조를 요청하러 기관에 온 사람이 클라이언트가 되는 것은 이 접수과정을 통해서이다. 이처럼 어떤 사람이 처음으로 사회복지사와 접촉을 하고 그 접촉 결과를 토대로 클라이언트의 적격성을 결정하기 때문에 접수업무는 전공에 대한 지식과 경험이 풍부한 사회복지사가 담당하는 것이 바람직하다. 그러나 현재 우리나라에서는 접수전담 사회복지사가 채용된 사회복지기관은 거의 없는 실정이다(이은희 외 2014).

접수단계에서 사회복지사는 클라이언트의 이야기를 경청하고 불안을 완화시키는 도움을 주어야 하지만 클라이언트의 불안을 지나치게 완화시키려는 나머지 안이한 격려나 지지는 과도한 의존이나 소속한 사회복지기관에 대한 불신으로 연결될 가능성을 유념하여야 한다. 클라이언트는 첫 만남에서 다시 올 것인지의 여부를 결정하기 때문에 중요한 만남으로서 사회복지사는 짧은 시간동안 클라이언트와 긍정적 관계를 맺어야 한다(양옥경 외, 2005 : 169－170).

이러한 접수의 특성을 감안할 때 사회복지사의 역할은 문제를 확인하고, 관계를 형성하며, 의뢰(referral)하는 등 세 가지로 요약될 수 있다.

① 접수단계에서의 문제 확인

문제 확인이란 클라이언트가 놓여 있는 체계에 대한 심층적인 분석이 아니라 현재 명백하게 드러나는 표면적인 문제를 확인하는 것이다. 여기서 문제란 클라이언트가 기관에 찾아와서 호소하는 어려움을 의미한다. 문제의 확인은 우선 잠재적 클라이언트가 지적하는 문제와 이와 관련하여 그가 드러내는 감정에서부터 시작한다. 문제의 확인은 잠재적 클라이언트가 현재 문제로 호소하는 것에서 출발하게 되는데 클라이언트가 호소하는 문제가 때로는 근본적인 문제가 아닐 수도 있다. 따라서 접수단계에서는 잠재적 클라이언트의 실제 문제가 무엇인지를 정확하게 파악하고, 기관에서 서비스를 제공할 수 있는지를 평가한다.

② 접수단계에서의 관계형성

접수단계에서 관계형성은 사회복지기관을 찾는 클라이언트들이 보이는 두려움과 전문가를 만났다는 안도감 등 양가감정을 해소하기 위해 사회복지사와 친화관계, 즉 라포(rapport)를 형성하는 것이다. 즉, 접수단계는 사회복지기관에 첫 발을 디디는 클라이언트와 사회복지사 간의 인간관계를 형성하는 첫 과정이기 때문에 신뢰감과 안도감을 가질 수 있도록 원조 관계를 형성하는 분위기를 만드는 것이 필요하다. 그러기 위해서 사회복지사는 클라이언트가 보일 수 있는 저항감을 해소하고 양가감정을 수용해야 한다.

기관에 오는 클라이언트 중에는 오랫동안 문제를 겪으면서 해결을 위해 여러 노력을 시도했으나 이 모든 노력이 실패하면서 이로부터 안게 되는 좌절, 실망, 스트레스가 깊은 클라이언트도 있다. 이런 의기소침하고 냉담한 클라이언트를 동기화하는 것은 사회복지사의 중요한 기술이다. 또한 클라이언트 중에는 자신의 원해서 기관에 오게 되는 것이 아닌 비자발적 클라이언트도 있기 때문에 이에 대한 동기화를 진행하는 것은 매우 어려운 과제이며 이에 대한 행동지침도 익혀야 한다.

③ 접수단계에서의 의뢰

클라이언트의 욕구를 현 기관에서 해결할 수 없을 경우 타 기관으로 클라이언트를 보내는 것을 말한다. 의뢰하게 되는 이유로는 ⓐ 기관의 인력 부족, ⓑ 필요한 전문기술을 가진 인력의 부재, ⓒ 클라이언트의 문제가 기관의 목적과 기능에 부합하지 않을 때, ⓓ 그 기관보다 다른 기관이 클라이언트의 문제 해결에 더 적합하다고 판단될 때, ⓔ 클라이언트의 문제에 우선적 책임을 지는 기관이 있을 때 등이다(Epstein, 1980).

적절한 의뢰를 하기 위해 사회복지사는 자신의 기관뿐 아니라 다른 기관의 정책과 자원 그리고 지역사회의 여타 자원에 대한 상세한 정보를 가지고 있어야 하며 반드시 클라이언트의 동의가 있어야 한다. 클라이언트가 거부감을 느끼지 않도록 심리적 지지와 적절한 정보를 제공하여야 한다.

(2) 자료 수집 및 사정

① 자료수집

자료 수집은 클라이언트의 문제를 이해하고 분석하는 데 필요한 자료를 모으는 것을 말한다. 수집된 자료를 바탕으로 사정이 이루어지며, 사회복지사가 제공할 수 있는 도움의 범위를 결정하기 때문에 자료 수집은 중요한 의미를 가진다. 자료수집은 개입의 전 과정에 걸쳐서 이루어지지만 특히 이 단계에서 집중적으로 일어난다. 자료를 수집하는 기간과 자료의 양은 원조기간에 따라 다를 수 있다. 이는 또한 문제의 복잡성과 관련되고 이 복잡성을 취급하기 위한 사회복지사와 클라이언트의 노력의 정도와도 관련된다.

Zastrow(1995 : 78)는 자료를 얻기 위한 주요 정보원을 ① 클라이언트의 이야기, ② 클라이언트가 작성한 양식, ③ 부수 정보, ④ 심리검사, ⑤ 클라이언트의 비언어적 행동, ⑥ 중요한 사람과의 상호작용 및 가정방문, ⑦ 직접 상호작용하면서 느끼는 사회복지사의 감정의 일곱 가지로 보았다.

자료수집의 내용에는 ⓐ 접수 시 클라이언트에 대한 기본 정보(클라이언트 이름, 연령, 학력, 종교, 직업, 소득, 가족관계 등) ⓑ 문제에 대한 깊이 있는 정보(문제에 영향을 미친 요인, 지속시키거나 악화시키는 요인에 대한 사회적, 환경적 측면) ⓒ 개인력(생활주기에 따른 인간관계, 생활사건 등) ⓓ 가족력(가족관계, 가족체계간의 경계, 의사소통 방법 등) ⓔ 클라이언트의 기능(지적·사회적·신체적 대인관계 기능 등), ⓕ 클라이언트의 자원(현재 이용하고 있는 서비스, 활용 가능한 자원), ⓖ 클라이언트의 한계, 장점 등과 같은 요소들이 포함된다.

② 사정(assesment)

자료수집이 끝나고 나면 여기에 기초하여 사정(査定)작업이 이루어진다. 사정이란 클라이언트의 문제가 무엇인지, 어떤 원인 때문인지를 확인하고 그 문제해결을 위해 무엇을 변화시켜야 하는지에 대해 방향을 결정하는 사회복지실천 과정의 핵심적 단계라 할 수 있다.

자료수집이 클라이언트와 그의 문제를 이해하는 데 도움이 될 만한 많은 자료를 모으는 것이라면, 사정은 수집 정리된 자료를 분석하고 심사숙고하여 문제를 규정해 내는 작업이다. 문제들이 규정되면 문제의 중요성과 변화의 시급성을 기준으로 표적문제를 찾아내어 개입의 목표를 정하게 된다. 따라서 사정은 사회복지사의 지적인 활동으로서 그의 실무경험, 가치, 이론적 정향 등 전문적 지식기반에 근거하여 이루어진다. 다시 말해 사정이란 클라이언트의 문제와 상황을 이해하여 이것을 개입을 위한 계획으로 연결시키는 것으로서 클라이언트의 문제가 무엇인지를 이해하고 문제의 원인을 규명하여 그것을 해결하거나 감소시킬 수 있는 방법에 대해 전문적인 판단을 하는 작업이다(Kirst−Ashman & Hull, Jr., 1993).

사정은 학자에 따라서 '진단'이라는 용어와 혼용되기도 하지만, 사회복지실천가들은 사정이라는 용어를 보다 더 선호한다. 왜냐하면 진단이라는 용어는 의료모델에서 나온 것으로 클라이언트에게 문제가 있는 것으로 보고 주로 '무엇이 잘못되었는지'에 초점을 두지만, 사회복지실천 과정에서는 그들의 자원, 장점들을 모두 보기 때문에 '진단'보다는 '사정'이라는 용어를 더 많이 사용하고 있다(Zastrow, 1995 : 76).

사정과정에서는 클라이언트의 문제에 대해 보다 구체적이고 다차원적인 조사가 진행되는데, 매우 중요한 사실은 이 사정과정에 클라이언트의 참여가 이루어진다는 것이다. 진단이 클라이언트의 수동적인 입장을 취하였다면 사정에서는 클라이언트의 적극적이며 주체적인 참여를 요하고 클라이언트의 문제해결 향방이 결정된다고 할 수 있다.

사정단계에서 파악되는 내용은 클라이언트의 욕구, 대처능력, 장점 및 한계, 문제에 영향을 미치는 제반 요인들, 문제해결에 대한 동기, 문제에 대한 인지 형태, 문제해결에 대한 노력의 정도와 형태, 클라이언트가 처해 있는 상황 및 환경 요소들이다. 또한 가족이나 직장 등 관련 체계들과의 관계, 문제의 지속기간, 심각성, 그리고 지역자원이 파악되며 이에 대한 변화 가능성에 대한 사회복지사의 판단 등이 분석된다. 사정단계에서 유용하게 사용되는 사정도구로는 가계도, 생태도, 생활력도표, 사회적 관계망 지도 및 사회적 관계망 도표, 사회도(소시오그램) 등이 있다.

(3) 계획수립

계획수립단계에서의 중요한 과업은 사회복지사와 클라이언트가 표적문제를 선정하고, 개입목표를 설정하며, 그 후 이를 달성하기 위해 서로의 의무와 과업, 구체적 실천 활동을 상호 약속하는 계약을 하는 것이다.

① 목표설정

사정 단계가 끝나고 나면 문제해결을 위한 목표가 수립되어야 한다. 목표를 설정하기 위해서는 우선 표적문제를 찾아내야 한다. 표적문제는 사정과정에서 드러난 복잡한 여러 가지 문제 중에서 가장 중요하고 시급히 해결해야 할 문제를 말한다. 표적문제를 선정할 때는 클라이언트가 중요하게 생각하고, 시급히 해결되기를 원하며, 문제 상황을 대표하고 해결가능성이 비교적 뚜렷한 문제로 선정해야 한다. 궁극적으로 달성해야 하는 최종 목표를 목적(goal)이라 하고, 이를 실천하기 위한 세부 사항을 목표(objective, target)라고 한다.

Hepworth와 Larsen(1986 : 302-307)은 목표설정 시의 지침을 다음과 같이 제시하고 있다.

- 목표는 반드시 클라이언트가 원하는 결과와 연관되어야 한다.
- 목표는 명백하게 측정 가능한 형태로 진술되어야 한다.
- 목표는 달성 가능한 것이어야 한다.
- 목표는 사회복지사의 지식과 기술에 상응하는 것이어야 한다.
- 목표는 성장을 강조하는 긍정적 용어로 서술되어야 한다.

- 목표는 사회복지사와 클라이언트가 합의하에 설정하여야 한다.
- 목표는 반드시 기관의 기능과 일치해야 한다.

② **계약**(contract)

목표를 달성하기 위한 전략이나 역할분담 등을 구체적으로 기술한 계획에 대해 사회복지사와 클라이언트가 서로 동의하는 것을 계약이라 한다. 계약은 구두로도 가능하지만 최근에는 오해의 소지를 없애기 위해 서면으로 작성하는 방법이 선호되고 있다.

계약을 할 경우에는 클라이언트의 연령, 성, 문화, 인지유형, 사회적 기능의 차원 그리고 기관의 본질 등이 고려되어야 한다(Compton & Galaway, 1984). 예컨대 인지적으로 손상된 클라이언트를 원조할 경우에는 사회복지사가 적극적인 입장을 취해야 하겠지만, 자율성과 자긍심이 강한 성인을 원조할 경우에는 지시적인 기술을 최소한으로 활용하도록 한다. 그리고 모든 계약이 항상 순조로운 것만은 아님을 인식해야 하고 클라이언트와 사회복지사간에 의견차이가 일어날 때 갈등을 피하지 않는 것이 중요하다. 만약 계약이 너무 순조롭게 진행될 경우 어느 한쪽이 다른 쪽을 독점하는 것을 경계해야 한다. 계약에 포함되어야 할 구체적인 내용으로는 ① 성취될 목표, ② 참여자의 역할, ③ 적용될 기술이나 개입의 형식, ④ 시간 구성, 면접의 빈도와 지속시간, ⑤ 진행사항을 점검하는 수단, ⑥ 계약의 재협상에 대한 계약조항, ⑦ 시작 날짜, ⑧ 면접의 취소 및 변경사항에 관한 규정, ⑨ 비용 등을 제시하고 있다(Hepworth & Larsen, 1995).

(4) 개입

개입단계는 사회복지사와 클라이언트가 상호 합의하여 결정한 문제해결을 위한 계획을 구체적인 행동으로 실천하는 단계로서 이를 통해 의도하는 변화를 유발하는 단계이다. 즉, 사회복지사의 원조활동이 바로 개입활동을 의미하는 것으로 앞서 계획단계에서 수립된 목표들이 사회복지사의 실천 기술과 클라이언트의 협력으로 실행되는 것이다. 개입단계는 바로 사회복지실천과정의 핵심적 단계라고 할 수 있다.

이 단계에서는 사회복지사와 클라이언트가 선택된 목표들을 성취하기 위해 다양한 전략들을 실행하게 된다. 이러한 점에서 개입단계를 행동지향적 단계로 설명하기도 한다. 즉, 이전 단계에서 사회복지사와 클라이언트(개별 클라이언트, 가족, 혹은 집단) 간에 이미 합의된 구체화된 개입방법들 및 기술들에 관한 계획을 행동으로 전환시킴을 의미한다.

사회복지실천의 개입은 크게 직접적인 개입과 간접적인 개입으로 나눌 수 있다. 직접적인 개입은 사회복지사가 개인, 가족, 집단 등 미시체계 수준에서 클라이언트 체계와의 대면관계를 통한 상담, 치료, 교육 등의 방법을 활용하여 문제해결 및 변화를 목표로 한다. 이때 필요한 개입기술로는 의사소통 기술(지지, 직면 등) 행동변화 기술(강화, 처벌, 소거, 타임아웃 등), 기술훈련(스트레스 관리, 자기주장 훈련, 사회기술 훈련 등) 등이 있다. 간접적인 개입은 클라이언트 체계 이외의 개인, 소집단, 조직 또는 지역사회 등 클라이언트 체계를 둘러싼 환경체계를 변화 및 조정시킴으로써 문제해결을 목표로 한다. 그 방법으로는 새로운 자원의 개발, 대중매체의 활용, 지지체계의 강화와 개발, 가정 내 관계의 증진, 가족 환경 내의 자원 보충 등이 속한다.

(5) 평가 및 종결

① 평가

사회복지실천에서 평가는 사회복지실천의 과학성과 전문성을 강화해 주고 클라이언트에 대한 책무성을 높여 준다는 면에서 매우 중요한 의미를 지니고 있다. 최근 사회복지 분야에서는 책무성(accountability) 이 강조되고 있다. 사회복지사는 자기 클라이언트와 기관에 대한 책무성이 있어야 하고, 사회복지기관은 지역사회에 대해 책무성이 있어야 한다. 즉, 사회복지사의 책무성이란 클라이언트에게 계약 내용대로의 서비스를 제공할 책임이며, 사회사업전문직의 윤리와 가치를 서비스 전달과정에서 잘 지켜낼 책임이며, 기관에 대해 기관의 프로그램과 정책 및 지침에 맞는 서비스를 제공할 책임이다(Johnson, 1986). 기관의 책무성은 그 기관을 지원해 주고 인가해 준 사람들과 지역사회에 대한 책임이다. 사회복지서비스가 정말로 대상자들의 삶의 질을 변화시켰다는 것을 증명할 책임이 있다는 것이다.

책무성은 효과성과 효율성이라는 개념으로 구성된다. 평가는 개입의 효과성과 효율성을 측정하는 것이다. 효과성은 개입의 목표가 달성되었는지의 여부를 말하고, 효율성은 사용된 자원(시간, 노력, 비용 등)과 얻어진 성과 간의 비율을 말한다(Sheafor et al., 1991). 개입이 효과적이면서 동시에 효율적이라면 가장 이상적이겠지만, 그렇지 못한 경우들이 많다. 하나의 목표를 달성하기 위해 너무 많은 시간이나 노력 또는 비용이 필요하다면 이 경우에는 목표를 달성하기 때문에 효과적이기는 하지만, 경제적이지는 못하기 때문에 효율적이라고 말할 수는 없다. 개입이 그것의 목표를 달성하지 못한다면, 그 개입은 효과적이지 못한 것은 물론 효율적이지도 못하다(이은희, 2014). 평가한 결과 계획했던 목표가 달성되고 있지 않다면 그 이유를 분석하고 재사정해야 한다.

평가에는 의도했던 결과가 달성되었는지에 대한 평가와 목표달성이 개입의 결과로 인한 것인지의 여부에 대한 평가가 포함되며(Zastrow, 1995 : 322), 일반적으로 결과 평가, 과정 평가, 실무자 평가 등 세 가지로 분류된다(Hepworth & Larsen, 1986 : 589-590).

② 종결

사회복지실천 과정의 최종 단계는 종결이다. 사회복지사는 종결을 할 때 나타나는 클라이언트의 종결 반응을 미리 예측하여 종결을 준비하여야 한다. 클라이언트가 이별에 직면하여 보이는 기쁨, 슬픔, 분노, 상실감 등 다양하고 복잡한 감정 때문에 어느 단계보다 사회복지사의 민감한 반응과 기술적 접근이 필요한 단계라고 할 수 있다.

Hepworth 등(1986)은 종결과정에서의 중요한 과업은 종결의 시기를 결정하고, 종결과정에서 공통적으로 경험하게 되는 사회복지사와 클라이언트의 정서적 반응을 해결하고, 개입을 통해 획득한 효과를 유지하고 강화하며, 제공된 서비스의 목표달성 정도를 평가하는 것이라고 하였다.

2) 사회복지실천의 기술

사회복지실천 기술에 대해 Barker(1991)는 “대화나 클라이언트의 문제, 욕구, 능력 등에 대한 사정, 자원개발과 사회구조를 변화시키는 데 있어서의 숙련성”이라고 정의하고 있다. 이러한 사회복지실천의 기술은 면담 기술, 사정 기술, 개입 기술, 팀워크 기술, 지지망구축 기술, 협상 기술, 평가 및 종결기술 등으로 구분된다. 또한 사회복지실천의 기초 기술로서는 의사소통 기술과 상담면접 기술로 구분되는데(박경일 외, 2017), 본 절에서는 의사소통 기술을 중심으로 살펴본다.

(1) 언어적 의사소통

의사소통 형태는 크게 언어적 의사소통과 비언어적 의사소통으로 나누어 볼 수 있다. 언어적 의사소통은 사회복지실천에서 핵심적인 것이다. 훌륭한 의사소통을 하기 위해서는 먼저 모든 인간은 독특하므로 누구나 독특한 방법으로 사건을 인식하고, 경험하고, 상호 교환한다는 것을 이해해야 한다. 메시지를 전달할 때 필요한 규칙은 다음과 같다(Sheafor et al, 1998 : 188).

① 명확하고 단순한 용어를 사용한다. 분명하고 너무 빠르지 않게 말한다.

② 전달하고자 하는 메시지 내용과 몸짓이 일치해야 한다. 적절한 시선 접촉과 몸짓을 사용한다.

③ 너무 많은 정보로 수신자를 압도하지 않는다. 길고 복잡한 메시지는 짧은 문장으로 나누어 보다 쉽게 이해될 수 있도록 한다.

④ 수신자가 잘 이해했는가를 확인하기 위해 질문이나 코멘트 등 피드백을 요구한다.

(2) 비언어적 의사소통

대면적인 의사소통의 약 90%는 비언어적이다. 사회복지실천 기술에서 비언어적 의사소통 기술이 차지하는 비중은 매우 크다. 어떤 연구자는 모든 메시지의 약 50%가 얼굴표정, 특히 눈을 통해서 전달되며, 약 30%는 목소리의 어조나 음조 등을 통해 표현된다고 한다(Sheafor et al, 1998 : 211).

비언어적 의사소통은 언어적 의사소통을 보다 더 정확하게 표현해 주는 보완적 의사소통이 되기도 하며, 말로는 표현할 수 없는 클라이언트의 감정을 보다 솔직하게 표현해 주는 수단이 되기도 한다. 따라서 비언어적 의사소통의 관찰을 통해 사회복지사는 클라이언트가 말하는 것이 그의 사고나 감정과 일치하는지를 확인할 수 있으며, 또한 사회복지사 자신이 클라이언트에게 어떻게 인식되고 있는지를 알 수도 있다.

비언어적 의사소통 중 시선접촉은 의사소통의 참여의사 및 민감성과 이해를 나타내므로 시선접촉이 없는 것은 진실성이나 흥미가 없는 것으로 해석된다. 목소리의 어조는 감정을 나타내며, 얼굴표정은 중요한 메시지를 전달한다. 사회복지사는 얼굴표정에서 심판적인 태도 등을 나타낼 수 있으므로 주의해야 한다. 팔과 손의 동작은 심리적 긴장·분노·불안 등을 나타내며, 몸의 자세도 중요한 의사소통을 나타내는데, 클라이언트를 90도의 각도로 대하는 것이 안전성과 개방성의 측면에서 도움이 되며, 클라이언트 쪽으로 약간 기울이는 것도 관심과 수용을 나타내므로 도움이 된다. 이외에 옷차림과 외모 등도 중요하므로 클라이언트 및 해당 기관의 분위기에 맞는 옷차림과 머리모양을 해야 한다.

(3) 질문 기술

사회복지사는 필요한 정보를 얻기 위해 혹은 클라이언트로 하여금 생각과 느낌을 표현하도록 돕기 위해 많은 질문을 사용한다. 질문의 유형에는 개방적 질문과 폐쇄적 질문이 있다.

개방적 질문은 클라이언트가 말하고 싶을 때 자신의 생각과 감정을 표현할 수 있는 선택의 자유를 허용하는 질문 형태이다. 클라이언트가 어떤 관심사를 선택할 수도 있고 무시할 수도 있다. 그러므로 탐색하기 위한 충분한 시간을 가지는 것이 무엇보다 중요하다(Trevithick, 2000 : 87). 개방적 질문은 클라이언트의 욕구에 중심을 두는 것으로 클라이언트의 감정과 관심사를 파악하는 데 좋은 점이 있지만, 자신의 생각이나 감정을 개방하여 공식화하는 데 익숙하지 않은 클라이언트에게는 부담스러울 수도 있다. 개방적 질문의 예로는 "당신 가족에 대해 말씀해 주시겠습니까?", "당신 직업에 대해 이야기해 주십시오" 등이 해당된다.

폐쇄적 질문은 클라이언트에게 선택할 자유를 주지 않고 제한을 주는 것으로, 구체적인 상황에 초점을 둠으로써 클라이언트가 대답할 수 있는 범위를 제한하는 질문 형태이다. 폐쇄적 질문은 클라이언트의 욕구에 잘 반응할 수 있는 질문방식은 아니지만, 사회복지사가 특정의 구체적 정보가 필요할 때 혹은 클라이언트가 너무 당황하게 혼란스러워할 때 방향과 초점을 유지하기 위해서 필요하다. 폐쇄적 질문의 예로는 "당신 가족은 몇 명입니까?", "당신 직업은 무엇입니까?" 등이 해당된다.

사회복지사가 피해야 할 질문 형태로는 유도하는 질문, 모호하거나 다중적인 질문, "왜"라는 질문 등이다.

(4) 경청 기술

사회복지사에게는 클라이언트의 말을 들어주는 자세가 중요하다. 적극적인 경청을 위해서 사회복지사는 클라이언트의 언어적 · 비언어적 메시지에 모두 주의를 기울여야 한다. 또한 클라이언트가 자신의 메시지가 정확히 전달되었는지 알 수 있도록 사회복지사는 자신이 들은 것을 반영해 줄 필요가 있다.

적극적 경청의 구체적인 기술로는 명확화(clarification), 바꿔 말하기(paraphrase), 반영(reflection), 요약(summarization), 침묵의 탐색(exploring silence) 등이 있다.

4. 사례관리

사회복지실천 현장에서 사례관리는 매우 다채롭게 활용되며 어떤 경우는 원래의 본질이나 의미와는 다르게 사용되는 경우도 많다. 사례관리는 하나의 합의된 개념으로 단정 짓기 매우 힘들며 사회복지실천 역사에서 대상자의 욕구, 서비스의 목적 및 서비스 제공자의 역할에 따라 다양하고 포괄적으로 적용되어 왔기 때문이다. 사회문제의 다양화와 인구구조 변화 등은 클라이언트의 복합적인 욕구와 문제를 가중시키어 이에 대응하기 위한 체계적이며 통합적인 사회복지실천방식으로써 사례관리는 더욱 요구되고 있다.

1) 사례관리의 개념

학자들에 따른 사례관리 개념으로 Rothman(1991)에 의하면, 사례관리는 정신건강, 노인, 아동 그리고 보건 및 장애와 같은 대인서비스 분야의 중요한 실천방법으로, 지역사회에 있는 클라이언트에 대해 개별적인 조언, 상담, 치료 등의 서비스를 제공해 주고, 클라이언트와 지역사회 기관간의 연결, 그리고 클라이언트와 비공식적 원조망을 연결시키는 기능이라고 하였다. Moxley(1989)에 의하면, 사례관리는 복합적인 욕구를 가진 사람들의 기능향상과 복지를 위해 총체적이고 통합적인 서비스를 제공하는 것으로, 공식적·비공식적 지원과 활동의 네트워크를 조직하고, 조정하며, 유지하는 기능을 한다고 하였다. 우리나라 한국사회복지협의회(KCSW)에 의하면, 사례관리는 복합적인 원인으로 요보호 상태에 있는 클라이언트에게 다양한 지역사회의 자원을 연결시켜 관리하는 원조대책으로써 여러 가지 욕구를 조기에 적절하게 대응하는 지역보호체계라고 정의하고 있다. 또한 미국사회복지사협회(NASW)에 의하면, 사례관리는 전문적 사회복지사가 클라이언트 및 가족의 욕구를 사정하고 클라이언트의 복잡한 욕구를 충족시키고자 다양한 서비스를 확보, 조정, 평가 그리고 옹호하여 서비스를 제공하는 방법이라고 하였다.

이상의 내용을 정리하면, 사례관리란 단일욕구를 지닌 클라이언트를 대상으로 하는 실천방법과는 달리 중증장애인, 노인 등과 같이 복잡하고 다양한 욕구를 지닌 클라이언트에게 그가 필요한 서비스를 적시에 적절하게 제공할 수 있도록 지역사회의 사회자원을 통합, 조정, 관리하여 연속적인 원조가 이루어질 수 있도록 노력하는 매우 다각적이며 입체적인 실천방법이라 할 수 있다. 또한 사회복지실천 현장에서 만날 수 있는 다양하고 복합적인 욕구를 가진 클라이언트의 사회적응과 기능회복을 위해서 지역사회의 공식적·비공식적 지원체계를 지속적으로 조직, 조정, 유지하는 포괄적인 개입활동이라 할 수 있다(이은희 외, 2014). 또한 사례관리는 복합적인 욕구를 가진 클라이언트의 문제점을 발굴, 사정, 실천계획 및 목표설정, 계획 및 목표 달성, 평가, 지속적인 관리를 통하여 포괄적인 도움을 제공하는 사회복지 실천방법을 의미한다고도 할 수 있다.

사회복지실천의 개별적 접근과 사례관리를 비교한 <표 9-1>을 보면 사례관리의 개념과 특징을 보다 더 자세히 파악할 수 있다. 즉, 사례관리는 중복적 욕구를 가진 클라이언트 지원을 위해 지역자원을 토대로 전통적인 사회사업 접근인 개별사회사업, 집단사회사업 그리고 지역사회조직사업의 통합적인 접근이라 할 수 있다.

〈표 9-1〉 사회복지실천과 사례관리의 비교

	사회복지실천의 개별적 접근	사례관리
개념	- 스스로 해결하기 곤란한 문제를 가진 개인에게 성격발달과 사회적응을 도모하기 위하여 전문가가 행하는 개별적, 의식적인 문제해결과정	- 복합적인 욕구를 가진 클라이언트의 욕구충족과 사회적 기능향상을 위해서 그들과 사회자원과의 연결 및 조정을 통하여 그들을 보호하는 과정
대상	- 특정한 문제와 문제를 가지고 있는 클라이언트 - 아동, 청소년, 가족, 여성 등 - 대체로 문제해결이 가능하고, 문제가 해결되면 정상적인 기능을 수행하며 생활이 가능한 클라이언트	- 만성적인 장애를 가지고 있는 클라이언트 - 보호가 필요한 아동이나 노인, 장애인 등 - 장애인이나 발달장애아동, 노인 그리고 만성정신장애인, 만성신부전증, 만성심장병 등 의존적이고 장애를 가지고 있는 사람 - 이로 인해 사회적 기능수행에 어려움이 있는 사람 - 문제가 다양하고 복합적이고 지속적
문제	- 사회부적응, 음주, 흡연, 청소년비행, 가족해체, 가족폭력, 부부갈등, 부모자녀문제, 학교폭력, 매춘 등 가족 사회 개인적인 문제 등 대체로 한 사람의 클라이언트가 특정한 문제를 가짐.	- 경제적인 문제, 의료적인 문제, 가정생활을 지속하는 데 어려움, 정보접근 등 사회적 자원의 활용이 용이치 못한 점, 교통과 환경적인 장벽으로 인한 이동문제, 사회적인 낙인문제로 인한 교육, 고용이 차별과 이들 가족의 문제 등 다양한 문제를 한 사람의 클라이언트가 동시에 가짐.
목적	- 성격의 발달과 사회적응 능력의 향상	- 보호의 연속성, 비용효과성, 접근과 책임성, 일차집단의 보호능력의 향상, 사회적 기능의 향상
장소	- 사회복지관을 비롯한 상담소, 학교, 가정 등	- 클라이언트의 가정, 클라이언트가 속해 있는 생활시설, 병원, 요양원, 지역사회 재활시설 등

과정	- 초기접수-문제사정-개인목표수립, 개입방법 활용에 의한 개입-개입목표 달성 후 종결, 사후관리 등 개입의 시작과 끝이 있음.	- 대상자 발견 문제사정 개입목표수립, 개입과정을 점검과 재사정 과정평가에 의한 환류, 새로운 문제, 욕구 발견 개입전략의 수정 개입 점검 개입 등 - 재사정과 환류에 의해 새로운 개입이 지속적인 관리가 이루어짐 - 대체로 클라이언트에 대한 지속적인 관리가 이루어지는 특징 - 소수의 클라이언트만이 기대되는 수준의 재활을 통해 지역사회 내의 자립생활이 가능한 경우 종결
원칙	- 개별화-의도적 감정표현-통제된 정서적 관여, 수용, 비심판적 태도, 클라이언트의 자기결정, 비밀보장	- 성장과 변호에 대한 신념, 장점과 잠재력의 강조와 개발, 클라이언트의 자기결정, 책임성과 보호의 연속성, 서비스 제공의 포괄성 지역사회 자원의 적극적인 개발과 동원, 권리와 비밀보장 등
전문가 역할	- 특정 전문가에 의한 개입의 가능 - 사회복지사는 상담자 혹은 치료자의 역할이 강조	- 다양한 전문가들에 의한 팀 접근 요구 - 사례관리자는 클라이언트 차원에서 옹호와 대변자의 역할이 강조되며, 팀 차원에서는 조정자 역할이 강조

출처 : 엄명용 외(2011) 재구성.

2) 사례관리의 목적

사례관리의 목적은 학자에 따라 다양하게 제시되고 있다. Moxley(1989)에 의하면, 사례관리의 목적은 서비스와 자원을 이용하고 접근하는 데 있어서 가능한 한 클라이언트 자신의 생활기술을 증진시키는 것이고, 클라이언트의 복지와 기능을 증진하는 데 사회관계망과 관련된 대인서비스 제공자들의 능력을 발전시키는 것이다. 그리고 가능한 한 가장 효과적인 방법으로 서비스 및 자원의 전달이 이루어지도록 노력하는 반면, 이와 동시에 서비스의 효과를 증진시키는 것이라고 하였다. 또한 Moore(1992)에 의하면, 사례관리의 목적은 환경적 도전에 대처하는 데 개인의 잠재력과 가족 및 일차집단의 케어능력을 극대화하는 것이고, 케어의 공식체계와 일차적 케어 자원을 통합하고, 개인과 일차집단의 욕구를 충족시키기 위하여 공식적 케어체계 내의 능력을 극대화시키는 것이라고 하였다.

Moore(1987)와 Nelson(1982)의 사례관리 주요 목적을 간략히 정리하면, 가족, 친족, 친구 등과 같은 비공식적 자원체계와 국가 및 공공기관과 공식적 자원체계가 제공하는 다양한 자원을 통합하는 것이라 할 수 있다.

또한 Weil(1985)은 사례관리 목적에 대해서 클라이언트의 다양하고 복합적인 욕구를 충족시킴으로써 사회적 기능과 자립을 극대화하는 데 있다고 밝히고 있다. 이 목적을 달성하기 위해서는 클라이언트의 욕구를 충족시킬 수 있는 적합한 환경을 마련해 주는 것을 원칙으로 한다. 사례관리의 또 다른 목적으로 서비스 전반에 걸쳐 오랜 시간 동안 적절한 보호와 관리가 지속될 수 있도록 하는 것이다. 따라서 사례관리의 목적과 임무는 복잡하기 때문에 이를 담당하는 사례관리자는 옹호자, 중개자, 진단자, 계획자, 지역사회 전문가, 평가자, 자문가, 치료자와 같은 다양한 실천가들의 기능을 수행할 수 있어야 한다고 하였다.

이상의 내용을 정리하고 사회복지실천의 개별적 접근과 비교하여 두드러지는 사례관리의 목적을 네 가지로 정리하면 다음과 같다.

① 지역사회 내 클라이언트 보호에 대한 연속성 유지이다. 클라이언트에 대한 분절된 보호가 아닌 횡단적, 종단적 차원의 포괄적 서비스를 지속적으로 제공하도록 하는 것이다.

② 한정된 지역내 자원을 가장 효과적이며 효율적인 방법을 도모하여 클라이언트 지원을 위한 서비스를 제공하도록 한다.

③ 클라이언트의 잠재적인 문제해결 능력과 사회기술을 향상시켜 사회적 기능을 증진시키며 동시에 산업화, 도시화, 핵가족화 등으로 약화된 가족구조의 보호기능을 강화시켜 일차집단의 보호능력을 향상시

키는 것이다.

④ 복합적인 클라이언트 욕구와 문제를 해결하기 위해서는 공식적이며 비공식적인 지원체계들 간의 다양한 통합적이며 총체적인 운영이 요구된다.

종합해 보면, 사례관리란 사회복지실천 현장에서 만날 수 있는 다양하고 복합적인 욕구를 가진 클라이언트의 사회적응과 기능회복을 위해서 지역사회의 공식적·비공식적 지원체계를 지속적으로 조직, 조정, 유지하는 포괄적인 개입활동이라 할 수 있다.

3) 사례관리의 출현 배경

① 탈시설화의 영향

미국을 비롯하여 서구에서는 1960년대 초 정신장애인을 대단위 수용시설에서 퇴소시켜 지역사회로 돌려보내는 탈시설화 정책을 펴기 시작했다. 항정신의약품 개발에 힘입어 더 이상 정신병원 등의 시설에 수용할 필요가 없었고 이로 인해 많은 이들이 지역사회에 나타나기 시작하였다. 시설 수용은 모든 서비스들이 행정적으로 집중되어 있어서 각 클라이언트에 대한 별도의 서비스 관리가 필요하지 않았으나 지역사회에 거주하게 되자 지역사회에 분산되어 있던 원조 서비스를 통합적으로 지원 관리할 체계가 필요하게 되었다.

② 인구구조의 변화와 단일 서비스의 한계

노인인구의 급증으로 노인부양 의식이 약화되어 가족으로부터 소외된 노인이 점차 늘어남에 따라 많은 독거노인, 노인부부 세대, 장애노인 등이 지역사회에서 생활하게 되었다. 따라서 한 기관이나 하나의 단일 서비스체계로는 복잡하고 다양한 욕구를 가진 클라이언트의 문제에 대응하는 것이 불가능하게 되었다. 이러한 관점에서 볼 때 시설입소자와 마찬가지로 재가노인에게도 그들의 욕구변화에 주의를 기울여 필요한 서비스를 항상 제공해야 하며, 그들이 필요로 하는 서비스를 조직화하고 통합하여 상호 연계되도록 하기 위해 사례관리가 필요하게 되었다.

③ 복합적인 욕구를 가진 클라이언트의 증가

의학의 발달과 수명의 연장, 경기침체 등 지역사회 내에서 고용, 의식주, 이동, 주택, 의료 등의 복합적인 욕구를 가진 클라이언트들의 수가 증가하고 있다. 또한 자폐증을 포함한 발달장애, 정신장애, 신체장애 등 장애인구의 증가와 심리적 적응 등의 지원을 필요로 하는 인구들이 증가하고 있다. 이러한 복합적인 문제는 클라이언트에게 지역사회 내의 삶을 더욱 어렵게 하여 단일 문제 해결만으로는 접근이 용이하지 않게 되었다. 이런 배경은 지역사회에 적극적이며 통합적인 지원 체계인 사례관리의 필요성을 불러일으켰다.

④ 공적 서비스 시스템의 보완

최근 사회복지서비스 공급주체가 중앙정부에서 지방자치단체로 많이 전환됨과 동시에 서비스를 제공하는 전문기관 또한 급격하게 증가하고 있다. 그러나 지방을 중심으로 전개된 서비스는 서비스 간의 연계나 통합을 위한 장치나 클라이언트와 관련된 서비스 기관 사이의 조정기능이 미비하기 때문에 복지서비스를 제공하고 있는 기관조차도 지역사회의 기관이나 그 기관에서 실시되고 있는 서비스의 내용을 모르는 경향이 있다. 이러한 문제점에 대해 각 기관의 서비스를 조직화하고 클라이언트의 욕구를 통합적으로 충족시킴으로써 지방분권화에 따른 부정적 측면을 보충하기 위해 사례관리가 등장하였다(박경일 외, 2017).

4) 통합사례관리

사회복지실천 영역에서 사례관리가 일반화되면서 우리나라에서는 2012년부터 시·군·구에 사례관리를 전담하는 '희망복지지원단'을 설치하여 통합사례관리제도를 운영하고 있다. 통합사례관리는 지방자치단체 차원에서 운영하는 공공복지 영역의 사례관리로, 지역 내 공공·민간 자원에 대한 체계적인 관리·지원체계를 토대로 복합적이고 다양한 욕구를 가진 대상자에게 복지·보건·고용·주거·교육·신용·법률 등 필요한 서비스를 통합적으로 연계·제공하고, 이를 지속적으로 상담·모니터링해 나가는 사업을 의미한다. 통합사례관리는 특히 빈곤계층의 탈빈곤과 빈곤 예방을 중점 목표로 설정하고 고용과 복지의 연계에 중점을 두고 진행된다. 통합사례관리의 주된 대상은 기초생활수급자(특히 신규 수급자)와 기초수급탈락자, 차상위 빈곤가구, 긴급지원 대상가구이다(보건복지부, 2019).

제 10 장

사회복지의 중범위 거시적 실천방법

1. 지역사회복지
2. 사회복지행정
3. 사회복지정책
4. 사회복지법제
5. 사회복지조사

제 10 장

사회복지의 중범위 거시적 실천방법

사회복지의 중범위 거시적 실천방법으로는 지역사회복지, 사회복지행정, 사회복지정책을 들 수 있는데, 여기에서는 이에 더해 사회복지법제와 사회복지조사에 대해 살펴보고자 한다.

1. 지역사회복지

1) 지역사회복지실천의 이해

(1) 지역사회의 개념

지역사회는 영어의 'community'의 개념에 근원을 두고 있다. 'community'는 '지역사회'로 번역되기도 하고, '공동체(공동사회)'로 번역되기도 한다. '지역사회'는 일정한 지리적 구역을 전제조건으로 일정한 지역에 사는 사람들의 집합체를 말하는 반면, '공동체'는 공동의 관심이나 이해관계를 전제조건으로 기능적 기준에 의해 형성되며, 그 구성원이 공동의 이익을 추구하고, 이해관계를 같이 하는 개인이나 집단조직체를 의미한다. 지역사회복지에서 말하는 지역사회의 개념은 이러한 지리적 의미와 기능적 의미를 함축하고 있으며, "일정한 지리적 범위 내의 사람들의 집단 혹은 공동의 이해관계, 소속감, 문화에 기초하여 활동하는 사람들이 집단으로 구성된 사회적 단위"라 정의할 수 있다.

다시 말해, 지리적 의미의 지역사회는 한 지역을 구성하는 사람들과 조직들의 지리적 분포라는 관점을 강조하는 경우로, 행정단위인 특별시, 광역시 · 도, 시 · 군 · 구, 읍 · 면 · 동의 구분이 있다(이경남 외, 2020 : 101).

기능적 의미의 지역사회는 공통된 이해와 관심으로 형성된 공동체를 의미하는 것으로, 교회, 회사, 조합, 정당 등과 같은 이익집단이 있다(양정하 외, 2019 : 16).

(2) 지역사회의 기능

Warren(1978 : 9-11)은 지역사회의 기능을 생산 · 분배 · 소비, 사회화, 사회통제, 사회통합, 상호부조의 다섯 가지로 제시하였으며, Pantoja와 Parry(1992)는 Warren의 연구를 토대로 다섯 가지 기능에 방어와 의사소통의 기능을 추가하여 지역사회의 기능을 설명하고 있다. 이러한 일곱 가지의 기능을 중심으로 살펴보고자 한다(박태영, 2003; 양정하 외, 2019 : 16-19).

① 생산 · 분배 · 소비

의식주와 같이 지역사회 주민들이 일상생활을 위해서 필요로 하는 기본적인 재화(goods) 및 서비스를 생산 · 분배 · 소비하는 과정을 말한다.

② 사회화

사회화(socialization)는 지역사회가 공유하는 일반적 지식, 사회적 가치, 행동 양식 등을 지역주민들에게 전달하는 과정을 말한다.

③ 사회통제

사회통제(social control)는 지역사회가 지역주민들에게 사회규범(법, 도덕, 규칙 등)에 순응하게 하는 것을 말한다.

④ 사회통합

사회통합(social integration)은 사회체계를 구성하는 사회조직 간의 관계와 관련된 기능을 의미한다. 지역사회의 주민들은 상호 간에 협력해야 하며, 사회체계가 정상적인 기능을 수행하기 위해서는 어느 정도의 결속력(solidarity)과 사기(morale)가 전제되어야 한다.

⑤ 상호부조

상호부조(mutual aid)는 지역주민들이 기존 사회제도에 의해 기본 욕구를 충족할 수 없는 경우 강조되는 사회적 기능이다. 지역주민들은 언제든지 개인적인 사정으로 질병, 실업, 사고, 사망 등에 이를 수 있고, 또한 경제제도의 부적절한 운용에 의해서 자립할 수 없을 경우 외부의 도움을 받게 된다.

⑥ 방어

방어(defense)는 지역사회가 그 구성원을 보호하고 지키는 방법이다. 이러한 기능은 특히 안전하지 못한 지역사회에서 주요한 기능이 되었다. 예를 들면, 동성연애자 집단의 경우 이러한 방어적 기능은 더욱 중요할 수 있는데, 이는 그들에게 피해를 줄 수 있는 집단이 있기 때문이다.

⑦ 의사소통

의사소통은 생각을 표현하는 공통의 언어 및 상징(symbols)을 활용하는 것을 의미한다. 의사소통은 그것이 언어나 문자이든, 그림 또는 소리를 통한 표현이든 간에 사람들을 결속시키는 역할을 한다.

(3) 지역사회복지와 지역사회복지실천의 개념

1980년대에 들어오면서 사회복지의 3대 방법론으로 분류되던 '지역사회조직론'이라는 교과목이 '지역사회복지론'이라는 교과목으로 대부분의 대학에서 변경하여 사용되었다. 지역사회조직(community organization)은 전문사회복지의 한 방법으로서 지역사회를 구성하는 개인, 집단, 조직, 이웃 등의 사회적 복리를 바람직한 방향으로 향상시키기 위해 지역사회 수준에서 전개하는 일련의 활동을 의미한다. 그러나 오늘날 사회복지의 환경과 패러다임의 변화와 사회과학 이론의 발달로 인해 지역사회조직의 성격과 그것의 목표도 더욱 복잡하고 다양하게 변화하여 지역사회복지의 개념이 발생하게 되었는데, 그 배경을 정리해 보면 다음과 같다(김태영, 1987; 양정하 외, 2019 : 26－27).

첫째, 지역사회 및 가족기능의 변화에 따라 가족과 지역공동체가 지니고 있던 복지적 기능이 약화되고 이를 보완하는 서비스가 사회적으로 필요하게 되었다.

둘째, 복지요구가 경제적인 면에서 비경제적 복지서비스로 옮겨지고 있다.

셋째, 종래의 시설 수용 위주의 복지에서 탈피하여 가정과 이웃과의 정상적 생활 속에서 클라이언트에게 서비스를 제공하는 재가서비스가 등장하였다.

넷째, 지역사회의 중요성을 점차 인지하게 되었다.

이러한 배경으로 발생한 지역사회복지의 개념은 광의와 협의로 나눌 수 있는데, 광의의 지역사회복지란 "각종 사회적 위험이 사라진 안전하고 행복한 지역사회의 상태를 지칭하는 동시에 이러한 상태를 실현하기 위한 지역 수준에서의 일체의 노력(김종일, 2003 : 23)"이라고 정의한다. 그리고 협의의 지역사회복지란 "일정한 지역사회 내에서 주민의 생활문제를 사회복지사와 주민이 함께 공식적·비공식적 자원을 활용·개발하여 해결하거나 예방하는 다양한 노력(박태영, 2003 : 33)"이라고 정의하고 있다. 우리나라 사회복지사업법 제2조(정의)에서는 "지역사회복지란 주민의 복지증진과 삶의 질 향상을 위하여 지역사회 차원에서 전개하는 사회복지를 말한다"고 정의하고 있다.

지역사회복지와 지역사회복지실천을 엄격하게 구별하기가 쉽지 않다. 왜냐하면 지역사회복지의 개념에 활동과 실천의 의미가 포함되어 있기 때문이다(김종일, 2003 : 231). 이러한 문제를 해결하기 위해 김종일은 지역사회복지를 지역사회 문제를 해결하기 위한 특정한 상태, 그 문제를 해결하기 위한 모든 노력과 활동을 지역사회실천으로 각각 구분하여 제시하고 있다. 현실에서의 지역사회복지실천은 반드시 전문가에 의해서만 이루어지는 것은 아니다. 지역사회복지를 향상시키려는 노력은 각 분야의 전문가들과 민간단체나 정치단체의 자원봉사자들에 의해 광범위하게 수행되고 있다. 따라서 지역사회복지실천은 지역사회복지의 증진을 위한 모든 전문적·비전문적 활동을 지칭하며, 가능한 한 사회복지사들의 전문활동에 초점을 맞추고자 한다(양정하 외, 2019 : 29-30).

2) 지역사회복지실천모델의 유형

(1) Rothman의 모델

Rothman(1995)은 지역사회실천모델을 지역사회개발, 사회계획, 사회행동으로 구분하였다. 이 모델은 많은 사회복지 교육자와 실천가들에 의해 수용되었고, 오랫동안 지역사회복지실천 기본 모델로 자리매김하였다. 여기에서는 각 모델의 개념과 기본 전략만 간단히 살펴보기로 한다(양정하 외, 2019 : 95-107).

① 지역사회개발모델

지역사회개발모델(locality development model, model A)은 주민들이 문제를 스스로 해결할 수 있는 능력을 강화해주는 데 역점을 두고, 문제의 파악 및 해결 과정에 있어 주민들의 광범위한 참여를 장려한다. 지역개발모델에서 지역사회의 변화를 위한 기본 전략은 '우리가 함께 모여서 문제를 논의해 보자(Let's all get and talk this over)'는 접근방법이다. 지역사회의 문제 해결을 위해 모든 주민이 협력하고 참여하여 변화를 가지게 하며, 지역주민들이 자신의 욕구를 파악하고 스스로 해결하도록 타협한다.

② 사회계획모델

사회계획모델(social planning model, model B)은 각종 지역사회 문제 해결을 위한 계획과정의 합리성을 강조한다. 사회계획모델의 기본 전략은 '당면 문제의 진상을 파악하여 논리적인 조치를 강구하자(Let's get the facts and take the logical next steps)'는 접근방법이다. 지역사회의 문제해결을 위해 관련된 자료를 수집하고 계획을 수립하여 합리적인 방법으로 방안을 모색한다.

③ 사회행동모델

사회행동모델(social action model, model C)은 지역사회의 억압받고 소외된 주민들이 더 나은 처우를 받을 수 있도록 지역사회의 권력과 자원의 재분배, 사회적 약자에 대한 의사결정의 접근성을 강화함으로써 지역사회의 변화에 초점을 두고 있다. 사회행동모델의 기본 전략은 '우리들의 억압자를 타도하기 위해 서로 규합하자(Let's organize to destroy our oppressors)'는 접근방법이다. 불이익을 받는 주민들을 위해서 억압하고 착취하는 표적집단에 대해 압력적인 행동을 주도한다. 표적집단은 개인, 집단, 단체 등이 될 수 있다.

(2) Weil과 Gamble의 모델

Weil과 Gamble(1995)은 지역사회복지실천모델을 여덟 가지 유형으로 구분하는데, 그 개념을 살펴보기로 한다(양정하 외, 2019 : 95−107).

① 근린지역사회조직(nighborhood and community organizing)

이 모델은 지리적으로 가까운 지역사회조직에 초점을 두고 있으며, 능력개발과 과업수행이라는 두 가지 목표를 강조한다. 즉, 지역사회 주민들이 조직 활동에 참가하면 조직하는 기술, 문제분석, 계획 그리고 리더십을 발전시키기 때문에 주민들의 능력을 개발할 수 있다는 것이다.

② **기능적인 지역사회조직**(functional community organizing)

이 모델은 비영토적 지역사회가 가지는 문제를 해결하는 것에 초점을 둔다. 즉, 지리적인 의미의 지역사회조직보다 특정 집단의 권익(interest)에 초점을 두고 있으며, 같은 정체성이나 이해관계를 기초로 한 지역사회조직을 말한다.

③ **지역사회의 사회·경제적 개발**(community social and economic development)

이 모델은 로스만이 제시한 '지역사회개발' 모델의 과정적 목표를 넘어 기술적·정치적·과정적 기술의 개발을 통해 지역주민들의 관점에서 개발계획을 시작하고 경제적 개발을 이루기 위한 사회·경제적 투자를 위해 내부적·외부적 자원을 개발하고 이용하는 것이라 할 수 있다.

④ **사회계획**(social planning)

이 모델은 합리적 의사결정을 통해 문제에 대한 우선순위를 설정하고 자원 활용과 배분으로 문제를 해결하는 것에 초점을 둔다. 사회계획은 사회복지서비스와 사회정책의 개발·확장·조정 작업과 관련되며, 지역사회에서 발생하는 현재 문제에 대한 해결의 실천과 도입의 방법이 된다.

⑤ **프로그램 개발과 지역사회 연결**(program development and community liaison)

지역주민의 욕구를 충족하기 위하여 다양한 수준의 프로그램을 개발하는 데 있어 지역사회조직의 연결 활동(liaison activities)은 필수적이다. 지역사회에서 필요하다고 평가되는 새로운 서비스를 계획하고 실행하는 것을 목표로 한다.

⑥ **정치·사회행동**(political and social action)

정치·사회행동모델은 로스만의 사회행동모델과 같은 모델이라 할 수 있다. 이 모델은 지역사회에서 기회를 제한하는 불평등을 극복하거나 지역사회의 욕구를 무시하는 의사결정자에 대항하고, 사람들의 권한을 부여하는 것을 주요 내용으로 한다.

⑦ 연합(coalition)

이 모델은 분리된 집단 및 조직을 집합적인 사회변화에 동참시키는 데 있다. 독립된 조직들이 공동의 목표로 설정한 사회변화를 위해 함께 일하도록 한다.

⑧ 사회운동(social movements)

이 모델은 지역사회의 특정 인구집단이나 현재의 사회적 문제 등에 대응하는 지역사회 구성원들과 다양한 형태의 지역사회조직체에 새로운 패러다임을 제공함으로써 바람직한 사회변화를 이루고자 하는 모델이다.

3) 지역사회복지실천의 실제

(1) 사회복지관

사회복지사업법 제2조(정의)에서는 “사회복지관이란 지역사회를 기반으로 일정한 시설과 전문인력을 갖추고 지역주민의 참여와 협력을 통하여 지역사회의 복지문제를 예방하고 해결하기 위하여 종합적인 복지서비스를 제공하는 시설을 말한다(5호)”고 정의하고 있다. 그리고 “사회복지서비스란 국가·지방자치단체 및 민간부문의 도움이 필요한 모든 국민에게 사회보장기본법 제3조 제4호에 따른 사회서비스 중 사회복지사업을 통한 서비스를 제공하여 삶의 질이 향상되도록 제도적으로 지원하는 것을 말한다(6호)”고 규정하고 있다.

사회복지관은 사회복지서비스 욕구를 가진 모든 지역사회 주민을 대상으로 보호서비스, 재가복지서비스, 자립능력 배양을 위한 교육 훈련 등 그들이 필요로 하는 복지서비스를 제공하고, 가족 기능 강화 및 주민 상호

간 연대감 조성을 통한 각종 지역사회 문제를 예방·치료하는 종합적인 복지서비스 전달기구로서 지역사회 주민의 복지 증진을 위한 중심적 역할을 수행하여야 함을 그 목표로 하고 있다(양정하 외, 2019 : 207).

사회복지관의 사업은 <표 10−1>과 같다.

〈표 10-1〉 사회복지관의 사업(사회복지사업법 시행규칙 별표 3)

기능	사업 분야
사례관리 기능	사례발굴
	사례개입
	서비스 연계
서비스 제공 기능	가족 기능 강화
	지역사회 보호
	교육문화
	자활 지원 등
지역 조직화 기능	복지 네트워크 구축
	주민 조직화
	자원 개발 및 관리

(2) 재가복지서비스

사회복지사업법 제41조의2(재가복지서비스)의 제1항에서는 “국가나 지방자치단체는 보호대상자가 가정봉사서비스나 주간·단기 보호서비스에 해당하는 재가복지서비스를 제공받도록 할 수 있다”고 명시되어 있다. 가정봉사서비스는 가사 및 개인 활동을 지원하거나 정서활동을 지원하는 서비스이며, 주간·단기 보호서비스는 주간·단기 보호시설에서 급식 및 치료 등 일상생활의 편의를 낮 동안 또는 단기간 제공하거나 가족에 대한 교육 및 상담을 지원하는 서비스로 규정하고 있다. 그리고 제2항에서는 “시장·

군수·구청장은 「사회보장급여의 이용·제공 및 수급권자 발굴에 관한 법률」 제15조에 따른 보호대상자별 서비스 제공 계획에 따라 보호대상자에게 사회복지서비스를 제공하는 경우 시설 입소에 우선하여 제1항 각 호의 재가복지서비스를 제공하도록 하여야 한다"고 규정하고 있다.

(3) 사회복지협의회

사회복지사업법 제33조(사회복지협의회)의 제1항에서는 "사회복지에 관한 업무를 수행하기 위하여 전국 단위의 한국사회복지협의회(중앙협의회)와 시·도 단위의 시·도 사회복지협의회(시·도협의회)를 두며, 필요한 경우에는 시·군·구 단위의 시·군·구 사회복지협의회(시·군·구협의회)를 둔다."고 규정하고 있으며, 사회복지협의회의 업무를 다음과 같이 규정하고 있다.

① 사회복지에 관한 조사·연구 및 정책 건의
② 사회복지 관련 기관·단체 간의 연계·협력·조정
③ 사회복지 소외계층 발굴 및 민간사회복지자원과의 연계·협력
④ 대통령령으로 정하는 사회복지사업의 조성 등

그리고 제2항에서는 "중앙협의회, 시·도협의회 및 시·군·구협의회는 이 법에 따른 사회복지법인으로 한다"고 규정하고 있다.

(4) 사회복지공동모금회

사회복지공동모금회(이하 "모금회")는 사회복지공동모금사업을 관장하도록 하기 위하여 사회복지공동모금회법에 의해 설립된 법정 민간모금 및 배분 전문기관이다. 사회복지공동모금회법 제2조(정의)에서는 "사회복지공동모금이란 사회복지사업이나 그 밖의 사회복지활동 지원에 필요한 재원을 조성하기 위하여 이 법에 따라 기부금품을 모집하는 것을 말한다"고 정의

하고 있다. 사회복지공동모금회법은 사회복지공동모금회의 공동모금을 통하여 국민이 사회복지를 이해하고 참여하도록 함과 아울러 국민의 자발적인 성금으로 조성된 재원을 효율적이고 공정하게 관리·운용함으로써 사회복지증진에 이바지함을 목적(동법 제1조)으로 제정되었다. 모금회는 사회복지법인으로 하고, 정관을 작성하여 보건복지부장관의 인가를 받아 등기함으로써 설립된다(동법 제4조). 모금회에 지역단위의 사회복지공동모금사업을 관장하기 위하여 특별시·광역시·특별자치시·도·특별자치도(시·도) 단위 사회복지공동모금지회(지회)를 둔다. 모금회는 다음의 사업을 수행한다(동법 제5조).

① 사회복지공동모금사업
② 공동모금재원의 배분
③ 공동모금재원의 운용 및 관리
④ 사회복지공동모금에 관한 조사·연구·홍보 및 교육·훈련
⑤ 제14조에 따른 사회복지공동모금지회의 운영
⑥ 사회복지공동모금과 관련된 국제교류 및 협력증진사업
⑦ 다른 기부금품 모집자와의 협력사업
⑧ 그 밖에 모금회의 목적 달성에 필요한 사업

(5) 지역사회보장협의체

「사회보장급여의 이용·제공 및 수급권자 발굴에 관한 법률」(약칭 : 사회보장급여법) 제41조(지역사회보장협의체) 제1항에서는 "시장·군수·구청장은 지역의 사회보장을 증진하고, 사회보장과 관련된 서비스를 제공하는 관계 기관·법인·단체·시설과 연계·협력을 강화하기 위하여 해당 시·군·구에 지역사회보장협의체를 둔다"고 규정하고 있으며, 지역사회보장협의체는 다음의 업무를 심의·자문한다(제2항).

① 시·군·구의 지역사회보장계획 수립·시행 및 평가에 관한 사항
② 시·군·구의 지역사회보장조사 및 지역사회보장지표에 관한 사항
③ 시·군·구의 사회보장급여 제공에 관한 사항
④ 시·군·구의 사회보장 추진에 관한 사항
⑤ 읍·면·동 단위 지역사회보장협의체의 구성 및 운영에 관한 사항
⑥ 그 밖에 위원장이 필요하다고 인정하는 사항

그리고 지역사회보장협의체의 업무를 효율적으로 수행하기 위하여 지역사회보장협의체에 실무협의체를 둔다(제4항). 또한 특별자치시장 및 시장·군수·구청장은 읍·면·동 단위로 읍·면·동의 사회보장 관련 업무의 원활한 수행을 위하여 해당 읍·면·동에 읍·면·동 단위 지역사회보장협의체를 둔다(제7항).

2. 사회복지행정

사회복지행정은 사회복지정책을 특수한 조직의 틀 내에서 사회복지서비스로 변화시켜나가는 일련의 행위이다. 이때 특수한 조직이란 사회복지 관련 기관 및 시설을 말하고, 일련의 행위란 조직관리 및 프로그램관리 등과 같은 관리행위를 말한다.

사회복지행정의 개념은 "사회복지정책을 개별적이고 구체적인 서비스로 전환시키는 사회복지조직의 목표달성을 위한 조직구성원의 협력적인 활동의 체계와 과정"으로 정의될 수 있다. 이러한 사회복지행정의 개념에는 다음과 같은 독특한 의미를 내포하고 있다(황성철 외, 2003: 22-23).

① 사회복지조직을 중심으로 정책이 서비스로 전환되는 과정이다.

② 사회복지조직의 목표를 달성하기 위해서 인적·물적 자원을 관리하는 과정이다.
③ 관리자를 포함한 모든 조직구성원의 역동적인 협력활동이다.
④ 조직을 변화시키고 발전시키는 사회복지실천의 개입방법이다.
⑤ 사회서비스 활동으로 민간조직을 포함한 공공조직이 수행한다.

사회복지행정이 사회복지실천의 한 방법이라고 하는 이유는 사회복지행정이 원조기술이고, 사회복지조직의 관리자에 의해 수행되는 상호의존적인 과업과 기능 및 관련활동이기 때문이다(신복기 외, 2002: 117). 또한 사회복지행정이 일반 행정과 차이가 있다는 것은 행정이나 관리가 이루어지는 토대인 조직의 상이성에 있다고 할 수 있다(Hasenfeld, 1984: 1－6). 사회복지행정은 도덕적 가치를 가진 인간이 인간적 기술을 사용하여 인간의 문제나 욕구를 해결하고자 하는 노력의 성격을 가진다.

1) 사회복지행정의 이론

사회복지업무를 원활하게 관리해 나가기 위해 사회복지실무자들은 각자 판단기준을 가지고 있다. 이러한 견해들은 경험이나 학습에 의해 형성된다고 볼 수 있다. 사회복지조직이 당면하는 문제들에 대해 조금 더 과학적인 방법을 사용하여 문제를 관찰하고 해결하는 법에 대해 익숙해진다면, 주먹구구식의 문제해결로 인한 낭비는 줄어들 수 있을 것이다. 따라서 이러한 사회복지조직과 관련한 여러 이론적 입장들이 있다. 이러한 맥락에서 사회복지행정의 이론으로는 고전 이론에 해당하는 관료제 이론, 과학적 관리론 및 인간관계론 등이 있다. 그리고 사회복지행정의 현대이론에 해당하는 의사결정론, 체계이론, 상황이론 및 정치경제이론, 목표관리(MBO)이론 및 제도이론 등이 있다(강용규 외, 2007: 제3장 참조).

2) 사회복지행정의 체계

(1) 사회복지행정의 기본적 구성

사회복지행정의 기본적 구성은 방법론의 구성체계와 전문분야별 구성체계로 구분할 수 있다. 먼저 방법론적 구성체계는 사회복지행정을 조직을 통해 이루어지는 활동으로 이해하고 조직, 관리, 프로그램 등 실천적 체계로 구분하는 것을 말한다. 전문적 분야별 체계구성은 사회복지대상의 전통적 구분에 의하여 노인복지, 장애인복지, 아동복지, 청소년 복지 등과 관련성을 맺고 각 분야에 전문화된 행정체계를 말한다.

(2) 과정적 구성체계

사회복지행정의 체계는 과정적으로 설명될 수 있다. 일반적으로 행정관리론에서 행정의 과정으로는 기획, 조직, 인사, 지시, 조정, 보고, 재정, 평가 등이 있다. 이를 'POSDCoRBE'로 표현한다. 행정의 과정을 사회복지에 적용한 사회복지행정의 과정은 다음과 같이 설명될 수 있다(Gulick & Urwick, 1966).

① **기획** : 기획(Planning)은 목표를 설정하고 그 목표를 달성하기 위한 수단을 결정하는 과정이다. 따라서 기획은 행정가에 의해 수행되는 최초의 과정으로서 목표의 설정, 목표달성을 위한 과업이나 활동, 과업수행을 위한 방법의 결정을 말한다. 기획은 효과적인 사회복지서비스 전달에 초점을 두고 있다. 특히 사회복지환경의 변화에 적절히 대처하기 위하여 기획이 필요하다.

② **조직** : 조직(Organization)은 구성원의 구체적인 활동이 규정되고 조정되는 공식적인 변화의 과정을 의미한다. 사회복지기관의 구조는 정관의 규정이나 운영지침에 기술되어 있다. 조직은 그 역할과 책임이 불분명할 경우, 구성원 간에 갈등이 초래되어 비효율적이고 비효과적인

결과가 나타날 수 있다. 따라서 행정관리자는 효과적이고 생동력이 있는 조직을 유지하기 위해 구성원들이 조직의 목표를 명백히 이해하도록 하고, 기관목표의 변화와 능력, 그에 따라 요구되는 과업과 방법을 달리해야 한다.

③ **인사** : 인사(Staffing)는 조직유지를 위해 적시에 직무요인에 맞는 인원을 계획하고, 직원의 채용, 선발, 활용, 유지, 배치, 이동하여 평가, 관리하는 과정을 포함한다. 사회복지조직에서 인사관리를 하는 주된 목적은 효율적이고 적합한 서비스가 필요한 사회적 약자인 클라이언트의 복지를 증진하는 데 있다. 따라서 조직의 관리자는 직원의 임명에 대해 책임성을 가지며, 직원 교육 및 훈련, 우호적인 업무 분위기 조성 등에도 책임을 져야 한다.

④ **지시** : 지시(Direction)는 행정관리자가 기관을 효율적으로 운영하기 위하여 하위 구성원에게 업무를 부과하는 기능을 말한다. 이러한 행정관리자의 지시능력을 몇 가지 제시하면 다음과 같다. 첫째는 사회복지기관과 관련된 모든 사실을 검토한 후 합리적인 결정을 내리는 능력이다. 둘째는 기관의 목적에 대한 적극적인 관심과 목표달성을 위한 헌신적인 능력이다. 셋째는 기관 내 구성원의 공헌에 대해 칭찬하고 그들의 지위 향상을 도와주는 능력이다. 넷째는 자신의 책임과 권한을 효과적으로 위임하는 능력이다. 다섯째는 행정관리자로서 기관 내 개인과 집단의 창의성을 고려하는 능력이라 할 수 있다.

⑤ **조정** : 조정(Coordinating)은 기관 활동의 다양한 부분들을 상호 연결해주는 중요한 기능이다. 행정책임자는 기관 내 조정기능을 위해 여러 부서와 구성원들 간의 효과적인 의사소통의 통로를 마련해야 한다. 사회복지기관에서는 위원회와 같은 기구를 통하여 사회복지프로그램, 인사, 재정 등의 활동에 관한 문제를 취급하고, 사회복지기관의

긴급한 과업이나 단기간 내에 수행 가능한 임시적인 활동을 다루기도 한다.

⑥ **보고** : 보고(Reporting)는 행정관리자가 기관에서 일어나는 상황을 이사회, 직원, 지역사회, 기타 기관 등에 알리는 것을 말한다. 사회복지기관의 보고를 위한 활동에는 정기적인 문서보고자료, 인사기록, 대상자의 사례기록, 서비스 활동기록 등이 있다.

⑦ **재정** : 재정(Budgeting)은 사회복지기관의 운영에서 조직의 목표달성을 위한 수입과 지출의 관리과정을 의미한다. 즉, 조직이 목표관리를 위해 필요한 예산을 합리적으로 계획적으로 동원하고 배분하고, 효율적으로 사용·관리하는 과정을 의미한다. 따라서 사회복지의 재정관리는 사회복지 기관 및 시설의 목적과 목표를 달성하는 제반 활동을 어떻게 효율적으로 지원하고 지역사회 내 가용자원을 어떻게 배분하고 사용할 것인지 등에 대한 총괄적인 관리체계라 할 수 있다.

⑧ **평가** : 평가(Evaluating)는 사회복지기관의 목표에 따라 전반적인 활동결과를 사정하는 과정을 말한다. 사회복지기관의 목표달성을 정확하게 평가하기 위해서는 다음의 두 가지 척도를 적용하여야 한다. 첫째는 효과성의 척도로서 서비스에 대한 욕구와 관련하여 기관의 서비스가 수행된 정도를 평가한다. 둘째는 효율성의 척도로서 프로그램에 대한 투입과 산출의 정도를 평가한다.

3) 사회복지행정의 대상과 영역

(1) 사회복지행정의 대상

사회복지행정의 대상은 협의의 사회복지의 대상인 빈곤계층, 사회적 약자계층(아동, 노인, 장애인 등), 사회부적응 계층 등을 포함하여 국민 전체의 복지문제가 사회복지행정의 대상이 된다(강용규 외, 2007: 22).

(2) 사회복지행정의 영역

한 국가의 사회복지 이념은 사회복지정책으로 수렴되며 그것은 사회복지 법규와 제도로서 구체화된다. 정책과 법규 그리고 제도는 클라이언트에게 가장 효과적으로 기능함과 동시에 구체적이며 전문적인 실천방법으로 구현되어야 하는데 바로 여기에서 사회복지행정의 영역이 자리하게 된다. 즉, 정책과 법규 및 제도를 사회복지실천으로 연결하는 가교의 역할을 사회복지행정이 맡게 된다.

사회복지행정의 영역이란 사회복지행정에서 어떤 내용을 어디까지 다룰 것인지에 대한 범위, 즉 사회복지행정의 분류체계를 말하는 것이다. 그러나 그 영역 설정 문제는 쉽지 않으며, 한 국가의 이념, 정책이나 당해 국가의 역사적·경제적·사회적·문화적 특성에 따라 달라질 수 있다. 사회복지행정의 영역은 구체적 실현방법, 클라이언트, 행정과정, 공간적 범위 및 실시 주체 등으로 구분할 수 있다(박태룡, 2000; 신상준, 1989).

3. 사회복지정책

1) 사회복지정책의 개념

사회복지정책의 개념규정은 시대와 국가에 따라 다양하게 나타난다. 그리고 사회복지정책은 공공정책, 사회정책 등과 혼용해서 사용되는 경우가 많다. 즉, 공공재정의 지출을 수반하기 때문에 공공정책과 혼용하여 사용할 수 있다. 그러나 공공정책은 사회복지의 활동 이상의 것을 포함하기 때문에 사회복지정책보다 더 포괄적이다. 여기에서는 사회복지정책의 개념을 독일과 영국, 미국으로 나누어 살펴보고자 한다.

(1) 독일의 사회정책

독일은 세계 최초로 사회정책[1)]을 시행한 나라이다. 독일의 사회정책은 분배적(강단사회주의자의) 사회정책, 생산정책적(전체주의적) 사회정책, 사회주의적 사회정책으로 구분할 수 있다. 각각의 개념과 대표자를 정리하면 <표 10-2>와 같다. 결론적으로 독일의 사회정책은 사회문제를 다루는 것이 전통이었기 때문에 주로 산업사회의 주요한 사회문제인 노동문제를 다루는 것이다(이경남 외, 2020 : 141).

〈표 10-2〉 독일의 사회정책 개념 및 대표자

구 분	사회정책의 개념 정의	대표자
분배적 사회정책론	사회계급 간의 우호적 관계의 회복, 부정의 극복 또는 경감, 분배적 정의의 원칙에로의 커다란 접근, 진보를 촉진하여 하층 및 중산계급의 도의적 및 물질적 향상을 보증하기 위한 사회적 입법이다.	슈몰러 (Schmoller), 바그너 (Wagner)
생산정책적 사회정책론	생산력으로서의 노동력을 보전하며, 자본축적을 순조롭게 하기 위한 자본가적 생산증가책이다.	분드리히 (Wunderlich)
사회주의적 사회정책론	유산자적 사회정책은 현존 질서의 유지를 전제로 하는 종래의 것이지만, 사회주의적 사회정책은 사회주의에로의 발전에 이르는 과도적인 것으로, 사회정책과 사회주의 간에는 양적·시간적 차이만 있을 뿐이다.	아들러(Adler), 하이만 (Heimann)

(2) 영국과 미국의 사회정책

영국의 사회정책은 사회복지제도라는 의미가 강하다. 영국의 사회정책은 사회입법과 사회행정의 개념과 동일시하는 경향이 있다. 사회정책의 현대적 개념이 상호 밀착되어 가는 경향을 보이고 영국과 미국 사회정책의 개념으로 접근하고 있다.

---

1) 1880년대 비스마르크의 주도하에 제정된 일련의 사회입법, 즉 1883년의 건강보험, 1884년의 산재보험, 1889년의 노령폐질연금이 그것이다(원석조, 2003 : 19)

여기서는 영국과 미국 사회정책의 개념을 대표하는 Marshall과 Titmuss의 정의를 제시하고자 한다. 먼저, Marshall은 "사회정책이란 서비스 혹은 소득을 제공함으로써 사람들의 복지에 직접적인 영향을 미치는 정부의 정책"이라고 정의하고 여기에 해당하는 핵심 프로그램으로 사회보험, 공공부조, 건강 및 복지서비스 그리고 주택을 들고 있다(Marshall, 1970 : 11－15). 그리고 Titmuss는 "사회정책이란 일정의 물질적 및 사회적 욕구, 특히 요구호 욕구에 관하여 시장이 충족(만족)하지 못하거나 충족시킬 수 없는 특정의 사람(사회적 약자)에게 부여하는 정부의 행위(Titmuss, 1974)"라고 정의하였다.

영국에서는 이를 연구하는 학문 분야를 사회행정학(social administration) 또는 사회정책과 행정(social policy and administration)이라고 부른다. 미국의 사회복지정책의 개념은 영국의 사회정책 또는 사회행정의 개념으로 보는 경우가 많다. 따라서 영국과 미국 사회복지정책의 정의는 서비스나 소득을 제공함으로써 시민들의 복지에 영향을 미치는 정부의 정책이며, 여기에 해당하는 핵심 프로그램으로는 사회보험, 공공부조, 사회복지서비스 등을 들 수 있다(이경남 외, 2020 : 142－143).

독일과 영국, 미국의 사회정책의 특징과 강조점을 비교하면 <표 10－3>과 같다.

〈표 10-3〉 **독일과 영국, 미국 사회정책의 특징**

구 분	사회정책의 특징	강조점
독 일	계급정책으로서 사회복지정책	복지정책보다 계급정책, 노동정책을 강조
영 국	사회서비스로서 사회복지정책	시민권의 보장
미 국	사회보장으로서 사회복지정책	시민의 경제생활 보장

2) 사회복지정책의 형성과정

사회복지정책이란 사회문제를 해결하기 위한 일정한 유형의 행동지침이나 대응방안이라고 할 수 있다. 이와 같은 사회복지정책이 결정되어 그 본래의 목적을 달성하기까지는 문제의 형성단계에서부터 정책의제의 형성, 정책 결정, 정책집행 그리고 정책평가라는 일련의 연속적 과정을 거치게 되는데, 이러한 일련의 연속과정을 정책과정(policy process)이라 한다. 즉, 사회복지문제나 요구가 이슈화되고 그러한 이슈들이 공적으로 논의됨으로써 정책의제로 설정되고 여러 대안 중에서 하나가 선택되어 정책 결정이 이루어지면 그 정책은 집행, 평가되는 과정을 거치게 되는 것이다.

(1) 사회복지문제의 형성

사회복지정책을 형성하는 데 가장 필수적인 요소는 사회복지문제일 것이다. 일반적으로 문제는 사람들의 욕구가 충족되지 못한 상태를 의미하며, 이 사회에서 문제가 없는 사람은 거의 존재하지 않는다. 이는 모든 사람은 그것이 크든 작든 간에 욕구를 가지고 있다는 사실에 기초한다.

사회문제는 ① 상당수의 사람에게 영향을 주고 ② 그 영향은 부정적이며, ③ 다수의 사람이 그것을 문제로 인정하고 있고, ④ 그 문제에 대처하기 위한 사회적인 행동이 요청된다. 이러한 사회문제는 항상 존재해 왔고 이 지구가 존재하는 한 앞으로도 항상 존재할 것이다. 그러나 사회복지문제나 요구가 모두 사회복지정책 의제로 설정되는 것은 아니며, 정책의제로 설정되기 위해서는 첫째, 공공의 관심 대상이 되어야 하고, 둘째, 정책적인 논점으로 제시될 수 있어야 하며 이러한 두 가지 조건이 충족되었을 때 이슈화되었다고 할 수 있다. 또한 사회복지문제를 이슈화시키고 정책상의 의제로 설정되게 하기 위해서는 사회복지문제의 당사자(클라이언트)뿐만 아니라 가족, 지역사회의 지속적인 관심과 조직적인 노력이 있어야 하며, 이와 함께 사회복지사, 사회복지 행정가, 사회복지정책 관련자들의 지원이 직·간접적으로 필요한 것이다(양정하 외, 2020 : 207).

(2) 사회복지정책 의제의 형성

의제(agenda)는 일련의 정치적 논쟁거리로서 특정한 시기에 대중의 관심을 집중시킬 수 있는 것으로 인식되는 문제 또는 기존 정부 기구의 합법적 관할권에 속하는 문제이며, 정치체계의 구성원들에게 인식되는 문제이다(Cobb & Elder, 1983 : 14). 그리고 정책의제의 형성이란 정부가 정책적 해결을 위하여 사회문제를 정책문제로 채택하는 과정 또는 행위, 즉 사회문제가 정책문제로 전환되는 과정이나 행위를 의미하는 것이다(봉민근, 1997 : 53).

정책의제의 형성과정에 관한 이론적인 모형은 학자들의 관점에 따라 다양하게 분류되고 있으나, 일반적인 정책의제의 형성과정은 다음의 [그림 10-1]과 같다고 볼 수 있다.

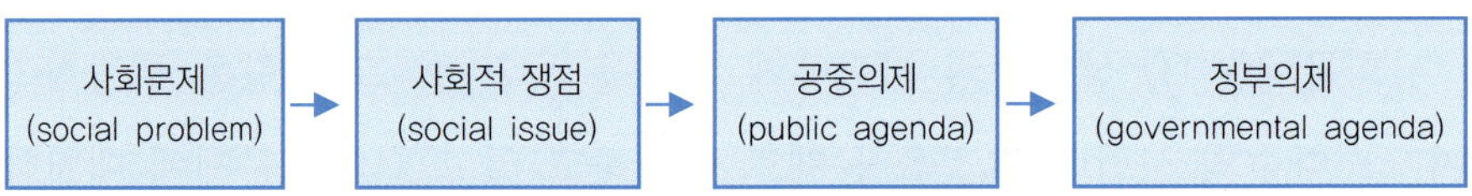

[그림 10-1] 정책의제의 형성과정

(3) 사회복지정책의 결정

Caiden(1982 : 51)은 정책 결정이란 사회적 문제를 공적으로 해결하기 위한 기본 방향을 설정하는 것으로 정의하였고, Dror(1968 : 12)는 정책 결정을 다양한 인자들이 상이한 작용을 하는 복잡한 동태적인 과정으로서 주로 정부 기관에 의하여 장래의 활동지침을 결정하는 것을 의미하며, 이러한 지침은 최선의 가능한 방법을 통해 공익을 달성할 것을 목적으로 한다고 정의하였다. 이상과 같은 견해를 종합하여 정책 결정의 정의를 제시한다면, 정책 결정이란 정책결정자가 문제해결 또는 정책목표 달성을 위해서 여러 가지 정책 대안 중에서 하나를 선택하는 과정이라 할 수 있다.

일반적으로 이러한 정책 결정 과정에는 정책대안의 비교분석 행위나 과정이 포함된다. 이 과정은 정책결정자가 하나의 대안을 정책으로 채택하는 행위나 과정 자체가 될 수 있지만 대안 간의 비교 분석행위 및 과정이 포함되는 것이 일반적이다. 따라서 정책 결정 과정은 ① 문제의 인지와 목표 설정, ② 정보의 수집 및 분석, ③ 대안의 탐색 및 평가, ④ 최선의 정책 대안 선택 등으로 이루어져 있다고 할 수 있다. 이러한 정책 결정 과정에 영향을 미치는 요인들로는 정책 결정의 참여자, 정책 결정의 조직 구조, 정책대안의 존재, 다른 정책과의 관계 등이 있다(이경남 외, 2020 : 151).

(4) 사회복지정책의 집행

정책집행이란 "공식적으로 표명된 정책목표를 달성하기 위하여 실행되는 일련의 과정 또는 활동"이다. 따라서 사회복지정책의 집행과정에서 본래의 정책목표가 훼손되지 않고 바람직한 정책집행이 이루어질 수 있도록 정책집행 관련자의 관리·감독뿐만 아니라 클라이언트, 사회복지사, 지역사회주민들의 지속적이고 적극적인 참여와 관심이 요구된다.

DiNitto와 Dye(1987 : 265-270)는 성공적인 집행에 대한 장애 요인으로 ① 의사소통, ② 자원, ③ 태도, ④ 관료적 구조 등을 들고 있다. 첫째, 의사소통은 분명해야 한다. 분명하지 않고 일치되지 않으며 모순된 의사소통은 행정가를 혼란하게 하며, 더욱이 불충분한 의사소통은 집행되는 정책에 동의하지 않는 사람들에게 편견을 심어줄 수 있다. 둘째, 자원이 충분한지 파악해야 한다. 만일 정책을 수행하기 위한 자원이 부족하다면 그 정책은 실패하게 된다. 셋째, 행정가와 정책 결정자가 어떤 특정의 정책에 공감해야 한다. 행정가들의 태도가 정책입안자들의 태도와 다를 때에 집행과정은 매우 복잡해진다. 마지막으로, 관료주의적인 타성은 정책의 변화를 느리게 하므로 버려야 한다. 행정가들은 일상적인 업무(표준운영절차)에 익숙해져 있으며, 행정적인 구조는 그 본래의 기능이 바뀌거나 없어진 뒤에도 오랫동안 남아 있는 경향이 있다. 따라서 관료주의적 타성은 새로운 정책이 집행되는 것을 방해할 수 있다.

(5) 사회복지정책의 평가

정책의 평가는 사회복지정책의 과정 중에서 매우 의미 있는 과정이라고 할 수 있다. 왜냐하면 정책평가는 본래의 정책목표를 얼마나 잘 달성하였는지를 알려 주는 동시에 평가된 내용은 정책과정에 다시 영향을 주는 기초가 되기 때문이다. 따라서 정책평가는 정책에 기여하기 위한 수단으로서 명시적으로나 묵시적인 기준에 비교하여, 정책의 집행 혹은 결과에 대한 사정이라고 볼 수 있다.

이러한 정책평가가 필요한 이유는 ① 목표가 얼마나 잘 충족되었는지를 알려 주고, ② 성공과 실패의 원인을 구체적으로 제시해 주며, ③ 프로그램의 성공을 위한 원칙을 발견해 주고, ④ 효과성을 증진하기 위해서 여러 기법을 사용하는 실험과정으로 유도해 주며, ⑤ 대안적인 기법들의 상대적인 성공을 위한 근거에서 더 향상된 연구를 위한 기초를 마련해 주고, ⑥ 목표달성을 위해 사용되는 수단을 재규정해 주고, 심지어 하위목표들을 재규정해 주기 때문이다(Bigman, 1961 : 99).

사회복지정책의 평가 기준은 목표를 바라보는 시각에 따라서 다르지만, 가장 중요한 부분은 정책이 클라이언트에게 얼마나 도움이 되었는지를 평가하는 것이다. 일반적으로 효과성, 효율성, 형평성, 적절성 등이 중요한 평가 기준이 된다. 효과성은 사회복지정책이 어느 정도로 욕구충족의 목표달성에 적합하였는지를 묻는 것을 말하고, 효율성은 최소의 자원으로 최대의 산출을 만들어 내는 것을 말한다. 그리고 형평성 또는 사회적 형평은 사회 계층 간의 불평등이 어느 정도 시정되는지에 대한 평가 기준이고, 적절성은 사회복지정책이 형성되어 얼마나 서비스 대상자의 욕구를 잘 충족시킬 수 있는지를 평가하는 기준이다(양정하 외, 2020 : 223-225).

4. 사회복지법제

1) 사회복지법의 개념

사회복지법이란 사회복지에 관한 법을 말한다(박홍규 · 곽노현, 1996 : 12). 즉, 사회복지가 하나의 국가제도로서 법의 형태를 취하고 있는 것을 의미한다.

여기서 법의 개념부터 살펴보면, 법이란 '사람의 사회생활에 있어 행위의 준칙으로서 국가권력에 의해 강행되는 사회규범'이다. 즉, 법은 '하나의 규범'이라 할 수 있다. 여기서 규범이란 인간이 사회생활을 원만히 유지하기 위하여 인간에 의해 만들어진 규칙을 의미한다. 그리고 법은 '강제규범'이다. 즉, 법이 물리적 강제에 바탕을 둔 규범이라는 의미이다. 따라서 법은 물리적 강제에 바탕을 두고 형벌이나 강제집행을 하게 되고, 이러한 물리적 강제의 발휘는 국가만이 수행할 수 있다. 또한 법은 '행위의 준칙'이다. 여기서 행위의 준칙이란 법의 대상이 되는 것이 행위라는 의미이다. 그리고 행위란 사람의 의사에 의한 신체의 외부적 표현을 의미한다. 예를 들어, 수면 중의 동작은 자기 의사의 표현이 아니다. 따라서 법의 대상이 되지 않는다. 이와 아울러 행위의 의사가 있더라도 외부로 표시된 동작이 없을 때에도 법의 대상이 되지 않는다(황인옥 외, 2016 : 15).

사회복지법은 넓은 의미의 개념과 좁은 의미의 개념으로 구분할 수 있다. 먼저 넓은 의미의 사회복지법이란 전 국민의 물질적 · 정신적 · 사회적 기본 욕구를 해결함으로써 인간다운 생활을 영위하게 하는 공사의 제반 사회적 서비스와 관련된 법률을 말한다. 물론 이러한 제반 서비스는 사회복지정책이나 사회정책이라는 추상적 정책에 따라 지침과 기준이 설정되며 이의 구체적 모습이 바로 사회복지법으로 표현되는 것이다. 따라서 넓은 의미의 사회복지법의 내용에는 사회보장과 보건의료, 교육, 주택, 그리고 제반 사회서비스가 포함된다(신섭중 외, 1999 : 23－24).

그리고 좁은 의미의 사회복지법이란 자신의 생활을 스스로 영위하지 못하는 사회적 약자들에게 제한적으로 도움을 제공하려는 것과 관련된 법규범(신섭중 외, 1999 : 24)으로, 협의의 사회복지법의 대상은 공공부조법과 사회서비스법으로 한정하여 인식할 수밖에 없다.

이처럼 사회복지법의 개념을 좁은 의미로 파악할 경우 고유성 확보와 범위 확정에 편의성이 있지만, 현대 복지국가가 지향하는 사회복지의 적극적 개념을 축소하게 될 위험이 있다(장동일, 2001 : 34). 그렇다고 해서 사회복지법의 개념을 넓게 파악할 경우 타 법률이나 학문 분야와 내용이나 기능이 중복될 위험이 있다. 이렇게 볼 때 사회복지법의 개념 규정과 관련해 명확하게 선을 긋는다는 것은 쉬운 일이 아니다. 앞으로 우리나라의 실정에 맞는 사회복지법의 개념 규정에 대한 연구가 계속되어야 할 것이다(황인옥 외, 2016 : 22).

2) 사회복지법의 법원

법원이란 법의 존재 방식을 의미하는데, 일반적으로 표현방식에 따라 성문법과 불문법으로 나뉜다. 성문법에는 헌법, 법률, 명령, 조례, 규칙, 국제조약과 같은 국제법규 등이 있고, 불문법으로는 관습법, 판례법, 조리법 등이 있다(황인옥 외, 2016 : 23).

(1) 성문법으로서의 법원

① 헌법

헌법은 국가와 국민 간의 권리·의무에 관한 기본법이다. 사회복지법을 지도하고 있는 최고의 규범은 타 영역과 마찬가지로 역시 헌법이라 할 수 있다. 헌법의 구성은 전문(前文)과 총강(總綱)을 제외하면, 크게 기본권에 관한 조항과 통치기구에 관한 조항, 그리고 경제에 관한 조항 등으로 이루어져 있다(윤찬영, 1998 : 121).

우선 기본권이란 헌법이 보장하는 국민의 기본적 권리를 말하는데, 현행 헌법에서는 평등권, 자유권적 기본권, 경제적 기본권, 정치적 기본권, 청구권적 기본권, 사회권적 기본권 등을 규정하고 있다. 이러한 모든 기본권의 제일 상위규범은 헌법 제10조[2]로서, 모든 기본권의 내용과 해석을 규정하는 최고의 규범이다(윤찬영, 1998 : 121－122).

우리나라 헌법 전문을 비롯하여 제10조 인간의 존엄성 보장과 행복추구권, 제31조 교육을 받을 권리, 제32조 근로의 권리, 제33조 노동기본 3권, 제34조 인간다운 생활을 할 권리, 제35조 환경권 및 주거권(쾌적한 환경에서 생활할 권리), 제36조 혼인과 가정생활의 보호, 모성의 보호 및 보건권 등의 헌법 규정은 사회복지의 범위와 내용을 규정한 최상위의 규범이다. 또한 헌법 제94조, 제96조의 행정조직 규정과 제4장 제2절 행정부, 제8장 지방자치, 제9장 경제의 사회복지 작용 규정은 사회복지법의 법원으로서 가장 기본적인 것이다(김근조, 1994 : 44).

특히 제31조에서 제36조의 규정[3]은 소위 '복지권' 또는 '생존권' 규정으로서 사회복지법의 기본방향이자 기본근거이다. 이들 헌법 규정은 사회복

2) 헌법 제10조 "모든 국민은 인간으로서의 존엄과 가치를 지니며, 행복을 추구할 권리를 가진다. 국가는 개인이 가지는 불가침의 기본적 인권을 확인하고 이를 보장할 의무를 진다".

3) 넓은 의미의 복지권은 헌법 제31조에서 제36조가 해당하며 좁은 의미의 복지권은 헌법 제34조가 해당된다(신섭중 외, 1999 : 35).

지 관련 하위법규의 존립 근거이면서 동시에 재판의 규범으로서도 의미를 지닌다(신섭중 외, 1999 : 35).

이 중 제34조는 다음과 같다. 제34조 ① 모든 국민은 인간다운 생활을 할 권리를 가진다. ② 국가는 사회보장·사회복지의 증진에 노력할 의무를 진다. ③ 국가는 여자의 복지와 권익의 향상을 위하여 노력하여야 한다. ④ 국가는 노인과 청소년의 복지향상을 위한 정책을 실시할 의무를 진다. ⑤ 신체장애자 및 질병·노령 기타의 사유로 생활능력이 없는 국민은 법률이 정하는 바에 의하여 국가의 보호를 받는다. ⑥ 국가는 재해를 예방하고 그 위험으로부터 국민을 보호하기 위하여 노력하여야 한다.

여기서 제1항 '모든 국민은 인간다운 생활을 할 권리를 가진다.'는 조항은 사회권의 상징적 표현이며, 사회복지의 근거라고 할 수 있다. 그리고 제2항에서 국가는 '사회보장·사회복지의 증진에 노력할 의무를 진다.'고 하고 있어 사회권을 보장하는 것이 국가의 의무임을 잘 밝히고 있다.

② 법률

헌법 제40조는 "입법권은 국회에 속한다"고 규정함으로써 입법권은 국회의 권한으로 명시하고 있다. 그리고 헌법 제52조는 "국회의원과 정부는 법률안을 제출할 수 있다"고 규정하여, 법률은 입법권을 가지는 국회에서 제정하거나 행정부가 제출한 법률안을 국회가 의결함으로써 만들어진다. 법률안 의결에는 재적의원 과반수의 출석과 출석의원 과반수의 찬성이 필요하다. 상위법인 헌법을 반하는 법률은 제정될 수 없으며 헌법은 하위법인 명령과 시행규칙을 지배한다.

법률은 통상적으로 법률안의 제안, 법률안 심의, 법률안 의결, 의결된 법률안 정부로 이송, 대통령의 서명과 공포로 이루어진다. 입법 절차를 살펴보면 [그림 10－2]와 같다.

제안(제출) - 국회의원 10인 이상 - 정부 ↓	- 제안권자(국회의원), 제출(정부) - 국회의원 : 10인 이상의 찬성 - 국회의 위원회도 그 소관에 속하는 사항에 관하여 법률안 제안 - 정부 : 국무회의 심의를 거쳐 대통령이 서명하고, 국무총리·관계 국무위원이 부서하여 제출
회부 - 국회의장 ↓	- 위원회는 회부된 법률안에 대하여 위원회 상정 → 제안자 취지설명 → 전문위원 검토보고 → 대체토론 → 소위원회 심사보고 → 축조심사 → 찬반토론 → 의결(표결)의 순서로 심사
위원회 심사 - 상임위원회 ↓	- 위원회의 심사를 거치거나 위원회가 제안하는 의안 중 정부조직에 관한 법률안, 조세 또는 국민에게 부담을 주는 법률안 등 주요 의안에 대해서는 당해 안건의 본회의 상정 전이나 상정 후 재적의원 4분의 1 이상의 요구가 있으면 의원 전원으로 구성되는 전원위원회의 심사를 거침
법제사법위원회 체계 자구심사 - 법제사법위원회 ↓	- 국회에서 의결된 법률안은 정부에 이송되어 15일 이내에 대통령이 공포함
전원위원회 심사 ↓	- 대통령은 법률안이 정부에 이송된 지 15일 이내에 공포하여야 함 - 법률로 확정되거나, 확정법률의 정부 이송 후 5일 이내에 대통령이 이를 공포하지 않을 경우 국회의장이 공포함 - 법률은 특별한 규정이 없으면 공포한 날로부터 20일을 경과함으로써 효력을 발생함
본회의 심의·의결 ↓	- 체계·자구심사를 거친 법률안은 본회의에 상정되어 심사보고, 질의·토론을 거쳐 재적의원 과반수의 출석과 출석의원 과반수의 찬성으로 의결됨
정부 이송 ↓	- 국회에서 의결된 법률안은 정부에 이송되어 15일 이내에 대통령이 공포함
대통령의 거부권 행사 ↓	- 법률안에 이의가 있을 때에는 대통령은 정부이송 후 15일 이내에 이의서를 붙여 국회로 환부하고, 그 재의를 요구할 수 있음 - 재의 요구된 법률안에 대하여 국회가 재적의원 과반수의 출석과 출석의원 3분의 2이상의 찬성으로 전과 같은 의결을 하면 그 법률안은 법률로서 확정됨 - 정부이송 후 15일 이내에 대통령이 공포하지 않거나 재의요구를 하지 않는 경우 그 법률안은 법률로서 확정됨
공포	- 대통령은 법률안이 정부에 이송된 지 15일 이내에 공포하여야 함 - 법률로 확정되거나, 확정법률의 정부이송 후 5일 이내에 대통령이 이를 공포하지 않을 경우 국회의장이 공포함 - 법률은 특별한 규정이 없으면 공포한 날로부터 20일을 경과함으로써 효력을 발생함

[그림 10-2] 입법 절차

출처 : 대한민국국회 홈페이지.

사회복지법의 법원으로서의 법률(예 사회보장기본법, 국민연금법, 국민건강보험법, 산업재해보상보험법, 고용보험법, 사회복지사업법, 국민기초생활보장법, 아동복지법 등 사회복지에 관한 개별 법률)은 실질적으로 사회복지의 구체적 내용을 규정하는 법규이다. 이러한 개별 사회복지법률 등에 의해서 국민의 생존권이 실현된다. 따라서 사회복지법의 법원으로서 법률은 서비스의 주체, 서비스의 대상자, 서비스의 종류, 급여의 수준 그리고 사회복지서비스 전달체계 등을 구체적으로 규정하고 있어 사회복지의 실현에 매우 중요한 의미를 지닌다(장동일, 2001 : 79).

법률 차원의 규범 중에서도 중심적이고 지도적인 규범을 가지는 것이 이른바 '기본법'이다. 기본법은 헌법과 일반 법률 사이에 위치하면서 양자를 연결해 주는 역할을 한다(윤찬영, 1998 : 127). 사회복지법에서 이러한 기본법의 성격을 가진 법은 사회보장기본법과 사회복지사업법이다.

먼저 사회보장기본법은 1995년에 제정되어 사회보험, 공공부조, 사회서비스를 총괄하는 그야말로 사회복지 분야의 기본법이다. 이 법은 사회복지법 체계에서 헌법 다음으로 중요한 위치를 차지하고 있다.

그리고 사회복지서비스 분야에서는 사회복지사업법이 일반법으로서 기능한다. 이 법의 특별법 또는 하위법으로는 제2조의 규정에 따라 국민기초생활보장법, 아동복지법, 노인복지법, 장애인복지법, 한부모가족지원법 등 31가지가 있다. 또한 사회복지사업법 역시 적용대상층에 따라 특별법을 두는 경우가 있다. 예를 들어, 장애인고용촉진 및 직업재활법은 장애인복지법 제46조(고용촉진)에 의한 특별법이고, 고용상 연령차별금지 및 고령자고용촉진에 관한 법률은 노인복지법 제23조(노인사회참여 지원)에 의한 특별법이다.

이와 같이 법률단계에서는 기본법을 상위법으로 하여 다양한 법률이 존재하며, 이 법률들은 다시 일반법과 특별법의 관계를 유지한다. 특별법 우선의 원칙에 따라 특별법이 일반법에 우선하여 적용되기는 하지만 이들은 상하위법의 관계에 있기 때문에 특별법이 일반법 또는 기본법의 규정을 위반하는 것도 위법이다(윤찬영, 1995 : 129).

③ 명령(시행령과 시행규칙)

우리 법률은 대륙법계에 속하기 때문에 입법이 제정 또는 개정되어 현실적으로 적용되기 위해서는(실효성을 가지기 위해서는) 법률의 하위규범인 시행령과 시행규칙이 제정되어야 한다. 추상적이고 보편적인 법률 규정을 현실에 적용하기 위해서는 구체적 세부규정이 필요하기 때문이다(윤찬영, 1998 : 129).

명령에는 명령 제정의 주체에 따라 대통령령, 총리령, 부령 등이 있고 각 제정 주체가 제정하는 명령의 내용에 따라 집행명령과 위임명령으로 나뉜다. 부연하면 시행령이란 대통령의 명령으로서 대통령령을 말한다. 대통령은 헌법 제75조의 규정에 의거하여 법률에서 구체적으로 위임받은 사항에 관하여 위임명령을, 그리고 법률을 집행하기 위하여 집행명령을 발할 권한을 가지는다. 또한 시행규칙이란 헌법 제95조에 따라 국무총리나 행정 각부의 장이 법률이나 대통령령의 위임에 의한 위임명령이나 직권에 의한 직권명령을 발할 권한에 따라 제정하는 명령규범이다(윤찬영, 1998 : 129－30). 예컨대 국민연금법 시행령, 국민연금법 시행규칙 또는 노인복지법 시행령, 노인복지법 시행규칙 등으로 표현되는 것이 명령이다(장동일, 2001 : 80－1).

④ 조례와 규칙

자치법규란 지방자치단체(서울특별시 · 광역시 · 도, 시 · 군 · 구)가 법령의 범위 안에서 제정하는 자치에 관한 규정(헌법 제117조)을 말한다. 자치법규에는 조례와 규칙이 있는데 조례는 지방 의회의 의결을 거쳐 제정되고, 규칙은 자치단체의 장이 제정한다. 그리고 자치법규는 그 지방자치단체의 지역

내에서만 효력을 발생한다. 지방자치단체가 제정하는 조례와 규칙이 사회복지에 관한 내용을 규정한 것이라면 마땅히 사회복지법의 법원성이 인정된다(장동일, 2001 : 81).

조례와 규칙은 지방자치단체가 가지는 세 가지 권능, 즉 자치입법권, 자치행정권, 자치재정권(권영성, 1994 : 269) 중 자치입법권에 해당한다고 볼 수 있다. 헌법 이하 법률, 시행령, 시행규칙 등이 중앙정부가 제정하는 법규범이라면, 조례와 규칙은 지방자치단체가 정하는 법규범이다. 조례가 지방정부에서의 법률에 해당한다면, 규칙은 명령에 해당한다.

그렇다면 왜 지방자치단체에서 조례와 규칙을 제정해야 하는가? 그것은 일반적으로 법률이 추상성이나 보편성을 띠고 있고 시행령이나 시행규칙은 중앙정부의 판단과 사정에 따라 제정되므로 지역에 거주하는 사람들의 사정을 충족시키기 어려운 점이 있기 때문이다. 따라서 조례의 제정이 활성화되면 지역주민의 의사를 최대한 반영하고, 법규범의 구체성을 확보할 수 있게 되며, 중앙행정과 조화를 꾀할 수 있게 되는 것이다(윤찬영, 1998 : 131－2).

⑤ 국제법

국제법에는 국제조약과 국제법규가 있는데, 국제조약은 조약, 협정, 협약, 약정 등 그 명칭이 어떠하더라도 국가와 국가 간, 국가와 국제기관 사이에 법적 효력이 있는 합의를 말하며, 국제법규는 우리나라가 당사국이 아닌 조약으로 국제사회에서 일반적으로 규범성이 승인된 것(예 국제연합헌장)과 국제관습법을 말한다(김도창, 1985 : 134). 우리나라 헌법은 “헌법에 의해 체결·공포된 조약과 일반적으로 승인된 국제법규[4]는 국내법과 같은 효력을 가진다”(헌법 제6조 1항)고 규정하고 있어 사회복지와 관련된 것이면

4) 여기서 ‘일반적으로 승인된 국제법규’란 국제사회에서 보편적으로 승인되고 있는 각종 불문법적 관습법과 선언 등을 포함한다고 보아야 할 것이다(윤찬영, 1998 : 146).

사회복지법의 법원으로 인정해야 한다(신섭중 외, 2001 : 91).

(2) 불문법으로서의 법원

불문법이란 성문법 이외의 법을 말하며, 입법기관에 의하여 문서로서 제정, 공포되지 아니하므로 이를 불문법 또는 비제정법이라고 한다(장동일, 2001 : 83). 이러한 불문법에는 관습법, 판례법, 조리법 등이 있다.

① 관습법

관습법이란 장기간에 걸쳐 사회적 관행으로 준수되어 온 사회생활의 규범이 불문의 형태로서 국가에 의하여 승인, 강행되는 불문법을 말한다(장동일, 2001 : 83). 즉, 관습법은 사회의 사실상의 관행이 계속적이고 일반적으로 행해짐에 따라 법적 효력을 가지게 되는 불문법(신섭중 외, 1999 : 37)이다. 따라서 사회복지법에서도 관습법이 사회복지법을 보충할 경우 마땅히 사회복지법의 법원으로 인정해야 한다(신섭중 외, 2001 : 92).

② 판례법

판례법은 위헌심판, 헌법소원, 권한쟁의 심판 등에 대한 법원이 내리는 판결이나 헌법재판소의 판단에 의해 형성되는 것으로, 다른 비슷한 사건에도 적용되어야 한다는 의미에서 법원성이 인정된다. 이와 같이 재판이 선례, 즉 판례가 그 후의 재판을 구속할 때 판례는 법원이 되며 이러한 판례를 판례법이라 한다.

1994년 서울에 사는 노인 부부인 심창섭 옹과 부인 이금순 씨가 소송을 청구한 일이 있었다. 그들은 생활보호법에서 규정한 거택보호대상자였는데, 그 당시 보건사회부 장관이 고시한 1994년 생계보호기준에서 정한 생계보호비는 월 65,000원 수준으로, 이는 육체적 최저생계비 월 105,000원에도 크게 못 미치는 것이었다. 따라서 그들은 이 생계보호기준이 헌법이 보장한 행복을 추구할 권리와 인간다운 생활을 할 권리를 침해하며 헌법에 위반된다는 이유로 헌법소원심판을 청구한 것이다(최선화 외, 2000 : 126). 1997년 5월 29일 헌법재판소는 결국 청구인들의 심판청구를 모두 기각한다는 결정을 내렸지만 이후 수급자들이 권익보호활동을 활발히 전개할 수 있는 터전을 만들었다는 점에서 그 의의를 찾을 수 있다. 즉, 앞으로는 판례법이 사회복지법의 보충적 법원으로서의 중요성을 더해 갈 것이다.

③ 조리법

조리란 건전한 상식으로 판단할 수 있는 사물, 자연의 본성에 적합한 원리(이치, 도리)를 말한다. 즉, 사물의 이치, 본질적 법칙, 합리적 원리를 말하며 이에 따른 법을 조리법이라고 한다(장동일, 2001 : 85). 이러한 조리법은 사회복지법에서도 중요한 법원이 되는데, 그것은 현행 사회복지법이 대상자들의 욕구를 적절히 수렴하지 못하고 있고, 또 법체계가 미비한 점이 많아 조리에 의해 판단 또는 해석할 수밖에 없는 규정 및 용어가 많기 때문이다. 따라서 조리법은 사회복지법의 문제점을 보충해 주는 법원으로서 중요한 역할을 할 것이다(신섭중 외, 1999 : 38).

3) 사회복지급여수급권

사회복지법상 권리는 법의 적용을 받는 대상자들을 권리의 주체로서 인정하고 사회복지 급여 및 서비스에 대한 이익을 추구할 수 있도록 법이 부여해 준 것이다. 구체적으로 권리는 개별법에서 대상자의 수급권으로 드러나지만 근본적인 권리의 근거는 인권에서 시작된다. 다시 말해 전통적으로 사회복지는 인간의 가장 기본적 권리인 인권을 실천해 왔다. 그리고 추상적인 인권이 현실법상에서는 헌법에 나타난 사회적 기본권을 통해 구현되고 있으며, 이는 다시 개별 사회복지수급권을 통해 직접적으로 실현된다. 따라서 사회복지수급권은 인권을 구체적으로 실천하는 권리로서 중요한 의미를 지닌다(김수정, 2017).

사회복지법을 통해 국가는 개인들에게 급여나 서비스를 제공하고 이때 국가와 국민은 급여 및 서비스를 매개로 법률관계가 형성되며, 국민은 급여나 서비스를 청구할 수 있는 권리를, 국가는 이에 대한 의무를 지게 된다. 이때 개인이 개별 법률에 근거하여 가지는 급여 및 서비스 청구권을 수급권이라 한다. 이러한 수급권은 인권이나 기본권에 비해 구체적이고 직접적인 권리라고 할 수 있다(윤찬영, 2010: 336). 실체적 권리로서 사회복지수급권은 헌법상의 생존권 규정을 이어받아 이를 실현하려는 구체적인 사회복지법이 제정되었을 때, 당해 사회복지법에 의거하여 실제적인 사회복지 급여를 청구할 수 있는 구체적인 권리를 말한다(김 훈, 2009: 96−97; 현외성, 2009: 136−139).

사회보장기본법 제9조는 "모든 국민은 사회보장 관계 법령에서 정하는 바에 따라 사회보장급여를 받을 권리(이하 "사회보장수급권"이라 한다)를 가진다"고 규정함으로써 모든 국민이 사회보장수급권을 가짐을 명시하고 있다. 그리고 동법 제39조는 "위법 또는 부당한 처분을 받거나 필요한 처분을 받지 못함으로써 권리 또는 이익의 침해받은 국민은 행정심판법 따른 행정심판을 청구하거나 행정소송법에 따른 행정소송을 제기하여 그 처분의 취소 또는 변경 등을 청구할 수 있다"고 하여 권리구제를 위한 법적 장치를 마련하고 있다. 다음은 사회보장기본법에서 규정하고 있는 사회보장급여의 수준과 신청, 사회보장수급권의 보호, 제한 및 포기와 관련한 조항이다.

사회보장기본법

제10조(사회보장급여의 수준) ① 국가와 지방자치단체는 모든 국민이 건강하고 문화적인 생활을 유지할 수 있도록 사회보장급여의 수준 향상을 위하여 노력하여야 한다.

② 국가는 관계 법령에서 정하는 바에 따라 최저보장수준과 최저임금을 매년 공표하여야 한다.

③ 국가와 지방자치단체는 제2항에 따른 최저보장수준과 최저임금 등을 고려하여 사회보장급여의 수준을 결정하여야 한다.

제11조(사회보장급여의 신청) ① 사회보장급여를 받으려는 사람은 관계 법령에서 정하는 바에 따라 국가나 지방자치단체에 신청하여야 한다. 다만, 관계 법령에서 따로 정하는 경우에는 국가나 지방자치단체가 신청을 대신할 수 있다.

② 사회보장급여를 신청하는 사람이 다른 기관에 신청한 경우에는 그 기관은 지체 없이 이를 정당한 권한이 있는 기관에 이송하여야 한다. 이 경우 정당한 권한이 있는 기관에 이송된 날을 사회보장급여의 신청일로 본다.

제12조(사회보장수급권의 보호) 사회보장수급권은 관계 법령에서 정하는 바에 따라 다른 사람에게 양도하거나 담보로 제공할 수 없으며, 이를 압류할 수 없다.

제13조(사회보장수급권의 제한 등) ① 사회보장수급권은 제한되거나 정지될 수 없다. 다만, 관계 법령에서 따로 정하고 있는 경우에는 그러하지 아니하다.

② 제1항 단서에 따라 사회보장수급권이 제한되거나 정지되는 경우에는 제한 또는 정지하는 목적에 필요한 최소한의 범위에 그쳐야 한다.

제14조(사회보장수급권의 포기) ① 사회보장수급권은 정당한 권한이 있는 기관에 서면으로 통지하여 포기할 수 있다.

② 사회보장수급권의 포기는 취소할 수 있다.

③ 제1항에도 불구하고 사회보장수급권을 포기하는 것이 다른 사람에게 피해를 주거나 사회보장에 관한 관계 법령에 위반되는 경우에는 사회보장수급권을 포기할 수 없다.

5. 사회복지조사

1) 과학적 연구방법과 사회복지조사

(1) 과학의 개념과 특성

과학을 정의하는 것은 어렵다. 많은 과학자들이 과학을 설명하기 위해 다양한 의견을 내놓았다. 여기서는 과학의 정의를 단순화시켜, "대상이나 현상에 대한 정보를 체계화하여 이론을 도출해 나가는 지식체계이며 인간의 지성적 활동과정 혹은 그 결과물의 집합"이라고 갈음하기로 한다. 이러한 과학의 기본목적은 사회현상과 자연현상을 포함하여 모든 현상에 대한 법칙이나 규칙을 발견하여 이론[5]을 제시하는 것이다.

이러한 과학의 특징은 다음과 같다(황인옥, 2019 : 9-11).

① 논리적이며 체계적이다.
② 결정론적[6]이다.
③ 일반화를 모색한다.
④ 간결한 것을 추구한다.
⑤ 구체적이다.
⑥ 경험적으로 검증이 가능해야 한다.
⑦ 설명[7]을 목적으로 하고, 이론에 기반한다.
⑧ 수정 가능하다.

---

5) 이론은 현상을 설명하고 예측할 목적으로 변수 간의 관계를 상세히 기술함으로써 현상에 대한 체계적인 견해를 제시하는 것이다.
6) 과학에서는 모든 현상이 원인과 결과가 있으며, 논리적으로 원인과 결과관계로 이해될 수 있어야 함을 가정한다.
7) 설명에는 인과적(causal) 설명과 목적론적(teleological) 설명이 있다. 인과적 설명은 자연현상을 하나의 방대한 기계임을 전제로 하는 결정론적 형이상학을 전제로 하는데 반해, 목적론적 설명은 자연현상을 의도적 전제로 보는 형이상학적 자유의지를 전제로 한다(박이문(1993), 과학철학이란 무엇인가, 서울: 민음사, p. 23.).

⑨ 가치중립적이다.

⑩ 간주관성[8)]이 있다.

이러한 과학적 방법이 필요한 이유는 일반적 지식추구의 방법이 과학적 방법에 비해 부정확하고 부적절하기 때문이다. 일반적 지식추구의 방식은 보통 권위나 전통, 상식에 의거할 경우가 많은데, 이런 방식을 따를 경우 올바른 지식에 이르기 힘들어지거나 지식을 왜곡시킬 수 있다. 이러한 일상적 지식 습득 과정에서 발생하는 대표적인 오류로는 ① 부정확한 관찰, ② 과도한 일반화, ③ 선별적 관찰, ④ 사후가설 설정, ⑤ 비논리적 추론, ⑥ 탐구의 조기 종결, ⑦ 꾸며진 지식, ⑧ 자아 개입, ⑨ 신비화 등이 있다.

(2) 과학적 이론의 탐구방법

과학적 이론의 형성의 방법은 연역적 접근방법과 귀납적 접근방법의 상이한 접근 방법 두 가지가 있어 왔다. 이론과 경험을 결합하는 연역적 방법과 귀납적 방법은 독립적이라기보다는 순환적인 관계를 다음 그림 |그림 10-3|과 같이 유지하고 있다. 이론을 검증하기 위해 행해지는 관찰과 관찰을 통해 이론을 형성하는 귀납적 방법이 되풀이되면서 사회과학 이론이 보다 정교해져 가는 것이다.

8) 간주관성이란 연구자들이 서로 다른 주관적 동기를 가지고 연구에 임했더라도 동일한 연구에 대한 동일한 연구과정을 거쳤다면 같은 결과를 내어야 함을 의미한다.

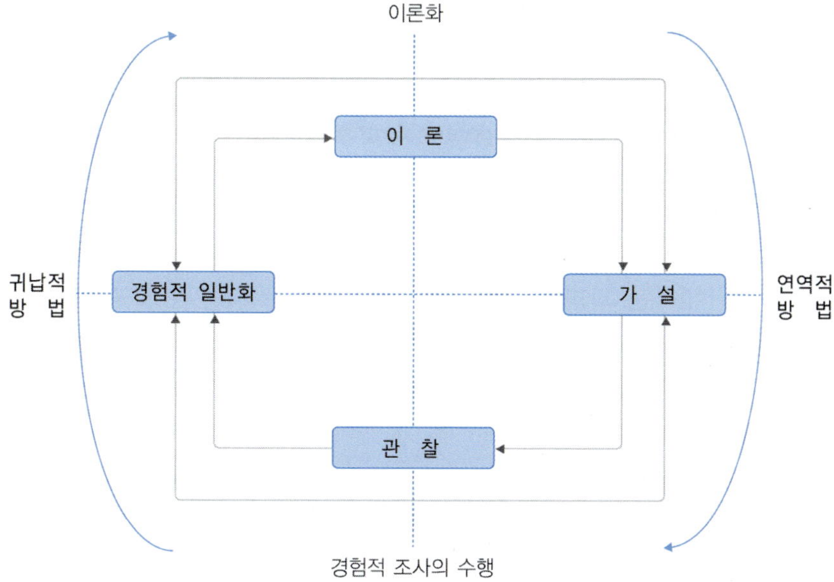

[그림 10-3] 연역적 방법과 귀납적 방법의 순환관계

출처 : Wallace(1971). p. 18에서 재구성.

① 연역법

연역적 방법은 기존의 이론이나 일반적 원리를 이용하여 새로운 가설을 도출하고 이를 경험적 관찰을 통하여 실증적으로 검증해 봄으로써 이론을 형성하는 방법이다. 따라서 연역법은 전통적인 방법으로 이론 → 가설 → 조작화 → 관찰 → 검증이란 과정을 거치게 된다.

연역법은 사건과 사건 사이의 필연적 관련성을 그 형식적 구조를 통하여 밝히는 추론을 통한 방법인 것이다. 그러므로 이 방법은 '전체에 대해서 참인 것은 부분에 관해서도 참이다'라는 법칙에 의거하여 보편적인 원리로부터 부분에 대한 지식을 이끌어 낸다. 즉, 일반적인 것(general)으로부터 특수한 것(specific)을 추론해 내는 방법인 것이다(이경남 외, 2020 : 161). 연역법은 전형적인 과학적 방법이라는 실증주의적 입장에서 이론을 형성할 때 보통 사용하는 접근방법이다.

② 귀납법

귀납적 방법은 개별 사례의 경험적 관찰에서 출발하여 보편적 유형을 찾는 방법이다. 이 방법은 특수한(specific) 사실을 전제로 하여 일반적인(general) 진리 또는 원리로서 결론을 내리는 방법이다. 즉, 과학자가 관찰한 사실을 설명하기 위해 이론을 형성해 가는 과정이다. 이 귀납적 방법은 실증주의적 방법에 반대하는 과학적 방법론자에 의해 주로 사용된다. 귀납적 방법은 연구주제 선정 → 관찰 → 유형 발견(경험적 일반화) → 임시결론(이론)의 단계를 거친다.

이와 같은 연역법과 귀납법은 어느 한쪽이 상대적으로 우월한 방법이 아니다. 즉, 상호배타(대립)적인 관계가 아니라 상호보완적인 관계에 있는 과학적 접근방법이다. 따라서 지식에 대한 이해는 분석적인 연역적 방법과 경험적인 귀납적 방법에 의해 이루어지게 되는데 과학에서 필요한 논리는 이 중 어느 한쪽만을 취해서는 안 된다.

일반적으로 기존의 이론이 존재할 때에는 연역법을 사용하고, 기존의 이론이 존재하지 않을 때에는 귀납법을 사용한다. 대부분의 양적 연구는 연역법에, 그리고 질적 연구는 귀납법에 기초를 둔다(황인옥, 2019 : 21).

(3) 사회복지조사의 개념, 필요성 및 특징

사회복지조사는 개인의 욕구를 충족시키고 행복을 증진시키며, 사회적 문제를 해결하기 위한 방안을 강구함에 있어 직면하는 문제에 대한 해답을 구하는 데 도움을 주는 자료를 수집하는 지식탐구절차를 말한다. 때로는 사회복지 이론과 관련된 이슈의 해답을 구하기 위해 사회복지조사가 수행된다(김기원, 2001 : 51). 사회복지조사는 사회복지의 목적을 달성하기 위한 수단인 것이다.

사회복지조사방법은 실천적인 이론들이 현장에서 개발되는 것을 돕고, 그런 이론들이 타당한지의 여부를 경험적으로 검증할 수 있게 한다. 실천이론들이 조사방법을 통해 경험적 검증과정을 거쳐 축적되어 가면 그것이 곧 궁극적으로는 사회복지의 일반적 지식 확대를 가져오게 된다(김영종, 1999 : 21). 따라서 사회복지조사는 사회복지전문직의 실천을 위한 과학적 지식의 습득·축적이라는 점에서 의의를 가진다.

사회복지조사는 사회복지사 자신이 수행하고 있는 사회복지실천 개입의 효과성을 높이기 위해서, 사회복지실천에 적용한 이론의 검증을 위해서, 사회복지실천과 이론의 과학적 발전을 위해서, 사회복지 전문직으로서 서비스 이용자에 대한 책임성을 높이기 위해서, 그리고 자기 분야의 최신 연구 및 사회복지에 영향을 미칠 수 있는 논의들에 대해 보다 쉽게 잘 접근하는 동시에 비판적으로 평가하기 위해서 필요하다.

이러한 사회복지조사는 다음과 같은 특징을 가지고 있다(김기원, 2001 : 53-54).

① 응용조사와 순수조사[9]의 양면성을 가지고 있다.
② 사회개량적 성격을 가지고 있다.
③ 욕구조사 및 분석을 위해 사회복지조사를 활용하여야 한다.
④ 사회복지조사는 효과성 및 효율성을 측정하는 데 필요한 도구로 활용된다.
⑤ 개입방법을 연구하는 성격을 가지고 있다.
⑥ 사회복지를 과학화하는 성격을 가지고 있다.

---

9) 순수조사의 동기는 순전히 조사자의 호기심 충족에 있다. 조사자는 단순히 그의 주변의 세계에 관하여 관심을 가지고 이것을 이해하는 것이 그 목적이며 이것을 직접 또는 간접으로 어떠한 이용을 하고자 하는 생각은 없는 것이다. 반면, 응용조사는 연구의 목적은 구체적인 실제 문제의 해결에 있다. 즉, 조사자는 그 연구 결과가 구체적으로 어떻게 이용될 것이라는 사실을 잘 알고 있는 것이 보통이며, 연구자는 전 조사과정을 그러한 방향으로 몰고 가는 것이다.

2) 사회복지조사의 유형

(1) 목적에 따른 분류

조사는 연구하고자 하는 목적에 따라 ① 탐색적 조사(exploratory research), ② 기술적 조사(descriptive research), ③ 설명적 조사(explanatory research) 등으로 구분된다. 먼저 탐색적 조사는 연구문제에 대한 사전 연구들이 충분하지 않을 때 연구자가 앞으로 진행할 조사에 앞서 예비적으로 실시하는 조사를 말한다. 기술적 조사는 관찰한 것을 서술적으로 기술하는 것으로, 단지 있는 그대로를 기술・묘사하는 것을 말한다. 그리고 설명적 조사란 '어떤 과정을 통하여 이런 결과가 도출되었나?'라는 문제의 원인을 묻는 질문에 대해 문제를 어떻게 해결할 것인지에 대한 해답을 제공하는, 즉 인과관계를 설명하고 미래를 예측하기 위한 조사를 말한다(이경남 외, 2020 : 163-164).

(2) 시간적 차원에 따른 분류

조사는 시간적 차원에 따라 ① 횡단적 조사(cross-sectional study), ② 종단적 조사(longitudinal study), ③ 유사종단적 조사(quasi-longitudinal study) 등으로 구분된다. 먼저 횡단적 조사는 조사가 어떤 한 시점에서 이루어지는 것을 말한다. 다음으로 종단적 조사는 여러 시점에 걸쳐 조사를 반복하는 것을 말한다. 종단적 조사는 대상의 특성에 따라 경향연구, 동년배집단연구, 패널연구로 구분한다. 마지막으로 어떤 한 시점에서 조사가 이루어지지만 그 결과는 여러 시점에 걸쳐 반복적으로 조사한 것처럼 나타날 때 이를 유사종단적 조사라 한다(이경남 외, 2020 : 164).

(3) 조사 자료의 성격에 따른 분류

조사내용에 포함된 자료(data, 데이터)의 성격에 따라 양적 조사와 질적 조사로 분류된다. 양적 조사(quantitative study)는 조사대상을 계량적 척도를 적용하여 집계하는 방법으로서 흔히 통계적 조사라고 한다. 객관적인 자료를 수집하는 데 많이 쓰이는 방법으로서, 자료의 결과는 모두 수량화된다. 이에 반해 질적 조사(qualitative study)는 수량화시키기 어려운 조사대상에 대하여 실태를 파악하려는 방법으로서, 조사대상의 특질을 기술하는 방법이며, 현장연구라고 명명되기도 한다. 행위자의 언어, 몸짓, 행동 등 상황과 환경적 요인들을 현지조사, 심층면접, 참여관찰 등을 통해 조사하는 것으로 실천, 이야기, 생활방식, 하위문화 등이 질적 조사의 주제가 된다(황인옥, 2019 : 59-60). 양적 조사와 질적 조사의 차이는 <표 10-4>와 같다.

〈표 10-4〉 양적 조사와 질적 조사의 차이점

양적 조사	질적 조사
질문지, 구조화된 면접과 관찰[10)	심층면접, 초점집단면접, 참여관찰, 사례연구, 비구조화된 면접과 관찰[11)
연구 절차가 사전에 결정됨. 유연성(융통성)이 없음	연구 절차가 유연성(융통성)이 있음, 초기의 분석틀을 도중에 변경할 수 있음
정형화된 측정과 척도를 사용	조사자의 준거틀을 사용(연구자 자신이 연구도구로서 연구자의 자질과 역할이 중요)
계량적, 축소 주의적, 결과 지향적 (정량적 자료)	비계량적, 확장 주의적, 과정 지향적 (정성적 자료)
조사를 객관적으로 수행	통제되지 않은 자연 상태에서 주관적으로 수행, 가치 개입적
가설검정, 사실 확인, 추론지향 선(先)이론 후(後)조사의 방법 활용	탐색, 발견, 서술지향

10) 양적 조사의 사례 : 단일사례조사로 청소년들의 흡연횟수를 3개월 동안 주기적으로 기록함
11) 질적 조사의 사례 : ① 잠재적 클라이언트에 대한 심층면접을 실행하고 기록함, ② 노숙인들과 함께 2주간 생활하면서 참여관찰함, ③ 초점집단면접을 통해 문제해결방안을 도출함, ④ 사례연구의 기록을 분석하여 핵심적 개념들을 추출함

연역법 사용	귀납법 사용
조사결과의 일반화 가능성 높음	조사결과의 일반화 가능성 낮음
주로 확률표본추출방법을 사용	주로 비확률표본추출방법을 사용하지만, 확률표본추출방법이 사용될 수도 있음
표본크기가 큼	표본크기가 작음
이론적 근거 : 실증주의, 논리실증주의	이론적 근거 : 현상학[12], 해석학, 근거이론, 민속지학(문화기술지연구)[13], 내러티브연구 등
신뢰성 있는 자료 산출	타당성 있는 자료 산출, 소수의 사례를 깊이 있게 관찰하고 심층규명을 함
문제점 : 다른 변인의 통제가 어려움, 구체화의 문제, 강제적이며 타당성 확보의 문제	문제점 : 시간이 많이 소요, 표준화된 절차의 결여, 다수의 표본으로 조사하기 어려움, 신뢰성 확보의 문제(신뢰도를 따질 수 없는 것은 아님)

출처 : 황인옥(2019), p. 60.

(4) 프로그램의 과정에 따른 분류

조사는 프로그램의 과정에 따라 욕구조사와 프로그램평가조사로 나눌 수 있다. 먼저 욕구조사는 사회복지 분야에서 많이 활용되고 있는 조사방법으로, 특정 지역사회 또는 특정 집단의 사회문제를 해소하기 위한 서비스의 개발이나 기존 서비스의 보완을 위한 작업에 앞서 대상 집단의 욕구를 정확히 파악하기 위해 실시하는 조사이다(채구묵, 2002 : 265). 욕구조사를 통해 자료를 수집하는 방법은 여러 가지가 있다. 즉, 지역사회 공개토론회, 주요 정보제공자 조사, 사회지표 조사, 일반집단 조사, 표적집단 조사, 델파이 기법, 2차적 자료조사, 프로그램 운영자 또는 서비스제공자 조사, 그리고 통합적 방법 등이 있다(양정하 외, 2006 : 276). 그리고 프로그램평가조사는 개입기술과 프로그램이 본래 의도한 목적을 어느 정도 달성하였는지에 대해 조사하는 응용조사이다. 평가조사는 특정 개입기술이나 프로그램의

12) 현상학은 경험의 본질적 의미를 탐구한다.
13) 예를 들어, 외국이주집단의 문화를 연구한다.

개선이나 또는 계속 수행의 여부를 결정짓기 위하여 개별적인 개입기술이나 프로그램이 그 목표하는 바를 어느 정도 달성하였는지를 측정하는 조사이다(남세진 · 최성재, 1988 : 170 재인용). 프로그램평가조사의 모델은 총괄평가조사모델, 형성평가조사모델, 총괄-형성 혼합모델로 구분할 수 있다.

(5) 조사대상자의 범위에 따른 유형

조사대상자의 범위를 어떻게 하는지에 따라, 즉 표본추출의 여부에 따라 전수조사, 표본조사로 분류된다. 전수조사(complete enumeration)는 조사대상 전부를 조사하는 것이다. 대표적인 것이 인구조사(census)이다. 반면 표본조사(sampling study)는 대표할 수 있는 표본을 모집단으로부터 선발하여 이들을 대상으로 조사하는 것을 말한다. 표본을 대상으로 얻어진 결과를 추론함으로써 모집단의 특성을 살피는 표본조사를 하기 위해서는 선정된 표본이 모집단을 얼마나 대표할 수 있는지가 가장 중요하다. 그리고 표본을 어느 정도로 할 것인지 하는 점은 조사의 내용 및 분석방법에 따라 달라진다(황인옥, 2019 : 62).

3) 사회복지조사의 절차

사회복지조사는 연구주제 설정, 가설 설정, 조사설계, 자료수집, 자료분석 및 해석, 그리고 조사보고서 작성의 여섯 단계로 진행된다(<표 10-5> 참조).

〈표 10-5〉 사회복지조사의 절차

<table>
<tr><th>단계</th><th>절 차</th><th>내 용</th><th>비 고</th></tr>
<tr><td>1</td><td>연구주제 설정
(연구문제 형성)</td><td>조사연구자가 다루고자 하는 주제, 목적, 중요성 및 기여도 등을 논리적으로 정립하는 단계</td><td rowspan="2">이론</td></tr>
<tr><td>2</td><td>가설 설정</td><td>너무 일반적이거나 추상적인 주제를 조사 가능한 구체적인 가설로 세분화하는 단계</td></tr>
<tr><td>3</td><td>조사설계</td><td>필요한 자료를 수집하기 위해 자료수집방법, 모집단 및 표본추출방법, 조사도구의 작성 등을 결정하는 단계</td><td rowspan="2">조사
방법론</td></tr>
<tr><td>4</td><td>자료수집</td><td>조사설계에 의해 자료를 수집하는 단계</td></tr>
<tr><td>5</td><td>자료분석 및 해석</td><td>수집된 자료를 정리분석한 후, 의미 있는 결과를 찾아내는 단계</td><td>통계학</td></tr>
<tr><td>6</td><td>조사보고서 작성</td><td>보고서 작성 단계</td><td>이론</td></tr>
</table>

사회복지조사의 절차를 구체적으로 살펴보면 다음과 같다(황인옥, 2019 : 50－52).

(1) 연구주제 설정(연구문제 형성)

연구자가 다루고자 하는 주제, 목적, 중요성 및 기여도 등을 논리적으로 정립하는 단계로 조사의 목적과 대상 그리고 범위를 한정 지어 연구주제를 설정하여야 한다. '연구주제를 설정하게 되면 연구의 반을 수행한 것과 같다'라는 말이 있다. 그만큼 연구주제 설정은 중요하면서 조사에서 핵심적인 부분이다. 이러한 연구주제를 설정하는 데 있어 비용, 시간, 윤리성 등이 고려되어야 한다.

또한 연구주제를 보다 명확하게 하기 위해 상황분석, 문헌조사, 전문가의 의견조사와 그 외에 사례연구들이 빈번하게 수행된다. 그리고 조사자나 조사기관에서 어떠한 자료가 필요한 것인지, 그러한 자료를 얻을 수 있는지 등의 의문에 기초하여 조사의 필요성을 결정한다. 그리고 조사를 어떠한 목적으로 실시하며, 그 결과를 어떻게 활용할 것인지에 대한 사항을 명확히 하여야 하며, 조사 범위를 한정해야 한다.

(2) 가설 설정

너무 일반적이거나 추상적인 주제를 조사 가능한 구체적인 가설로 세분화하는 단계이다. 여기에서 주어진 연구주제에 관한 개념들이 구체화되며, 가설[14], 분석단위[15], 변수[16], 조작적 정의[17] 등이 이루어진다. 특히 가설은 연구문제와 그 이론에 따라 구성되는 것이 바람직하다.

(3) 조사설계

조사설계는 연구방법을 결정하는 것으로, 필요한 자료를 수집하기 위해 자료수집방법, 모집단 및 표본추출방법, 조사도구의 작성(구조화된 설문지 작성 등) 등을 결정하는 단계이다. 구체적인 조사방법의 선택은 연구목적에 의해 영향을 받는다. 조사설계는 규정된 문제에 대한 종합적인 검토(조사목적, 연구문제, 연구가설 등의 검토)와 여러 가지 조사방법 중 조사목적과 내용에 가장 적합한 방법과 조사골격의 설정, 조사설계의 신뢰성, 타당성, 결과의 일반화 가능성 등의 기준을 통하여 이를 평가하는 단계이다. 여기서 조사방법의 결정은 각 장·단점이 있으므로 필요에 따라 몇 가지를 보완하는 방식을 택하는 것이 바람직하다.

조사설계단계에서는 조사표와 대상선정 그리고 도구개발을 결정하여야 한다.

조사표에는 세부적인 조사항목이 전부 포함되도록 하고, 가능한 한 조사

---

14) 가설이란 경험적으로 검증되지 않은 이론으로, 둘 이상의 변수들 간의 관계를 예측하는 진술, 혹은 둘 이상의 변수들 간의 관계를 가정하는 문장이다. 가설은 '만일 학력이 높다면, 생활만족도가 높을 것이다.'와 같이 표현한다(황인옥, 2019 : 84).

15) 분석단위는 조사를 통해 무엇 혹은 누구를 연구하고자 하는지를 의미하는 것으로, 개인, 집단, 공식적 사회조직, 사회적 생성물(가공물) 등이 있다(황인옥, 2019 : 63).

16) 변수(variable)란 연구대상의 속성에 계량적인 수치를 부여하여 경험적으로 측정할 수 있는 개념이다. 어떤 개념을 변수라고 지칭하려면 경험적으로 측정 가능한 두 개 이상의 속성을 가져야만 한다. 성별은 남자와 여자라는 변수값을 가지는 변수이며, 고등학교의 학년은 1, 2, 3학년이라는 변수값을 가지는 변수이다(황인옥, 2019 : 92).

17) 조작적 정의는 추상적인 개념을 실증적, 경험적으로 측정 가능하도록 정의하는 것이다(황인옥, 2019 : 83).

하고자 하는 영역별로 배열하는 것이 좋다. 특히 면접이나 질문지인 경우에는 응답자가 명확하게 의미를 파악할 수 있도록 평이하고 구체적인 문항으로 작성되어야 한다.

조사에 필요한 대상을 선정하고, 조사대상을 선정하고 나면, 조사자는 무슨 도구로 자신이 원하는 자료를 얻을 것인지를 결정하여야 한다. 즉, 자료를 얻어내기 위한 측정 도구를 마련하여야 한다.[18)]

(4) 자료수집

조사설계에 의해 이용 가능한 2차 자료의 추출 및 1차 자료의 수집을 위하여 실제로 자료를 수집하는 단계이다. 자료수집 방법은 기존의 다양한 문서를 참고하는 방법에서부터 관찰, 면접, 질문, 우편, 전화 등을 이용하는 방법에 이르기까지 매우 다양하다.

조사는 예비조사와 본조사로 나누어 실시할 수 있다. 예비조사에서는 문항이나 척도의 신뢰도・타당도를 검정하여 문항의 이해도와 같은 본 조사에 필요한 각종 참고자료의 수집을 목적으로 한다. 예비과정에서 발견된 조사방법상의 문제점을 수정・보완하여 본 조사를 실시한다. 필요한 경우에는 조사원을 교육시켜 자료조사를 실시할 수 있다. 조사원의 자질, 능력 등에 따라 조사 자료의 신뢰성, 정확성이 크게 좌우되기 때문이다. 그리고 여건에 따라 확률표집방법(단순무작위표집, 체계적표집, 층화표집, 집락표집 등)이나 비확률표집방법(편의표집, 유의표집, 할당표집, 눈덩이표집 등)으로 대상자를 선정(표본을 추출)하여 자료수집을 한다.[19)]

(5) 자료분석 및 해석

수집된 자료를 정리분석한 후, 의미 있는 결과를 찾아내는 단계로, 조사

18) 측정과 척도에 대한 구체적인 내용은 황인옥(2019). 사회복지조사론. 서울 : 동문사. 참조바람.

19) 표집방법에 대한 구체적인 내용은 황인옥(2019). 사회복지조사론. 서울 : 동문사. 참조바람.

는 자료수집의 단계가 끝난 후 자료분석 및 해석의 단계를 거친다. 이 단계는 자료의 점검, 부호화, 제표 등 자료정리 이후의 통계적 기법을 이용하여 자료의 분석 및 해석을 하는 단계이다. 자료 분석은 원래 조사가 목적하는 바에 그 바탕을 두어야 한다. 즉, 조사설계를 계획할 때부터 수집할 자료의 성격과 분석방법은 일관성 있게 결정하여야 한다. 자료의 분석 작업은 제표를 어떻게 읽고, 어떻게 설명하며, 어떠한 결론을 도출하느냐 하는 것이다. 따라서 자료분석 및 해석 후에 결론을 도출하고, 연구문제에서 도출된 명제가 참인지 거짓인지에 대한 판단, 그러한 결과에 대한 일반화는 가능한지의 여부, 방법상의 한계를 인지한 결론에 대한 한계 설정, 연구 결과의 함의성을 숙고하게 된다.

조사에 있어서 이 과정은 상당히 중요한데, 그 이유는 분석 작업은 조사의 성질에 따라 또는 조사자의 관념에 따라 다양한 분석이 나타나기 때문이다. 자료 분석이 본래의 연구목적을 잘 반영하는 모습으로 이루어져야 한다는 것이다. 뿐만 아니라 자료의 성격도 기본적으로 고려해야 한다. 이 점은 특히 통계적 처리에서 유의해야 하며, 해석이란 단순한 자료의 해설에 불과하다는 견해를 가진 조사자들이 있지만, 조사자는 조사자대로 자기 자신의 결론을 내릴 의무가 있다는 것을 명심하여야 한다.

(6) 조사보고서 작성

조사연구과정은 조사보고서 작성으로 마무리된다. 이 조사보고서는 문제의 제기 과정에서부터 발견된 사실들에 대한 해석까지를 담는 조사연구 보고서를 작성하는 것이다. 이 보고서에는 조사연구의 방법과 과정, 수집된 자료의 성격, 분석결과 등이 수록되어야 한다. 조사결과를 발표함으로써 사회복지 사업을 효과적으로 추진할 수 있도록 그 배경을 제공하는 데 의의가 있다.

제 11 장

사회복지의 정책 분야

1. 사회보험
2. 공공부조
3. 사회서비스
4. 사회수당, 주택, 교육, 조세, 노동(시장)정책

제 11 장

사회복지의 정책 분야

사회보장기본법 제3조(정의) 제1호에서는 “사회보장이란 출산, 양육, 실업, 노령, 장애, 질병, 빈곤 및 사망 등의 사회적 위험으로부터 모든 국민을 보호하고 국민 삶의 질을 향상시키는 데 필요한 소득·서비스를 보장하는 사회보험, 공공부조, 사회서비스를 말한다”고 규정하고 있다. 따라서 여기에서는 사회복지의 정책 분야로 사회보장기본법에서 규정하고 있는 사회보험, 공공부조, 사회서비스를 비롯하여 그 밖에 사회수당, 주택, 교육, 조세, 노동(시장)정책에 대해 살펴보기로 한다.

1. 사회보험

사회보장기본법 제3조(정의) 제2호에서는 “사회보험이란 국민에게 발생하는 사회적 위험을 보험의 방식으로 대처함으로써 국민의 건강과 소득을 보장하는 제도를 말한다”고 규정하고 있다. Rejda(1999)는 다음과 같이 사회보험의 특징을 제시하였다.

① 강제적 프로그램으로서 사회적 위험으로부터 사람들을 보호하기 위한 의무적인 제도이다.

② 사회적 위험에 대비하기 위한 최저소득보장제도이다.

③ 개인적 형평성보다 사회적 충분성을 중시한다. 즉, 자신이 낸 보험료에 비례하여 급여를 받는 것(개인적 형평성)보다 모든 가입자가 최저생계수준 이상을 유지토록 급여를 제공하도록 하는 것(사회적 충분성)에 초점을 맞추고 있다. 따라서 사회보험은 사회적 충분성을 보장하기 위해 저소득층, 대가족, 노령층 등이 더 유리하도록 설계하고 있다.

④ 급여수준과 소득수준은 직접적인 연관이 없다. 즉, 개인적인 생활수준이나 자신이 낸 보험료 액수보다는 현재의 욕구에 따라 급여가 결정된다.

⑤ 급여는 권리이며, 자산조사가 없다. 사회보험 수급권은 수급자와 보험자 간의 계약에 의해 규정된 권리이며, 수급자가 수급에 필요한 제반요건을 다 충족시켰기 때문에 수급하는 것으로 자산조사와 무관하다는 측면에서 공공부조와 차별성이 있다.

⑥ 사전에 규정된 욕구에 따라 급여를 제공한다.

⑦ 수익자재정책임원칙이 적용되어 재정은 수혜자인 근로자와 자영업자 그리고 근로자를 고용한 고용주가 책임을 진다.

⑧ 급여는 법으로 규정된다.

⑨ 정부가 주도하면서 정부개입이 필요한 사회문제의 해결을 위해 운용된다.

⑩ 재정의 완전적립이 불필요하다. 그 이유는 일정 기간만 운용되는 것이 아니라 영속적인 프로그램이기 때문이며, 강제 적용으로 신규 가입자가 지속적으로 발생한다. 또한 중앙정부가 궁극적으로 책임지므로 재정적자 발생 시 보험료 인상 등의 방법을 통해 해결하게 되고, 경제적인 측면에서도 완전적립이 바람직하지 않기 때문이다.

우리나라의 사회보험제도에는 국민연금제도, 국민건강보험제도, 산업재해보상보험제도, 고용보험제도, 노인장기요양보험제도가 있는데, 이에 대해 살펴보기로 한다.

1) 국민연금제도

국민연금제도는 노령 퇴직 근로자의 노후 생계보호를 위해 국가와 기업 그리고 근로자로 이루어지는 3자 부담에 의한 보험방식으로 이를 보장해 주기 위한 제도로서 운용되고 있다. 우리나라의 연금보험은 국민연금을 위시하여 공무원연금, 사립학교교직원연금 및 군인연금이 각기 분리되어 실시되고 있다. 그중 국민연금의 특성은 다음과 같다(이경남 외, 2020 : 192).

첫째, 사회보험적 성격을 가짐으로써 강제가입 및 기여금을 바탕으로 하며 소득재분배 기능을 가지고 있다.

둘째, 노령, 장애 또는 사망과 같은 사회적 위험에 대비한 예방적 소득보장제도이다.

셋째, 장기보험적 성격으로서 가입 기간을 20년간으로 하고 60세에 이르렀을 때 노령연금을 수급할 수 있도록 설계되어 있다.

넷째, 국민연금은 선별주의에 근거하여 운용되는 공공부조와는 달리 18세에서 60세에 이르는 국민을 가입대상으로 하는 보편주의의 실현을 목적으로 한다.

1988년 1월부터 시행된 국민연금제도는 최초 10인 이상 사업장의 피고용자를 대상으로 시작하여 1992년 5인 이상 사업장으로 확대되었고, 1995년 농어촌지역 주민, 1999년 5월에는 도시지역 자영업자 및 5인 이하 사업장의 피용자로 확대 시행되었다. 또한 2006년 1월부터는 1인 이상 사업장으로 확대 적용되었다.

국민연금의 가입대상은 국내에 거주하는 국민으로서 18세 이상 60세 미만인 자이다. 그러나 공무원연금법, 군인연금법, 사립학교 교직원연금법 및 별정우체국법의 적용을 받는 자는 제외한다. 가입자는 크게 사업장가입자, 지역가입자, 임의가입자 및 임의계속가입자로 구분한다.

국민연금제도를 통하여 가입자들이 받을 수 있는 급여의 종류와 수준은 다양하다. 국민연금의 급여의 종류에는 노령연금, 장애연금, 유족연금, 반환일시금 등(반환일시금, 사망일시금)이 있다. 이 중 노령연금은 가입 기간이 10년 이상인 가입자 또는 가입자였던 자에 대하여 60세(특수직종근로자는 55세)가 된 때부터 그가 생존하는 동안 지급하는데, 연령 및 가입기간과 소득이 있는 업무에 종사 여부에 따라 노령연금은 완전노령연금, 조기노령연금, 소득활동에 따른 노령연금 및 분할연금으로 구분된다.

이러한 급여는 수급권자의 청구에 의하여 공단이 지급하며, 연금액은 지급 사유에 따라 기본연금액과 부양가족연금액을 기초로 산정한다. 그리고 연금제도는 장기적 소득보장을 목적으로 하고 있으므로 장기간의 연금수급 시 물가상승으로 인하여 연금수급액의 실제 가치가 하락하게 되는 것을 막기 위하여, 연금수준을 실제 가치에 연계시키는 제도적 장치를 마련하고 있는데 이를 연금 슬라이드제라고 한다.

국민연금의 관리운영 주체는 보건복지부 장관으로 규정함으로써 국영방식을 채택하고 있다. 그러나 보건복지부 장관은 실제로 국민연금을 효율적으로 운영하기 위하여 국민연금공단에 위탁운영하고 있어, 국영의 위탁관리방식이 혼합되어 있다고 할 수 있다. 그리고 공단은 법인으로 하여, 법인격을 가지고 있으면서 보건복지부 장관의 감독을 받게 되어 있다. 공단의 업무는 가입자에 대한 기록의 관리 및 유지, 연금보험료의 부과, 급여의 결정 및 지급, 자금의 대여와 복지시설의 설치·운영 등 복지사업, 자금 대여사업 등이다.

연금재원의 조달방식은 적립방식과 부과방식 두 가지가 있다. 적립방식은 장래에 지급될 연금을 가입 기간 동안 보험료, 국고출연금, 누적기금의 이식 등으로 적립하는 재정방식이다. 말하자면, 적립방식의 연금은 근로

기간 중 규칙적으로 저축한 것을 정년 후 되돌려 받는 일종의 강제저축이다. 이에 반해, 부과방식은 일정 기간에 지출될 급여를 동일 기간의 보험료 수입으로 충당하는 재정방식, 즉 매년 전체 가입자가 낸 보험료로 당해연도 연금 지불액을 충당하는 방식이다. 수지 차액이 없기 때문에 지불 준비금 이외에는 적립금이 불필요하다. 서유럽과 미국 등 선진국 대부분이 부과방식을 채택하고 있다(원석조, 2002 : 158-159). 우리나라는 부분 적립방식(혹은 수정 적립방식)을 채택하고 있는데, 이는 제도 시행 초기에 미래 급여지출액의 상당 부분에 해당하는 금액을 적립하여 기금으로 쌓아 두는 적립방식이다.

연금보험료는 국민연금사업에 필요한 비용으로, 사업장가입자의 연금보험료 중 기여금은 사업장가입자 본인이, 부담금은 사용자가 각각 부담하되, 그 금액은 각각 기준소득월액의 1천분의 45에 해당하는 금액으로 한다. 지역가입자, 임의가입자 및 임의계속가입자의 연금보험료는 지역가입자, 임의가입자 또는 임의계속가입자 본인이 부담하되, 그 금액은 기준소득월액의 1천분의 90으로 한다.

2) 국민건강보험제도

국민건강보험은 국민의 질병·부상에 대한 예방·진단·치료·재활과 출산·사망 및 건강증진에 대하여 보험급여를 실시함으로써 국민보건 향상과 사회보장 증진에 이바지함을 목적으로 하는 사회복지제도이다. 이는 종래 질병의 방지라는 소극적인 방식을 넘어서서 보다 적극적인 정책목표를 설정하여 국민의 복지를 증진하려는 의미를 담고 있다(이경남 외, 2020 : 194).

이 제도의 특성은 첫째, 근본적으로 국민의 기본적인 욕구인 건강의 욕구를 해결하려는 것을 목적으로 하는 사회보장제도 혹은 사회복지제도로서의 특성을 지닌다(현외성, 2005 : 275). 둘째, 국가가 개입하여 기본적인 의료문제를 해결하려고 하는 정책 의지가 엿보이는 제도이다. 또한 사회보험이란 기술원리를 이용하여 개인의 위험을 보험가입자 전원에게 분산하여 의료문제의 경제적 부담을 해소하는 한편 소득의 재분배기능을 가능하게 하는 특성도 가진다. 셋째, 국민의 의료비용을 사회연대성의 원리에 따라 공동체적으로 해결하려는 특성을 지닌다. 넷째, 과거의 의료보험법이 소위 '조합주의 보험방식'을 취하고 있었던 데 비하여 국민건강보험법은 '통합주의 보험방식'을 가지고 있어, 사회적 통합력과 연대성의 원리 및 소득의 재분배 효과를 기대할 수 있다는 특성을 가진 제도이다.

우리나라에 있어 의료보험법은 1963년 12월 16일에 제정되고, 오랫동안 정체 현상을 면치 못하고 있다가 1976년 12월 22일 의료보험법의 대폭 개정과 더불어 1977년 7월 1일에 전면적으로 시행되었다. 그러나 의료시설 부족과 국민부담 능력을 고려하여 시행이 가능한 임금소득계층에서부터 점진적으로 의료보험의 적용을 확대해 왔다. 그리하여 1989년 7월 1일부터 도시지역 자영업자까지도 의료보험이 실시됨으로써 우리나라는 의료보험 시행 13년 만에 전 국민 의료보험화의 시대를 맞이하게 되었다. 또한 건강진단과 재활 및 예방의 범위까지 포함하는 적극적이고 포괄적인 특성을 가진 국민건강보험법을 1999년 2월 8일에 제정, 공포하고 2000년 7월 1일부터 국민건강보험제도를 실시하기에 이르렀다.

국내에 거주하는 국민은 건강보험의 가입자 또는 피부양자가 된다. 그러나 의료급여를 받는 사람은 적용에서 제외된다. 가입자의 종류는 직장가입자와 지역가입자로 구분한다. 그리고 보험급여에는 요양급여, 요양비, 부가급여(임신·출산 진료비, 장제비, 상병수당, 그 밖의 급여), 건강검진 등이 있다.

건강보험사업은 보건복지부 장관이 맡아 주관한다. 그리고 건강보험의 보험자는 국민건강보험공단으로 하는데, 공단은 법인으로 한다. 공단의 업무는 가입자 및 피부양자의 자격관리, 보험료와 그 밖에 이 법에 따른 징수금의 부과·징수, 보험급여의 관리, 가입자 및 피부양자의 질병의 조기발견·예방 및 건강관리를 위하여 요양급여 실시 현황과 건강검진 결과 등을 활용하여 실시하는 예방사업으로서 대통령령으로 정하는 사업, 보험급여 비용의 지급, 자산의 관리·운영 및 증식사업, 의료시설의 운영, 건강보험에 관한 교육 훈련 및 홍보, 건강보험에 관한 조사연구 및 국제협력, 이 법에서 공단의 업무로 정하고 있는 사항, 국민연금법, 고용보험 및 산업재해보상보험의 보험료징수 등에 관한 법률, 임금채권보장법 및 석면피해구제법(징수위탁근거법)에 따라 위탁받은 업무, 그 밖에 이 법 또는 다른 법령에 따라 위탁받은 업무, 그 밖에 건강보험과 관련하여 보건복지부 장관이 필요하다고 인정한 업무 등이다.

국가는 매년 예산의 범위에서 해당 연도 보험료 예상 수입액의 100분의 14에 상당하는 금액을 국고에서 공단에 지원한다. 그리고 공단은 건강보험사업에 드는 비용에 충당하기 위하여 보험료의 납부의무자로부터 보험료를 징수한다. 직장가입자의 월별 보험료액은 보수월액보험료와 소득월액보험료에 따라 산정한 금액으로 한다. 지역가입자의 월별 보험료액은 세대 단위로 산정하되, 지역가입자가 속한 세대의 월별 보험료액은 보험료부과점수에 보험료부과점수당 금액을 곱한 금액으로 한다.

공단의 회계연도는 정부의 회계연도에 따른다. 공단은 직장가입자와 지역가입자의 재정을 통합하여 운영하고, 건강보험사업 및 징수위탁근거법의 위탁에 따른 국민연금사업·고용보험사업·산업재해보상보험사업·임금채권보장사업에 관한 회계를 공단의 다른 회계와 구분하여 각각 회계 처리하여야 한다.

3) 산업재해보상보험제도

산업재해보상보험은 산재근로자에게 확실한 생활을 보장하기 위하여 국가가 책임을 지는 의무보험으로 역사적으로 사용자의 산재근로자에 대한 근로기준법상 형사책임과 보상책임을 담보하기 위한 제도이다. 즉, 국가는 산업재해보상보험법상 적용대상이 되는 사업주로부터 소정의 보험료를 징수하여 법령이 정하는 바에 따라 산재근로자에게 보상하는 사회보험인 것이다(김태성・김진수, 2001 : 282).

산업재해보상보험은 공업화가 진전되면서 급격히 증가하는 산업재해근로자를 보호하기 위해 1964년에 사회보험제도 중 가장 먼저 도입(법은 1963년 제정)되었다. 제도 시행의 첫 해인 1964년에는 상시 근로자 500인 이상으로 대규모의 광업 및 제조업 부분에만 적용 실시된 이래 16차례 개정을 통하여 적용대상과 급여 수준의 범위가 확대되었다. 결국 2000년 7월 적용대상이 5인 미만의 사업장으로 확대되어 사회안정망의 사각지대가 해소되게 되었다(이경남 외, 2020 : 196).

산재보험제도는 산업재해보상보험 사업을 시행하여 근로자의 업무상의 재해를 신속하고 공정하게 보상하며, 재해근로자의 재활 및 사회 복귀를 촉진하기 위하여 이에 필요한 보험시설을 설치・운영하고, 재해 예방과 그 밖에 근로자의 복지 증진을 위한 사업을 시행하여 근로자 보호에 이바지하는 것을 목적으로 한다. 그리고 산재보험은 근로자를 사용하는 모든 사업 또는 사업장에 적용한다.

산재보험의 급여는 요양급여, 휴업급여, 장해급여, 간병급여, 유족급여, 상병보상연금, 장의비, 직업재활급여 등 8종류가 있으며, 그 밖에도 장해특별급여와 유족특별급여가 있다.

산재보험 사업은 고용노동부 장관이 관장하지만, 구체적인 보험사업은 고용노동부 장관의 위탁을 받은 근로복지공단이 행한다. 고용노동부 장관이 동 사업을 관장하는 것은 강제가입을 통한 산재보험 제도의 실효를 높이고 신속·공정한 보상을 하기 위함인 것이다. 따라서 산재보험은 국가책임하에 운영된다고 할 수 있다. 근로복지공단의 업무는 보험가입자와 수급권자에 관한 기록의 관리·유지, 보험료징수법에 따른 보험료와 그 밖의 징수금의 징수, 보험급여의 결정과 지급, 보험급여 결정 등에 관한 심사청구의 심리·결정, 산업재해보상보험 시설의 설치·운영, 업무상 재해를 입은 근로자 등의 진료·요양 및 재활, 재활보조기구의 연구개발·검정 및 보급, 보험급여 결정 및 지급을 위한 업무상 질병 관련 연구, 근로자 등의 건강을 유지·증진하기 위해 필요한 건강진단 등 예방사업, 근로자의 복지증진을 위한 사업, 그 밖에 정부로부터 위탁받은 사업 등을 수행한다.

산재보험의 재원은 다른 사회보험제도와는 달리 비용을 전액 사업주 부담으로 하고 있다. 이는 업무재해를 기업위험의 발현으로 보기 때문에 기업운영의 주체인 사업주에게 비용부담의 사회적 책임을 부과하는 것이다. 또한 국가는 회계연도마다 예산의 범위에서 보험사업의 사무 집행에 드는 비용을 일반회계에서 부담하여야 하며, 국가는 회계연도마다 예산의 범위에서 보험사업에 드는 비용의 일부를 지원할 수 있다.

4) 고용보험제도

우리나라에서는 실업보험이라는 틀을 유지하고 있는 일본과 독일의 선행경험을 고려하면서 보다 적극적인 의미를 가진 고용보험의 명칭을 쓰고 있다. 우리나라의 고용보험제도는 노동자의 직업능력을 개발하고 적극적인 취업 알선을 통해 고용구조를 조정하는 노동시장정책 수단들(직업능력개발사업과 고용조정사업)을 포함하게 되었다. 노동부는 이러한 적극적인 의미를 강조한다는 입장에서 실업보험보다는 고용보험이라는 용어를 선호하고 있다(김진구, 1995 : 241).

고용보험은 1993년 12월 27일 법률 제4644호로 공포되고 1995년 7월 1일부터 그 시행에 들어갔다. 고용보험사업에는 실업급여, 고용안정사업, 직업능력개발사업이 있으며 이러한 보험사업의 당연적용사업은 그동안 사업규모에 따라 점차 확대되었다. 실업급여는 1995년 7월 1일부터 30인 이상 사업장에 적용하였으며, 1998년 1월 1일부터는 10인 이상 사업장으로, 1998년 3월 1일부터는 5인 이상 사업장으로 확대·적용되어 왔다. 고용안정사업과 직업능력개발사업은 1995년 7월 1일부터 70인 이상 사업장에 적용되었으며, 1998년 1월 1일부터는 50인 이상 사업장으로 다시, 1998년 7월 1일부터는 5인 이상 사업장으로 확대·적용되었다. 그 후 1998년 10월 1일부터는 근로자를 고용하는 모든 사업장에 고용보험의 세 가지 사업이 확대·적용되고 있다(이경남 외, 2020 : 198).

고용보험제도는 고용보험의 시행을 통하여 실업의 예방, 고용의 촉진 및 근로자의 직업능력의 개발과 향상을 꾀하고, 국가의 직업지도와 직업소개 기능을 강화하며, 근로자가 실업한 경우에 생활에 필요한 급여를 실시하여 근로자의 생활안정과 구직 활동을 촉진함으로써 경제·사회 발전에 이바지하는 것을 목적으로 한다. 그리고 고용보험은 근로자를 사용하는 모든 사업 또는 사업장에 적용한다.

고용보험급여는 고용안정·직업능력개발사업, 실업급여, 육아휴직 급여 및 출산전후휴가 급여로 구분하여 지급하고 있다. 고용안정·직업능력개발사업은 실업의 예방, 취업의 촉진, 고용기회의 확대, 직업능력개발·향상의 기회 제공 및 지원, 그 밖에 고용안정과 사업주에 대한 인력 확보를 지원하기 위하여 실시한다. 그리고 실업급여는 구직급여와 취업촉진수당으로 구분되고, 취업촉진수당의 종류는 조기재취업수당, 직업능력개발수당, 광역구직활동비, 이주비 등이 있다.

고용보험은 고용노동부장관이 관장하는데, 실제로 업무를 담당하는 기관은 근로복지공단과 고용노동부의 지방고용노동관서이다.

고용보험의 재원은 보험사업에 드는 비용에 충당하기 위하여 보험가입자로부터 고용안정사업·직업능력개발사업 및 실업급여의 보험료를 징수하는데, 근로자는 실업급여 소요비용의 2분의 1을 부담하고, 사용자는 실업급여 소요비용의 2분의 1과 고용안정 및 직업능력개발사업에 소요되는 비용을 부담하고 있다.

5) 노인장기요양보험제도

노인장기요양보험제도는 고령이나 노인성 질병 등의 사유로 일상생활을 혼자서 수행하기 어려운 노인 등[1)]에게 제공하는 신체활동 또는 가사활동 지원 등의 장기요양급여에 관한 사항을 규정하여 노후의 건강증진 및 생활안정을 도모하고 그 가족의 부담을 덜어줌으로써 국민의 삶의 질을 향상하도록 함을 목적으로 하는 제도이다. 따라서 노인장기요양보험제도는 노인뿐만 아니라 장기요양을 직접 담당하던 중장년층과 자녀 등 모든 세대에게 혜택을 주는 제도로서 다음과 같은 의의가 있다(양정하 외, 2008 : 191-192).

첫째, 노인들은 더 이상 자식들에게 부담을 주지 않고 계획적이고 전문적인 장기요양서비스를 받을 수 있어 보다 품위 있게 노후를 보낼 수 있다.

둘째, 장기요양을 직접 담당하던 중장년층은 정신적, 육체적, 경제적 부담에서 벗어나 경제, 사회활동에 전념할 수 있다.

셋째, 자녀들도 장기요양 부담이 해소된 가정에서 더 나은 교육과 보살핌을 받을 수 있다(보건복지부, 2007).

1) 노인장기요양보험법 제2조(정의) 제1호에서는 '노인등'이란 65세 이상의 노인 또는 65세 미만의 자로서 치매·뇌혈관성질환 등 대통령령으로 정하는 노인성 질병을 가진 자를 말한다고 규정하고 있다.

노인장기요양보험제도는 2007년 4월 "노인장기요양보험법"이 국회 통과 후 공포됨으로써, 2008년 7월부터 시행되고 있다.

노인장기요양보험의 가입자는 국민건강보험법 제5조 및 제109조에 따른 가입자로 국내에 거주하는 국민이 된다. 그리고 장기요양급여의 종류로는 재가급여, 시설급여, 특별현금급여 등 3종류가 있다. 재가급여에는 방문요양, 방문목욕, 방문간호, 주・야간보호, 단기보호, 기타 재가급여가 있고, 시설급여는 장기요양기관에 장기간 입소한 수급자에게 신체활동 지원 및 심신기능의 유지・향상을 위한 교육・훈련 등을 제공하는 장기요양급여를 말한다. 그리고 특별현금급여에는 가족요양비, 특례요양비, 요양병원간병비가 있다.

노인장기요양보험의 사업은 보건복지부 장관이 관장하고, 운영 주체로서 보험자는 국민건강보험공단으로 한다. 국민건강보험공단의 노인장기요양보험 업무는 장기요양보험가입자 및 그 피부양자와 의료급여수급권자의 자격관리, 장기요양보험료의 부과・징수, 신청인에 대한 조사, 등급판정위원회의 운영 및 장기요양등급 판정, 장기요양 인정서의 작성 및 표준장기요양이용계획서의 제공, 장기요양급여의 관리 및 평가, 수급자 및 그 가족에 대한 정보제공・안내・상담 등 장기요양급여 관련 이용지원에 관한 사항, 재가 및 시설 급여비용의 심사 및 지급과 특별현금급여의 지급, 장기요양급여 제공내용 확인, 장기요양사업에 관한 조사・연구 및 홍보, 노인성질환예방사업, 이 법에 따른 부당이득금의 부과・징수 등, 장기요양급여의 제공기준을 개발하고 장기요양급여비용의 적정성을 검토하기 위한 장기요양기관의 설치 및 운영, 그 밖에 장기요양사업과 관련하여 보건복지부장관이 위탁한 업무 등이다.

노인장기요양보험제도에 소요되는 재원은 장기요양보험료, 국가 및 지방자치단체의 부담, 본인 자부담으로 충당된다. 장기요양보험료는 건강보험료액에서 경감 또는 면제되는 비용을 공제한 금액에 장기요양보험료율을 곱하여 산정한 금액으로 하며, 건강보험료와 통합하여 징수한다. 이 경우 공단은 장기요양보험료와 건강보험료를 구분하여 고지하여야 한다.

이상의 5대 사회보험의 주요 내용을 비교해 보면 <표 11-1>과 같다.

〈표 11-1〉 사회보험의 주요 내용 비교

보험의 종류	국민연금	국민건강보험	산재보험	고용보험	노인장기 요양보험
시행 연도	1988. 1	1977. 7	1964. 7	1995. 7	2008. 7
가입 대상	18세 이상 60세 미만의 국민	국내에 거주하는 국민	근로자를 사용하는 모든 사업 또는 사업장	근로자를 사용하는 모든 사업 또는 사업장	국내에 거주하는 국민
급여의 종류	노령연금, 장애연금, 유족연금, 반환일시금, 사망일시금, 장애일시보상금	요양급여, 요양비, 부가급여, 건강검진	요양급여, 휴업급여, 장해급여, 간병급여, 유족급여, 상병보상연금, 장의비, 직업재활급여,	고용안정·직업능력개발사업, 실업급여, 육아휴직 급여 및 출산전후휴가 급여	재가급여, 시설급여, 특별현금급여
관장 기구	보건복지부, 국민연금공단	보건복지부, 국민건강보험공단	고용노동부, 근로복지공단	고용노동부, 근로복지공단	보건복지부, 국민건강보험공단
보험료 부담	사업장 가입자: 본인 4.5% + 사용자 4.5% 지역·임의·임의계속가입자: 본인 9.0%	직장 가입자: 본인 50/100 + 사용자 50/100 지역 가입자: 본인 100%	전액 사용자 부담	고용안정 및 직업능력개발사업: 전액 사용자 부담 실업급여: 근로자 1/2 + 사용자 1/2	건강보험료 × 12.27% (2022년 기준)

2. 공공부조

공공부조제도는 국민의 최저생활을 보장하는 데 기본목표를 두고 있으며 생활의 불안과 위기를 해소하는 사회보험과 더불어 사회보장제도의 주요한 구성요소이다. 사회보장기본법 제3조(정의) 제3호에서는 "공공부조란 국가와 지방자치단체의 책임하에 생활 유지 능력이 없거나 생활이 어려운 국민의 최저생활을 보장하고 자립을 지원하는 제도를 말한다"고 규정하고 있다.

공공부조제도는 일반적으로 다음과 같은 특징이 있다(양정하 외, 2020 : 313).

① 공공부조제도가 해결하려는 사회문제는 빈곤문제이다.
② 공공부조제도의 수행 주체는 정부이며 서비스 전달체계는 공공행정망을 통해 이루어진다.
③ 공공부조제도의 대상은 모든 국민이지만, 대상 결정은 자산조사를 통해 이루어지며, 따라서 선별적 프로그램이다.
④ 공공부조제도를 통한 서비스의 기준은 국민의 최저생활수준의 보장이며 이는 사회적 형평을 추구한다.
⑤ 공공부조제도 수행에 필요한 재원은 조세로 마련된다.
⑥ 공공부조제도는 빈곤문제에 대한 사후관리적 측면이 강하다.

각 국의 공공부조제도는 자국의 사회·경제적 특성에 따라 형성·실시되지만 몇 가지 공통적 특성을 가지고 있다. 즉, 생존권 보장 원리, 국가책임 원리, 최저생활보장 원리, 무차별평등 원리, 보충성 원리 및 자립 조장 원리 등이 그것이다. 우리나라의 공공부조제도는 국민기초생활보장제도, 의료급여제도, 긴급복지지원제도, 기초연금제도, 장애인연금제도 등이 있는데, 본 서에서는 국민기초생활보장제도와 의료급여제도에 대해 살펴보기로 한다.

1) 국민기초생활보장제도

국민기초생활보장제도의 대상은 수급권자 및 수급자이다. 여기서 수급권자란 국민기초생활보장법에 따른 급여를 받을 수 있는 자격을 가진 사람을 말하고, 수급자란 국민기초생활보장법에 따른 급여를 받는 사람을 말한다. 그리고 수급자는 소득인정액과 부양의무자 기준으로 선정하는데, 소득인정액이란 보장기관이 급여의 결정 및 실시 등에 사용하기 위하여 산출한 개별가구의 소득평가액과 재산의 소득환산액을 합산한 금액을 말하고, 부양의무자란 수급권자를 부양할 책임이 있는 사람으로서, 수급권자의 1촌의 직계혈족 및 그 배우자를 말한다. 다만, 사망한 1촌의 직계혈족의 배우자는 제외한다.

국민기초생활보장제도에 의한 급여를 행하는 보장기관은 국가 또는 지방자치단체이고, 실제로 급여는 수급권자 또는 수급자의 거주지를 관할하는 특별시장 · 광역시장 · 도지사와 시장 · 군수 · 구청장이 행한다.

급여의 종류는 생계급여, 주거급여, 의료급여, 교육급여, 해산급여, 장제급여, 자활급여 등 7가지로 구분되고, 의료급여는 의료급여법에 따라서 급여를 제공하고 있다. 급여는 건강하고 문화적인 최저생활을 유지할 수 있는 것이어야 하고, 급여의 기준은 수급자의 연령, 가구 규모, 거주지역, 그 밖의 생활여건 등을 고려하여 급여의 종류별로 보건복지부 장관이 정하거나 급여를 지급하는 중앙행정기관의 장이 보건복지부 장관과 협의하여 정한다. 또한 보장기관은 급여를 개별가구 단위로 실시하되, 특히 필요하다고 인정하는 경우에는 개인 단위로 실시할 수 있다. 그리고 수급권자와 그 친족, 그 밖의 관계인은 관할 시장 · 군수 · 구청장에게 수급권자에 대한 급여를 신청할 수 있는 신청주의를 원칙으로 하고 있다.

보장비용은 국가 또는 해당 시 · 도가 분담하는 경우도 있고, 시 · 군 · 구가 부담하는 경우도 있다.

2) 의료급여제도

의료급여제도는 국민 보건의 향상과 국민의 복지 증진을 기본목표로 하고, 이러한 목표를 달성하기 위한 직접적이고 구체적인 사회적 제도라고 할 수 있다. 이 제도는 건강보험과 더불어 국민의 건강한 생활을 보장하기 위한 의료보장제도로서 저소득층의 의료복지를 위한 중요한 수단이며, 빈곤층의 의료문제가 해결된다는 점에서 중요하다(김기원, 2002 : 481).

우리나라도 1961년에는 생활보호법의 한 사업으로 의료보호사업이 규정되어 오다가 1977년에 분리하여 실시되었다. 그리고 2001년 5월 24일 법률 제6474호로 의료급여법이 제정되었는데, 이 법률은 동법의 근거법률인 국민기초생활보장법에서 종전의 '의료보호'를 '의료급여'로 변경함에 따라 제정한 법률이다.

이 제도는 생활이 어려운 사람에게 의료급여를 함으로써 국민보건의 향상과 사회복지의 증진에 이바지함을 목적으로 한다. 이러한 목적을 달성하기 위해 제정된 의료급여제도는 보건의 향상과 동시에 사회복지를 증진하는 중요한 사회복지제도로서의 의의를 가지며, 세계 거의 모든 국가에서 동제도와 같은 제도가 시행되고 있다. 우리나라도 국민기초생활보장제도에 의한 의료급여는 생활이 어려운 자에게 의료급여를 실시하기 위하여 별도의 법률인 의료급여법에 의해서 제공되고 있다(황인옥 외, 2005 : 395). 급여비용은 대통령령으로 정하는 바에 따라 그 전부 또는 일부를 의료급여기금에서 부담하되, 의료급여기금에서 일부를 부담하는 경우 그 나머지 비용은 본인이 부담한다.

3. 사회서비스

사회보장기본법 제3조(정의) 제4호에서는 "사회서비스란 국가·지방자치단체 및 민간부문의 도움이 필요한 모든 국민에게 복지, 보건의료, 교육, 고용, 주거, 문화, 환경 등의 분야에서 인간다운 생활을 보장하고 상담, 재활, 돌봄, 정보의 제공, 관련 시설의 이용, 역량 개발, 사회참여 지원 등을 통하여 국민의 삶의 질이 향상되도록 지원하는 제도를 말한다"고 규정하고 있다. 이러한 정의에서 알 수 있듯이, 사회서비스의 대상은 국가·지방자치단체 및 민간부문의 도움이 필요한 모든 국민이고, 사회서비스의 분야는 복지, 보건의료, 교육, 고용, 주거, 문화, 환경 등의 분야를 포괄하고 있다. 그리고 제공되는 서비스로는 상담, 재활, 돌봄, 정보의 제공, 관련 시설의 이용, 역량 개발, 사회참여 지원 등으로서 비경제적(비물질적) 보장의 성격이 강하다.

사회서비스는 사회보험, 공공부조와 더불어 사회보장의 중심을 이루고 있다. 사회서비스가 현대사회에서 필요한 이유는 사회가 산업화, 도시화, 정보화 사회로 전환됨에 따라 사회적으로 불우하고 열악한 위치에 있는 아동, 노인, 여성 및 장애인 등에 관한 사회문제가 비등해지고, 이에 따라 전문적 지식과 방법을 활용하여 이들의 제반 문제를 해결하여 정상적 사회인으로 복귀시킬 필요가 있기 때문이다.

사회보험, 공공부조가 경제적 보장의 성격이 강한 반면에 사회서비스는 비경제적 보장(상담, 재활, 돌봄 등)의 성격이 강하다고 할 수 있다. 그리고 사회서비스는 주로 사회복지기관이 제공하는 서비스로서, 이윤추구를 일차적 목적으로 하지 않으며, 사회적 욕구 충족에 초점을 두고, 서비스의 공급자보다 수요자 지원을 증가시켰다. 또한 사회서비스 대상자의 노동시장 참여를 강조한다(양정하 외, 2020 : 72).

이러한 사회서비스와 다른 공공서비스들과의 차별성은 다음과 같다(양정하 외, 2020 : 72-73).

① 사회서비스는 주로 이차분배에 관여한다.
② 사회서비스는 사람들이 욕구를 직접 충족하려는 경향이 있다.
③ 사회서비스는 개별적 욕구를 충족시키고자 한다.
④ 사회서비스는 사람들의 욕구를 주로 공식적 기구나 제도를 통해 충족한다.
⑤ 사회서비스에서의 교환은 쌍방적인 경우도 있고, 일방적인 경우도 있으며, 급여에 대한 대가를 반드시 지불해야 하는 것은 아니다. 반면 급여에 대한 대가를 반드시 지불해야 하는 이전(移轉)관계를 가지는 것은 사회보험에 해당한다.

4. 사회수당, 주택, 교육, 조세, 노동(시장)정책

1) 사회수당

사회수당은 별도의 기여 없이도 인구학적 조건(노인, 아동, 장애인 등)을 충족할 경우 자산조사를 수반하지 않고 현금급여를 제공하는 제도를 의미한다. 국가별로 다소 차이가 있지만 대부분의 유럽국가에서는 가족수당 또는 아동수당의 형태로, 부양가족의 크기에 따라 일정액을 지급하고 있다. 또한 선진 복지국가에서 실시하는 보편적 연금(universal pension)과 장애수당도 사회수당의 한 형태이며, 최근 관심이 늘고 있는 기본소득(basic income)[2] 역시 사회수당의 범주에 포함시킬 수 있다(생각의마을, 2019 : 44-45).

---

2) 기본소득은 모든 사회구성원에게 어떠한 조건 없이 정기적으로 지급하는 현금 소득을 말한다. 재산이나 건강, 취업 여부 혹은 장차 일할 의사가 있는지 없는지 등 어떠한 자격에 대한 심사를 하지 않고, 모든 사회구성원에게 일정한 돈을 주기적으로 평생 지급한다는 점에서 기존의 사회복지 프로그램들과는 근본적으로 다르다. 모든 사람에게 기초적인 생활권을 보장해야 한다는 정신에서 나온 개념으로, 2016년 6월 스위스에서는 월 300만원 가량의 기본소득제도를 신설하는 것에 대해 국민투표를 실시하기도 하였다(생각의마을, 2019 : 44).

사회수당은 특정한 욕구에 대해서 현금급여를 일정한 조건 아래 제공하는 것으로 공공부조와 사회보험 간의 중간적인 성격을 가지고 있다. 사회보험과 같이 갹출이 없다는 점에서는 공공부조의 성격을 가지나, 자산조사가 없다는 점에서 사회보험적 성격을 가지고 있다(모지환 외, 2005).

사회수당은 모든 국민을 대상으로 보편적인 지원을 하는 제도이기에 사회수당 프로그램의 운영을 위해서는 엄청난 규모의 재원이 필요하고, 이를 높은 조세부담을 통해 모든 국민이 감당해야 한다는 문제가 있다. 또한 경제적 지원이 절실하지 않는 계층에게도 급여가 제공되어 불필요하게 사회적 자원의 낭비를 초래한다는 점과 급여 수준을 높게 정하기 어려워 사회적 적절성의 한계가 지적되기도 한다.

그렇지만 사회적 권리를 가장 적극적으로 보장하고, 그 실현 과정에서 대상자에게 낙인감을 전혀 주지 않을 뿐 아니라 동일한 급여를 통해 사회구성원의 연대의식을 높일 수 있다는 점에서 높게 평가되고 있다(생각의마을, 2019 : 45).

2) 주택정책

주택은 삶의 질이라는 측면에서는 반드시 고려되어야 할 중요한 영역이며, 단순히 하나의 시설물이나 주거공간으로 파악되어야 될 것이 아니라 현대사회의 생활구조 속에서 차지하는 그것의 위치를 통해서 그 의미가 규명되어야 한다. 이와 같은 주택의 중요성으로 인해 자본주의체제에서도 주택은 전적으로 주거안정을 이룰 수 없는 저소득층에게 도움을 주고자 하는 사회복지정책적 측면에서 국가의 공적 개입이 정당화되고 있다. 다시 말해 주거보장은 주택의 총체적인 양적 수준만을 의미하는 것이 아니라 얼마나 많은 사람이 주거의 기본적 수준인 최저주거수준을 누리며, 주거권을 보장받는지에 대한 것이다. 주택자원의 배분적 형평성과 최저주거수준의 확보가 현대사회가 지향하는 주택정책의 방향이 되고 있다.

그리고 일반적으로 주택문제의 가장 큰 피해자가 정상적 시장체계 내에서 자력으로 주거욕구를 충족시킬 수 없는 저소득층이라는 점에서 사회복지정책적 차원에서의 중요한 관심의 대상이 된다. 저소득층을 위한 자본주의 국가의 주택정책은 주거수준의 향상을 목적으로 하는 철거정비 및 재개발, 주택 구입을 지원하는 주택저당대부(mortgage)제도, 임대료 통제, 임대료 지원 및 주택수당제도, 주거환경개선사업, 그리고 가장 직접적인 지원방법으로서 공공임대주택의 공급 등 다양한 수단을 통해 이루어진다(양정하 외, 2020 : 70-71).

3) 교육정책

교육에 대한 국가의 사회정책적 개입은 현대사회에서 보편적인 것이다. 국가가 교육에 관여하는 이유는 첫째, 교육이 질 높은 노동력을 창조해 내는 중요한 수단이 되므로 이를 통해 경제성장을 추구할 수 있기 때문이다. 둘째, 국민 개인의 지적 수준을 보편적으로 증진시켜 사회적 일체감과 통합을 추구하는 데 도움을 주기 때문이다. 셋째, 가장 중요한 것으로서 교육은 계층적 수직 이동을 가능케 하는 장치로서 사회적 평등화에 기여하는 제도이다.

또한 개인의 입장에서 볼 때, 교육은 사회적 생존에 필요한 지식과 정보를 제공하는 중요한 통로이며, 교육적 성취를 통해 사회에 참여하고 사회적 지위를 확보할 수 있는 필수 불가결의 제도이다. 그러므로 교육은 현대사회에서 인간의 기본적 욕구에 해당하는 중요한 항목이다.

따라서 교육이 가지는 사회복지적 의미는 인간 생존에 필수적인 욕구의 하나이며 국가는 이를 보장할 책임이 있다는 것이다. 따라서 완전한 교육보장이 이루어지려면 교육 불평등 현상을 해결하여 교육 평등을 달성해야 한다. 교육 불평등 현상을 해결하기 위해서는 ① 교육접근기회의 확대, ② 교육환경의 개선, ③ 정부의 교육재정 확대, ④ 특수교육의 활성화, ⑤ 사회교육의 활성화, ⑥ 학교무상급식의 확대와 같은 교육정책에서의 개혁이 필요하다(양정하 외, 2020 : 73-74).

4) 조세정책

사회복지정책으로서의 조세정책은 빈곤층의 조세 부담을 줄이는 수동적 대안과 부의 소득세와 같은 능동적 대안이 있다(김기원, 2002). 빈곤층에 대한 조세감면정책은 빈곤문제의 해결에 있어서 보조적 대안으로, 먼저 소득세의 면세점을 설정하여 이 면세점 이하의 소득에 대해서는 소득세 납세의무를 면제함으로써 빈곤층의 소득 유지를 가능하게 한다. 간접세의 경우 빈곤층이 일상적으로 사용하는 물품에 대해 간접세를 면세하거나 낮은 세율을 적용함으로써 가능하다.

이러한 방법보다 더 적극적인 빈곤층을 위한 조세정책은 빈곤층에게 조세제도를 통하여 소득을 급여하는 방법인데, 이것을 흔히 부(負)의 소득세라 한다. 부의 소득세의 유형에는 여러 가지가 있으나, 기본적 요소는 다음으로 구성되어 있다. 즉, 이것은 일정 소득 이하의 사람에게 조세제도를 통하여 현금급여(negative tax)를 하는데, 급여를 받을 수 있는 소득수준과 급여액은 기본급여액(basic guarantee)과 급여감소율(benefit reduction rate)에 의하여 결정된다. 따라서 소득이 전혀 없는 사람은 기본급여액만 받게 되고, 소득이 있을 경우에는 급여감소율에 따라 급여액이 줄게 된다(김태성, 2001).

5) 노동(시장)정책

노동(시장)정책은 근로능력이 있으면서 빈곤층을 대상으로 그들이 노동시장에서 부딪치는 각종의 불이익을 해소하여 소득보장 프로그램에 의존하지 않고 자립할 수 있게 해 주는 것을 그 근본 목적으로 한다. "배고픈 사람에게 생선을 주는 것은 그를 하루 먹일 수 있으나, 그에게 생선 잡는 방법을 가르쳐 주면 그는 영원히 먹고 살 수 있다"는 말이 있듯이, 소득보장 프로그램이 빈곤을 일시 완화해 주는 소극적 정책인 반면, 빈곤층을 위한 노동(시장)정책은 근본 원인을 해결하는 적극적 정책이다.

노동(시장)정책의 주요 내용을 살펴보면, 첫째, 직업안내와 직업훈련 등의 고용정책, 둘째, 노사협의와 경영 참여 등의 노사정책, 셋째, 최저임금제와 법정 노동시간제 등의 임금정책, 넷째, 산재보험, 실업보험, 퇴직금 등의 사회보장, 끝으로 평생고용제, 근로자 재산형성, 후생시설, 상담서비스 등의 산업복지 등을 들 수가 있다.

노동(시장)정책의 궁극적 목적은 높은 고용수준을 유지하고, 안정적 경제성장과 사회통합을 달성하여 사회복지와 삶의 질적 향상을 도모하기 위한 것이라 할 수 있다. 이를 위해 노동(시장)정책의 다섯 가지의 세부적 정책(고용, 노사, 임금, 사회보장, 산업복지정책)이 조화롭게 기능할 필요가 있다. 즉, 다섯 가지의 정책 중 어느 하나가 조화를 이루지 못한다면 진정한 의미의 사회복지와 삶의 질적 향상을 도모하기는 어렵다는 것이다(양정하 외, 2020 : 76-77).

제 12 장

사회복지의 대상별 실천영역

1. 아동복지
2. 청소년복지
3. 노인복지
4. 장애인복지
5. 여성복지
6. 가족복지

제 12 장

사회복지의 대상별 실천영역

1. 아동복지

아동복지(child welfare)란 아동이 행복한 삶을 누릴 수 있도록 하기 위해 국가, 사회 그리고 지역의 민간단체의 노력, 즉 법, 정책, 행정을 비롯해서 전문가에 의한 구체적인 서비스를 지원하는 것이다. 이 절에서는 아동복지의 개념, 아동복지의 필요성과 원칙을 바탕으로 아동복지서비스, 아동복지시설의 종류에 대해서 살펴보고자 한다(서보준 외, 2018).

1) 아동복지의 개념

Kadushin과 Martin(1988)은 아동복지를 넓은 의미와 좁은 의미로 정의하였는데, 넓은 의미는 아동들의 행복을 위해서 그들의 신체적 · 사회적 · 심리적 발달을 보호하고 촉지하기 위한 모든 대책들을 말하며, 좁은 의미는 특정 욕구를 가진 아동 및 가족을 대상으로 특정 사회복지기관들이 제공되는 서비스를 말한다.

장인협 · 오정수(2001)는 아동복지는 사회구성원으로서 아동의 기본적인 욕구를 충족시켜 건전한 성장과 발달을 도모하기 위해 다양한 활동을 가능하게 하는 공적인 방법과 절차라고 정의하고 있으며, 방법과 절차에는 법령, 공공조직, 민간기관, 사회복지 실천을 위한 제도화된 실천방법을 모두 포함하고 있다고 보았다.

아동복지법 제3조 제2호에서 '아동복지'란 아동이 행복한 삶을 누릴 수 있는 기본적인 여건을 조성하고 조화롭게 성장・발달할 수 있도록 하기 위한 경제적・사회적・정서적 지원을 말한다(개정 2016. 3. 22).

유엔의 아동권리협약(United Nations Convention on the Rights of the Child)에서는 아동을 '18세 미만의 사람'을 가리키며, 또한 한국의 아동복지법과 「입양촉진 및 절차에 관한 특례법」에 따르면, 아동을 '18세 미만'으로 규정하며, 영유아보육법에서는 '6세 미만', 소년법 등에서는 '19세 미만'으로 규정되어 있다. 각 법령상 아동의 나이 규정을 정리하면 <표 12-1>과 같다.

〈표 12-1〉 법령상 아동의 나이 규정

법령	개념	나이
영유아 보육법	영유아	6세 미만
청소년 기본법	청소년	9세 이상 24세 이하
청소년복지 지원법	청소년	9세 이상 24세 이하
청소년활동 진흥법	청소년	9세 이상 24세 이하
형법	형사미성년	14세 미만
실종아동 등의 보호 및 지원에 관한 법률	아동 등	18세 미만
근로기준법	연소자	15세 미만
아동복지법	아동	18세 미만
입양 특례법	아동	18세 미만
한부모가족지원법	아동	18세 미만
아동・청소년의 성보호에 관한 법률	아동・청소년	19세 미만
청소년보호법	청소년	19세 미만
민법	미성년	19세 미만
소년법	소년	19세 미만

출처 : 노혜련 외(2015).

이렇게 아동에 대한 나이 규정이 각각 다른 이유는 각 법률의 취지와 목적이 다르기 때문이라고 할 수 있다(노혜련 외, 2015).

2) 아동복지의 필요성과 원칙

Friedlander(1959)는 '아동복지는 단지 빈곤, 방치, 유기, 질병, 결함등을 지닌 아동 혹은 환경에 적응하지 못하는 비행아동들에게만 관심을 두는 것이 아니다. 아동복지란 모든 아동이 신체적·지적·정서적 발달에 있어서 안전하며 행복할 수 있도록 위험에서 지키며, 보호하기 위하여 공·사의 제 기관에서 실시하는 사회적·경제적·보건적인 제 활동들이다'하고 정의하고 아동복지의 책임 주체와 대상에 대해 명확히 정의하고 있다.

아동복지법에서 "아동이 건강하게 출생하여 행복하고 안전하게 자랄 수 있도록 아동의 복지를 보장하는 것을 목적"으로 하고 있어 아동복지제도와 서비스의 필요성은 더욱 증대되고 있다.

아동복지에 대한 다양한 정의들을 살펴보면, 현대사회에서 아동복지는 잔여적 개념이 아닌 제도적 관점에서 실시되어 독립된 사회제도로 받아들이는 것이 시대적 흐름이라고 할 수 있다. 특히 아동의 경우 스스로 문제를 해결하는 데 어려움이 있기 때문에 이들의 건강한 발달과 원조를 위해서 고려해야 할 원칙이 있다. 장인협과 오정수(2001)는 이러한 원칙을 정의하고 있다.

(1) 권리와 책임의 원칙

아동복지서비스의 주체는 아동, 부모, 사회로 이들 세 주체는 각각의 권리와 책임을 가진다. 아동 또한 수혜의 대상이 아니며 주체자로서 적극적으로 참여하여 그 결과에 대한 책임도 강조되고 있다. 그리고 오늘날의 책임 소재는 점차적으로 가정에서 국가로 옮겨지고 있다.

(2) 보편성과 선별성의 원칙

아동복지서비스는 보편성과 선별성에 기반하여 적용되어야 한다. 보편성은 전체 아동을 대상으로 포괄적인 차원의 보편성 아동복지가 제공되어 아동의 보호와 함께 예방과 치료가 제공되며, 선별성은 특수아동을 대상으로 보충적이고 지지적인 서비스가 제공되어야 한다.

(3) 개발적 기능의 원칙

아동의 문제는 전체 사회현상과 유기적인 관련을 맺고 있기 때문에 거시적인 측면을 살펴보아야 한다. 즉, 시대적 사회현상의 변화에서 아동복지는 개발적 기능의 원칙을 고려해야 한다.

(4) 포괄성의 원칙

아동의 욕구와 문제를 해결하기 위해서는 부분적인 서비스 제공만으로는 불가능하기 때문에 이들에 대한 종합적 접근이 필요하다.

(5) 전문성의 원칙

아동복지사업은 아동복지 전문가와 전문기관에서 실시하여야 한다.

3) 아동복지서비스

아동복지서비스는 아동이 받게 되는 서비스가 가정에서 이루어지는지의 여부에 따라서 지지적 서비스, 보충적 서비스, 대리적 서비스로 분류하고 있다(한미현 외, 2008). 이를 3S 모델이라고한다. 이 서비스들은 상호 배타적인 것이 아니라 서로 보완되거나 중복될 수 있다(권육상 외, 2010).

(1) 지지적 서비스(supportive services)

부모와 자녀들이 그들의 역할을 수행할 수 있도록 지지하고 강화시키는 서비스로 원가정의 구조를 침해하지 않으면서 가정의 역할이 원활하게 수행될 수 있도록 지원하지만 부모의 역할을 대신하거나 떠맡지는 않는다. 부모교육, 아동상담, 부모 및 가족상담, 가족생활교육 서비스가 이에 포함된다.

지지적 서비스를 제공하는 기관은 주로 아동복지기관, 건강가정지원센터, 보육정보센터, 아동상담소 등이 이에 속한다고 할 수 있다. 기관에서는 가족상담, 가족치료, 아동학대예방 프로그램, 아동상담서비스, 학대아동 및 미혼부모, 한부모를 위한 서비스, 학교사회복지사업, 부모교육, 가족생활교육 프로그램 등을 제공한다.

(2) 보충적 서비스(supplemental services)

시대적 사회현상으로 인해 부모나 가족의 역할만으로 적절한 아동양육이 어려울 때, 부모의 사망, 유기, 이혼, 재혼, 질병 등 다양한 사항으로 부모로서의 역할을 수행할 수 없는 상황이 발생할 경우에 그 역할을 보충해주는 서비스이다. 보충적 서비스의 종류에는 사회보험, 공공부조, 소득보장서비스, 재가복지서비스, 보육서비스, 방과후 아동지도 등이 이에 포함된다.

보충적 서비스에는 국민기초생활보장제도, 영유아보육서비스, 방과후 보육서비스 등을 제공한다.

(3) 대리적 서비스(substitutive services)

시대적 사회현상으로 인해 부모와 가족이 자녀양육의 역할을 수행할 수 없어 일시적 또는 영구적으로 양육기능을 포기한 경우 아동을 보호해주는 서비스이다. 대리적 서비스의 종류에는 입양, 가정위탁보호, 시설보호 서비스가 이에 포함된다.

대리적 서비스에는 입양서비스, 아동양육시설, 쉼터, 아동치료 보호시설 등에서 이루어지는 시설보호서비스, 가정위탁서비스 등을 제공한다.

아동복지서비스의 기능에 따른 분류는 <표 12-2>와 같다.

〈표 12-2〉 아동복지서비스의 기능에 따른 분류

구분	정의	기능
지지적 서비스	아동의 욕구를 충족시키기 위한 부모의 능력을 지원, 강화하기 위한 서비스	• 부모역할을 잘 수행할 수 있도록 부모들을 지지하고 가족기능을 강화함. • 아동의 원가정 구조를 침해하지 않고 가정 외부에서 가족 내부의 역할 기능이 제대로 수행될 수 있도록 서비스를 제공함.
보충적 서비스	아동이 받는 보호를 보충해 주거나 부모의 보호가 부적절하고 제한되었을 때 이를 보상하기 위해 부모역할의 일부를 대행하거나 돕는 서비스	• 부모역할이 영구적 혹은 일시적으로 충분히 충족되지 못할 경우 부모역할의 일부를 보충함으로써 부모가 다른 역할을 보다 충실하게 수행할 수 있음. • 가정의 형태는 그대로 있으나 가정 외부에서 지원함.
대리적 서비스	아동 개개인의 문제에 따라 제3자가 부모역할의 일부 또는 전부를 대신하는 서비스	• 아동의 원가정이 해체되어 아동에게 보호와 양육기능을 수행할 수 없게 되었을 때 아동을 다른 가정이나 시설에서 보호함. • 아동이 원가정을 완전히 떠나 제3자에 의해 일시적 또는 영구적으로 보호를 받음

출처 : 한미현 외(2008).

4) 아동복지시설의 종류

아동복지법 제52조(개정 2019. 1. 15)에서는 아동복지시설의 종류를 다음과 같이 분류하고 있다. 아동양육시설, 아동일시보호시설, 아동보호치료시설, 공동생활가정, 자립지원시설, 아동상담소, 아동전용시설, 지역아동센터, 아동보호전문기관으로 구분하고 있다. 각 유형별 기능을 정리하면 <표 12-3>과 같다.

〈표 12-3〉 아동복지시설의 유형과 기능

시설유형	시설의 기능
아동양육시설	보호대상아동을 입소시켜 보호, 양육 및 취업훈련, 자립지원 서비스 등을 제공하는 것을 목적으로 하는 시설
아동일시 보호시설	보호대상아동을 일시보호하고 아동에 대한 향후의 양육대책수립 및 보호조치를 행하는 것을 목적으로 하는 시설
아동보호 치료시설	아동에게 보호 및 치료 서비스를 제공하는 다음 각 목의 시설 가. 불량행위를 하거나 불량행위를 할 우려가 있는 아동으로서 보호자가 없거나 친권자나 후견인이 입소를 신청한 아동 또는 가정법원, 지방법원소년부지원에서 보호위탁된 19세 미만인 사람을 입소시켜 치료와 선도를 통하여 건전한 사회인으로 육성하는 것을 목적으로 하는 시설 나. 정서적·행동적 장애로 인하여 어려움을 겪고 있는 아동 또는 학대로 인하여 부모로부터 일시 격리되어 치료받을 필요가 있는 아동을 보호·치료하는 시설
공동생활가정	보호대상아동에게 가정과 같은 주거여건과 보호, 양육, 자립지원 서비스를 제공하는 것을 목적으로 하는 시설
자립지원시설	아동복지시설에서 퇴소한 사람에게 취업준비기간 또는 취업 후 일정 기간 동안 보호함으로써 자립을 지원하는 것을 목적으로 하는 시설
아동상담소	아동과 그 가족의 문제에 관한 상담, 치료, 예방 및 연구 등을 목적으로 하는 시설
아동전용시설	어린이공원, 어린이놀이터, 아동회관, 체육·연극·영화·과학실험 전시 시설, 아동휴게숙박시설, 야영장 등 아동에게 건전한 놀이·오락, 그 밖의 각종 편의를 제공하여 심신의 건강유지와 복지증진에 필요한 서비스를 제공하는 것을 목적으로 하는 시설
지역아동센터	지역사회 아동의 보호·교육, 건전한 놀이와 오락의 제공, 보호자와 지역사회의 연계 등 아동의 건전육성을 위하여 종합적인 아동복지서비스를 제공하는 시설
아동보호 전문기관	학대받은 아동의 치료, 아동학대의 재발 방지 등 사례관리 및 아동학대 예방을 담당하는 시설

출처 : 아동복지법 제52조.

2. 청소년복지

청소년 시기를 개념적으로 정의하기는 쉽지 않다. 아동이 성인으로 변해가는 중간 단계에 있기 때문이다. 이 시기에 적절한 발달과정과 문제점들을 직면하게 된다. 이 절에서는 청소년복지의 개념, 청소년복지의 필요성과 원칙을 바탕으로 청소년복지서비스, 청소년복지시설의 종류에 대해서 살펴보고자 한다.

1) 청소년복지의 개념

청소년기본법에서는 청소년복지를 "청소년이 정상적인 삶을 영위할 수 있는 기본적인 여건을 조성하고 조화롭게 성장·발달할 수 있도록 제공되는 사회적·경제적 지원"이라고 정의하고 있다.

청소년기본법 제2조 기본이념에서는 청소년이 사회구성원으로서 정당한 대우와 권익을 보장받음과 아울러 스스로 생각하고 자유롭게 활동할 수 있도록 하며 보다 나은 삶을 누리고 유해한 환경으로부터 보호될 수 있도록 함으로써 국가와 사회가 필요로 하는 건전한 민주시민으로 자랄 수 있도록 하는 것을 기본이념으로 규정하고 있다.

청소년에 대해 일반적으로 관계 법령에 의해 규정하고 있으며, 청소년기본법에 따르면 '청소년'이란 9세 이상 24세 이하인 자로 규정하고 있으나 다만, 다른 법률에서 청소년에 대한 적용을 다르게 할 필요가 있는 경우에는 따로 정할 수 있다고 규정하고 있다. <표 12-4>에서 보는 바와 같이 관계 법령에서 규정하고 있는 청소년의 명칭과 연령 범위가 다양하다.

〈표 12-4〉 법령에서 규정하고 있는 청소년의 명칭과 연령 범위

해당 법령	명칭	연령 범위	비고
청소년기본법	청소년	9세 이상 24세 이하	
청소년보호법	청소년	19세 미만	청소년 금지
아동복지법	아동	18세 미만	요보호
근로기준법	근로소년	15세 미만, 15~18세, 18세 미만	사용금지, 근로시간 제한, 금지 직종 사용금지
소년경찰, 직무요강	범법소년	12~20세, 12~13세, 14~20세 미만	우범소년, 촉법소년, 범죄소년
형법	미성년자	14세 미만	형사 미성년자
공연법	미성년자	18세 미만	관람금지
공중위생법	미성년자	18세 미만	출입금지

출처 : 오종희 외(2018).

조흥식(1992)은 국가가 행하는 정책을 통해 청소년 및 그 가족의 복지 위하여 행하는 것을 청소년복지정책이라고 정의하고 있으며, 홍봉선과 남미애(2000)는 청소년복지를 "청소년의 기본 욕구 충족과 건강한 성장과 발달의 촉진은 물론 청소년을 둘러싼 환경이 청소년의 성장을 돕기 위해 최적의 기능을 발휘할 수 있도록 청소년과 가정, 사회를 통해 직·간접적으로 제공되는 모든 사회정책과 관련 제도 및 전문적 활동"이라고 정의하였다.

이러한 개념을 바탕으로 청소년복지란 청소년들에게 안녕된 삶을 지원하기 위한 적극적인 사회구성원들의 노력이라고 볼 수 있으며, 아울러 청소년들의 올바른 성장을 위하여 공적, 사적 복지서비스를 지원하는 조직적인 활동이라고 할 수 있다.

2) 청소년복지의 필요성과 원칙

청소년복지는 청소년에 대한 사회복지의 한 분야이며 가족환경을 비롯한 다양한 시대적 사회현상의 변화에 따라 복지의 필요성이 점차 대두되고

있다. 그리고 헌법 제34조 제4항에 따르면, 국가는 노인과 청소년의 복지 향상을 위해 정책을 실시할 의무를 진다고 규정하고 있다.

이에 청소년문제를 예방하거나 감소시키는 것 이외에도 청소년들이 인적, 물적, 사회적 자원 활용을 통해 사회적 기능을 촉진·회복·유지·향상시키는 것을 목적으로 하며, 청소년의 기본 욕구 충족과 능력 및 가능성을 향상하기 위한 복지정책, 서비스, 자원, 프로그램 계획, 개발, 수행하는 것을 뜻한다(김성이 외, 2010).

특히 시대적 흐름에 따라 청소년들의 다양한 욕구와 문제점들이 대두되면서 개별적인 문제나 욕구에 능동적으로 대처할 필요가 발생하여 체계적이고 과학적이며, 전문적인 관점과 접근이 필요하며 아래와 같이 청소년복지에 대한 원칙을 가지고 있다.

(1) 보호의 원칙

청소년기는 신체적 변화와 생식 기관의 성숙으로 2차 성장이 나타나고 있는 시기이며, 신체적으로 가장 큰 변화가 일어나는 시기로 완전히 성숙하지 대상이기 때문에 가정과 사회로부터 보호가 필요하다. 특히 빈곤과 장애 등으로 인해 개인과 가정에서 불평등한 조건을 가지고 있는 요보호청소년에 대한 보호는 체계적이며 지속적인 관리가 이루어져야 한다.

(2) 참여와 책임의 원칙

청소년들에게 사회의 구성원으로서 사회참여의 기회를 확대하여 청소년 복지정책 수립하고자 할 때 청소년들이 직접 참여를 통하여 정책에 참여할 수 있도록 하며, 이에 참여에 따른 책임도 뒤따라야 한다. 이는 청소년이 시대적 사회변화 속에서 적극적인 사회구성원인 동시에 미래 사회의 주체적 구성원이기 때문에 사회적 참여와 책임을 가질 수 있어야 한다.

(3) 자립의 원칙

청소년복지에 있어 복지의 대상자인 동시에 주체임을 분명히 하여야 하고, 사회를 구성하는 구성원임을 명심하여 청소년들의 권리와 참여가 보장되어 증진될 수 있도록 하기 위하여 청소년의 생애 과정에서 경제적 자립, 사회적 자립, 정신적 자립에 중심을 두어야 한다.

(4) 연대의 원칙

현대사회는 핵가족화 · 산업화 · 도시화 · 정보화 등의 복잡한 다양한 사회현상 속에서 청소년들의 다양한 욕구와 문제들에 의해 다양한 갈등을 겪고 있어 이를 청소년들의 상호 연대를 통해 지속가능한 사회를 만드는 데 기여할 수 있어야 한다.

다원화 사회에서 사람들 간의 연대를 통해 평등과 함께 살아가는 복지를 구현할 수 있어야 한다(노 혁, 2007).

3) 청소년복지서비스

청소년복지서비스는 제도와 법률을 기반으로 청소년의 욕구와 문제를 해결하기 위하여 각종 서비스를 중앙정부 및 지방정부와 행정전달체계를 통해 제공된다. 청소년복지를 포괄적으로 해석한다면, 청소년보호 및 건전한 육성을 위한 다양한 서비스를 전개하고 있으며, 이를 위하여 여성가족부를 중심으로 이루어지고 있는 청소년복지서비스는 다음과 같다.

첫째, 학교사회복지란 학자에 따라 다양하게 정의하고 있으며, 미국사회사업가협회(NASW : National Associaton of Sorkers Workers, 2002)에서는 학교사회복지란 "학교라는 교육기관에서 전문적 능력과 자격을 갖춘 사회복지사가 제공하는 사회적 서비스"를 의미한다고 하였으며, 한국 학교사회복지사협회에서는 "학교에서 일어나는 학생의 문제들을 개인의 문제만이 아닌 개인을 둘러싼 환경과의 상호작용의 문제"로 보고, 이러한 "심리, 사회적 문제들을 학생－학교－가정－지역사회의 연계(방법)를 통해 예방하고 해결함은 물론, 모든 학생이 자신의 잠재력과 능력을 최대한 발휘할 수 있도록 최상의 교육환경과 공평한 교육기회"를 제공하여 긍정적으로 교육의 본질적인 목적을 달성하는 사회복지 전문 분야이며 실천과정이라고 하였다.

둘째, 지역사회 통합지원체계(CYS－Net : Community Youth Safety－Net)란 지역사회 내 청소년 관련 단체 및 자원을 연계하여 청소년들의 경제적 문제, 사회적 문제, 정신적 문제, 신체적 문제까지 다양한 어려움을 겪고 있는 요보호청소년들에게 맞춤형 서비스를 제공하는 사업이다.

셋째, 청소년상담 1388(전화 · 문자 · 온라인 상담)란 "청소년의 일상적인 고민 상담부터 가출, 학업중단, 인터넷 중독 등 위기에 이르기까지 1388"로 전화하면 상담서비스를 제공하며, 청소년상담사, 청소년지도사, 사회복지사 등 국가 자격을 소지하거나 일정 기간 청소년상담복지 관련 실무경력을 갖춘 전문상담사가 365일 24시간 상담을 지원한다.

4) 청소년복지시설의 종류

청소년시설이란 청소년기본법에서 청소년활동에 제공되는 시설, 청소년복지에 제공되는 시설, 청소년보호에 제공되는 시설을 말한다고 규정하고 있다. 시설의 종류와 기능은 <표 12－5>와 같다.

〈표 12-5〉 시설의 종류와 기능

<table>
<tr><th>구분</th><th colspan="2">종류</th><th>기능</th><th>설치근거</th></tr>
<tr><td rowspan="7">청소년
활동에
제공
되는
시설</td><td rowspan="6">청소년
수련
시설</td><td>청소년
수련관</td><td>다양한 청소년수련거리를 실시할 수 있는 각종 시설 및 설비를 갖춘 종합수련시설</td><td rowspan="7">청소년
활동
진흥법
제10조</td></tr>
<tr><td>청소년
수련원</td><td>숙박기능을 갖춘 생활관과 다양한 청소년수련거리를 실시할 수 있는 각종 시설과 설비를 갖춘 종합수련시설</td></tr>
<tr><td>청소년
문화의 집</td><td>간단한 청소년수련활동을 실시할 수 있는 시설 및 설비를 갖춘 정보·문화·예술 중심의 수련시설</td></tr>
<tr><td>청소년특화
시설</td><td>청소년의 직업체험, 문화예술, 과학정보, 환경 등 특정 목적의 청소년활동을 전문적으로 실시할 수 있는 시설과 설비를 갖춘 수련시설</td></tr>
<tr><td>청소년
야영장</td><td>야영에 적합한 시설 및 설비를 갖추고, 청소년수련거리 또는 야영편의를 제공하는 수련시설</td></tr>
<tr><td>유스
호스텔</td><td>청소년의 숙박 및 체류에 적합한 시설·설비와 부대·편익시설을 갖추고, 숙식편의 제공, 여행청소년의 활동지원(청소년수련활동 지원은 제11조에 따라 허가된 시설·설비의 범위에 한정한다)을 기능으로 하는 시설</td></tr>
<tr><td colspan="2">청소년이용시설</td><td>수련시설이 아닌 시설로서 그 설치 목적의 범위에서 청소년활동의 실시와 청소년의 건전한 이용 등에 제공할 수 있는 시설</td></tr>
<tr><td rowspan="4">청소년
복지에
제공
되는
시설</td><td colspan="2">청소년쉼터</td><td>가출청소년에 대하여 가정·학교·사회로 복귀하여 생활할 수 있도록 일정 기간 보호하면서 상담·주거·학업·자립 등을 지원하는 시설</td><td rowspan="4">청소년
복지지원법
제31조</td></tr>
<tr><td colspan="2">청소년자립지원관</td><td>일정 기간 청소년쉼터 또는 청소년회복지원시설의 지원을 받았는데도 가정·학교·사회로 복귀하여 생활할 수 없는 청소년에게 자립하여 생활할 수 있는 능력과 여건을 갖추도록 지원하는 시설</td></tr>
<tr><td colspan="2">청소년치료재활센터</td><td>학습·정서·행동상의 장애를 가진 청소년을 대상으로 정상적인 성장과 생활을 할 수 있도록 해당 청소년에게 적합한 치료·교육 및 재활을 종합적으로 지원하는 거주형 시설</td></tr>
<tr><td colspan="2">청소년회복지원시설</td><td>소년법 제32조 제1항 제1호에 따른 감호 위탁 처분을 받은 청소년에 대하여 보호자를 대신하여 그 청소년을 보호할 수 있는 자가 상담·주거·학업·자립 등 서비스를 제공하는 시설</td></tr>
</table>

청소년 보호에 제공되는 시설	청소년 방과 후 활동지원 기관	학교의 정규교육으로 보호할 수 없는 시간 동안 청소년의 전인적(全人的) 성장·발달을 지원하기 위하여 다양한 교육 및 활동 프로그램 등을 제공하는 종합적인 지원	청소년 기본법 제48조의 2
	청소년상담복지센터	청소년에 대한 상담·긴급구조·자활·의료지원 서비스를 제공하는 시설	청소년복지 지원법 제29조
	이주배경청소년 지원센터	이주배경청소년의 사회 적응 및 학습능력 향상을 위하여 상담 및 교육서비스 지원하는 시설	청소년복지 지원법 제30조

출처 : 류동수 외(2019).

3. 노인복지

노인복지는 노인을 대상으로 하는 사회복지의 한 분야이다. 이 절에서는 노인복지의 개념, 노인복지의 필요성과 원칙을 바탕으로 노인복지서비스, 노인복지시설의 종류에 대해서 살펴보고자 한다.

1) 노인복지의 개념

노인복지(the aged welfare)란 노인이 인간답고 안전된 생활을 영위할 수 있도록 시대적 현상을 구조적으로 파악하여 노인의 자아실현과 문제 발생 원인 및 해결방안 등에 필요한 자원과 서비스를 제공하는 공적·사적 차원에서 체계적이고 지속적인 서비스 활동을 말한다.

노인복지법 제1조에 의하면 "이 법은 노인의 질환을 사전예방 또는 조기발견하고 질환상태에 적절한 치료·요양으로 심신의 건강을 유지하고, 노후의 생활안정을 위하여 필요한 조치를 강구함으로써 노인의 보건복지증진에 기여함을 목적으로 한다."

국제노년학회(1951)에서는 인간의 노화과정에서 발생하는 생물적·심리적·환경적 변화 및 행동적 변화가 상호작용하는 과정에 있는 사람이 노인이라고 설명하고 있으며, 다섯 가지의 특성을 가진 사람을 의미한다고 설명하고 있다.

① 환경 변화에 적절히 적응할 수 있는 조직기능이 감퇴되고 있는 사람, ② 생체의 자체 통합능력이 감퇴되고 있는 사람, ③ 인체의 기관, 조직, 기능에 쇠퇴현상이 일어나는 시기에 있는 사람, ④ 생활상의 적응능력이 결손되어 가는 사람, ⑤ 조직의 예비능력이 감퇴하여 적응이 제대로 되지 않은 사람이라고 규정하고 있다.

그리고 우리나라의 법률 관련 규정에 따르면 노인의 연령기준은 「고령자 연령차별금지 및 고령자 고용촉진에 관한 법률」에서는 고령자를 55세 이상인 자, 국민연금법에서는 노인을 60세 이상인 자, 노인복지법, 국민기초생활보장법상에는 65세 이상인 자로 규정하고 있다. 즉, 노인복지의 대상이라고 할 수 있는 노인에 대한 개념 정의는 노인복지서비스를 실천하는 과정에 따라 다양하게 적용되고 있다.

2) 노인복지의 필요성과 원칙

최성재와 장인협(2014)은 노인복지를 '노인이 인간다운 삶을 영위하면서 자기가 속한 가족과 사회구성원으로 적응하고 통합될 수 있도록 필요한 자원과 서비스를 제공하는 데 관련된 공적·사적 차원에서의 계획과 서비스를 제공하는 활동'으로 설명하고 있다.

노인복지법의 목적에서는 노인의 심신 건강유지 및 생활안정이 노인복지의 중요한 목표로 규정되어 있다. 구체적으로 노인의 소득, 보건, 교육, 주택 등 노인의 기본 욕구와 생활상의 문제를 해결하고 보장하기 위하여, 아래와 같이 규정된 노인복지의 이념을 달성하기 위해서는 다음과 같은 원칙이 지켜져야 한다.

첫째, 존엄성의 원칙이다. 인간은 어떠한 상황에서라도 차별받지 않는 인간적인 권리로서의 존엄성이 존중되어야 한다.

둘째, 개별화의 원칙이다. 인간은 각자 개성이 존중될 수 있도록 개별적으로 접근되어야 하며, 일반화나 고정관념이 배제되어야 한다.

셋째, 자기결정의 원칙이다. 노인도 인간이며 존엄성과 개성을 가지고 있으므로, 노인 자신의 복리를 위한 결정은 노인 스스로 선택할 수 있도록 해야 한다.

넷째, 권리와 책임의 원칙이다. 모든 인간에게는 권리와 책임이 동시에 수반되어야 한다.

다섯째, 보편성과 선별성의 원칙이다. 노인복지사업은 주어진 재정적·사회적 여건 속에서 노인들의 욕구에 따라 선별적 원칙과 보편적 원칙을 적절히 병행하여 보장되어야 한다.

여섯째, 개별적 기능의 원칙이다. 노인의 개별성과 주체성을 인정하고 노인 각자가 문제해결의 주체로 보고 문제를 해결하도록 지원하는 것이다.

일곱째, 전체성의 원칙이다. 노인의 사회적, 신체적, 정신적, 경제적 등 모든 측면을 고려하여 복지서비스가 제공되어야 한다.

여덟째, 전문성의 원칙이다. 노인복지사업은 전문적 지식과 기술을 기반으로 하여 체계적이고 지속적으로 실시되어야 한다.

아홉째, 시대적 욕구 반영 원칙이다. 노인복지사업은 노인들의 지속적인 욕구를 파악하여 이를 반영한 노인복지서비스를 지원하여야 한다.

3) 노인복지서비스

(1) 소득보장

소득보장제도는 공공부조로 국민기초생활보장제도, 기초연금이 있으며, 사회보험에는 국민연금, 퇴직연금, 개인연금과 기타 노인일자리사업 등을 들 수 있다.

① 국민기초생활보장제도

국민기초생활보장제도는 생활이 어려운 사람에게 필요한 급여를 실시하여 이들의 최저생활을 보장하고 자활을 돕는 것을 목적으로 생계급여, 주거급여, 의료급여, 교육급여, 해산급여, 장제급여, 자활급여를 제공한다. 또한 수급권자에 대한 급여는 수급자의 필요에 따라 급여의 전부 또는 일부를 지원할 수 있다.

② 기초연금

기초연금은 65세 이상 노인을 대상으로 소득이나 재산을 조사하여 국민연금, 특수직연금, 개인연금 등에 가입하기 어려운 노인 및 기초생활보호대상 노인의 생활을 보장하기 위해 마련된 제도이다.

기초연금 지급 대상은 만 65세 이상이고 대한민국 국적을 가지고 있으며 국내에 거주(주민등록법 제6조 1, 2호에 따른 주민등록자)하는 어르신 중 가구의 소득인정액이 선정기준액 이하인 노인이다. 부부 중 한 사람만 신청하는 경우도 부부가구에 해당하고 있다.

〈표 12-6〉 선정기준액(2022년)

구분	단독가구	부부가구
선정기준액	1,800,000원	2,880,000원

출처 : 보건복지부.

– '소득인정액'이란 월 소득평가액과 재산의 월 소득환산액을 합산한 금액을 말한다.

③ 국민연금

국민연금은 국민의 노령, 장애 또는 사망에 대해 연금 급여를 실시함으로써 국민의 생활 안정과 복지 증진에 이바지하는 것을 목적(국민연금법 제1조)으로 시행중인 사회보장제도이며, 국민 18세 이상 60세 미만의 국민을 대상으로 소득이 있을 때 매월 보험료를 납부했다가 노령, 질병, 사망 등으로 소득이 없을 때 연금을 지급받도록 하는 소득보장제도이다. 급여의 종류에는 노령연금, 장애연금, 유족연금, 반환일시금, 사망일시금 등이 있다.

④ 퇴직연금

직장에 근무하는 근로자가 사내에 적립하던 퇴직금 재원을 금융기관에 적립하여 퇴직하는 근로자에게 급여, 퇴직 연금, 퇴직 연금 일시금, 퇴직 일시금, 퇴직수당, 퇴직 위로금으로 지급하는 제도이다.

⑤ 개인연금

고령화에 따른 노후소득이 불안전하여 이를 보완하기 위한 소득보장제도의 하나이며, 예전에 국민연금 가입자가 많지 않고, 연금액이 크지 않아 개인연금으로 소득보장을 보완하고 있다.

⑥ 노인일자리지원사업

노인의 능력과 적성에 맞는 일자리사업을 전문적·체계적으로 수행하기 위한 기관을 설치·운영하여 노인이 활기차고 건강한 노후생활을 영위할 수 있도록 노인들의 공익형, 시장형, 인력파견형 등 다양한 사회활동을 지원하고 있다. 노인복지법 제23조 제2항에 노인의 능력과 적성에 맞는 일자리사업을 전문적·체계적으로 수행하기 위한 기관을 설치·운영하거나 법인·단체 등에 위탁할 수 있다고 정하고 있다.

위탁기관으로는 지방자치단체, 시니어클럽, 대한노인회, 한국노인인력개발원 등이 위탁 운영하고 있다.

(2) 의료보장

의료급여제도는 생활유지 능역이 없거나 최저생계비 이하의 소득으로 생활이 어려운 저소득계층에게 의료비를 지원하여 의료문제를 국가가 보장하는 공공부조제도이다.

수급자격은 1종과 2종으로 구분하며, 1종 수급자는 국민기초생활보장법에 의한 수급자 중 근로 능력이 없거나 보장시설에서 급여를 받는 자이며, 인간문좌제, 국가유공자, 이탈주민 희귀난치성 질환으로 6개월 이상 치료를 받는 자 등이며, 2급 수급권자의 가격은 1종 수급자는 국민기초생활보장법상 수급자 중 1종 수급권자에 해당하지 않는 자(자활대상자 등)이다.

그리고 2008년 7월 1일부터 노인장기요양보험법이 실시되고 있는데, 이는 고령이나 노인성 질병 등의 사유로 일상생활을 혼자서 수행하기 어려운 노인 등에게 신체활동 또는 가사활동 지원 등의 장기요양급여를 제공하여 노후의 건강증진 및 생활안정을 도모하고 그 가족의 부담을 덜어줌으로써 국민의 삶의 질을 향상하도록 함을 목적으로 시행하는 사회보험제도이다.

4) 노인복지시설의 종류

노인복지시설의 종류에는 노인주거복지시설, 노인의료복지시설, 노인여가복지시설, 재가노인복지시설, 노인보호전문기관, 노인일자리지원기관, 학대피해노인 전용쉼터가 있다. 시설의 종류와 기능은 <표 12-7>과 같다.

〈표 12-7〉 시설의 종류와 기능

구분	종류	기능
노인주거복지시설	양로시설	노인을 입소시켜 급식과 그 밖에 일상생활에 필요한 편의를 제공함을 목적으로 하는 시설
	노인공동생활가정	노인들에게 가정과 같은 주거여건과 급식, 그 밖에 일상생활에 필요한 편의를 제공함을 목적으로 하는 시설
	노인복지주택	노인에게 주거시설을 임대하여 주거의 편의·생활지도·상담 및 안전관리 등 일상생활에 필요한 편의를 제공함을 목적으로 하는 시설
노인의료복지시설	노인요양시설	치매·중풍 등 노인성질환 등으로 심신에 상당한 장애가 발생하여 도움을 필요로 하는 노인을 입소시켜 급식·요양과 그 밖에 일상생활에 필요한 편의를 제공함을 목적으로 하는 시설
	노인요양공동생활가정	치매·중풍 등 노인성질환 등으로 심신에 상당한 장애가 발생하여 도움을 필요로 하는 노인에게 가정과 같은 주거여건과 급식·요양, 그 밖에 일상생활에 필요한 편의를 제공함을 목적으로 하는 시설
노인여가복지시설	노인복지관	노인의 교양·취미생활 및 사회참여활동 등에 대한 각종 정보와 서비스를 제공하고, 건강증진 및 질병예방과 소득보장·재가복지, 그 밖에 노인의 복지증진에 필요한 서비스를 제공함을 목적으로 하는 시설
	경로당	지역노인들이 자율적으로 친목도모·취미활동·공동작업장 운영 및 각종 정보교환과 기타 여가활동을 할 수 있도록 하는 장소를 제공함을 목적으로 하는 시설
	노인교실	노인들에 대하여 사회활동 참여욕구를 충족시키기 위하여 건전한 취미생활·노인건강유지·소득보장 등 기타 일상생활과 관련한 학습프로그램을 제공함을 목적으로 하는 시설

재가노인 복지시설	방문요양 서비스	가정에서 일상생활을 영위하고 있는 노인(이하 "재가노인"이라 한다)으로서 신체적·정신적 장애로 어려움을 겪고 있는 노인에게 필요한 각종 편의를 제공하여 지역사회안에서 건전하고 안정된 노후를 영위하도록 하는 서비스
	주·야간보호 서비스	부득이한 사유로 가족의 보호를 받을 수 없는 심신이 허약한 노인과 장애노인을 주간 또는 야간 동안 보호시설에 입소시켜 필요한 각종 편의를 제공하여 이들의 생활안정과 심신기능의 유지·향상을 도모하고, 그 가족의 신체적·정신적 부담을 덜어주기 위한 서비스
	단기보호 서비스	부득이한 사유로 가족의 보호를 받을 수 없어 일시적으로 보호가 필요한 심신이 허약한 노인과 장애노인을 보호시설에 단기간 입소시켜 보호함으로써 노인 및 노인가정의 복지증진을 도모하기 위한 서비스
	방문목욕 서비스	목욕장비를 갖추고 재가노인을 방문하여 목욕을 제공하는 서비스
노인보호 전문기관	노인보호 전문기관	노인복지법 제39조의 5에서 규정한 노인인권보호사업과 노인학대예방사업 및 노인인식개선교육, 노인자살예방교육, 사업시설 내 노인권리보호 및 기타 노인의 권익보호를 위한 서비스를 지원하는 기관
노인 일자리 지원기관	노인일자리 지원기관	지역사회 등에서 노인일자리의 개발·지원, 창업·육성 및 노인에 의한 재화의 생산·판매 등을 직접 담당하는 기관
학대피해 노인 전용쉼터	학대피해노인 전용쉼터	노인 학대 예방 및 노인 보호를 위해 학대피해노인 전용쉼터

4. 장애인복지

이 절에서는 장애인복지의 개념, 장애인복지의 필요성과 원칙을 바탕으로 장애인복지서비스, 장애인복지시설의 종류에 대해서 살펴보고자 한다.

1) 장애인복지의 개념

장애인복지법 제2조에 따르면 “신체적·정신적 장애로 오랫동안 일상생활이나 사회생활에서 상당한 제약을 받는 자”를 장애인이라고 정의하고 있다.

UN의 「장애인 권리선언」(1975. 12. 9) 제1조에서는 “장애인이라 함은 선천적이든 후천적이든 간에 신체적·정신적 능력이 완전하지 못함으로 인하여 개인적 또는 사회적 생활에서 일상의 필요한 것을 확보하는 데 스스로 완전히 혹은 부분적으로 할 수 없는 사람”이라고 정의하고 있다.

장애의 개념을 협의의 개념과 광의의 개념으로 분류하기도 하는데, 먼저 협의 개념은 신체 및 정신기능의 상실 및 저하 등을 의학적 수준에서 판단하는 것을 말하며, 광의의 개념은 세계보건기구(WHO, 1980)에서 규정한 기능장애(impairment), 능력장애(disability), 사회적 장애(handicap)의 세 가지 분류기준을 모두 포함하는 것이라고 할 수 있다(손광훈, 2004). 1980년 세계보건기구(WHO)에서는 국제장애분류체계(ICIDH)를 만들었다.

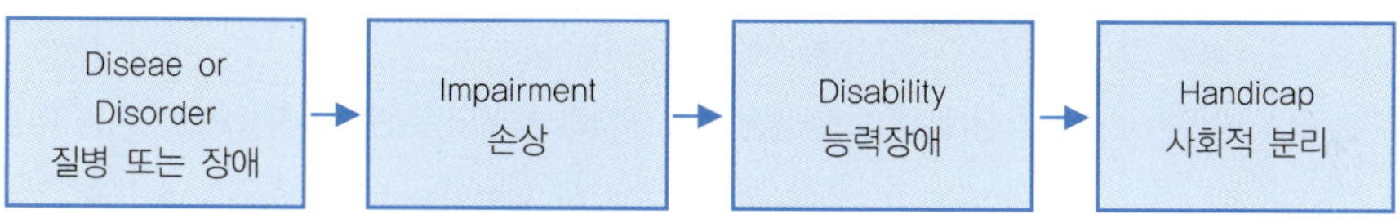

|그림 12-1| 국제장애분류(ICIDH)

첫째, 기능장애(Impairment)는 유전이나 사고 또는 질병에 따른 심리적·신체적·생리적 구조나 기능이 생리적 또는 해부학적 구조나 기능의 상실이나 이상을 의미한다.

둘째, 능력장애(Disability)는 기능장애의 영향으로 인하여 개별 수준의 활동과 행위 능력의 상실과 제약을 의미한다.

셋째, 사회적 장애(Handicap)는 기능장애와 능력장애에 의하여 발생하는 사회적 불이익으로 사회적 역할이나 일상생활을 수행할 수 없거나 제약을 받는 것을 의미한다.

우리나라의 장애유형은 크게 신체적 장애인(12유형 : 지체장애, 뇌병변장애, 시각장애, 청각장애, 언어장애, 신장장애, 심장장애, 간장애, 호흡기장애, 장루·요루장애, 뇌전증장애)와 정신적 장애(3유형 : 지적장애, 정신장애, 자폐성장애)로 구분하고 있다(유태완 외, 2017). 장애의 분류는 ＜표 12−8＞과 같다.

〈표 12-8〉 장애 분류

대분류	중분류	소분류	세분류
신체적 장애	외부 신체 기능 장애	지체장애	절단장애, 관절장애, 지체기능장애, 변형 등의 장애
		뇌변병장애	중추신경의 손상으로 인해 장애
		시각장애	시력장애, 시야결손장애
		청각장애	청력장애, 평형기능장애
		언어장애	언어장애, 음성장애
		안면장애	안면부의 추상, 함몰, 비후 등 변형으로 인한 장애
	내부 기관 장애	신장장애	만성 신부전 및 신장 이식자
		심장장애	일상생활에 제약을 받는 심장 기능 이상자
		호흡기장애	일상생활이 현저히 제한되는 만성·중중의 호흡기 기능 이상
		간장애	일상생활이 현저히 제한되는 만성·중증의 간 기능 이상
		뇌전증	일상생활이 현저히 제한되는 만성·중증의 뇌전증(간질)
		장루·요루장애	일상생활이 현저히 제한되는 장루·요루장애
정신적 장애	정신장애		정신분열병, 분열형 정동장애, 양극성 정동장애, 반복성 우울장애
	지적장애		지능지수가 70 이하
	자폐성장애		소아자폐증 등

2) 장애인복지의 필요성과 원칙

장애인복지의 근본인 인간은 장애의 유무와 상관없이 태어날 때부터 인간으로서의 그 존엄성을 인정받고 살 권리를 가지고 있다. 최근 선천적 장애뿐만 아니라 사고 및 기타 사회적 현상 때문에 발생하는 후천적인 장애를 가진 인구가 증가하고 있기 때문에 장애인들의 다양한 특성을 고려하여야 한다.

장애인복지법 제1조의 "장애인의 인간다운 삶과 권리보장을 위한 국가와 지방자치단체 등의 책임을 명백히 하고, 장애발생 예방과 장애인의 의료·교육·직업재활·생활환경 개선 등에 관한 사업을 정하여 장애인복지대책을 종합적으로 추진하며, 장애인의 자립생활·보호 및 수당지급 등에 관하여 필요한 사항을 정하여 장애인의 생활안정에 기여하는 등 장애인의 복지와 사회활동 참여증진을 통하여 사회통합" 지원에 필요한 다양한 복지서비스가 필요하다.

장애인을 인간으로서 존중하는 것과 함께 장애인복지의 기본원칙 몇 가지가 있다(권육상 외, 2009 : 68-70).

첫째, 인간의 존엄성이다. 인간은 누구나 태어나면서부터 인간으로서의 그 존엄성을 인정받고 살 권리가 있다. 천부적인 인권은 가지고 있는 존엄한 존재로 대우받아야 하며, 성별, 종교, 피부색, 국적, 사회적 지위, 신체적 또는 정신적 조건 등에 관계없이 존중받아야 한다.

둘째, 개별화의 원칙이다. 장애인의 문제는 같은 장애를 가지고 있더라도 개인의 개성과 상황, 삶의 목표가 다르므로 개별적 기능의 원칙을 고려하여야 한다.

셋째, 발달보장 추구의 원칙이다. 인간은 변화하고 발달하며 그 가능성을 믿고 잠재능력을 개발할 수 있도록 보장하여야 한다.

넷째, 기회균등의 원칙이다. 기본적인 사회 구성원으로 차별받지 않고, 모두 똑같은 기회가 주어져야 모든 사람이 이용할 수 있도록 보장하여야 한다.

다섯째, 장애인과 비장애인이 사회참여를 비롯한 평등한 대우를 받을 때 사회통합을 이룰 수 있다.

여섯째, 사회적 역할 가치화이다. 인간에 대한 차별의식, 차이에 대한 집착을 극복하게 하는 것이 가장 중요하다.

3) 장애인복지서비스

(1) 의료보장

장애인 의료보장은 장애의 결과에 따른 육체적・정신적 기능을 회복하여 자립적으로 직업생활 및 사회생활이 가능하도록 지원하는 데 그 목적이 있다.

장애인복지법 제18조(의료와 재활치료)에 "장애인이 생활기능을 익히거나 되찾을 수 있도록 필요한 기능치료와 심리치료 등 재활의료를 제공하고 장애인의 장애를 보완할 수 있는 장애인 보조기구를 제공하는 등 필요한 정책"을 지원하도록 하고 있다.

(2) 교육보장

모든 국민이 능력에 따라 평등하게 교육받을 권리를 말한다. 장애인복지법 제20조(교육) "사회통합의 이념에 따라 장애인이 연령・능력・장애의 종류 및 정도에 따라 충분히 교육받을 수 있도록 교육 내용과 방법을 개선하는 등 필요한 정책"을 지원하도록 하고 있다.

(3) 소득보장 및 고용보장

일반적으로 장애인 가구가 비장애인 가구에 비해서 경제활동 열악하고 의료비 지출이 많아 상대적으로 소득이 적은 편이다. 소득보장을 지원하기 위해서는 장애인에게 직업을 가질 수 있도록 하는 것이 가장 근본적인 소득보장 대책일 것이다.

장애인복지법 제21조(직업) "장애인이 적성과 능력에 맞는 직업에 종사할 수 있도록 직업 지도, 직업능력 평가, 직업 적응훈련, 직업훈련, 취업 알선, 고용 및 취업 후 지도 등 필요한 정책"을 계획, "장애인 직업재활훈련이 원활히 이루어질 수 있도록 장애인에게 적합한 직종과 재활사업에 관한 조사·연구"를 통해 근본적인 소득보장을 위해 노력하고 있다.

「장애인고용촉진 및 직업재활법」에서는 "장애인이 그 능력에 맞는 직업생활을 통하여 인간다운 생활을 할 수 있도록 장애인의 고용촉진 및 직업재활을 꾀하는 것을 목적"으로 장애인의무고용제도, 사업주지원제도 등을 규정하고 있다.

4) 장애인복지시설의 종류

장애인복지법 제57조에 따르면 "국가와 지방자치단체는 장애인복지시설의 이용을 통하여 기능회복과 사회적 향상을 도모할 수 있도록 정책을 강구"하기 위하여 다양한 장애인복지시설을 운영하고 있다. 장애인복지시설의 종류에는 거주시설, 지역사회 재활시설, 직업재활시설, 의료재활시설 등이 있다. 시설의 종류와 기능은 <표 12-9>와 같다.

〈표 12-9〉 시설의 종류와 기능

구분	기능
장애인 거주시설	거주공간을 활용하여 일반가정에서 생활하기 어려운 장애인에게 일정 기간 동안 거주·요양·지원 등의 서비스를 제공하는 동시에 지역사회생활을 지원하는 시설
장애인 지역사회재활시설	장애인을 전문적으로 상담·치료·훈련하거나 장애인의 일상생활, 여가활동 및 사회참여활동 등을 지원하는 시설
장애인 직업재활시설	일반 작업환경에서는 일하기 어려운 장애인이 특별히 준비된 작업환경에서 직업훈련을 받거나 직업 생활을 할 수 있도록 하는 시설
장애인 의료재활시설	장애인을 입원 또는 통원하게 하여 상담, 진단·판정, 치료 등 의료재활서비스를 제공하는 시설

5. 여성복지

이 절에서는 여성복지의 개념, 여성복지의 필요성을 바탕으로 여성복지 서비스, 여성복지시설의 종류에 대해서 살펴보고자 한다.

1) 여성복지의 개념

우리나라에서 여성복지라는 용어의 사용은 1990년대 중반 이후부터 정부에서 "여성복지"라는 용어를 사용하기 시작하였는데 그 전에는 "부녀복지"라는 용어를 사용하였으며, 부녀복지라는 용어 속에는 독립적인 여성의 존재로서가 아니라 누구의 부인 또는 며느리로 보고 여성은 결혼하여 부녀가 되는 것이 정상적이라는 가치를 반영하였다(김인숙, 1997). 하지만 1980년대 이후부터 여성계에서 제기된 성불평등 활동을 통해 여성의 지위 향상과 역할 변화가 시작되어 오늘날에는 "성별에 따른 차별, 편견, 비하 및 폭력 없이 인권을 동등하게 보장받고 모든 영역에 동등하게 참여하고 대우받는 것"을 양성평등기본법 제3조 제1호에 규정화되었다.

한국여성개발원(1990)에서는 우리나라 여성복지에 대하여 "여성이 국가나 사회로부터 인간의 존엄성과 인간다운 생활을 할 권리를 동등하게 보장받음으로써 여성의 건강, 재산, 행복의 조건들이 만족스러워지는 상태를 의미하며, 동시에 가부장적 가치관과 이에 기초를 둔 법, 기타 사회제도를 개선하는 것 등으로 여성의 인간다운 삶을 실현하기 위한 모든 실천적 노력을 포함하는 개념"이라고 정의하고 있다. 또한 "여성복지란 모든 여성이 한 사회의 구성원으로서 삶의 질을 영위할 수 있도록 여성의 욕구나 문제를 해결하기 위하여 사회구성원들이 공적·사적 차원에서 행하는 공동체적 노력"이라고 정의하고 있다(조흥식 외, 2006).

현대사회는 여성의 사회참여가 점차 증가하고 다양한 문제점들이 발생하고 있어 평등하고 안전한 사회를 위해 현실을 개선하려는 노력이 깃든 사회복지의 한 실천분야로 이해할 수 있다.

2) 여성복지의 필요성

현대 사회의 변화 속에서도 여성의 사회참여 확대와 유리천장 해소를 위해 노력하고 있지만 여전히 여성은 사회로부터 아동과 노인을 보호하는 역할을 부여받고 있으며, 여성의 역할을 중심으로 여성복지의 대상을 구분하면 아직 가부장적 남성 중심의 우리사회에서는 일반 여성이라 해도 경우에 따라 요보호 여성이 될 가능성이 있다. 사회복지실천 분야에 남성복지는 없는데 여성복지가 있다는 사실은 여성이 전반적으로 사회에서 남성에 비해 아직 불이익이나 불편 혹은 불만을 유발하는 환경에 노출되어 있다는 전제에서 출발한다(남일재 외, 2006).

첫째, 불평등 의식의 해소를 위해 여성복지가 필요하다. 우리사회에서 여성은 남성과 차별되어 불리한 상황에 처하는 경우가 자주 있다. 대표적인 예가 취업의 불평등이다. 여성이 사회에서 남성과 다른 처우를 받게 되는 것은 산업사회에서 남녀의 역할에 대한 고정관념과 편경에 기인하고 있기 때문이며, 양성평등기본법 제2조에 "개인의 존엄과 인권의 존중을 바탕으로 성차별적 의식과 관행을 해소하고, 여성과 남성이 동등한 참여와 대우를 받고 모든 영역에서 평등한 책임과 권리를 공유함으로써 실질적 양성평등 사회를 이루는 것"으로 규정하고 있으므로, 여성에게 불평등한 요소들을 해소해 나가야 할 것이다.

둘째, 요보호여성의 보호를 위해서 여성복지가 필요하다. 양성평등기본법 33조에 따르면 "장애인, 한부모, 북한이탈주민, 결혼이민자 등 취약계층 여성과 그 밖에 보호가 필요한 여성의 복지 증진을 위하여 필요한 조치"를 취하도록 하고 있어 국가와 지방자치단체에서는 모자가장, 가정폭력 및 성폭력 피해 여성, 미혼모, 여성 장애인, 여성 노인과 같은 사회적 보호가 필요한 여성의 문제를 해결하기 위해 노력하고 있다.

셋째, 일반여성의 삶의 질을 향상하기 위해서 여성복지가 확대되어야 한다. 전통적인 가부장 사회에서 산업사회로 바뀌면서 여성에 대한 기대와 가치관이 변화하였고, 이에 따라 여성에게 다양한 역할이 요구되고 있다 (이영철 외, 2003 : 207). 현대사회에서 시대적 변화에 따라 여성의 자아실현 욕구와 다양한 현의 사회참여 욕구를 충족시켜 줄 수 있는 제도와 서비스가 요구됨에 따라 여성복지의 필요성이 증대되고 있다.

3) 여성복지서비스

(1) 여성 중심적 상담

여성 중심 상담은 시대적 사회현상으로 여성들이 경험하는 다양한 문제들을 해결할 수 있도록 돕는 문제 중심의 개인 및 집단상담을 통해 여성에게 힘을 부여함으로써 문제를 해결하고자 하는 것이다.

(2) 시설보호서비스

한부모가족 또는 여성이 안정적인 가족 기능을 유지하고 자립할 수 있도록 지원함으로써 한부모가족 및 여성의 안정과 복지 증진에 기여할 목적으로 모자보호시설, 모자자립시설, 미혼모시설, 일시보호시설, 성폭력피해시설 등에서 시설보호서비스가 제공된다.

(3) 각종 프로그램을 통한 지원

현대사회는 여성의 사회참여가 점차 증가하며, 경제 · 사회적 욕구를 충족시키기 위한 각종 프로그램을 통한 지원을 하고 있다. 그중 혼인 · 임신・출산・육아 등으로 발생하는 다양한 문제들을 대상으로 상담, 교육훈련, 사후관리 등 종합적인 서비스 지원 프로그램을 운영 중에 있다.

4) 여성복지시설의 종류

여성복지시설의 종류에는 여성시설, 가족시설, 권익시설 등이 있다. 시설의 종류는 <표 12-10>과 같다.

〈표 12-10〉 시설의 종류와 기능

구분	기능
여성시설 (여성중심상담)	여성새로일하기센터 : 육아/가사 등으로 경력이 단절된 여성을 대상으로 직업상담, 구인/구직 관리, 직업교육, 인턴십, 취창업지원, 취업 후 사후관리, 경력단절예방 등을 종합적으로 지원하는 시설
가족시설 (시설보호서비스)	건강가정・다문화가족지원센터 : 다문화가족지원센터는 다문화가족의 안정적인 정착과 가족생활을 지원하기 위한 종합 서비스를 제공 한부모가족복지시설 : 한부모가족에게 시설보호와 자립 지원, 복지 향상을 목적으로 운영되는 시설 (모자보호시설, 모자일시보호시설, 모자자립시설, 미혼모시설 등)
권익시설 (각종 프로그램을 통한지원)	여성긴급전화 1366 : 가정폭력, 성폭력, 성매매, 데이트폭력, 디지털성폭력, 성희롱 등 긴급한 상황에 대해 실시간 채팅 및 게시판 상담서비스를 제공하는 시설 (성폭력피해상담, 가정폭력피해상담, 성매매피해상담, 청소년성문화센터, 폭력피해 이주여성 상담소 등) 해바라기센터 : 성폭력 가정폭력 성매매피해자에 대하여 365일 24시간 상담, 의료, 법률, 수사, 심리치료 지원을 원스톱(one-stop)으로 제공함으로써 피해자가 위기 상황에 대처할 수 있도록 지원하고 2차 피해를 예방하는 시설

6. 가족복지

이 절에서는 가족복지의 개념, 가족복지의 필요성을 바탕으로 가족복지 서비스, 가족복지시설의 종류에 대해서 살펴보고자 한다.

1) 가족복지의 개념

미국사회사업가협회(National Associaton of Sorkers Workers : NASW ,1995)에서는 “가족복지는 가족 구성원이 사회인으로서의 기능을 높이기 위해서 행해지는 서비스 활동을 의미한다”라고 하였다.

가족복지의 개념은 학자들에 따라 다양하게 정의하고 있으며, 우선 대한민국 헌법 제34조의 이념에 입각하면, 박경일 외(2017)는 가족복지란 “가족의 행복과 안녕을 보장하는 것을 의미하며 국민의 가족생활을 보장하는 사회적 · 제도적 · 정책적 모든 노력과 기술적 서비스를 총칭한다. 넓은 의미에서의 가족복지란 가족성원 개개인뿐만 아니라 가족 전체를 대상으로 보다 통합적이고 예방적인 서비스를 제공하는 공적 · 사적 차원의 사회공동체적 개입 노력 또는 활동”이라고 정의하고 있다.

김기태(1999)는 “가족복지란 가족이 일시적 혹은 장기적으로 당면하고 있는 생활상의 곤란함, 즉 빈곤, 질병, 실업, 가족관계의 붕괴, 행동상의 문제, 신체적 혹은 정신적 장애 등으로 가족의 기능이 상실되어 중대한 위기에 처한 가족을 대상으로 하여, 가족의 긴장을 완화하고 문제를 해결하며 가족의 기능을 강화하는 것을 목적으로 하는 사회적 조직 활동을 의미한다”라고 정의하고 있다.

이와 같이 가족복지는 가족의 시대적 변화에 따라 발생하는 다양한 문제와 욕구를 예방 · 해결하기 위하여 정책적 · 제도적 · 기술적 서비스 등 체계적이고 지속적으로 지원하는 조직적인 활동이라고 할 수 있다.

2) 가족복지의 필요성

가족은 사회의 가장 기본적인 체계로 혼인 · 혈연 · 입양으로 이루어진 사회의 기본단위라고 할 수 있다. 그리고 산업화가 진행될수록 다양한 가족형태가 구성되어 이전의 확대가족제도의 가족성원에 대한 역할을 기대할 수 없는 실정이다. 그리고 최근 시대적 변화에 따라 다양한 가족문제나 가족해체의 발생이 증가하고 있으며, 가족중심의 비공식적 복지가 축소됨으로 인해 전통적인 가족기능을 대체하고 이를 보완할 가족복지의 필요성이 매우 높아지고 있다.

그리고 우리는 시대적 변화 속에서 가족의 구조나 관계, 기능, 가치관을 비롯한 가족생활 전반에 걸쳐 다양한 변화를 경험하고 있다. 이는 다양한 가족 문제를 양상하게 되었고 가족복지의 필요성이 어느 시기보다 부각되고 있는 실정이다. 기존의 가족구성 형태나 새로운 구성 형태에서 모든 가족구성원은 가족해체를 예방하기 위해 노력하며, 국가 및 지방자치단체 또한 가족해체를 예방하기 위하여 필요한 제도와 시책을 강구하고 있다. 건강가정기본법 제4조에 따르면 “모든 국민은 가정의 구성원으로서 안정되고 인간다운 삶을 유지할 수 있는 가정생활을 영위할 권리”를 가지고 있다고 규정하고 있다.

여기서는 최경석 외(2003 : 50-52)가 제시한 가족복지의 필요성에 대하여 아래와 같이 살펴보고자 한다.

첫째, 가족과 사회관계에 대한 시각의 변화이다. 현대사회는 취업모의 증가, 평균수명의 연장, 소가족화 등의 변화를 겪으며, 가족의 기능은 약화되었지만 그에 따른 책임은 증가하고 있다. 건강가정기본법 제21조에서 국가 및 지방자치단체는 가정이 원활한 기능을 수행하도록 다양한 지원책을 준비하고 있으며, 사회변화에 맞춰 다양한 가족복지서비스가 제공되어야 한다.

둘째, 가족에 대한 개입의 관점 변화이다. 기혼여성의 취업 증가로 가족에 대한 국가 개입을 꺼리는 국가에서조차 가족에 적극 개입하는 계기를 만들어주고 있는 실정이다.

셋째, 다양한 가족의 형태가 등장하면서 자녀양육, 가족교육, 상담 등 가족구성원에게 건강한 가정생활을 영위하기 위한 다양한 욕구가 발생하는데 이들의 욕구를 충족시켜주는 가족복지 대책이 필요하게 되었다.

넷째, 사회문제 해결 단위로서 가족의 유용성을 들 수 있다. 가족구성원들의 다양한 문제를 적절한 해결방안을 강구하기 위해서 개별적인 접근보다는 가족을 단위로 하여 문제를 해결하는 것이 보다 효과적이라는 결과들이 제시되고 있다.

3) 가족복지서비스

(1) 가정폭력 예방과 치료

가정폭력을 예방하고 치료하기 위하여 「가정폭력방지 및 피해자보호 등에 관한 법률」을 제정하여 가정폭력 피해자의 피해 상황에서 신속하게 벗어나 인간으로서의 존엄성과 안전을 보장하기 위한 기관으로 여성긴급전화 1366, 가정폭력상담소, 가정폭력피해자 보호시설 등이 있다.

(2) 가족보호

가정 내에서 발생하는 다양한 문제에 대해 보호를 제공함으로써 가족의 역할 및 능력을 향상하는 것이다.

(3) 가정생활교육

건강한 가정생활의 영위와 가족의 유지 및 발전을 위하여 가족 및 개인의 사회적 기능을 향상하는 것으로 결혼준비 교육, 부모역할 훈련 프로그램, 부모교육, 한부모가족의 교육, 치매노인가족의 교육 등이 있다.

(4) 가족보존

가족의 위기로 자녀가 가족으로부터 격리되어 외부에서 위탁보호를 받을 상황에 놓인 가족에게 집중적으로 개입하여 가족이 해체되는 것을 막고, 자녀가 가족 내에서 계속해서 양육될 수 있도록 하기 위한 서비스로, 상담, 교육, 정보제공, 의료·탁아·단기보호 등이 있다.

(5) 가족치료

가족을 단위로 하여 구성원의 상호작용을 통하여 신체적·정신적 가족 문제를 치료하거나 상담 등을 진행한다.

(6) 가족옹호

빈곤, 기회 불평등, 인종차별 등으로 사회에서 불이익을 당하는 가족들이 사회복지 관련 기관으로의 지도나 연대를 통하여 권리를 주장하고 지역사회에 필요한 서비스를 확보하도록 지원하는 것이다.

4) 가족복지시설의 종류

가족복지시설의 종류에는 건강가정지원센터, 지역사회복지관의 가족지원서비스, 다문화가족지원센터 등이 있다. 시설의 종류는 <표 12-11>과 같다.

〈표 12-11〉 시설의 종류와 기능

구분	기능
건강가정지원센터	가정문제의 예방·상담 및 치료, 건강가정의 유지를 위한 프로그램의 개발, 가족문화운동의 전개, 가정 관련 정보 및 자료제공 등을 지원하는 기관
지역사회복지관의 가족지원서비스	개인 및 가족 전체를 대상으로 상담·치료·보육 등의 필요한 서비스를 제공함으로써 가족문제의 해결과 예방 및 가족해체를 방지하고 가족 기능을 정상화를 지원하는 기관
다문화가족지원센터	결혼이민자의 한국어교육, 다문화가족통합교육, 개인 및 가족상담 등을 제공하여 한국사회에 적응 및 자립을 지원하는 기관 (외국인근로자가정, 여성결혼이민자 가정, 북한이탈주민 가정 등)

출처 : 여성가족부.

제 13 장

사회복지의 직능별 실천영역

1. 학교사회복지
2. 정신건강사회복지
3. 의료사회복지
4. 산업복지

제 13 장

사회복지의 직능별 실천영역

1. 학교사회복지

1) 학교사회복지의 개념

학교사회복지는 학교를 중심으로 이루어지는 사회복지실천으로, 학교 내와 학교를 둘러싼 지역사회의 인적·물적·제도적 자원을 활용하여 학생들의 학교 및 사회적응을 증진시키고자 하는 활동이다. 학교사회복지에 대한 개념은 시대적 특성과 학자들의 다양한 학문적 관점에 따라 다르게 정의되어 왔다. 이러한 정의들은 다소 차별성을 가지고 있지만 몇 가지 공통적인 사항들을 공유하고 있는데, 이를 정리하면 다음과 같다(성민선 외, 2004).

첫째, 주된 실천의 장소가 학교라는 점으로, 학교사회복지를 다른 사회복지영역과 구분 짓는 요소라 할 수 있다. 둘째, 사회복지 전문가가 학교에 개입하여 학교교육의 본질적 목적을 달성하도록 도와주는 것을 목적으로 한다. 셋째, 사회복지실천의 주요 기능인 심리·사회적 문제의 예방, 해결을 위한 활동을 수행한다. 넷째, 사회복지실천의 기본적 관점인 '환경속의 인간'에 초점을 두어 학생 개인뿐만 아니라 학교, 가족, 지역사회라는 환경에 대한 개입을 동시에 고려하고 있다.

학교사회복지에 대한 다양한 개념정의들을 정리해보면, 우선 미국의 NASW에서는 "학교사회복지는 학교라는 교육기관에서 전문적 능력과 자격을 갖춘 사회복지사가 제공하는 사회적 서비스를 의미한다. 즉, 공교육체계에서 학교교육의 목적을 달성하는 것을 지원하고 학생들이 학교에 잘 적응할 수 있도록 도와주며, 이를 위해 학교, 가족, 지역사회가 수행하는 노력을 조정하고 영향을 미치는 활동"으로 정의하고 있다(NASW Standards for School Social Work Services, 2002).

Costin(1975)은 학교사회복지를 "사회사업의 목적과 원리를 적용하여 학생이 자신의 문제에 대해 적절한 책임을 질 수 있도록 도와주고, 학교 측에서 학생의 부적응 문제에 대해 느끼는 것과 똑같이 부모들도 그 문제에 대해 느낄 수 있도록 원조하며, 필요한 경우 지역사회기관을 활용할 수 있도록 학생과 그 부모들을 돕고, 그 학생을 개별화하여 교육할 수 있도록 돕는 것"으로 정의하였다(이경남 외, 2012 재인용).

우리나라 학자들의 정의를 살펴보면, 전재일 외(1997)는 "학교사회복지사가 사회복지실천의 원리와 방법의 적용을 통해 학교, 가정, 지역사회의 자원체계를 조정, 활용하여 학생의 정상적인 생활에 장애가 되는 심리적·사회적 부적응을 조기에 발견, 예방, 치료하여 교육체계의 중요한 임무를 원활히 수행케 하는 데 필요한 서비스를 제공하는 사회복지실천의 한 분야"라고 정의하고 있다. 또한 한인영 외(1997)도 "학교를 실천장소로 하여 학생–가정–학교–지역사회의 역기능적 상호작용에 의해서 발생하는 학생의 심리·사회적 문제를 예방하고 해결하며, 모든 학생이 자신의 잠재력과 능력을 최대로 발휘할 수 있는 교육환경을 제공하며, 이를 통해 학교가 교육의 본질적인 목적을 달성할 수 있도록 도와주는 교육기능의 한 부분이며, 사회사업의 전문분야"로 정의하고 있다.

한국학교사회복지사협회에서는 "학교사회복지는 학교에서 일어나는 학생의 심리·사회적 문제를 개인 및 환경과의 상호작용의 문제로 보고, 학생−학교−가정−지역사회의 연계(방법)를 통해 예방 및 해결은 물론 모든 학생이 자신의 잠재력과 능력을 최대한 발휘할 수 있도록 최상의 교육환경과 공평한 교육기회를 제공함으로써 궁극적으로 교육의 본질적인 목적을 달성하고 학생복지를 실현할 수 있도록 도와주는 사회복지의 전문분야"로 규정하고 있다.

2) 학교사회복지의 목적

학교사회복지의 목적은 크게 세 가지로 살펴볼 수 있다(성민선 외, 2004).

첫째, 기본적으로 학교교육의 목적을 달성할 수 있도록 지원하는 것이다. 이를 위해 학교사회복지사는 아동 및 청소년이 유능함, 문제해결 및 의사결정능력, 변화에 적응할 수 있는 준비, 자신의 지속적인 학습을 위한 책임감을 가질 수 있도록 하기 위한 학교의 노력에 일조하여 학생들의 삶의 질을 향상시키는 데 기여해야 한다. 즉, 학생들이 학교생활을 통해 자신의 잠재력을 최대한 계발하고, 건강하게 성장하고, 적절하고 적합한 학교교육을 받으며, 조화로운 인간관계를 맺고 지역사회와의 유대감을 가질 수 있도록 도와주어야 한다.

둘째, 개인적 문제, 가족 또는 대인관계상의 문제, 학교 적응과 관련된 문제를 가지고 있는 학생들을 위해 사회복지서비스를 제공하는 것이다. 이는 사회복지실천의 기본목적이라 할 수 있는 사회적 기능의 촉진, 회복, 유지, 향상과 연결되며, 학생들이 가족, 학교, 지역사회 등 외부환경과의 역기능적 상호작용을 통해 원활한 사회적 기능의 수행이 힘들 경우 학교사회복지사는 사회복지실천의 원칙과 방법을 활용하여 필요한 사회복지서비스를 제공해야 한다.

셋째, 가정－학교－지역사회 간의 연계를 강화하여 학생들에게 최적의 교육환경을 제공하는 것이다. 학생들의 학교생활을 저해하는 요소들은 학생 개인에게서만 찾을 수 있는 것은 아니며, 학생들이 상호 교류하는 다양한 환경에서도 발견할 수 있다. 또한 학교체계 내에서 발생한 문제의 해결을 위해 제한된 학교자원으로는 부족할 수 있다. 이에 학교사회복지사는 지역사회의 자원을 학교 안으로 끌어들이는 연계활동을 수행해야 한다.

이러한 목적을 달성하기 위한 학교사회복지사의 역할을 정리하면 다음과 같다.

① 임상전문가로서 학생을 위한 개별·집단 상담 및 치료적 개입을 한다.

② 교육자 또는 자문가로서 학습과 진로를 위한 정보를 제공하고 사회성 기술, 학습전략, 의사소통훈련, 각종 예방을 위한 교육을 실행한다.

③ 매개자 및 연계자로서 학생과 가족에게 필요한 자원을 발굴하고 연계한다.

④ 조정자 및 중재자로서 학생과 환경 사이에서 양자 모두의 문제 해결 과정을 조정하고 중재한다.

⑤ 옹호자로서 학생과 가족의 인권을 보장하기 위한 옹호활동을 한다.

⑥ 자원개발자로서 학생과 가족 및 학교에 필요한 지역사회자원을 발굴하고 개발·촉진한다.

⑦ 공조자 및 협력자로서 교사를 비롯하여 다양한 전문가와 관련기관과 협력하고 공조한다.

⑧ 조사연구자로서 실태조사 및 효과성 연구를 통한 효과적인 복지서비스를 제공한다.

⑨ 정책제언가로서 학생복지 증진을 위해 다양한 수준에서의 정책감시와 제언에 참여한다.

3) 학교사회복지의 대상

학교사회복지의 대상에는 일차적으로 학교생활을 경험하는 학생과 이들의 사회적 기능 수행과 교육목적 성취에 영향을 미치는 교사, 부모, 학교체계가 포함될 수 있다. 즉, 학교교육 목적의 달성과 관련된 모든 개인, 집단, 조직 및 지역사회의 체계가 학교사회복지의 실천대상이 될 수 있다.

학교사회복지의 대상체계는 일반적인 사회복지서비스의 할당원칙으로 제시되는 보편주의와 선별주의에 의거해 구분해 볼 수 있다. 기본적으로 모든 사람이 사회복지의 급여를 받을 수 있다는 보편주의에 의거할 때 학교사회복지의 대상은 모든 학생과 그 가족이라고 할 수 있다. 이러한 대상체계의 설정은 학교사회복지서비스가 치료적 개입보다는 예방적 개입을 중심으로 제공되어야 하며, 낙인의 문제를 최소화하고 사회적 통합을 극대화할 수 있다는 장점을 가지고 있다(성민선 외, 2004).

반면 현재 문제를 경험하고 있거나 위험에 노출되어 자신의 욕구를 스스로 충족시키는 것이 힘든 한계집단 또는 요보호집단에 집중적으로 서비스가 제공되어야 한다는 선별주의 원칙을 따를 경우, 학교사회복지의 대상체계는 요보호 아동과 그 가족이 될 것이다. 이때 요보호아동으로는 대인관계상의 문제를 보이는 학생(폭력행동, 비사교적 행동, 반사회적 행동,교사나 성인의 권위에 대항하는 행동 등), 심리·정서적 문제를 가지고 있는 학생(우울, 소외, 공포, 불안, 자살기도 등), 학교 규칙을 위반하고 있는 학생(장기결석, 등교거부, 잦은 지각, 무단조퇴, 수업불참 등), 가정환경적인 문제를 가지고 있는 학생(결손가정, 이혼, 재혼, 빈곤, 소년소녀가장 세대), 부모가 아동양육에 문제를 보이는 가정의 학생(학대, 방임 등), 갑작스런 심리·행동적 변화를 보이는 위기상황의 학생, 학습부진이나 비행, 범죄행위를 범한 학생 등이 해당된다(한인영 외, 1997).

4) 학교사회복지의 운영현황

학교사회복지는 1997년 교육부와 서울특별시교육청에 의한 시범(연구)사업이 실시된 이후 사회복지공동모금회, 지방자치단체 등 다양한 주체와 재원에 의해 확대 발전해왔으며, 이 과정에서 학교생활적응, 학교건강성, 자아존중감의 향상, 근태문제 개선과 징계율 감소, 폭력 관련 의식과 태도의 변화 등의 긍정적 성과를 도출해왔다(이종익 외, 2018). 2020년 현재 학교사회복지사업은 <표 13-1>에서와 같이 교육복지우선지원사업과 지방자치단체 학교사회복지사업, 그리고 민간지원사업으로 구분하여 실시하고 있다. 하지만 지방자치단체사업은 서울과 경기도의 일부 지방자치단체에서 지역의 아동·청소년 복지를 위하여 실시하는 사업이고, 민간지원사업은 강원도에서 소규모로 진행되는 것을 고려했을 때, 전국의 지역교육청 주관으로 시행되고 있는 교육복지우선지원사업이 학교사회복지사업을 대변한다고 할 수 있다(홍기혜 외, 2019).

〈표 13-1〉 2020년 전국 학교사회복지사업 운영현황

사업명	초등학교	중학교	고등학교	기타	총계
교육복지우선지원사업	1,921 (848)	1,259 (645)	156 (39)	12 (2)	3,348 (1,534)
지방자치단체 학교사회복지사업	84 (84)	31 (31)	16 (16)	1 (1)	132 (132)
민간지원사업	3 (3)	2 (2)	1 (0)	-	6 (5)
총계	2,008 (935)	1,292 (678)	173 (55)	13 (3)	3,486 (1,671)

(괄호 표시=인력배치)

교육복지우선지원사업은 2003년 교육부 주관의 '교육복지투자우선지역지원사업'이라는 시범사업으로 시작되었다. 교육복지투자우선지역 지원사

업은 지역 교육공동체 구현을 통해 취약계층의 삶의 질 제고를 목표로 하였고, 대상학생의 학교교육과정 이수와 함께 교육, 문화, 복지 차원의 지지망을 구축하여 저소득층 학생의 욕구에 맞는 프로그램을 제공하고자 하였다(이종익 외, 2018). 교육복지투자우선지역 지원사업은 대상 학생들에 대한 교육·복지·문화 등 종합적이고 체계적인 지원으로 학생·학부모·교사들의 만족도가 높고, 지역사회와의 연계·협력을 통해 학생 지원을 내실화하는 등의 사업성과가 긍정적으로 보고되었다. 그러나 제도화 수준의 미흡, 선별적인 대상학교 선정, 재원 부족, 시·도교육청의 자율적 사업 운영의 제약 등이 한계로 지적되기도 하였다(교육과학기술부, 2010). 이를 개선하기 위해 2010년 교육과학기술부에서는 시·도교육청의 자율성을 확보와 안정적인 사업을 위한 「교육복지우선지원사업 관리·운영에 관한 규정」을 제정·시행하여 사업의 법적 근거를 마련함과 동시에 지역 특성에 따른 사업 다양화를 유도하여 사업의 확대와 예산이 증가하는 변화를 가져왔다. 이후 2011년부터 교육복지우선지원사업은 지방자치단체(시·도교육청) 주도로 운영이 가능하게 되었으며 현재까지 이르게 되었다.

5) 학교사회복지의 과제

우리나라의 학교사회복지는 민간 사회복지기관의 선도 및 동참과 정부당국, 지방 교육청 등의 시범사업으로 꾸준히 실시되어 왔다는 데서 그 특징을 찾을 수 있다(성민선 외, 2004). 학교사회복지가 도입된 지 20여년이 지난 지금 그동안 실행되었던 학교사회복지가 학생 개인뿐만 아니라 가정, 학교, 지역사회에도 긍정적인 변화를 가져온 것으로 보고되고 있다. 이렇듯 사업의 효과성이 검증되었고 학생과 학부모 및 교사들에 의해 학교사회복지의 제도화에 대한 필요성이 꾸준히 제기되고 있지만 아직까지 우리나라 학교사회복지는 법적 근거를 마련하지 못하였다(주석진 외, 2019). 더욱이

2018년에는 학교사회복지사를 국가자격으로 부여받을 수 있는 사회복지사업법 개정안이 통과되면서 학교사회복지의 정체성을 찾기 위한 노력은 더욱 가속화될 것으로 추정된다. 이에 따라 현실적으로 요구되는 학교사회복지의 과제를 몇 가지 제시하면 다음과 같다.

첫째, 학교사회복지사의 제도화에 따라 체계적인 수련제도의 도입이 조속히 이루어져야 할 것이다. 학교사회복지사는 급격한 사회변화에 따라 야기되는 학생들의 문제 해결과 더불어 경제적 양극화라는 구조적 문제에서 발생되는 교육격차와 교육 불평등 문제 해소를 위한 역할도 함께 수행할 수 있어야 한다. 즉, 학교사회복지사는 생태학적 관점에서 학생 문제에 영향을 주는 심리적·사회적 요인을 함께 고려할 수 있어야 하며, 복잡·다양한 학생 문제를 해결하는 데 요구되는 전문적 역량을 갖춰야 한다(주석진 외, 2019). 따라서 학교사회복지사를 양성하기 위한 대학교육의 개선과 함께 체계적인 수련제도의 도입이 시급히 필요하다. 이를 통해 학교사회복지사의 전문성을 확보하고 특정 영역에서 활동하고 있는 사회복지사의 법적 근거를 명확히 할 수 있을 것이다.

둘째, 학교사회복지 법제화를 통한 학교사회복지사업의 확대가 필요하다. 특히 지방자치단체에서의 학교사회복지 법제화가 추진되어야 할 것이다. 현재 중앙정부에서 지방정부로의 역할분담을 제도화하는 차원에서 지방자치단체 주관의 학교사회복지사업도 지방정부의 입법과 행정권한 확대에 따라 법제화가 가능할 것으로 보인다(이종익 외, 2018). 이에 따라 지방정부에 의한 학교사회복지사의 채용 및 배치가 가능해지고 지역 특성에 맞춘 학교사회복지사업이 확대되어 결과적으로 학교사회복지사업의 활성화가 가능해질 것이다.

셋째, 학교사회복지사의 고용안정 및 전문성 향상을 위해 협회와 학회가 지속적으로 노력해야 한다. 아직 제도화 과정에 있는 학교사회복지 분야는 매년 고용불안정과 처우문제로 고심하게 되고 이로 인한 현장 인력들의 소진이 우려되고 있다. 정신건강사회복지의 경우 이미 정신건강복지법이라는 단독법을 근거로 국가자격제도를 갖추고 있음에도 불구하고 여전히 정신건강사회복지사의 고용과 처우문제가 제기되고 있는 현실이다. 따라서 전문직의 권익옹호와 전문성 향상을 목표로 하고 있는 한국학교사회복지사협회와 한국학교사회복지학회는 고용주체는 물론 입법, 행정기관 등을 대상으로 적절한 대안을 제시하고, 체계적인 지원을 아끼지 말아야 할 것이다. 그뿐만 아니라 필요인력이라는 인식이 있어도 공공기관, 민간기관 할 것 없이 고용의 불안정성에 항상 노출되게 만드는 사회서비스종사자의 사회적 지위 혹은 불안정성을 개선하는 데 동참함으로써 함께 대처하는 것도 필요하다(이종익 외, 2018).

2. 정신건강사회복지

1) 정신건강사회복지의 개념

정신건강사회복지는 정신질환이나 정신장애를 가진 사람과 그 가족을 대상으로 그들의 사회적 기능을 회복시키고 궁극적으로 삶의 질 향상을 목적으로 하는 사회복지의 한 분야이다. 의료사회사업에서 분화되어 전문영역으로 발전되어 온 정신건강사회복지는 넓게는 전 국민의 정신건강증진을 위한 사회사업활동으로 정의내릴 수 있고, 좁게는 그 대상 중에서도 특히 정신장애인과 그 가족에 대하여 행해지는 사회복지적 개입에 초점을 둘 수 있다(이경남 외, 2012). 정신건강사회복지의 구체적인 개념은 개입의 대상과 서비스 내용 및 실천현장의 범위를 통해 더욱 명확히 이해할 수 있다. 먼저 정신건강사회복지의 일차적 개입대상은 정신장애인이다. 정신장애는 정신병과 정신질환을 포괄하는 개념으로 질병으로 인한 기능손상까지 포함하는 개념이다(양옥경, 2006). 「정신건강증진 및 정신질환자 복지서비스 지원에 관한 법률」(약칭 : 정신건강복지법) 제3조에서는 정신질환자를 "망상, 환각, 사고(思考)나 기분의 장애 등으로 인하여 독립적으로 일상생활을 영위하는 데 중대한 제약이 있는 사람"으로 규정하고 있다. 정신건강사회복지는 이러한 정신장애인의 증상 완화와 재활 및 사회복귀, 정신장애의 예방, 정신건강의 회복 및 함양에 개입한다. 개입을 위한 실천현장으로 정신건강증진사업은 정신의료기관, 정신요양시설, 사회복귀시설을 포함하는 정신건강증진시설과 광역 및 기초 정신건강복지센터, 자살예방센터, 중독통합관리지원센터에서 이루어진다(전진아 외, 2017). 정신건강증진사업은 정신건강 관련 교육・상담, 정신질환의 예방・치료, 정신질환자의 재활, 정신건강에 영향을 미치는 사회복지・교육・주거・근로 환경의 개선 등을 통하여 국민의 정신건강을 증진시키는 사업을 말한다(정신건강복지법 제3조 의2).

정신건강사회복지지실천의 법적 근거는 정신건강복지법으로서 1995년 정신보건법이 제정된 이후 20년 만에 전면개정되었다. 개정된 정신건강복지법은 제1조(목적)에서 정신질환자의 예방・치료 외에 정신질환의 재활・복지・권리보장을 추가하였으며, 정신건강 친화적인 환경조성에 필요한 사항과 국민의 정신건강증진 및 정신질환자의 인간다운 삶을 영위하는 데 이바지함을 목적으로 한다고 명시함으로써 정신질환자에 대한 배려를 의도하고 있다(최행식, 2017). 또한 개정의 주요 내용을 크게 두 가지로 요약할 수 있는데, 정신질환자에 대한 강제입원 요건과 통제장치를 강화하는 한편, 정신질환자에 대한 복지지원의 법적 근거를 마련하고 있다. 두 가지 주요 개정내용은 모두 중요한 정책적 변화를 시사하고 있지만, 특히 보건의료정책의 대상으로만 다루어졌던 정신질환자에 대한 복지지원의 법적 근거를 마련하였다는 점은 매우 중요한 의미를 가진다(조흥식 외, 2019).

2) 정신건강사회복지의 실천현황과 사회복지사의 역할

정신건강증진기관 및 시설현황은 <표 13-2>와 같다. 2020년 기준 광역정신건강복지센터 16개소, 기초정신건강복지센터 239개소, 중독관리통합지원센터 50개소가 설치・운영되고 있으며, 정신건강증진시설로는 정신의료기관 1,828개소, 정신재활시설 348개소, 정신요양시설 59개소가 운영되고 있다.

〈표 13-2〉 정신건강증진기관・시설 현황 (단위 : 개소)

구분		기관수	주요기능
계		2,537	
정신건강복지센터		255	- 지역사회 내 정신질환 예방, 정신질환자 발견・상담・정신재활 훈련 및 사례관리 - 정신건강증진시설 간 연계체계 구축 등 지역사회 정신건강 사업 기획・조정 ※ 광역 16(국비 15, 지방비 1) 기초 239(국비 214, 지방비 25)
정신 의료기관	국・공립	54	- 정신질환자 진료, 지역사회정신건강증진사업 지원
	민간	1,774	- 정신질환자 진료
정신요양시설		59	- 만성 정신질환자 요양・보호
정신재활시설		345	- 병원 또는 시설에서 치료・요양 후 사회복귀촉진을 위한 훈련 실시
중독관리통합지원센터		50	- 중독 예방, 중독자 상담・재활훈련

출처 : 보건복지부(2020).

정신건강사회복지사는 대부분 정신건강증진기관이나 시설에 근무하며, 정신건강복지법 제12조(정신건강전문요원의 업무범위 및 자격기준 등)에 따라 역할을 수행하게 된다. 정신건강복지법에서는 정신건강전문요원을 정신건강임상심리사, 정신건강간호사, 정신건강사회복지사로 분류하고 있으며, 법률상 정신건강사회복지사의 업무 범위는 정신재활시설의 운영 등 공통 업무와 함께 정신질환자 등에 대한 사회서비스 지원 등에 대한 조사, 정신질환자 등과 그 가족에 대한 사회복지서비스 지원에 대한 상담·안내 등의 개별 업무가 있다. <표 13-3>에서 알 수 있듯이 다른 정신건강전문가가 클라이언트에 대한 개입에 중점을 두는 반면, 정신건강사회복지사는 클라이언트와 그들의 환경에까지 관심 영역을 넓히고, 입원기간과 퇴원 후의 지역사회적응 및 통합에까지 광범위하게 개입한다는 차이가 있다(권진숙 외, 2009).

〈표 13-3〉 정신건강전문요원의 업무범위

<table>
<tr><th colspan="2">종별</th><th>업무의 범위 및 역할</th></tr>
<tr><td colspan="2">공통 업무</td><td>1. 정신재활시설의 운영
2. 정신질환자등의 재활훈련, 생활훈련 및 작업훈련의 실시 및 지도
3. 정신질환자등과 그 가족의 권익보장을 위한 활동 지원
4. 법 제44조 제1항에 따른 진단 및 보호의 신청
5. 정신질환자등에 대한 개인별 지원계획의 수립 및 지원
6. 정신질환 예방 및 정신건강복지에 관한 조사·연구
7. 정신질환자등의 사회적응 및 재활을 위한 활동
8. 정신건강증진사업등의 사업 수행 및 교육
9. 그 밖에 제1호부터 제8호까지의 규정에 준하는 사항으로 보건복지부장관이 정하는 정신건강증진 활동</td></tr>
<tr><td rowspan="3">개별 업무</td><td>정신건강 임상심리사</td><td>1. 정신질환자등에 대한 심리 평가 및 심리 교육
2. 정신질환자등과 그 가족에 대한 심리 상담 및 심리 안정을 위한 서비스 지원</td></tr>
<tr><td>정신건강 간호사</td><td>1. 정신질환자등의 간호 필요성에 대한 관찰, 자료수집, 간호 활동
2. 정신질환자등과 그 가족에 대한 건강증진을 위한 활동의 기획과 수행</td></tr>
<tr><td>정신건강 사회복지사</td><td>1. 정신질환자등에 대한 사회서비스 지원 등에 대한 조사
2. 정신질환자등과 그 가족에 대한 사회복지서비스 지원에 대한 상담·안내</td></tr>
</table>

출처 : 「정신건강증진 및 정신질환자 복지서비스 지원에 관한 법률」 제12조, 별표2.

3) 정신건강사회복지 정책 및 실천

정신건강사회복지의 정책과 실천을 서비스 중심으로 살펴보면 다음과 같다(권중돈 외, 2019).

(1) 일반인을 위한 서비스

일반인을 위한 서비스는 정신건강복지센터를 중심으로 이루어지고 있다. 정신건강복지센터에서 제공되는 서비스는 중증질환관리, 정신건강증진사업, 정신건강환경조성이며, 이 중에서 정신건강증진사업과 정신건강환경조성사업이 일반인을 대상으로 이루어진다. 주요 정신건강증진사업으로는 지역주민의 정신건강문제에 대한 개입과 자살예방서비스 등이 있다. 최근에는 아동·청소년의 폭력과 자살문제가 사회적 이슈로 떠오르면서 아동·청소년의 성장과 발달을 지원하기 위한 아동·청소년 정신건강증진사업과 중독관리통합지원센터가 함께 운영되고 있다. 정신건강사회복지 분야에서는 심각한 정신질환이나 정신장애뿐만 아니라 우리 사회의 폭넓은 정신건강문제로까지 다양하게 개입의 영역을 확대하고 있다.

(2) 정신장애인을 위한 서비스

만성적으로 정신장애를 가진다는 것은 첨예한 증상의 발현과 잠복의 순환을 반복하면서 거의 일생 동안 정신장애를 가지게 되는 것을 의미하므로 증상의 치료뿐만 아니라 지역사회적응을 위한 훈련이 통합적으로 이루어져야 한다. 따라서 정신장애인의 지역사회통합을 위해서는 정신장애인이 처한 상황과 필요에 맞는 서비스가 제공되어야 한다. 이러한 서비스에는 의료 및 정신건강서비스, 사회재활서비스, 사회보장서비스, 요양서비스가 포함된다(양옥경, 2006).

첫째, 의료 및 정신건강서비스는 정신건강증진시설에서 제공되는 서비스이다. 주요 서비스는 정신의료기관에서 제공되는 의료와 정신건강복지센터와 중독관리통합지원센터, 사회복귀시설에서 제공되는 서비스로 구분된다. 정신건강복지센터와 중독관리통합지원센터, 사회복귀시설에서는 대상자의 발견과 등록, 사례관리, 직업재활, 정신질환자 가족교육 및 모임지원 등의 서비스를 제공한다.

둘째, 사회재활서비스는 만성중증정신장애인에 대한 서비스로 정신장애인의 일상생활 관리와 사회적응능력 향상, 대인관계 증진 등을 위한 활동을 의미한다. 구체적으로 사회재활서비스에는 사회기술과 일상생활기술 증진 활동, 약물과 증상 관리를 포함한 정신건강 증진 활동, 스트레스와 긴장 완화를 위한 교육 및 체험활동, 여가와 문화활동 등이 포함된다. 만성정신장애인은 병이 장기화됨에 따라 개인생활 및 가정생활에서의 기능이 약화되고 사회의 편견과 낙인으로 사회에 적응할 기회도 상실된다(김기태 외, 2009). 따라서 정신장애인이 정신장애에 관해 가능한 한 정확히 이해하고 증상을 효과적으로 관리하는 방법을 익혀 자신의 질병을 스스로 관리할 수 있도록 원조해야 한다.

셋째, 사회보장서비스이다. 정신장애인의 증상 완화에 일차적 관심이 있었던 시절에는 이들의 의식주에 별다른 관심이 없었지만, 지역사회정신건강운동으로 정신장애인이 정신병원에서 지역사회로 돌아오게 되면서 이들의 최저생계와 주거가 중요해지게 되었다(양옥경, 2006). 정신장애인 그룹홈과 같은 주거보장서비스와 권익옹호 관련 서비스가 여기에 해당한다.

넷째, 요양서비스는 정신요양시설에서 제공되는 서비스로 정신의료기관에서 의뢰된 정신질환자와 만성정신질환자를 입소시켜 요양과 작업치료 및 사회복귀훈련을 제공하는 것이다.

4) 정신건강사회복지의 과제

첫째, 지역사회복지 인프라를 확대하여 정신건강서비스를 더욱 강화해야 한다. 현재 정신질환자들이 병원에서 퇴원하더라도 지역사회 내에서 생활할 주거공간을 포함하여 고용·직업훈련·소득보장·그 외 지역사회복지서비스 등 이용 가능한 서비스 인프라 구축이 미비하여 가족이 없거나 장기간 비자의적으로 격리되었던 정신질환자의 경우 방치되거나 다시 병원이나 시설로 돌아가게 되는 경우가 많다(권현주·유영미, 2020). 따라서 정신장애인이 지역사회서비스를 통해 지역사회에서 통합될 수 있도록 정신건강복지센터, 정신재활시설, 소규모 주거시설 등 지역정신건강 인프라를 확충해야 한다.

둘째, 지역사회 사회복귀시설 확충을 통한 사회안전망 구축이 필요하다. 기존 지역사회 정신질환자 및 신규 유입 환자 수에 비해 사회복귀시설 수용능력은 턱없이 부족한 실정이고, 특히 대부분의 사회복귀시설들은 특정 지역에 밀집되어 있어 사회안전망 또한 취약한 것으로 판단된다. 따라서 절대적으로 부족한 사회복귀시설의 확충과 취약지역에 대한 점검을 통해 사회안전망을 높이는 것이 필요하다. 지역사회에는 다양한 종류의 사회복귀시설이 존재하는데 이러한 시설들은 각각의 특성에 따라 구분되어 있으므로 대상 환자의 종류에 따라 그에 맞는 서비스를 연계하는 것이 중요하다.

셋째, 정신장애인에 대한 편견 해소 및 인식 개선을 적극적으로 도모해야 한다. 인식개선을 위한 사회적 분위기 조성은 정신장애인 가족, 자원봉사자 및 지역주민에 대한 교육·홍보를 강화하고 자조그룹, 가족협회 등을 활성화하여 지지적 분위기를 조성할 뿐만 아니라 TV, 라디오 등 대중매체를 통한 시각 변화 노력이 배가될 때 가능할 것이다(조홍식 외, 2019).

넷째, 정신건강사회복지사의 역량강화 및 처우개선이 이루어져야 한다. 1995년 정신보건법 제정이후 인프라와 서비스가 지속적으로 확대되어 왔으나 정신건강사회복지 관련 종사자의 근무여건과 처우는 열악한 실정이다. 또한 관련 제도의 변화에 있어서 정신건강사회복지사의 수련과정에 대한 법적 근거가 여전히 부족하다는 점도 문제시되고 있다. 따라서 정신건강사회복지사 수련과정의 체계적인 법적 근거 마련이 시급하며 아울러 열악한 환경에서 근무하고 있는 사회복지사들의 신분보장 및 처우개선을 위한 제도적 개선이 이루어져야 할 것이다.

3. 의료사회복지

1) 의료사회복지의 개념과 목적

우리나라 의료사회복지는 1970년 대 초반까지 전문적인 활동보다는 경제적인 문제해결중심의 직무로, 주로 종교단체의 인적, 물적 후원을 통하여 빈곤한 환자들에게 원조를 제공하는 것으로서 시작하였다. 이후 1977년 의료보험법의 개정·시행과 1981년 병원표준화심사제(현 병원신임평가)가 실시되면서 의료사회사업의 전문화가 본격화되기 시작하였다. 이런 과정을 통해 의료사회복지는 각종 질병에 대한 치료의 문제뿐만 아니라 사람들의 병에 대한 인식이나 질병관리에 대한 새로운 관점을 제시함으로써 질병의 사회적 측면을 고려한 보건의 개념으로 확대되고 있다.

의료사회복지의 개념적 정의를 살펴보면, Friedlander와 Apte는 "사회복지사가 의사, 간호사, 다른 치료자들과의 협력하에 조사와 진단, 치료-계획과정에서 환자의 사회적 기능의 회복을 돕는 역할을 하는 것"으로 정의하였다. 한인영 외(2006)는 의료사회복지를 질병에 대한 다각적인 접근을 바탕으로 질병을 가진 개인과 환경과의 상호관계에 초점을 두고 의료팀의 일원으로 환자 및 가족의 사회기능 향상을 위해 전문적 실천방법을 활용하여 질병의 예방, 치료 및 재활에 이르기까지 다양한 활동을 수행하는 사회복지의 한 전문 분야라고 정의하고 있다. 유수현 외(2017)는 "포괄적 의료

개념에 맞추어 질병의 예방과 건강의 증진 및 개발 지향적인 지역사회 의료복지를 달성하기 위해 보건의료기관은 물론 관련된 제반 정책과 제도 및 행정 분야에서 환자와 가족은 물론 의료 욕구를 가진 지역주민과 보건의료 분야의 타 전문직을 대상으로 하는 사회복지사가 수행하는 전문적 활동"으로 보다 거시적인 개념으로 정의하고 있다.

한편 국민의 보건의료와 관련된 사회문제 접근방법에 따라 정책적 접근방법과 전문 기술적 접근방법, 그리고 통합적 접근방법으로 구별하여 정의할 수 있다(조흥식 외, 2019). 정책적 관점에서는 질병의 예방과 건강증진을 지향하는 의료복지를 목적으로 한다. 보건 및 의료영역에서 사회복지조사, 의료복지정책 및 행정 등의 광범위한 방법을 통해 보건의료의 욕구측정과 의료서비스나 전달체계를 평가하여 개선하고, 의료급여와 국민건강보험의 확대 및 질적 향상에 기여하는 데 참여하는 사회복지의 한 과정이라 할 수 있다. 전문 기술적 관점에서는 의료기관에서 치료팀의 일원으로서 사회복지의 전문적인 방법을 활용하여 환자의 질병치료와 회복 및 사회복귀 기능을 돕는 목적을 가진다. 질병으로 인해 파생되는 환자의 심리적·사회적·경제적 문제가 질병치료와 회복에 악영향을 주지 않도록 문제를 해결해주거나 조정하여 환자 및 그 가족을 돕는 전문적인 활동이라 할 수 있다. 통합적 관점에서는 건강관리자의 일원으로서 질병을 가진 개인과 그의 가족은 물론 의료·보건계 종사자 및 의료제도 등을 대상으로 사회복지의 전문적 방법과 사회복지조사, 의료복지정책 등 다각적인 접근방법을 통해 환자 및 가족의 사회기능 향상, 질병의 예방과 치료 및 재활 등 다양한 목적을 달성하기 위한 사회복지의 전문적인 실천 분야 가운데 하나라고 정의할 수 있다(성민선 외, 2005).

의료사회사업의 목적은 미국사회복지사협회(NASW)에서 소개하는 내용을 참조하여 다음과 같이 정리할 수 있다(NASW, 1995, 이경남 외, 2012 재인용).

① 질환, 심신충격과 관련된 위기, 혹은 장애에 마주하게 된 사람들이 그러한 사항을 그들의 삶과 의미 관계에 미치는 심리사회적인 영향을 이해하고 다룰 수 있도록 지원하고, 또한 이들이 미래계획을 수립할 수 있도록 돕는다.

② 만성질환이나 혹은 장애에 적절한 적응유형을 발달시키고 잘 적응할 수 있도록 원조하며 또한 새로운 환경에 재통합되거나 적응할 수 있도록 원조한다.

③ 학제 간 팀에 참여하여 의료환경 중에서 특정 환자와 가족들에게 영향을 끼치는 심리사회적인 측면에 대해 이해와 인식을 제공한다.

④ 지역사회지지자들과 실질적인 자원을 개발하고 할당함으로써 퇴원이나 다른 대안적 보호기관에의 이전이 용이하도록 한다.

⑤ 사전에 나타나는 슬픔과 그에 대한 애도과정을 원조하고, 죽음에 직면한 사람들에게 상담서비스를 제공하며, 다른 애도와 관련된 서비스를 가족구성원들에게 제공한다. 여기에는 실질적인 도움도 포함된다.

⑥ 선택된 환자집단의 욕구를 사정하고 적절한 프로그램을 기획하고 실행하며, 지역사회조직과 연계하며, 이러한 욕구를 만족시킬 수 있는 서비스를 개발한다. 여기에는 지지, 심리교육적인 집단, 교육적인 포럼, 사회화나 재통합과 관련된 활동 등이 포함된다.

⑦ 잠재적인 방임, 학대 그리고 취약집단 착취 가능성을 파악하며 권위가 있는 기관과 연계를 맺는다.

⑧ 기관의 목적과 목표를 지원하고 환자욕구에 대한 기관의 민감성을 증진시킨다.

2) 의료사회복지의 기능과 역할

미국병원협회(America Hospital Association)에서는 의료사회복지의 서비스 기능을 19개로 범주화하고 있다. ① 정보와 의료, ② 지역사회기관 의뢰의 촉진, ③ 입원계획, ④ 사례발견이나 사회적 위험요소 심사, ⑤ 퇴원계획, ⑥ 병원서비스 이용의 촉진, ⑦ 환자와 가족에 대한 상담, ⑧ 심리사회적 평가, ⑨ 건강교육, ⑩ 재정적인 원조, ⑪ 재검토의 활용, ⑫ 병원 직원에 대한 사례 자문, ⑬ 지역사회에 대한 사례 자문, ⑭ 병원에 대한 프로그램 자문, ⑮ 지역사회기관에 대한 프로그램 자문, ⑯ 병원계획 활동, ⑰ 지역사회 건강계획 활동, ⑱ 지역사회서비스 활동, ⑲ 조사 등이다(조흥식 외, 2019).

Carlton(1984)은 의료사회사업의 주요기능이 개인치료의 실천, 의료제도 안에서의 프로그램 계획과 정책 형성 과정에의 참여, 지역사회 내에서의 사회 및 보건 프로그램의 개발에 참여, 전문 인력에 대한 교육적 프로그램에 참여, 사회조사를 통하여 환자는 물론 지역주민의 치료와 건강증진을 꾀하는 것이라고 보았다.

한인영 등(2006)은 의료사회복지의 기능을 다음과 같이 정의하였다.

첫째, 질병, 외상관련 위기, 장애에 직면하게 하여 그들의 삶과 주요한 사회관계에 미치는 심리, 사회적 영향을 이해하고 대처하도록 돕고 미래를 계획하도록 돕는다.

둘째, 만성질병과 장애에 대처하는 기술을 촉진시키고 새로운 환경에 영향을 주는 의료 환경에 대한 이해를 돕는다.

셋째, 다 학문팀에 참여하고 병식을 제공하며 특정 환자와 가족에 영향을 주는 의료 환경에 대한 이해를 돕는다.

넷째, 퇴원을 촉진시킬 수 있는 지역사회 자원과 연결하고 사회복귀를 위한 보호기관으로 의뢰한다.

다섯째, 예측 가능한 슬픔을 돕고, 죽음에 직면한 사람들을 상담하며 다른 사별 관련 서비스를 가족 성원에게 제공한다.

여섯째, 환자 대상을 사정하고 적절한 프로그램을 계획·실시하며, 지역사회 기관과 연계하여 이러한 욕구를 만족시킬 수 있는 서비스를 개발한다.

일곱째, 취약 인구집단에서의 잠재적인 방임을 입증하고 권위 있는 기관에 연결시킨다.

여덟째, 기관의 목적과 목표를 지지하고 환자의 욕구에 대한 기관의 민감성을 고취시킨다.

이와 같이 의료사회복지는 의료기관에서 환자와 그 가족들을 대상으로 경제적·심리사회적 문제를 해결할 수 있도록 원조함으로써 질병에 대한 치료과정과 결과에 중요한 영향을 미치고, 가정이나 지역사회로의 복귀 및 적응을 도와주는 기능을 한다. 이러한 의료사회복지를 수행하고 있는 의료사회복지사의 역할은 치료자, 원조자, 서비스 조정자로서 다음과 같은 업무를 담당한다(강흥구, 2004).

첫째, 질병에 대한 환자와 가족의 심리사회적 문제에 관여한다. 여기에는 환자와 가족의 심리사회적 문제와 자원에 대한 사정, 문제 해결을 위한 상담과 치료, 의료진과의 협의 등이 포함된다.

둘째, 질병치료와 관련한 경제적 어려움의 문제를 지원한다. 여기에는 경제력 평가, 진료비 지원(외부지원 기관 연결), 무의탁환자 및 행려환자 처리가 포함된다.

셋째, 환자 및 환자가족의 필요에 적절한 자원을 연결하는 업무를 한다. 이 업무에는 지역기관과의 연계망 구축, 지역기관에 의뢰, 자원동원과 기금모금, 자원봉사자의 발굴과 활용 등이 포함된다.

넷째, 의료사회복지사는 사회복귀 및 재활문제와 관련한 업무를 담당한다. 퇴원계획과 재활계획 상담, 회복상태 및 사회적응도 평가, 직업훈련 및 취업지도가 포함된다.

다섯째, 교육 및 연구조사 업무도 담당한다. 여기에는 현임훈련, 실습생 지도, 의대생지도, 의료사회복지실천 연구 및 조사가 포함된다.

여섯째, 문서수발과 사업계획 수립 등의 업무가 포함되는 행정 및 관리 업무가 있다.

3) 의료사회복지의 현황

의료사회복지사는 1973년 의료법에서 사회복지사에 대한 채용규정이 명시되어 다양한 의료기관에서 활동하고 있다(주석진, 2019). 이후 의료사회복지사는 자격제도보다는 기존 수련제도에 의해서 전문적 실천을 해왔으나 의료사회복지사에 대한 질 관리 차원에서 자격제도의 필요성이 대두되면서 2008년 9월 제1회 의료사회복지사 자격시험을 실시하면서 본격적인 의료사회복지사 자격제도가 시작되었다(김민영, 2014). 2008년 1회 의료사회복지사 자격시험 이후 지금까지 배출된 의료사회복지사 자격증 소지자는 2018년 기준 총 930명이다. 의료사회복지사는 자격취득 후에도 보수교육을 통해 사회복지에 대한 정보뿐만 아니라 질환 및 의료에 대한 정보까지 지속적인 교육을 실시하고 있다. 또한 2015년부터 실습과 수련을 지도할 수 있는 슈퍼바이저 자격증을 일원화해서 운영하고 있다(대한의료사회복지사협회, 2018).

현재 우리나라의 경우 의료사회복지사가 주로 종합병원을 중심으로 활동하고 있지만 향후에는 요양원, 호스피스, 주간보호 등으로 활동 영역이 확대될 가능성이 있다. 현재 종합병원급 이상의 병원에는 의료사회복지를 전담하는 사회복지사가 있으며, 이들 의료사회복지사는 각 전문 분야별로 진료 팀의 일원이 되어 환자의 원활한 진료와 질병 수용, 생활관리, 퇴원 및 퇴원 이후의 지역사회 적응을 지원하고 있다(강흥구, 2004).

의료사회복지의 대상은 사회복지사의 관점과 접근방법에 따라 달라질 수 있는데 거시적 의미의 정책적 관점에서의 대상은 보건의료체계 전반이며, 미시적·전문 기술적 관점의 대상은 환자 및 가족의 심리·사회·경제적 문제, 그리고 중간적 의미로서의 통합적 접근방법에서는 질병을 가진 개인과 환경, 즉 환자와 그 가족은 물론 보건의료계 종사자와 정책 등을 대상으로 하고 있다(엄명용 외, 2016).

의료사회복지실천의 근거가 되는 법에는 사회복지사업법, 의료법, 「장기 등 이식에 관한 법률」이 포함되며, 이를 구체적으로 살펴보면 다음과 같다(권중돈 외, 2019). 사회복지사업법에서는 사회복지사업을 정의하면서 의료복지가 포함되는 것으로 규정하고 있다. 의료법에서는 의료인 등의 정원기준에서 "종합병원에는 사회복지사업법에 따른 사회복지사 자격을 가진 자 중에서 환자의 갱생·재활과 사회복귀를 위한 상담 및 지도 업무를 담당하는 요원을 1명 이상 둔다"라고 규정하고 있다. 「장기 등 이식에 관한 법률」에는 장기이식의료기관으로 지정받고자 하는 의료기관에는 장기의 적출과 이식을 위한 상담, 연락업무 등을 담당하는 간호사와 사회복지사를 각 1인 이상 두도록 규정함으로써 의료사회복지사의 업무 내용에 장기이식과 관련된 내용을 포함하고 있다.

이러한 기준에 근거하여 의료사회복지사의 실천영역은 종합병원과 같은 1차적인 의료기관을 중심으로 재활관련 활동, 장기이식, 난치병 관련 치료 활동 등 다양한 영역에 걸쳐져 있다. 한인영 외(2006)는 서비스의 수준과 내용에 따라 1차, 2차, 3차 관리기관으로 구분하여 실천현장 중심으로 설명하고 있는데, 1차 관리는 의료서비스의 첫 번째 수준으로 예방과 질병의 초기단계에 개입함으로써 건강유지에 초점을 맞추는 것이다. 이러한 조직은 주로 병원의 외래, 응급실, 무료 진료소와 같이 1차 의료를 제공하는 곳, 학교, 직장, 사회기관 등 1차 예방서비스를 제공하는 곳, 건강증진을 목표로 하는 기관 등이 해당된다. 최근 우리나라는 노인인구가 급증하면서 만성질환이 증가하여 생활습관 개선을 통한 건강증진에 관심을 가지면서 서비스 제공이 강조되고 있다. 2차 관리는 이미 발병된 질환이 더 악화되지 않도록 치료, 관리하는 것으로 급성질환을 대상으로 하는 병원의 외래 및 입원병동에서 이루어진다. 종합병원에서 근무하는 의료사회복지사의 경우 퇴원계획이 주요 업무 중의 하나이므로 효과적이고 효율적인 퇴원계획이 이루어지기 위해 필요한 임상기술을 갖추어야 하며, 특정 질환을 중심으로 다학제 간 팀 접근도 매우 중요한 업무 중 하나이다. 3차 관리는 의료서비스의 마지막 단계로 치유될 수 없는 질환 및 만성질환을 가진 클라이언트의 기능을 최대화하도록 원조하는 것이다. 재활기관, 요양원, 낮병원 등이 해당되는데, 최근 우리나라에서는 치매와 같은 만성 노인성질환을 가진 환자를 위한 요양병원 등이 많이 생겨나고 있다. 이러한 경우 사회복지사는 다양한 심리사회적 문제에 대해 개입하고, 가족에 대한 지지를 제공하며 호스피스 서비스에 대한 지식과 기술도 필요하다(이경남 외, 2012).

4) 의료사회복지의 과제

첫째, 의료사회복지사의 전문성을 제고해야 한다. 최근 의료사회복지를 둘러싼 보건의료의 환경변화는 의료사회복지사의 다양하고 전문적인 역할을 요구하고 있다. 의사와 간호사를 비롯한 타 분야 전문가들과 팀워크를 수행하기 위해서는 다양한 분야의 전문지식과 정보가 필요하기 때문에 이를 위한 체계적인 수련과정과 보수교육 등이 강화되어야 한다. 특히 현장의 수련과정에서 공통 이론교육 기본교재와 임상실습 및 과제에 대한 가이드라인의 개발과 수퍼바이저에 대한 교육을 강화하여 이론교육과 임상실습에 관한 표준화가 우선적으로 해결되어야 할 것이다.

둘째, 의료사회복지서비스의 질 제고를 위해 의료사회복지사의 처우개선과 조직지원이 확대되어야 한다. 의료법에서 의료사회복지사의 고용을 규정하고 있음에도 불구하고, 고용규정은 임의적인 권고사항으로 강제조항이 아니기 때문에 종합병원 중에서도 의료사회복지사를 고용하지 않거나 고용한 경우에도 사회복지 업무보다는 행정업무를 맡기는 경우가 발견되고 있다(조흥식 외, 2019). 의료사회복지사 인력기준의 법제화가 강력히 이루어지지 않는다면 매우 제한된 인력으로 과도한 업무를 떠안을 수밖에 없고, 조직지원 역시 제한적일 수밖에 없으므로 궁극적으로는 서비스 질을 저하시키는 결과를 가져온다.

셋째, 의료사회복지 활동에 대한 수가인정의 내용과 범위가 확대되어야 한다. 현재 건강보험에서 지급하고 있는 급여는 재활의학과와 정신건강의학과에 한해서만 인정하고 있다. 그러나 실제 사회복지사들은 임상 각과의 협의진료 개입요청을 기반으로 임상과와 환자군의 특성에 따라 전문적인 상담기법과 접근방법을 통해 환자를 전인적으로 치료하는 과정을 원조하고 있다(조흥식 외, 2019). 따라서 재활의학과 및 정신건강의학과에서 수행하는 의료사회복지사의 행위에 대한 수가를 다양한 진료과에 동일하게 적용하여 의료사회복지사 활동의 근거를 마련함과 동시에 서비스 범위를 확대해야 할 것이다.

4. 산업복지

1) 산업복지의 개념

산업복지란 근로자에 대한 사회복지 및 복지대책을 다루는 분야로, 흔히 근로복지, 노동복지라는 용어로 혼용되고 있지만, 사회복지학에서는 산업복지라는 표현이 더 일반화되어 있다(조흥식 외, 2002). 산업복지의 개념은 크게 광의와 협의의 개념으로 구분해서 살펴볼 수 있다. 광의의 개념으로 산업복지는 국가 또는 지방자치단체, 기업, 노동조합, 협동조합 등이 주체가 되어 노동자와 그 가족의 생활안정, 생활수준의 향상, 복지서비스의 증진 등을 목적으로 하는 제 시책, 시설, 서비스 활동의 총체를 의미한다. 여기에는 기업이 주체가 되는 기업복지, 노동조합이 주체가 되는 노동자복지, 정부가 주체가 되는 사회보장, 협동조합이 행하는 각종 복지활동 등이 포함된다(이정환 외, 2001). 협의의 산업복지란 미국에서 시작된 산업사회사업(industrial social work)의 개념을 근거로 근로자와 경영진의 후원아래 전문사회복지사가 프로그램과 서비스를 활용하여 조직원과 고용인, 산업현장의 욕구를 충족하기 위한 서비스 제공과 사회복지기관에 계약된 사회복지사가 노동조합 또는 조직에 필요한 사회복지서비스나 상담 등을 실시하는 것을 말한다(Kurzman, 1987, 권중돈 외, 2019 재인용). 따라서 광의의 산업복지 영역은 노동자의 생활문제는 물론 고용안정이나 임금, 기타 노동조건에서 나아가 노동조합의 문제 등 구조적 문제를 중심으로 하는 사회정책을 포함하며 제도와 정책에 의존하여 시행되며, 협의의 산업복지 영역은 주로 노동자의 생활문제와 그들에 대한 심리적·물질적 원조가 중심이 된다(이정환 외, 2001).

이러한 산업복지의 개념과 함께 우리 사회에서 산업복지가 지니는 의의를 살펴보면 다음과 같다(한인영 외, 2011).

첫째, 노동자의 입장에서 산업복지는 노동자와 그 가족의 존엄성과 효능감 및 안정적인 소득을 보장하고, 건강한 근로환경을 제공하며 노동의 상품화를 방지함으로써 노동자와 그 가족구성원이 노동을 통해 자아실현과 삶의 질을 향상시킨다는 의의를 지닌다.

둘째, 사용자의 입장에서 산업복지는 안정적인 노동력을 확보·유지, 노동자의 근로동기 강화, 안정적인 노사관계 유지 및 발전, 기업의 사회적 이미지 제고, 세제감면 혜택과 매출의 증대로 기여한다는 의의를 지닌다.

셋째, 정부의 입장에서 산업복지는 자본주의 경제체제 유지, 국민의 복지에 대한 책임을 기업과 분담, 노동자의 조직화와 급진적인 성향을 완화시키는 역할, 노동자의 권익을 적극적으로 보장하는 복지국가로의 성장에 초석을 마련하는 안정성 확보의 의의를 지닌다.

2) 산업복지의 필요성과 기능

현대 산업사회에서 노동은 개인과 가족의 삶에서 매우 중요한 영역으로 인정되고 있다. 개인의 정체성과 상대적 가치는 직업이라는 노동의 유형에 따라 상당부분 결정되고, 이러한 직업생활을 통해 사회적 관계를 형성한다. 따라서 노동과 산업현장은 사회복지의 핵심적인 패러다임이라 할 수 있는 '상황속의 개인(Person－in－situation)'이라는 공식에 있어서 매우 중요한 요소들이라 할 수 있다(정무성, 1997).

산업현장을 중심으로 이루어지는 사회복지실천분야로서 산업복지의 필요성은 다음과 같다(이정환 외, 2001).

첫째, 산업복지는 노동자와 그 가족을 원조함으로써 직장내외에서 발생하는 그들의 욕구를 충족시켜 만족스러운 생활을 영위할 수 있도록 지원한다.

둘째, 산업복지는 열악한 작업환경을 개선하고 보다 나은 직장 내 물리적 혹은 사회적 환경을 조성하기 위한 일을 수행한다.

셋째, 파업노동자들의 요구를 충족시키기 위한 협상이나 실업자를 위한 서비스프로그램을 제공한다.

넷째, 전문적 사회사업지식과 기술을 활용하여 개인과 가족의 사회심리적·정신적 문제들에 대한 개입을 한다.

산업복지를 노동자와 그 가족의 생활을 안정 및 향상시키는 모든 것을 포함하는 광의의 개념으로 정의할 때 산업복지의 일반적인 기능을 다음과 같이 설명할 수 있다(우재현, 1998).

첫째, 평가적 기능으로 사전평가와 사후평가로 나누어 볼 수 있다. 사전평가는 복지적 원조의 최초에 필요한 사회자원과 현실적으로 가능한 해결방법을 노동자가 찾아내도록 원조하는 것이며, 사후평가는 원조의 종료 시 또는 일단락된 때에 지금까지의 문제해결과정을 반성하여 효과의 측정, 결점, 장래예측 및 개선책을 노동자와 더불어 검토하는 기능이다.

둘째, 조정적 기능으로 노동자가 가진 많은 사회관계가 서로 모순하지 않도록 노동자 개인, 가족, 제도적 기관에 작용하여 개인이 사회관계를 상실하지 않도록 원조함과 동시에 지역사회에 있어서 각종 생활관련 시책이 노동자의 입장에서 운영되도록 제도를 실현하는 기능이다.

셋째, 전달적 기능으로 모든 노동자가 사회생활상의 요구를 충족시키기 위해 적절한 제도나 자원을 선택하여 건설적으로 이용하도록 원조하는 기능을 말한다.

넷째, 개발적 기능은 노동자의 문제해결을 위한 잠재적 능력을 찾아내고 이것을 발전시키도록 원조하는 기능을 말한다.

다섯째, 보호적 기능으로 위 네 가지 기능에 의해서도 생활상 욕구충족을 할 수 없는 노동자에 대해 사회적 관계를 보호하기 위한 서비스로서 위의 네 가지 기능과 병행하면서 작용한다.

이처럼 산업복지는 노동자 개인뿐 아니라 가족, 더 나아가 사회 전체의 복지향상에 기여하기 때문에 산업복지를 단지 기업의 경영정책적 측면이나 노동조합의 요구 때문이 아닌 사회정책적 차원에서 시행되어야 할 필요가 있다.

3) 산업복지의 주체와 대상

산업복지를 실시하는 주체는 국가, 지방자치단체, 기업, 노동조합, 협동조합, 종교단체, 민간단체, 가족 등 여러 가지를 들 수 있지만, 대표적인 주체는 국가(정부), 기업(경영자), 근로자(노동조합)로 나눌 수 있다. 각 주체별로 세부사항을 살펴보면 다음과 같다(권중돈, 2019).

① **국가** : 산업복지의 주체로서 국가에는 중앙정부와 지방자치단체가 포함되며, 산업복지에 필요한 자원은 주로 세금으로 충당된다. 공공산업복지라고도 하며, 산업재해보상보험, 건강보험, 국민연금, 고용보험 등의 사회보장제도와 노동행정부서의 근로감독 및 직업안정업무, 인력은행, 근로복지공사, 산업인력관리공단 등의 관련 업무를 통해 이루어진다.

② **기업** : 기업이 주체가 된 기업복지는 임금이나 근로조건 이외에 추가로 제공하는 각종 편익을 의미하는 것으로 개별 기업의 자율 결정에 의해 이루어진다. 여기에는 고용주, 사업주, 조직이 포함된다. 일반적으로 주거안정, 고정자산 확보, 비용지출 보전 등의 프로그램이 실시된다.

③ **근로자** : 근로자가 주체가 된 산업복지는 주로 근로자 조직인 협동조합이나 노동조합이 해당된다. 노동조합이 중심이 된 산업복지는 자주복지로 불리기도 하는데, 여기에는 소비협동조합, 신용협동조합, 공제회, 친목회 등을 통한 경제적 부조사업과 상호부조사업 등이 해당된다.

산업복지의 일반적인 대상은 근로자와 그 가족이다. 근로자는 직업의 종류와 관계없이 임금을 목적으로 사업이나 사업장에 근로를 제공하는 자를 말한다. 이러한 근로자의 개념은 산업복지의 주체에 따라 보는 관점이 다르다(우재현, 1994). 국가는 근로자를 국민으로 보며, 기업의 입장에서는 종업원이며, 노동조합의 입장에서 보면 조합원이 된다. 이러한 차이에 따라 각각의 주체별로 대상과 복지의 내용을 정리하면 <표 13-4>와 같다.

〈표 13-4〉 산업복지의 주체와 대상

주 체	대상	서비스 내용
국가 (공공산업복지)	국민, 근로자	산업재해보상보험, 건강보험, 국민연금, 고용보험, 근로감독 및 직업안정업무, 인력은행, 근로복지공단, 산업인력관리공단 업무 등
기업 (기업복지)	종업원	주거안정, 고정자산 확보, 비용지출 보전 등
근로자 (협동조합, 노동조합)	조합원	경제적 부조사업, 상호부조사업 등

4) 산업복지실천 현장과 사회복지사의 역할

산업복지 분야의 사회복지사는 노동조합이나 기업, 혹은 기업과 노동조합 양자에 의해 고용되거나 지역사회 정신건강복지센터나 가족서비스기관 등과 같은 사회복지기관과의 계약에 의한 위탁사업에 참여하여 활동하게 된다(권중돈 외, 2019). 사회복지사가 산업복지 분야에서 수행할 수 있는 역할에 대해 Kurzman(1992)이 제시한 내용을 요약하면 다음과 같다(이정환 외, 2001).

첫째, 실직할 위험에 처해 있는 근로자가 자신의 개인문제를 풀어나가도록 도와주고, 자신의 직무능력을 높게 달성하고 이 수준을 계속 유지하도록 도와주기 위해서 상담이나 기타 활동을 제공하는 역할을 한다.

둘째, 근로자의 욕구를 충족시키기 위해 지역사회의 서비스를 사용하는 것과 관련하여 조언을 해주고, 또한 이런 프로그램과 연계해주는 역할을 한다.

셋째, 중간관리자가 관할 근로자의 업무수행의 변화를 발견했을 때 사회복지 서비스기관에 의뢰할 시기 및 개입방법을 결정하고, 중간관리자를 훈련시키며, 의뢰한 근로자에게 적절한 사전 조치를 취해주는 역할을 한다.

넷째, 서비스에 대한 정보를 기록하고 인적 자원 프로그램의 분석에 필요한 자료를 제공하는 노동조합정보체계나 경영정보체계를 개발하고 그 운영을 감독하는 역할을 한다.

다섯째, 충족되지 않은 욕구와 현재의 인구 경향을 파악하고, 이에 근거해서 인적자원 프로그램이 미래에 나아가야 할 방향을 구상해보는 역할을 한다.

여섯째, 인적 자원 정책을 개발하는 것과 관련하여 의사결정을 담당하는 중간관리자 및 경영진에게 자문을 제공하는 역할을 한다.

일곱째, 현재 근무 중이거나 퇴직한 근로자·임원을 위한 복지·지역의료·여가·교육 프로그램을 시작하도록 도와주는 역할을 한다.

여덟째, 복지급여제도와 의료제도를 운영하는 것을 도와주며, 이와 관련하여 새로운 안(案)을 계획하는 것을 도와주는 역할을 한다.

아홉째, 여성, 소수민족, 장애인을 위해서 적절한 차별철폐제도를 기획하고 실시하는 것과 관련하여 자문을 제공하는 역할을 한다.

참고문헌

가정폭력방지 및 피해자보호 등에 관한 법률(2020).
강용규 외(2007). 사회복지행정론. 공동체.
강흥구(2004). 의료사회복지실천론. 학현사
강희갑 · 전대성 · 이상주 · 오현숙 · 정왕용 · 이진우(2009). 사회복지법제론. 양서원.
건강가정기본법(2020).
고명수 · 현영렬 · 서진숙 · 신선희 · 허은진(2018). 사회복지개론. 정민사.
고영복(2000). 사회학 사전. [네이버 지식백과].
구자헌(1972). 한국사회복지사. 한국사회복지연구소.
국가인권위원회(2015). 인권과 사회복지 교육자료 표준교안.
국민기초생활보장법(2020).
국민연금법(2020).
권영성(1994). 헌법학원론. 법문사.
권오구(1999). 사회복지발달사. 홍익재.
권육상 · 김남식 · 홍석자 · 이경숙 · 김동호 · 조미영(2009). 장애인복지론. 유풍출판사.
권육상 · 신상수 · 김희성 · 나용선 · 조상윤 · 홍석자 · 황희숙 · 최광수 · 권오균 · 김충식 · 김지현 · 남화수 · 박종선 · 박경아 · 양시영 · 최명주(2010). 사회복지개론. 공동체.
권중돈 · 조학래 · 윤경아 · 이윤화 · 이영미 · 손의성 · 오인근 · 김동기(2011). 사회복지개론. 학지사.
권중돈 외(2019). 사회복지학개론. 학지사.
권진숙 · 김정진 · 전석균 · 성준모(2009). 정신건강사회복지론. 공동체.
권현주 · 유영미(2020). 정신건강복지법의 문제점과 지역사회 탈원화를 위한 개선방안. 사회복지법제연구, 11(1).
김 훈(2009). 사회복지법제론. 학지사.
김경동(1983). 현대 사회학의 쟁점. 법문사.
김근조(1994). 사회복지법론. 도서출판 광은기획.
김기원(2001). 사회복지조사론. 나눔의집.
______(2002). 공공부조론. 학지사.
김기태 · 박병현 · 최송식(2009). 사회복지의 이해. 박영사.
김기태 · 황성동 · 최송식 · 박봉길 · 최말옥(2009). 정신보건복지론. 양서원.

김기태 외(1999). 사회복지의 이해. 박영사
김도창(1985). 행정법론(상). 청운사.
김동국 편(1986). 사회복지사. 집현전.
김동국(1996). 서양사회복지사론. 유풍출판사.
김민영(2014). 의료 사회복지 수련제도의 모든 것. Social worker, 143, 26-27.
김범수・신원우(2009). 지역사회복지론. 공동체.
김상균(1985). 현대사회와 사회정책. 서울대학교 출판부.
김성이 외(2010). 청소년복지학. 경기: 양서원
김수정(2017). 사회복지법제론. 학지사.
김연명(2007). 우리나라에서 사회투자론 논의의 쟁점. 경제와 사회, 75, 307-318.
______(2009). 사회투자와 한국사회정책의 미래. 나눔의 집.
김영모(2000). 사회복지학. 고헌출판부.
김영종(1999). 사회복지조사방법론. 학지사.
김영종 외(2006). 짐 아이프 초청, 사회복지분야 인권관점 도입・확산을 위한 워크숍, 국가인권위원회.
김용석・고은정(2014). 사회복지 가치 척도의 개발. 한국사회복지학, 66(1), 277-306
김용주(1999). 교직 정체성의 탐구를 위한 분석적 연구. 한국교사교육, 16(2), 49-79.
김원섭・남윤철(2011). 이명박 정부 사회정책의 발전 : 한국 복지국가 확대의 끝. 아세아연구, 54(1).
김인숙(2010). 여성복지정책의 현황과 발전방향. 여성복지발전을 위한 포럼. 한국여성단체연합.
김종일(2003). 지역사회복지론. 현학사.
김진구(1995). 고용보험제도의 도입의 성과와 한계, 한국사회과학연구소 사회복지연구실, 한국사회복지의 이해. 도서출판 동풍.
김태성(2001). 사회복지정책의 이해. 나남출판.
김태성・김진수(2001). 사회보장론. 청목출판사.
김태성・성경륭(1993). 복지국가론. 나남
____________(2014). 복지국가론. 나남.
김태영(1987). 지방자치와 지역복지사업. 지방자치와 사회복지 제4회 전국사회복지대회자료.
김현진・장한나(2019). 세종시 아동권리 기초선 조사. 세종시아동옹호센터.

김현호 · 소재진 · 오미희 · 유주희 · 이영희 · 이용환 · 정명희 · 조영선(2018). 지역사회복지론. 양서원.

김효선 · 김녹현 · 이경희 · 이우언 · 조성욱 · 최영자 · 황동섭(2018). 사회복지실천론, 공동체

남기민 · 홍성로(2020). 사회복지 법제론. 공동체

남세진 · 최성재(1988). 사회복지조사방법론. 서울대학교출판부.

남세진 외(1995). 한국사회복지론. 나남출판사.

남일재 · 양정하 · 김종건 · 윤성호 · 조은정 · 윤은경 · 임 혁 · 배의식 · 김영미 · 김태준(2017). 사회문제론. 고양 : 공동체.

남일재 · 양정하 · 조윤득 · 윤성호 · 신현석 · 조은정 · 오주 · 윤은경 · 임 혁 · 김태준(2006). 사회복지개론. 공동체.

남일재 외(2004). 사회복지행정론. 현학사.

노 혁(2007). 청소년복지론. 경기: 교육과학사

노인복지법(2020).

노인장기요양보험법(2020).

노해련 외(2015). 아동복지론. 학지사

대한의료사회복지사협회(2018). 2018년 의료사회복지사 보수교육 지침.

모지환 · 박상하 · 안 진 · 엄기욱 · 오근식 · 이용교 · 이형하 · 장 현 · 조원탁(2005). 사회보장론. 학지사.

문영주(2007). 사회복지전담공무원의 역할스트레스, 전문직업적 정체성, 직무수행에 있어 멘토 유무에 따른 잠재평균분석. 사회복지연구, 35, 93-115.

박경일 · 김경호 · 서화정 · 윤숙자 · 이명현 · 이상주 · 이재모 · 전광현 · 조수경(2010). 사회복지학강의. 양서원.

________________________________(2017). 사회복지개론. 양서원

박광준(1990). 페비안사회주의와 복지국가의 형성. 대학출판사.

박병현(2012). 사회복지정책론. 학현사.

박병현 · 윤성호(2017). 사회보장론. 정민사.

박석돈(2019). 사회복지개론. 양성원.

박시종(2003). 세계화가 국가복지의 축소를 요구한다. 지식의 최전선. 한길사.

______(2003). 지식의 최전선. 한길사.

박완용(2019). 생애주기에 따른 발달과업과 예술심리치료. 한국예술심리치료학회 학술대회. 2019. 11.

박이문(1993). 과학철학이란 무엇인가. 민음사.

박종우(1994) 사회사업가의 전문직업적 정체성 연구. 서울대학교 대학원 박사학위논문.

박지영・배화숙・엄태완・이인숙・최희경(2020). 함께하는 사회복지실천론. 학지사

박차상・강정희・문현주(2019). 사회복지윤리와 철학. 학지사.

박태룡(2000). 사회복지행정론. 홍익출판사.

박태영(2002). 사회복지 시설에서의 인권에 관한 소고. 계간사회복지 155호.

______(2003). 지역사회복지론. 학현사.

박홍규・곽노현(1996). 사회보장법. 한국방송대학교 출판부.

백승호・이승윤(2018). 기본소득 논쟁 제대로 하기. 한국사회정책, 25(3), 37－71.

보건복지부(2007). 노인장기요양보험법 시행령 및 시행규칙 주요 내용.

_________(2013). 노인복지시설 인권보호 및 안전관리 지침.

_________(2019). 2019년 희망복지지원단 업무 안내. 보건복지부.

_________(2020). 2020년 정신건강사업안내.

봉민근(1997). 사회복지정책론. 학문사.

부산광역시・부산복지개발원(2017). 사회복지생활시설 인권교육교재.

사회복지교육연구센터(2020). 사회복지행정론. 나눔의집.

생각의마을(2019). 에쎕 사회복지정책론. 공동체.

서미경・김영란・박미은(2019). 사회복지윤리와 철학. 양서원.

서보준・송은희・김우호・서민호・김 웅 (2018). 사회복지개론. 지식공동체.

성민선 외(2004). 학교사회복지의 이론과 실제. 학지사.

_________(2005). 사회복지개론. EM커뮤니티.

손광훈(2004). 장애인복지론. 경기: 학현사

______(2012). 인간행동과 사회환경. 고양 : 공동체.

송근원・김태성(1999). 사회복지정책론. 나남출판.

신복기 외(2002). 사회복지행정론. 양서원.

신상준(1989). 복지행정학. 대구대학교출판부.

신섭중 외(1999). 한국사회복지법제개설. 대학출판사.

_________(2001). 사회복지법제. 대학출판사.

신섭중(1989). 사회보장정책론. 대학출판사.

______(1999). 사회보장정책론. 대학출판사.
아동복지법(2020).
안병영(1981). 복지국가의 태동과정의 비교연구. 한국행정학보, 18(2).
______(1984). 복지국가의 형성, 전개, 위기. 연세대학교 사회과학연구소 사회과학논총, 15.
안홍순(2013). 사회복지정책론. 공동체.
양성평등기본법(2020).
양옥경(2006). 정신보건과 사회복지. 나남.
양정빈・김효순・이무영・정여주・홍성례(2020). 새롭게 배우는 사회복지실천론. 학지사.
양정하(1992). "복지국가의 위기와 그 재편전략에 관한 연구", 부산대학교 대학원 박사학위논문.
______(2004). 사회복지발달사. 현학사.
양정하・황인옥・김정희・배의식・박미정・김남숙・강가영(2019). 지역사회복지론. 공동체.
양정하・황인옥・배의식・신현석・배화숙・김정희(2008). 사회보장론. 공동체.
양정하・황인옥・신현석・유태완・윤기혁(2020). 사회복지정책론. 양서원.
양정하・황인옥・윤성호・이인숙・김태준(2006). 사회복지조사방법론. 공동체.
엄명용 외(2016). 사회복지 실천의 이해. 학지사.
오정수・최해경・정연택・류진석・유채영(2020). 사회복지학개론. 양서원.
오종희・김형수・이승준・어홍선(2018). 사회복지개론. 정민사.
오혜경(2015). 사회복지윤리와 철학. 창지사.
원석조(2001). 사회복지 역사의 이해. 양서원.
______(2002). 사회보장론. 양서원.
유수현 외(2017). 의료사회사업론. 양서원.
유시민(2006). 도로보다 사람에 투자합시다. 보건복지부.
유태완・김재웅・문수열・손경화・정신모・서강훈・한우섭(2017). 장애인복지론. 창지사.
윤도현(2017). 복지국가론. 정민사.
윤성오・김우호・서보준(2016). 사회복지실천론. 양성원
윤찬영(1998). 사회복지법제론 I. 나남출판.
______(2010). 사회복지법제론. 나남출판.
______(2019). 사회복지의 이해. 정민사.

윤찬영 · 김린아 · 최웅(2019). 영역별 사회복지사 자격제도 연구. 보건복지부 · 한국사회복지사협회.

이경남 · 김경미 · 김남숙 · 김인숙 · 김현주 · 서화정 · 이순영 · 허영숙 · 황인옥(2012). **사회복지개론**. 공동체.

이경남 · 김경미 · 김남숙 · 김인숙 · 김현주 · 서화정 · 이순영 · 허영숙 · 황인옥(2020). **사회복지개론**. 공동체.

이기백 · 차하순 편(1999). **역사란 무엇인가**. 문학과 지성사.

이명현(2000). 신자유주의 복지정책과 사회복지구조의 개혁. **사회복지개발연구**, 6(4). 사회복지개발연구원.

이상수(2006). **Basic 고교생을 위한 사회 용어사전**. 신원문화사.

이성기 · 원석조(2020). **사회복지학개론**. 양성원.

이영철 · 박미은 · 윤동성 · 엄기욱 · 이용교 · 정민숙(2003). **사회복지학**. 양서원.

이영철 외(2000). **사회복지학**. 학지사

이원숙 · 임수정(2020). **사회복지실천론**. 학지사

이재선 · 김미림 · 김성철 · 노상은 · 순덕기 · 신철민 · 오은경 · 이병철 · 임원균 · 정용충 · 조순일 · 최상희(2016). **사회복지실천론**. 양서원.

이정우(2002). **사회복지정책론**. 학지사.

이정환 · 노병일 · 변보기(2001). **산업복지론**. 교육과학사.

이종익 · 최 웅 · 서동미(2018). 한국 학교사회복지의 제도화 과정과 주요 쟁점. **학교사회복지**, 41(0).

이태수(2012). "이명박 정부 4년, 한국 복지국가 길을 잃다". 민주정책연구회 토론회, 이명박 정부 4년 평가와 과제 자료집.

임동호 · 김동진 · 장원태 · 류기덕 · 류동수 · 주미연(2019). **사회복지개론**. 지식공동체.

장동익(2005). **롤즈의 정의론**. 서울대학교 철학사상연구소

______(2001). **한국사회복지법의 이해**. 학문사.

장애인복지법(2020).

장인협 · 오정수 (2001). **아동청소년복지론**. 서울대학교출판부.

장인협 · 이정호(2006). **사회복지행정론 – 이론과 실무**. 서울대학교출판부.

장인협 · 이혜경 · 오정수(2007). **사회복지학**. 서울대학교출판부.

장종익(2020). 포용적 성장과 사회적 경제. **월간 공공정책**, 172, 27–30.

전재일 · 권복순 · 조운희 · 이경은 · 이성국(1997). **학교사회사업**. 대구 : 사회복지개발연구원.

정무성(1997). 산업복지의 사회복지적 성격. 카톨릭대학교 사회과학연구. (13)51-65.
정민숙 · 양정남 · 이형하 · 박일연 · 김혜선(2019). 사회복지개론. 공동체
조영훈(2008). 생산적 복지론과 한국복지국가의 미래. 경제와 사회, 45호(봄).
조원탁 외(2009). 사회복지법제론. 양서원.
조휘일 · 이윤로(2001). 사회복지실천론. 학지사.
조흥식(1992). "가족과 청소년 정책". 가족학논집, 제4집. 한국가족학회.
______(2011). 성장의 시녀로 전락한 복지. 황해문화, 73.
조흥식 · 김인숙 · 김혜란 · 김혜련 · 신은주 (2006). 가족복지학. 학지사.
조흥식 · 김진수 · 홍경준(2002). 산업복지론, 나남출판.
조흥식 외(2019). 사회복지학개론. 창지사.
주석진 · 김희영 · 최 웅(2019). 학교사회복지사의 수련제도 도입에 대한 인식과 수련 교육 요구분석. 학교사회복지, 45(0).
지 윤(1964). 사회사업사. 정신사.
채구묵(2002). 사회복지조사방법론. 양서원.
청소년기본법(2020).
최경석 · 김양희 · 김성천 · 김진희 · 박정윤 · 윤정향 (2003). 한국가족복지의 이해. 광주 : 인간과 복지.
최경화 · 김재열 · 유인애 · 석재은 · 황성식 · 안성의 · 이형진(2010). 사회복지실천기술론. 도서출판 신정.
최선화 외(2000). 사회문제와 사회복지. 양서원.
최성재 · 장인협 (2014). 고령화사회의 노인복지학. 서울: 서울대학교출판문화원.
최익한(1947). 조선의 사회정책사. 박문각.
최행식(2017). 개정 정신보건법의 주요내용과 향후의 과제. 원광대학교 법학연구소 의생명과학법센터 추계학술대회 발표자료집.
최혜지 · 한동우 · 김도묵 · 박정화(2017). 경기도 사회복지사 인권 실태와 개선방안 - 감정노동과 클라이언트 폭력을 중심으로. 경기도의회.
표갑수(2010). 사회복지개론. 나남출판.
하상락 편(1989). 한국사회복지사론. 박영사.
한국사회과학연구소 편(1983). 복지국가의 형성. 민음사.
한국사회복지연구회(1988). 사회복지의 역사. 이론과 실천.
한국학교사회복지사협회(2020). 2020 학교 내 사회복지사업 현황자료.
한미현 외(2008). 아동복지. 서울: 창지사

한상훈(1997). 사회학적 관점에서 본 전문직. 교육연구.

한인영 · 최현미 · 장수미(2006). 의료사회복지실천론. 학지사.

한인영 · 홍순혜 · 김혜란 · 김기환(1997). 학교와 사회복지. 학문사.

한인영 외(2011). 사회복지개론. 창지사.

함세남 외(2001). 사회복지 역사와 철학. 학지사.

현외성(2005). 한국사회복지법제론. 양서원.

______(2009). 한국사회복지법제론. 양서원.

홍기혜 · 최민지(2019). 텍스트 네트워크 분석을 활용한 학교사회복지와 교육복지 연구동향 비교 분석. 학교사회복지. 46(0).

홍봉선 · 남미애(2010). 청소년복지론. 공동체.

황성철 외(2003). 사회복지행정론. 현학사.

황인옥 외(2005). 사회복지법제론. 학현사.

황인옥(2019). 사회복지조사론. 동문사.

황인옥 · 양정하 · 박미정 · 임 혁 · 김경호 · 김동환(2016). 사회복지법제론. 정민사.

毛利健三(1990). イギリス福祉國家の研究 : 社會保障發達の諸計劃. 東京大學出版部.

小山路男(1983). 福祉國家の生成と變容. 東京 : 光生館.

小山路男(1979). 西洋社會事業論. 東京 : 光生館.

丸美直美 저, 우재현 역(1982). 복지국가론. 경진사.

Bartlett, H. M.(1970). *The Common Base of Social Work Practice*. New York : National Association Workers Inc.

Bigman, S. K.(1961). Evaluating the effectiveness of religious programs. *Review of Religious Research*, *2*, Winter.

Boyle, S. W., Hull, Jr., G. H., Mather, J. H., Smith, L. L., & Farely, O. W.(2006). *Direct Practice in Social Work*. Boston : Pearson.

Bradshaw, J.(1972). The concept of social need. *New Society*, *30*, 640-643.

Brown, L. N.(1991). *Groups for Growth and Change*. New York : Longman.

Bruce, M.(1968). *The Coming of the Welfare State*. London : B.T. Batsford.

Caiden, G. E.(1982). *Public administration*(2nd ed.). New York : Elsevier Science Publishing Co.

Cawson, A.(1982). *Corporatism and Welfare State*. London : Heinemann.

Cobb, R. W., & Elder, C. D.(1983). *Participation in American politics : The Dynamics of agenda building.* Boston : Allyn and Bacon.

Compton, B. R, & Galaway B.(1989). Social Work Processes. Belmont, CA : Wadsworth Publishing Company.

DiNitto, D., & Dye, T. R.(1983). *Politics & public policy.* Englewood Cliffs, New Jersey : Prentice－Hall.

Dror, Y.(1968). *Public policy making reexamined.* San Francisco : Chandler Publishing Co.

Esping－Anderson, G.(1990). *The Three World of Welfare Capitalism.* Cambridge. UK : Polity Press.

Flexner(1915). *Is social work a profession?* Proceedings of National Conference of Charities and Corrections, 42(pp.576－590). Chicago : Hindman

Flora, P.(1983). *State, Economy, and Society in Western Europe 1816~1970 A Data Handbook Vol. 1 : The Growth of Mass Democracy and Welfare States.* Frankturt : Campus.

Flora, P. & Heidenheimer, A. J.(1981). *The Development of Welfare State in Europe and America.* New Bruswick and London: Transaction Books.

Fraser, D.(1973). *The Evolution of the British Welfare State.* London : Macmillan.

Fridlander, W. A.(1959). *Introduction to Sociajl welfare. Englewood Cliffs, N. J. : PRENTICE－Hall.*

______________(1976). Concepts and Methods of Social Work(2nd ed.). Englewood Cliffs, NJ : Prentice－Hall, Inc.

Friedlander(1977). *Concepts and Methods of Social Work.* NJ : Prentice－Hall, N. J.

Friedlander & Apte(1974). *Introduction to Social Welfare.* NJ : Prentice Hall Inc.

Friedlander, W. A, & Z. Apte(1980). *Introduction to Social Welfare.* Englewood Cliffs : New Jersey.

Furniss, N., & Tilton, T.(1977). *The Case for the Welfare State : From Social Security to Social Equality.* Bloomington: Indiana University Press.

George, V. & Wilding, P(1985). *Ideology and Social Welfare.* London : RKP.

Giddens, A.(1998). *The third way : The renewal of social democracy.* Cambridge : Polity.

Gilbert, N., & Specht, H.(1974). Dimensions of Social Welfare Policy. New Jersey : Prentice-Hall.

Gregg, P.(1967). *The welfare state.* London : Harrap.

Grosser, C. F.(1969). Community Development Program Serving the Urban Poor. In R. M. Kramer & H. Specht(Eds.). *Readings in Community Organization Practice.* Englewood Cliffs, New Jersev : Prentice-Hall

Gulick, L., & Urwick, L.(1966). *Papers on the Source of Administration.* New York : John Wiley.

Hammond, D., Hepworth, D., & Smith, V.(1977), Improving Therapeutic Communication, San Francisco : Jossey-Bass.

Hasenfeld, Y.(1983). *Human Service Organization.* New Jersey : Prentice-Hall.

Heclo, H.(1975). *Modern Social Politics in Britain and Sweden : From Relief to Income Maintenance.* London : Yale Univ. Press.

Heidenheimer, A. J. et al.(1975). *Comparative Public Policy : The Politics of Social Choice in Europe and America.* New York: St. Martins' Press.

Hepworth & Larsen(1986). Direct Social Work Practice

Higgins, J.(1978). *The Poverty Business.* Oxford : Basil Blackwell & Martin Robertson.

Intagliata, J., (1982). Improving the quality of community care for the chronically mentally disabled : The role of case management. *Shizophrenia Bulletin 8,* 655-674.

Janovitz, M.(1976). *Social Control of Welfare State.* New York : Elsevier.

Jones, H.(1990). *Social Welfare in Third World Development.* London : Macmillan Education Ltd.

Jordon, B.(1978). *Freedom and the Welfare State.* London : RKP.

Kadushin, A, & Martin, J. A.(1988). *Child welfare services (4th ed.). New York : Macmillan Pudlishing Company.*

Korpi, W.(1983). *The Democratic Class Struggle.* London : RKP.

Kurzman, P.(1987). Industrial social work. In National Association of Social Workers. *Encyclopedia of social work*(18th ed.). Silver Spring, MD : NASW.

Levy, C. S.(1973). The value base of social work. *Journal of Education for Social Work, 9,* 34-42.

Loewenberg and Dolgoff(1966). *Ethical decisions for social work practice.* Itasca, IL: F.E. Peacock.

Loizou(1997). Social Justice and Social Policy. In M. Lavalette & A. Pratt(Eds.). *Social Policy : An Conceptual and Theoretical Introduction.* London : Sage. pp. 163－165,

Maciver, R. M.(1931). *The Contribution of Sociology to Social Work.* Columbia University Press.

Marshall, T. H.(1975). *Social Policy.* London : Hutchinson.

Martin, E. W.(1972). *Comparative Development in Social Welfare.* London : George Allen & Unwin.

Maslow(1954). Motivation and Personality. NY : Harper & Row.

Mehr, J. J., & Kanwischer, R.(2004). *Human service : Concepts and intervention strategies.* New york : Pearson Education.

Miley, K. K, O'Melia, M., & Dubois, B. L.(1995). *The Generalist Social Work Practice.* Boston, MA : Allyn & Bacin.

Mishra, R.(1984). *The Welfare State in Crisis : Social Thought and Social Change.* Sussex, UK : Wheats.

Moore, S. T. (1987). The capacity to care : A family focused approach to social work practice with the disabled elderly. *Journal of Gerontological Social Work 10*(1), 79－97.

__________(1992). Case Management & the Integration of Services : How Service Delivery Systems Shape Case Management. *Social Work. 31.* 290－299.

Moxley, D. P. (1989). *The Practice of Case Management.* Sage Publications : The International Professional Publishers.

NASW(2020). *Standards for School Social work services.* Washington, D. C. : NSAW.

Nelson, G. M. (1982). *Support for the aged : Public and private responsibility. Social Work, 27,* 137－143

Patti, R. J.(1983). *Social welfare administration : Managing social programs in a developmental context.* Englewood Cliffs, New Jersey : Prentice－Hall, Inc.

Perman, H. H.(1957). *Social Casework : A Problem－Solving Process.* Chicago : The Univ of Chicago Press.

Picard, B. J.(1975). *An Introduction to Social Work : Primer*. Homewood : Dorsey Press.

Pierson, C.(1991). *Beyond the Welfara State? The New Political Economy of Welfare State.* Cambridge, UK : Polity Press.

Pincus, A., & Minahan, A.(1973). Social Work Practice : Model and Merbod. Itasca, IL : Peacock. 문인숙 외 공역(1994). 사회사업방법론 : 통합적 접근. 보진재.

Pumphrey, M.(1959). *The Teachinh of Values and Ethics in Social Work Education* New York : Council on Social Work Education.

Punnett, P.(1968). *British Government & Politics.* London : Heinemann.

Reamer, F. G.(2013). *Social Work Values and Ethics*(4th ed.). New York : Columbia University Press.

Rejda, G. E.(1999). *Social insurance and economic security*(6th ed.). N.J. : Prentice－Hall.

Remear(1995). *Social work values & ethics.* New York : Columbia University Press.

Richmond, M(1922). What is Social Casework? New York : Russell Sage Foundation.

Rimlinger, G. V.(1971). *Welfare Policy and Industrialization in Europe, America and Russia.* New York : John Wiley.

Romanyshin, J. M.(1971). *Social Welfare : Charity to Justice.* New York : Random House.

Rothman, J.(1991). A Model of Case Management Toward Empirically Based Practice. *Social Work, 36*(6).

__________(1995). Approaches to Community Intervention, In Jack Rothman, J. L. Erlick & J. E. Tropman(Eds). *Strategies of Community Intervention.* Peacock.

__________(1987) "*Models of Community Organization and Macro Practice,*" Fred M. Cox, John L. Erlich, Jack Rothman, & John E. Tropman(Eds.)., Strategies of Community Organization : Macro Practice, Itasca, Ill. : F. E. Peacock Publishers.

Sanders, I. T.(1969). Professional Roles in Planned Change. In R. M.

Sheafor, B. W., Horejsi, C. R., & Horejsi, G. A.(1997), Techniques and Guildelines for Social Work Practice, Allyn & Bacon, 김혜란 감수(1998), 『사회복지실천기법과 지침』, 나남출판

Trevithick, P.(2000). Social Work Skills: a Practice Handbook, Philadelphia, PA : Open Univ.
UN Centre for Human Rights. 이혜원 역(2005). 인권과 사회복지실천. 학지사.
Wallce, W.(1971). *Logic of science in sociology.* Aldine-Atherton.
Warren, M. G.(1978). *Community in America.* Chicago : Rand McNally.
Weil, M., & Karls, J. (1985). Case Management in Human Service Practice, San Francisco : Jossey-Basw
Wilensky & Lebeaux(1965). 장인협 역. 산업사회와 사회복지. 대한교과서주식회사.
Wilensky, Harold, L. & Charles N. Lebeaux.(1958). *Industrial Society and Social Welfare.* New York : The Free Press.
Woodroofe, K.(1962). *From Charity to Social Work in England and United States.* London : RKP.
Zastrow, C. 1995. The Practice of Social Work(5th ed.). Brooks/Cole.

〈홈페이지〉
국가법률정보센터 홈페이지.
대한민국국회 홈페이지(http://www.assembly.go.kr)
보건복지부(2020). www.mohw.go.kr.
여성가족부(2020). www.mogef.go.kr.
한국학교사회복지사협회 http://www.kassw.or.kr
NASW : http://www.socialworker.org

저/자/약/력

■ **황인옥**
가야대학교 사회복지학과

■ **김남숙**
동명대학교 사회복지학과

■ **김동욱**
동의과학대학교 사회복지과

■ **김현진**
청주대학교 사회복지학과

■ **양정하**
경남정보대학교 사회복지과

■ **조재필**
동원과학기술대학교 사회복지과

사회복지학개론

|공저자| 황인옥 · 김남숙 · 김동욱 · 김현진 · 양정하 · 조재필

|1판 1쇄| 발행 2022년 2월 25일
|1판 2쇄| 발행 2024년 2월 25일
|1판 3쇄| 발행 2026년 1월 20일

|발행인| 김 동 훈
|발행처| **공 동 체**

|주소| 경기도 고양시 일산동구 호수로 358-39, 동문타워 I 905호(백석동)
|전화| 031) 814-3000(대표)
|팩스| 031) 814-3100
|홈페이지| http://www.compub.co.kr
|전자우편| compub@naver.com
|출판등록| 2005년 10월 6일
|등록번호| 제396-2005-36호

|ISBN| 979-11-6105-073-7
정가 20,000원

MEMO

MEMO

MEMO

MEMO